高等学校应用型特色规划教材

商 务 管 理

(第 2 版)

刘兴倍　主　编

何忠保　曹会勇　胡　艳　副主编

清华大学出版社
北　京

内 容 简 介

  基于商务实践发展、市场准入放宽以及商务人才培养的需要，我们根据读者的意见和要求，将第 1 版的商务组织管理、商务人员管理、商务形象管理、商务手段管理共四章删去，仅设商务管理概论、商务机会管理、商务桥梁管理、商流管理、物流管理、货物贸易管理、服务贸易管理、技术贸易管理、资金筹集管理、资金投放管理和商务风险管理共 11 章的内容。

  本书改版后，仍保持了既有商务管理理论又有商务管理实务，既有有形商务管理又有无形商务管理，既有国内商务管理又有国际商务管理等内容的特色，具有更鲜明的适用性、操作性与经济性。

  本书可以作为高等学校本科和高职的工商管理、营销管理、旅游管理、市场营销、电子商务、财务会计等专业的教材，也可以作为有关职工的培训教材。

图书在版编目(CIP)数据

  商务管理/刘兴倍主编. —2 版. —北京：清华大学出版社，2015（2019.1重印）
  (高等学校应用型特色规划教材)
  ISBN 978-7-302-38984-2

  Ⅰ. ①商…　Ⅱ. ①刘…　Ⅲ. ①企业管理—高等学校—教材　Ⅳ. ①F270

  中国版本图书馆 CIP 数据核字(2015)第 005726 号

责任编辑：杨作梅
封面设计：杨玉兰
责任校对：周剑云
责任印制：丛怀宇

出版发行：清华大学出版社
    网　　　址：http://www.tup.com.cn, http://www.wqbook.com
    地　　　址：北京清华大学学研大厦 A 座　　　邮　　编：100084
    社 总 机：010-62770175　　　　　　　　邮　　购：010-62786544
    投稿与读者服务：010-62776969, c-service@tup.tsinghua.edu.cn
    质量反馈：010-62772015, zhiliang@tup.tsinghua.edu.cn
    课件下载：http://www.tup.com.cn, 010-62791865
印 装 者：北京九州迅驰传媒文化有限公司
经　　销：全国新华书店
开　　本：185mm×230mm　　　印　张：20.75　　　字　数：451 千字
版　　次：2008 年 2 月第 1 版　2015 年 5 月第 2 版　　印　次：2019 年 1 月第 3 次印刷
定　　价：49.00 元

产品编号：060423-02

第 2 版前言

根据中共第十八大、第十八届三中全会、第十二届全国人大第二次会议关于放宽市场准入的精神以及当前教学及课时的实际需要，我们吸取了读者的意见和要求，将第 1 版的第 2 章商务组织管理、第 3 章商务人员管理、第 4 章商务形象管理、第 5 章商务手段管理共四章，第 8 章的第 2 节，第 9 章的第 1、3 节，第 12 章的第 1 节，第 15 章的第 1 节中的部分内容进行了删改，保留了商务管理概论、商务机会管理、商务桥梁管理、商流管理、物流管理、货物贸易管理、服务贸易管理、技术贸易管理、资金筹集管理、资金投放管理、商务风险管理等 11 章。

本书改版后，内容更简明，结构更严谨，重点更突出，目标更明确，保持了既有理论又有实务，既有有形商务管理又有无形商务管理，既有国内商务管理又有国际商务管理，既有商务过程管理又有商务结果的管理等内容的特色，全书在商务管理理论的指导下，适用性、操作性、经济性更明显。

本书适合作为高等学校本科和高职工商管理、营销管理、旅游管理、市场营销、电子商务、财务会计等专业的教材，也可以作为有关职工的培训教材。

此次修改工作由刘兴倍、常林林共同完成，由于作者水平有限，书中难免存在疏漏或不妥之处，恳请读者继续提出意见，以供下次改版参考。

编　者

第1版前言

　　商务是以盈利为目的，有尝获取或转让资源的活动，是所有经济资源买卖活动的总称。商务活动是人类社会经济活动的主要内容，也是基本经济形式之一，是产品经济、商品经济的基础。在市场经济条件下，商务活动具有普遍性，一切以盈利为目的的活动都离不开商务活动。商务活动又总是面向市场、充满风险的，市场的作用越明显，竞争越激烈，风险程度越大。一个营利性组织或自然人能否长期生存和发展，其避险能力起着决定性作用。而商务能力的强弱是影响或制约避险能力的重要因素之一，起着举足轻重的作用。捕捉商机的能力、市场开发能力、公共关系能力、筹资与投资能力、驾驭风险能力、盈利能力是商务能力的具体体现，在激烈的市场竞争中，商务组织和自然人要赢得竞争优势，提高驾驭风险的能力，掌握主动权，就必须增强商务能力。商务能力的提高既要仰赖于经验的积累，又离不开科学理论的指导。

　　21世纪既是知识经济、网络经济、新经济世纪，又是立体商业世纪，也是全民商务世纪。商务将成为每个国家、每个地区、每个企业的立足之基，生活之核，立业之师，交往之媒，力量之源，成功之路，发展之本。每个公民，无论是政治家、教育家、科学家、企业家，还是官员、工人、农民，甚至军人及学生都要直接或间接地与"商"结缘，都或多或少需要一些商务知识。因此，普及商务管理知识，提高全民竞争意识就显得特别重要。

　　本书由刘兴倍教授提议，拟定写作大纲，挑选人员，组织写作。参加编写工作的人员除揭超、杜江萍系江西财经大学教师外，其余均为南昌理工学院的教师。具体分工为：刘兴倍(第1、2、6章)、何忠保(第7、8、9、13、14章)、曹会勇、李志远(第3、4章)、杜江萍(第5章)、揭超(第10、11章)、葛佳(第12章)、胡艳(第15章)。全书由刘兴倍总纂、审核、修改、定稿。由于作者水平有限，加上目前国内图书市场可直接借用的有关参考教材极少，本书基本上是参编者从其他相关书籍上移植与改仿而来的，谬误难免，恳请读者提出批评意见。当然，本书在编写过程中也引用了一些他人的研究成果，并尽可能以脚注、尾注、参考文献的形式注明，在此对这些专家学者表示衷心的感谢。可能有的引用资料未注明出处，在此表示歉意。

编　者

目　　录

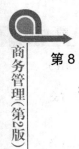

第1章 商务管理概论

商务活动是人类有史以来的基本活动，如购买和出售活动。但是，在市场经济条件下，生产(包括有形产品和无形产品)需要付出一定的代价，销售(包括有形商品和无形知识)需要收取一定的费用，用于补偿自己所费并获得盈余。这种获取物质、能量和信息，转让产品或服务的交换活动，就称为商务活动。那么，什么叫商务？有没有规律可循？如何进行工作，展开活动？应由哪些部件构成？将来又是如何发展变化的呢？这是本课程首先要解决的基本问题。为此，本章要阐述的是商务及其管理的基本问题。

1.1 商 务 概 述

商务管理，商务是前提，是对管理的限定，而要准确地把握商务管理的实质和意义，首先有必要弄清并掌握商务的概念。

1.1.1 商务的概念

1. 商务的由来

商务实践活动先于商业，早在我国四五万年前的远古时代就已存在。不过在相当长时期内，"商务"一词在我国没有得到广泛使用，究其原因，不仅与我国市场取向的经济体制改革直接相关，而且与我国对外开放后大量引进西方经济管理学方面的著作有直接关系。故"商务"一词的释义存在多种语义上的差别。

在国内权威性的辞书中，"商务"一词比较少见。在众多的辞书中，唯有商务印书馆的《现代汉语词典》中收录了"商务"一词。①1978 年改革开放以来，"商务"一词在我国经济生活中开始广泛使用。为与生产活动相对应，人们开始把生产企业直接从事的商业活动称为"商务活动"。在国内的经济管理学著作中，"商务"一词出现的频率也明显增多。但对"商务"如何定义则有很大分歧。在国内翻译的大量西方经济管理学著作中，人们通常将 Business 译为"商务"(而将 Marketing 译为"营销")。Business 在英文中是一个多义词，与商务相关的解释就有三种：①买卖、商业、贸易；②商店、工商企业；③营销性的事业。其中，第一种解释，可以理解为"商业"或"贸易"，即买卖商品；第二种解释，可以理解

---

① 1983 年 1 月第 2 版第 1000 页解释为"商业上的事务"。同时把"商业"定义为"以买卖方式使商品流通的经济活动"。

为"以交换方式实现生产经营目的的厂商行为";第三种解释,可以理解为"一切以盈利为目的的事业"。这些不同的解释及 Business 在不同场合的使用,使中文中"商务"一词的含义产生明显差异。

2. 商务的定义

商务,是指以盈利为目的的微观经济主体出售和购买经济资源的各种活动的总称。

国内经济管理学论著和译著以及实际工作中,对"商务"概念的理解大体有四种。

(1) 商务就是买卖商品的事务。一切买卖商品和直接为买卖商品服务的活动都是商务;一切旨在达成商品交易的行为都是商务行为。

(2) 商务即市场营销。一切买卖商品的活动都是市场活动,都要以销售为中心。市场销售活动就是以销售为中心的市场活动,也就是商务活动营销与商务是一个概念的两种表述。

(3) 商务是指各种经济资源有偿转让的活动,包括物质产品、劳动、土地、资本、信息等的有偿转让。只要这种资源通过交换方式实现所有权的转移,那么,这种所有权转移的活动就是商务活动。

(4) 商务泛指一切营利性的事业。只要人们从事的活动是以盈利为目的,那么,这种活动就是商务活动,它包括了商业活动、生产活动和服务活动。

上述四种定义在本质上没有什么区别,主要分歧在于其定义的边界有宽窄之分。但各自都有其自身的缺陷。

第一种定义,虽然抓住了商务的核心内容,是一个简洁而实用的定义,具有很高的理论抽象性,但存在两个缺陷:一是买卖对象不具体,二是买卖主体不明确。

第二种定义,虽然有利于我们明确商务主体,将消费主体明确地排斥在商务主体之外,但把商务与营销混为一谈。英文中的 Business 和 Marketing 也是两个不同的概念。

第三种定义,虽然表述得较全面、具体,但同样没有明确界定商务的主体。企业在市场上购买用于进一步转售的商品才是商务行为。

第四种定义,虽然抓住了商务的直接目的是盈利,但将商务的外延扩大到一切营利性行为,把生产和全部服务行为都纳入其定义之中,范围过于宽泛。

因此,"商务是指以盈利为目的的微观经济主体出售和购买经济资源的各种活动的总称"的表述有利于我们明确商务活动的主体、客体、本质和范围,是一个概括性较强的定义。

(1) 商务的主体是以盈利为目的的微观经济主体,包括自然人和法人。不以盈利为目的的行为主体被排斥在商务概念之外,如消费者购买商品是为了自己消费,不是商务主体;政府是行政组织,不以盈利为目的,其行为也不是商务行为。

(2) 商务的客体是可供买卖的所有经济资源,不仅包括有形商品和资产,而且包括无形商品和资产,如商品、服务性劳务、知识产权等。

(3) 商务的本质是通过买卖方式实现商品所有权的转移,它反映微观经济主体为获得收益的各种以货币为媒介的交易行为。一切不通过买卖方式而实现商品所有权转移的行为都不是商务行为，如国家征税、企业捐赠现金和实物等。

(4) 商务的范围包括直接买卖经济资源和为买卖经济资源服务的全部活动，如寻找货源与市场、筹集资金与人才、交易磋商、购销运存、风险防范、对外投资等。

3. 商务与相关概念的关系

对商务概念的界定，可以使我们完整地把握商务的定义。但在使用这一术语时，常会与一些相关术语发生碰撞，如商业、贸易、服务、营销、经营、商事、国际商务等。弄清商务与这些概念的联系与区别，有利于我们准确使用商务这一术语。

1) 商务与商业、贸易、服务

(1) 商业。

通常指专门从事商品交换活动的独立的经济部门。它是随着社会分工的深化，从生产部门中分离出来专门充当商品交换中介的流通行业，是商品交换的发达形式。这一概念范畴表示：第一，商业是一种商品交换行为，其职能是"专门对商品交换起中介作用"；[①]第二，商业是一个独立的经济部门，它是从生产部门中分离出来专门从事商品交换活动的行业，没有从生产部门独立出来的商品交换活动不是商业行为；第三，商业是产销矛盾发展到商品生产者自身不能有效协调时的结果。可见，商业是一个特定的概念范畴，它不是指一切商品交换行为和活动，而是特指独立的专门从事商品交换活动的部门或部门行为。可见，商务与商业是两个有区别的概念，商务概念的外延比商业宽很多，它泛指一切贸易形式和贸易行为。

我国在传统经济体制下，商业分为国内商业(即通常所讲的商业)和对外商业(即通常所讲的贸易)。国内商业活动又分为生活资料交换活动(即商业)和生产资料交换活动(即物资)。这样，商业仅剩下国内生活资料交换活动了，使商业的概念范畴窄了又窄。随着经济体制改革的展开和深化，生活资料与生产资料交换的界限被打破，对内对外商品交换的界限模糊，人们对商业概念的认识也开始深化。为了区别于传统商业的概念，还产生了"社会商业"[②]这一概念，这才使商业概念的外延拓宽为：泛指一切贸易形式和贸易行为。所以，从这一层面来理解，商业和商务又是一个含义相同的概念。

(2) 贸易。

贸易泛指一切商品买卖活动，是各种商品买卖行为的总称，分为货物贸易、技术贸易、服务贸易；国内贸易和国际贸易(对外贸易)；专业商业部门组织的贸易和生产企业组织的贸易；等等。可见，贸易与商务是一个相近的概念。

---

① 《马克思恩格斯全集》第 25 卷第 363 页。

② 这一概念范围包括从事生活资料交换的国有商业、集体商业和个体商业形式，从事生产资料交换活动的商业形式，生产部门自销形式，从事对外贸易的商业形式，还包括从事图书文化交换的商业形式。

但是，贸易通常指各种买卖行为，而商务不仅包括组织商品买卖活动的直接事务，还包括为商品买卖活动服务的相关活动。如市场的调查研究，商业机会的寻找和创造，交易活动的磋商，商务合同的签订与履行，商务冲突的调解与仲裁，外部关系的协调与优化，市场的开拓与选择，资源的开发与利用，商务战略的制定与实施，经营风险的防范等。所以说，商务是以贸易为中心的各种相关活动的总和，其涵盖的范围比贸易要宽泛。

(3) 服务。

服务是与商务密切相关的概念范畴。但从经济学范畴看服务，通常指以提供劳务来满足人们某种特殊需要的经济行为。马克思指出："服务这个词，一般来说不过是指这种劳动所提供的特殊的使用价值，就像其他一切商品也提供自己的特殊使用价值一样。但是，这种劳动的特殊使用价值在这里取得了'服务'这个特殊名称，是因为劳动不是作为物，而是作为活动提供服务的。"[①]

西方经济学则认为，服务是能够用于出售或连同产品一起出售的具有无形特征的活动。也就是说，服务是一种无形商品，能够用于出售，具有价值(耗费了人类劳动)和使用价值(能为消费或用户提供满足感)。事实上，服务和产品是一个永恒的范畴，创造服务的劳动是一种生产性劳动。在市场经济条件下，服务的特定概念是指可以用来交换的无形商品，包括一切以非物质形态体现出来的、能够满足消费需要的有偿劳动。从总体上看，服务可以分为直接满足消费者需要的服务性劳动(如保姆劳动、演员劳动、提供信息等)和与有形商品交易结合在一起的服务性劳动(如产品或商品售前服务、售中服务、售后服务等)。商务活动就是媒介产品(有形产品)和服务(无形商品)交易的服务性劳动。如下图所示：

产品(有形产品) ◄━━━━━► 商务活动 ◄━━━━━► 服务(无形商品)

从这个意义上看，商务是服务概念范畴的组成部分，服务活动包含了商务活动。不过，我们在讨论有形商品的交易时，商务表示为有形商品交易服务的活动；在讨论无形商品的交易(包括技术贸易和服务贸易)时，商务则表示为服务品交易服务的活动。

2) 商务与营销、经营[②]

营销是市场营销的简称，是从国外引进的一个术语，英文为 Marketing，意指供给主体实现市场销售的各种活动，包括需求市场分析、以扩大销售为目的的产品、价格、分销渠道策略与促销手段的选择、售后服务、满足消费需求程度评价等。简单地说，营销就是整体销售活动，它是以市场(需求市场)为中心，以实现销售目标为任务的综合销售活动。

营销与商务有许多共同点：二者都是面向市场的活动；都要从企业整体出发思考问题；都面临市场风险；都是重视消费者需要的满足等。

不同之处在于：商务活动面对的是双向市场；扮演的是双重角色；决策面临双重环境。它把再生产的起点和终点有机地结合在一起，因而是个比营销更能综合反映企业经营特征

---

① 马克思恩格斯全集. 第 26 卷. 北京：人民出版社，1972：435.

② 缪兴锋等. 现代商务管理与实务[M]. 广州：中山大学出版社，2009：4-5.

的概念。

经营与商务是一个密切相关的概念。

经营的本意是筹划和组织某项事务，如经营农业、经营商业、经营银行、经营慈善事业等。这是一个在我国改革开放后得到广泛应用的概念范畴。经营作为特定的经济范畴，在我国是 1979 年由第一机械工业部首先提出的，他们要求企业领导干部要树立市场观点、竞争观点和经营观点。

所谓经营观点就是企业要在国家计划的指导下，面向市场和用户，充分挖掘各种人力、物力、财力资源，最大限度地满足国家要求和消费者的需要。提出这一概念范畴是与改革开放紧密相关的。在传统计划经济条件下，企业不存在经营问题，因为企业的人财物、产供销活动都是由国家计划统一安排的，也可以说是由政府统一经营的，企业只要按计划要求完成生产和配送任务就完成了其使命。改革开放后，随着市场机制的逐步引入，企业的利益机制开始形成，市场的竞争机制开始建立，企业单纯按计划组织生产和配送产品已经不能实现其经济价值，企业的观念发生了深刻的变化，扩大企业经营自主权的呼声日益提高，经营的概念逐步深入人心。

3) 商务与商事

商务与商事是两个密切相关的概念，但商事与商务又是两个不同的概念。商事是指一切商品生产和交换活动，即通常指自然人和法人所从事的全部商品生产和商品交换活动，包括以盈利为目的的一切生产、服务和交易活动。由于在市场经济条件下，一切生产、服务活动都是面对市场的活动，都需要经过买卖方式才能实现产品或服务的价值，从而体现经济组织和个人从事经济活动的经济价值和社会价值。也就是说，一切生产和服务活动都离不开"商"，都要依靠交换媒介实现其经济使命。因此，一切以盈利为目的的生产、服务和交易活动都是商事活动。其活动的主体包括工厂、矿山、企业、银行、证券公司、保险公司、建筑施工公司、交通运输公司、商店、旅店、酒店、服务公司等各种营利性组织。

商务是指以交换为中心的全部活动。其活动的主体包括商事组织中从事交易活动的一个职能部门和专门媒介商品交换的营利性商业组织，如企业经营公司、商场、旅店、外贸公司、新华书店、物资供应公司、咨询公司等。

由于商品生产必然导致商品交换，因此，人们通常将商事和商务两个概念混淆使用，甚至相互替代，这是不可取的，应予澄清。

4) 国内商务与国际商务[①]

国际商务与国内商务有许多共同点和联系。第一，两种商务活动的最终目的一致。以企业为例，企业从事国际商务与从事国内商务的最终目的都是为了实现收益的最大化或股东权益的最大化。第二，两种商务活动所遵循的基本原则一致，即企业在国际商务经营过程中和国内商务经营过程中都遵循一些共同的基本原则，如质量管理、成本控制、市场开

---

① 王建华. 国际商务理论与实务[M]. 北京：清华大学出版社，北京交通大学出版社，2009：4-5.

拓和人力资本管理等。第三，国内商务活动往往是企业从事国际商务活动的基础，并且多数企业同时经营着这两类业务。

但与国内商务相比，国际商务也有一些明显的特点。

（1）国际商务面临着更为复杂多变的国际环境。

国际商务活动跨越不同的主权国家，这就决定了它要面临比国内商务活动更为复杂的商务环境，如由于各国政体和国体的差异而使企业可能面临着政治制度、法律制度、税收制度及货币汇率制度等与国内不同；由于经济体制、经济政策、经济发展程度、基础设施水平等不同而使企业面临着与国内不同的经济环境；由于语言、文化传统、价值观、消费习惯等不同使企业面临着与国内不同的文化环境；由于自然环境、地理位置、资源禀赋等不同使企业面临着与国内不同的地理环境等。

（2）国际商务面临着更大的风险。

风险是指由于不确定性的存在而带来损失的可能性。国际商务面临着复杂多变的国际环境，这就意味着它将面临着较大的风险。主要包括以下内容。

① 政治风险。指由于政治制度不同和冲突带来的风险，如来自东道国的国有化政策、外汇管制、进口限制及政治制裁，来自东道国与母国的政治冲突、关系恶化等。

② 法律风险。指各国由于工商业法律、管理制度、贸易条规等不同带来的风险，诸如成文法和判例法对于一些具体商务活动的不同规定、各国对产品责任法的不同理解等。

③ 外汇风险。指由于两国汇率变动给企业带来的风险，如在以外币计价的交易中，由于该种外币与本币汇率发生变动而可能引起亏损的交易风险、由于意料不到的汇率变动使公司未来收益可能发生减少的经济风险等。

④ 税收风险。指由于财政政策意料之外的变化及有关税收政策的变化所带来的风险，如关税政策的调整、各国国内所得税政策的调整等。

⑤ 其他。诸如由于文化冲突带来的风险，由于种族、信仰不同带来的风险等。

（3）国际商务决策的难度更大。

与国内商务决策相比，国际商务决策具有一定的特殊性。

第一，在影响决策的因素上，国际商务决策需要考虑的因素比国内商务决策更多、更复杂。这就要求决策者在决策时要综合考虑影响决策的各种因素，不但要考虑企业自身因素，还要考虑其他竞争者因素；不但要考虑东道国因素，还要考虑本国因素；不但要考虑经济方面的因素，还要考虑政治、文化等各方面因素。

第二，国际商务决策的重点和决策方法与国内商务有所不同。在国际商务决策上，企业根据不同的进入战略，在决策时重点有所不同。如出口，企业更多的是考虑本企业产品在东道国是否有质量和价格优势。而直接投资的决策则比较复杂，企业决策的重点在于分析自身在东道国经营活动中所具有的优势与劣势以及可能出现的各种机遇与挑战。在分析方法上，国际商务决策对于法律、金融、地理知识及东道国文化因素的要求更高，对于分析的准确性要求更高。

第三，国际商务决策的难度和风险要比国内商务决策大。由于国际商务决策所涉及的不确定性因素多，企业自身不可控制的因素多，这就决定了国际商务决策的难度和风险比国内商务决策大。

1.1.2　商务活动的内容与范围[①]

在市场经济条件下，从微观经济主体角度考察其再生产过程来看，商务活动大致可分为三个层次：①为保证生产活动正常运行所进行的采购、销售、储存、运输等活动，这是微观经济主体最基本的商务活动；②为稳定微观经济主体与外部的经济联系及有效开展购销活动所进行的商情调研、商业机会选择、商务洽谈、合同签订与履行、商务纠纷(冲突)处理等活动，这是为生产和购销服务的商务活动；③为保持自身的竞争优势和长期稳定发展所进行的塑造组织形象、制定和实施竞争战略、扩张经营资本、开拓新市场、防范经营风险等活动，这是战略性的商务活动。上述三个层次相互联系、相互影响，构成一个完整的商务体系。

从上述商务活动三个层次的分析可知，商务活动的内容非常丰富，其范围包括营利性组织和个人除生产活动以外的全部对外经济活动。以现代商务组织——企业为例，商务活动的内容至少包括以下八个方面。

1. 商情调研与发现商业机会

首先必须对其目标市场、服务对象和经营环境有一个全面的了解，为企业做出商务决策做好充分的准备。

2. 供给分析与选择商业机会

在现实生活中，商业机会随时随地都存在，通过商情调研可以发现一系列的商业机会，但并不是每个商业机会企业都能抓住，都能使其转化为盈利机会。一个营利性组织要使某个商业机会转化为盈利机会，不仅要从市场中找到满足消费需要的商业机会点，而且要认真分析供给状况和自身条件，把商业机会点与供给及自身条件有机结合起来。供给状况包括：①生产资料的供给状况，即是否具有生产和组织某种产品或服务供给的经济资源，获得这些资源需要花费多大的代价；②产品或服务的供给状况，即社会现存的产品或服务的供给能力，供给竞争的强度。自身条件包括生产能力、技术能力、开发和经营能力，也可以说就是企业自身的供给能力。如果商业机会与企业的自身条件和供给状况相适应，就能够迅速将商业机会转化为盈利机会；反之，就不能使商业机会转化为盈利机会。

---

① 廖进球. 商务管理学[M]. 北京：中国财政经济出版社，1998：23-26.

3. 商务磋商与签订商务合同

现代商务活动是有组织的活动，除了直接面对最终消费者的零售业务活动外，大多数商务活动都是以合同为纽带的。要保证交易的顺利进行和合同的有效履行，商务主体之间首先要进行交易磋商，就交易的标的、价格、品质、数量等交易条件进行谈判，达到双方一致地进行交易的意思表示并通过契约的形式固定下来，使之成为约束双方交易行为的依据。即通过签订合同来明确商务主体之间的权利和义务，规范商务行为。

4. 商品购销与履行商务合同

传统的商务活动是从采购开始的，即以购买生产所需的经济资源为起点，经过生产过程创造出产品或服务后，再把产品或服务推销出去，最终实现产品或服务的价值。也就是说，传统的商务活动是围绕着生产进行的，以生产定采购，以生产定销售，生产是中心，商务为生产服务。现代商务活动是围绕着市场进行的，生产和商务活动都要以市场为中心，因此，现代商务活动以发现商业机会为起点，以商务合同为纽带，生产围绕着商务合同展开，购销运存活动的过程直接体现为履行商务合同的过程。当商务合同签订以后，商务活动的中心任务就是按合同要求组织好购销运存活动，保证合同的有效履行。

5. 对外关系与塑造企业形象

商务活动总是面对市场、面向外部的活动，企业与外部的各种经济联系，主要是通过商务活动实现的。由于商务活动面临的外部环境总是不断变化的，因此，商务活动必须经常保持与外部环境的适应性，理顺企业与外部的关系，包括供应商、经销商、顾客、股东、竞争者、银行及其他金融机构、传播媒体、政府部门、社区及社会团体等的关系。商务活动在理顺对外关系中的重要职能是：妥善处理商务冲突、讲求诚信交易、扩大对外宣传、塑造良好形象。

6. 制定实施竞争战略与保持企业长期发展

现代商务活动是有组织的整体活动，不能捞一把算一把、急功近利，不能只重视短期利益。有效的商务活动必须从企业的整体利益出发，注重长期发展，从战略高度规划商务活动。为此，现代商务活动要把制订和实施竞争战略作为重点，从企业的长期发展来确定商务竞争的目标、手段和方式，并始终围绕着企业的发展目标来展开商务竞争，把长远利益与短期效益有机地统一起来。

7. 稳定市场份额与开拓新市场领域

商务活动的最终目的是实现企业的盈利目标。企业要实现一定的盈利目标，必须保持与自身生产技术和经营能力相适应的市场份额，即企业的产品或服务价值能够有效转移至消费者和用户，市场份额相对稳定。因为产品或服务能否最终出售是实现企业利润的关键，只有有稳定的市场份额，才能有稳定的利润来源。同时，还必须不断开拓新的市场领域，包括：扩大原有产品或服务的市场范围，提高市场占有率；开发相关或连带产品和服务的市场领域；开发新产品，拓展新的产品和服务市场领域；等等。这是企业拓宽利润来源，保持旺盛生命力的重要商务活动。

8. 资本营运与商务风险控制

形形色色的交易活动，归根结底是产权交易活动，商务的实质在于实现商品(包括各种经济来源)所有权的有偿转让。因此，企业商务活动的集中体现就是科学营运资本，有效达成产权交易。也就是说，如何有效营运资本是企业商务活动的最高形式。无论是资本营运还是商品交易都面临着一定的风险，由交易而产生的风险是商务风险，商务活动要面临大的风险，可能会带来大的收益，也可能会带来灾难性的损失。可见，如何有效控制商务风险，是企业商务活动的重要内容。

1.1.3　商务活动的重要性

商品经济条件下生产和商务是一对孪生兄弟，构成人类的基本活动，市场经济条件下更是不能分离，甚至更加突出。上述分析表明，商务包括营利性组织的全部对外经济活动及其长期发展战略性问题。因此，做好商务工作，对于人类生活的丰富、企业的发展、社会的进步极其重要。

1. 商务活动是以交换为目的的社会生产的基本活动

人类社会在生产实践中先后创造了三种基本生产方式：一是以自给为目的的自然经济生产方式；二是以满足社会需要为目的的计划经济生产方式；三是以交换为目的的市场经济生产方式。自然经济生产方式和计划经济生产方式均不需要交换中介，不需要也不存在商务活动。市场经济生产方式是一种以交换为纽带的社会化生产方式，由分散性的个体和独立的微观经济组织自主决策，根据市场或他人的消费需要自由组织生产和供给。生产和供给的目的是通过满足他人消费需要来实现自己的产品或服务的交换价值，补偿其生产所费并获得盈利(价值增值)。可见，这种以交换为目的的生产方式离不开商务活动。

市场经济条件下，商务活动具有普遍性，一切以盈利为目的的活动都离不开商务活动。如创造价值的生产性活动，首先要通过商务活动获得生产必需的各种经济资源，然后组织生产，创造出可供他人消费的产品或服务，再通过商务活动将产品或服务转移到消费领域，最终实现产品或服务的价值。在这个生产过程中，商务活动既是起点，又是终点。没有商务，就没有创造价值的活动；也不可能实现产品或服务的价值，形成循环再生产过程。

2. 商务活动是面向市场的活动

商务活动与市场紧密相连，离开了市场就没有商务活动；市场作用越明显，商务活动就越重要。从商务组织活动的内容可知，各种商务活动都与市场紧密相关。商情调研是为了了解和分析需求市场，从中发现商机；分析供给及自身条件是为了掌握供给市场，选择商机，为生产创造良好条件；交易磋商、商品物流都是直接的市场行为；签订与履行商务合同是为了确立供给主体或需求市场的经济法律关系；商务组织与外界的冲突集中表现为市场冲突，其形象也集中体现为市场形象；商务组织与外部的经济联系是以市场为纽带形成的；营运资本必然要围绕着商战进行；制定与实施竞争战略是直接面对市场的商务行为；经营风险直接表现为市场风险；等等。总之，一切商务行为都是市场行为，商务组织适应市场的能力集中体现为其商务能力，增强其商务能力将使其保持与市场的适应性，在市场竞争中不断求得生存和发展空间。

3. 商务活动是塑造商务组织和市场形象的活动

商务与市场总是结合在一起的，互为条件、互相促进、互相制约、互相影响。商务组织是市场的重要成员，市场需要有商务组织的参与和支持。商务能力不仅表现为适应市场的一种能力，而且表现为一种创造力，即能够营造一种和谐的市场环境，在顾客和社会公众中塑造一种良好的社会形象。繁荣有序的市场需要众多商务组织的积极参与和维护。从企业商务活动看，保持企业与市场的适应是商务活动的重要任务。因为企业只有在市场竞争中才能求得生存和发展，但被动地适应市场的活动不是有效的商务活动。

有效的商务活动是一种能动地适应市场的活动。一方面，要根据变化了的市场情况适时调整企业的竞争战略和经营方式，恰当地采用营销手段，使企业的产品和服务能够适应变化了的市场要求；另一方面，要努力营造一个良好的市场氛围，妥善处理各种商务冲突，协调好与顾客(用户)、供应者、股东、政府、新闻媒体、竞争者、社区及社会公众的关系，把扩大销售、增加利润与承担社会责任有机地统一起来，树立良好的社会形象。

良好的形象是商务组织和市场无形的资产，会对企业和市场的长期发展产生深远的影响。因此，做好商务工作是商务组织长期发展的客观要求。

4. 商务活动是决定营利性组织命运的活动

一个营利性组织能否长期生存和发展，起决定性作用的是其盈利能力。盈利表明创造的产品或服务价值已经实现，不仅能够补偿其生产经营活动所费，而且产生了价值增值，可用于进一步扩大再生产；亏损则意味着其创造的产品或服务价值不能实现或没有完全实现，无法补偿其生产经营活动所费，只能进行萎缩再生产，在市场竞争中将被淘汰。

一个营利性组织盈利能力的强弱受到多种因素的影响，如资本实力、员工素质、管理水平、产品开发能力、商务能力等。这些因素中，起决定性作用的是商务能力。因为商机无时不在、无处不有，只要能够选择适合自身特点的商机开展生产经济活动，就能够实现盈利目标。企业的商务能力差，就不可能选择到最有利可图的商机点，从而严重影响企业的盈利水平；企业的商务能力差，将直接制约着采购质量和销售质量，增加采购和销售成本，从而影响产品成本、降低经营利润；企业的商务能力差，就很难协调好企业与外部的经济关系，直接影响到企业的信誉和形象；企业的商务能力差，就不可能提高驾驭市场风险的能力，并将最终影响到企业的获利能力。

总之，商务活动是社会经济活动的中心，引导着社会经济的发展；商务能力是商务组织生存和发展的重要能力，在激烈的市场竞争中，商务能力的大小直接影响到商务组织经营的成败，决定着企业的命运。

1.1.4　商务活动的发展趋势[①]

商业、流通、商务同属一个范畴。但商务受商业、流通的支配，商务影响和制约商业流通。

21 世纪的经济将是以商业为主导、以商务为主体的经济。商务活动已进入人类经济生活的方方面面。随着社会大分工及社会的发展，从农业社会进入工业社会，并迎来了人人都参加与交换的商业社会。随着经济全球化、世界贸易一体化进程的深入，商业竞争将逐步取代政治纷争，国际交往将主要表现为商业交往。通过广泛的商业交往、交流和交易，可以实现国家之间的经济合作和技术交流，达到优势互补，不断提高人民的生活水平、推动人类社会共同进步。商业原则将成为处理国际关系的基本准则。随着市场经济在世界范围内的建立、发展和完善，商品服务贸易的国际化，商业综合能力将成为衡量一个国家国力的基本标志。随着商业在社会经济中的地位逐步提高与突出，这种存在的形式也由生存形式进入发展模式，并将转移到生活方式、消费模式。现代商业也就形成大商品、大商业、大市场、大流通的格局，表现为商业与服务的统一、传统商品与经济资源的统一、传统商业与现代商业的统一、数量商业与素质商业的统一、国内市场与国际市场的统一、国内商业与国际贸易的统一，其行为演绎成不只是商业企业和自然人的个体行为，而是所有商业主体组织经济资源流通的全过程，也是社会整体商业的组织和协调。它不仅仅是部门经济行业性的经济行为，而且是国民经济运行的有机整体，是社会生产要素所有者全部关系的总和，关系到每一个部门的经济利益和社会效益；它不仅是发达的交换形式，是资源买卖的全体，也是对整个资源流通的组织和决策；它在国际经济中是处于中介和先导地位，它不是发达国家的专利，而成为世界各国存在的共同现象，利他行为；它在国民经济发展中的作用，取决于社会对商业尊重的程度，开拓的深度和广度。[②]

商业概念、内涵、地位、职能的这些革命性变化必然使商务出现前所未有的发展趋势，我们将其归纳为以下六个方面。

---

①　陈文玲. 当代流通发展的若干趋势[J]. 商业时代，2001.

②　黄国雄. 21 世纪是商业世纪[J]. 商业时代，2001(1).

1. 商务要素细分化

过去，商务中的要素以有形的、刚性的形态为主，如有形商品、有形货币、有形资产等，如今更多无形的、柔性的、更高级形式的要素进入了商务，如无形商品、无形货币、无形资产等。原来以实物流转为主的商流，可分流为商流、物流、信息流、价值流等，分流为以实物形态存在的有形资产和可分割、可交易、可流动的以无形形态存在的无形资产；原来以产业资本为基本形态的资本循环与周转，分流为产业资本的流通、货币资本的流通、金融资本的流通、无形资本的流通或分流为有形资本的流通、无形资本的流通或虚拟资本的流通；原来充当一般等价物的媒介——货币，分流为与金银保持一定比例的有形货币和代表信用关系的无形货币；原来可以度量的劳动力价值和使用价值，分流为可以度量的和难以度量的劳动力价值和使用价值，在被使用过程中劳动力的体力支付所占的比重越来越小，而脑力和智能的支付所发挥的效力则越来越大。

2. 商务地域扩大化

当代商务已经跨越了国界，一切国家的生产与消费都成为世界性的。如果说过去商务受容量和密度、规模和速度的限制，不能达到真正的国际化，那么当代商务则用高科技、高智能和现代化的商务手段，几乎把所有国家都纳入了国际大流通的轨道。生产的社会化、需求与消费的社会化、服务的社会化、资本的社会化、住处的社会化，可以说进入流通的一切物质与非物质载体，都变得越来越社会化了，商务的社会化是所有进入流通的流通物质共同作用的必然结果。

3. 商务手段信息化

信息进入流通成为最活跃的因素，信息化已经超出单一国家，是经济全球化的黏合剂，这是当代商务最显著的特征。流通的本质是开放，是运动，是不断地在流通中交换物质、能量和信息。商务也就不可能是封闭、静止、局部的，它必须借助于信息的传递、沟通、中介、裂变功能，把商务主体之间、商务要素之间、商务环节之间、商务时空之间的隔阂消除，达到畅通无阻，效率提高。

4. 商务体系多维化

在当代商务中，既有实物形态的物质替换和流动，又有以无形为特征的能量释放和组合，还有信息的生产与传输、信息的波动性与不确定性，因此使商务成了一个开放的非线性、非单一性、非均衡性的多维化体系。在这个体系中，既有组织体系的复合性，又有行为体系的复合性；既有活动区域的国内性也有地区范围的全球化；既有经营要素的传统性也有要素禀赋的现代性；既有经营眼光的近视性也有经营观念的战略性；既有经营工具的单一性也有方法手段的网络化。

5. 商务边界模糊化

社会生产力的加速发展，科技创新步伐的加快，使一切可以用于交换的要素都纳入了流通的范畴，工业经济时代生产过程与流通过程相对独立的形态逐渐隐退，社会的分工和交易都融进了流通，体现了"生产中生产着流通，流通中流通着生产"。即生产是流通中的生产，更多的产品无法在一个国度、一个地区、一个工厂或由一条生产线、一个工序完成；分工是流通中的分工，社会化的流通把各个"部件"配置在最能发挥效用的地方；交易是流通中的交易，所有进入流通的要素的交换价值的实现必然伴随着自身的流动；消费是流通中的消费，消费的主体就是流通中的劳动力所有者、资本所有者或企业家等以人的形态存在于社会的有生命、有思想的生灵。在这种情况下，流通成了所有要素的集合，因此商务活动过程中售卖经济资源的活动边界难以准确划定。

6. 商务组织新式化

流通革命使过去生产领域的利润向流通中的分销领域转移，将以市场消费需求为起点，围绕满足即期消费需求、开发潜在消费需求、创造崭新需求形成新的流通组织形式。一是形成社会化的物流配置体系，以第三方物流为纽带组成供应链、销售链，重建新型分销体系；二是形成一批超大型的跨国流通企业集团，以正规连锁、自愿连锁、特许连锁等形式，通过现代化的管理手段，使企业的组织成本极小化，从而使企业的边际极大化；三是形成各种有别于传统的经营业态，如超级市场、仓储式商场、便利店、无店铺销售等新型业态，并雨后春笋般地发展起来。

为使全球化的大流通顺畅无阻，在世界范围内出现了更新的流通组织形式。一是形成了世界性的协调和平衡全球贸易、投资和金融运作的组织，如世界贸易组织(WTO)、世界银行(世行)、国际货币基金组织(IMF)等；二是形成了若干流通圈(俗称商业圈)，如欧盟、北美自由贸易区等；三是形成了适应新经济要求的新型市场，特别是无形市场，如电子商务、网上商店、无纸贸易等。

1.2 商 务 理 论

为使商务活动由自发变为自觉，必须以商务理论为支撑和指导。商务理论主要由商品流通规律、国际贸易理论、国际贸易政策、对外直接投资理论和竞争理论五个部分组成。

1.2.1 商品流通的规律

商业、流通、商务几乎是含义相同的概念。商务活动是组织商品流通的重要组成部分，它们所应遵循的规律是共同的。在流通中，有许多经济规律在发挥作用。有些规律是贯穿于社会再生产全过程的，但在流通过程中又有独特的表现形式。另外一些规律则基本是流通过程所特有的，或者主要是在流通过程中发挥作用的。因此，流通规律也就是商务活动所应遵循的规律。这些规律主要包括竞争规律、平均利润率规律、供求规律、商品自愿让渡规律等。[1]

1. 竞争规律

此处的竞争，是指经济活动中的不同经济主体为实现自身利益的最大化，在经营中采取的争夺市场或客户的活动，它通常会导致此消彼长的结果。

在市场经济条件下，一个经济组织是否被淘汰，是否能维持生存及是否能求得发展，完全取决于它的经营活动是否较之于其他经营者更加符合社会的需要，因而更能为社会所接受，此外不取决于其他任何因素。所以，竞争规律是调节各经济组织之间的利益、决定各经济组织之间及各经济部门之间的相互关系如何发展的基本规律。

按照参加者的身份不同，竞争无非可以分为三类：①卖方之间为争取更大的市场份额而进行的竞争；②买方之间为争取卖方而进行的竞争；③卖方与买方之间为压价或抬高价格而进行的竞争。可以看出，尽管各经济组织在其经营活动的全过程中都会考虑竞争问题并总是尽力争取有利的竞争结果，尽管竞争的形式多样、手段各异，但只有在市场上，在他们所生产或经营的商品的实际流通中竞争才能现实地表现出来。在这个意义上可以认为，竞争是流通领域特有的规律。

这三类竞争并不是同等重要的。在市场经济的发达阶段，第一类竞争即卖方之间的竞争将最具决定意义。流通的基本职能是将商品从生产领域转移到消费领域，这一基本职能决定了竞争流动与商品及提供商品的活动紧密相关。①竞争必然围绕商品的使用价值进行，谁提供的商品在质量、品种、花色、式样等方面优于其他企业的同类产品，谁就能够博得顾客的好评，就能争取更多的顾客，占领更大的市场份额。②在同商品同质量的情况下，竞争表现为价格竞争。在质量相同的情况下，较低的价格对于顾客自然有着更大的吸引力，一个企业若能以较其他企业更低的价格出售商品，必然会在竞争中占据有利地位。这要求商品生产或经营者努力改善经营管理、降低成本，使自己生产经营的商品中所包含的个别劳动量低于社会平均的劳动量。③服务质量的竞争。在多个企业生产或经营同一种同质同价的商品情况下，谁能为顾客提供更高质量的服务，谁就更能博得顾客的认同，就能产生更大的亲密感和吸引力，就能在竞争中取胜。但这并不是说服务质量方面的竞争只有在商品达到高质量、低价格的情况下才有效，实际上，服务质量的竞争可以在一定程度上抵消因商品质量较低或价格较高这一不利条件所导致的竞争中的被动。

2. 平均利润率规律

所谓平均利润率规律，是指社会各个生产部门之间，通过竞争而使资本利润率平均化。

---

① 郭冬乐，宁则，王诚庆等. 商业经济学[M]. 北京：经济科学出版社，1999：155-160.

平均利润率规律是价值规律的真实体现。价值规律是全局性的规律。在现实的市场经济运行中，价值规律有着独特的表现形式。当商品生产发展到资本主义阶段后，由于资本成为再生产的决定力量，而无差别的资本有着追求无差别的剩余价值的权利，使商品的价值转化为生产价格，使价值规律只有通过平均利润率规律才得以间接地体现出来。由于利润率的平均化，价值相应地表现为生产价格，即各个生产部门的商品价格，等于部门的平均生产成本加社会平均利润。虽然这一转化并不改变商品价值是由劳动创造的这一本质，从而不改变商品的价值取决于生产商品的社会必要劳动时间，但在流通中，在现实的商品交换中，交换的尺度却由商品价值让位给了商品的生产价格，即商品按照生产价格进行交换。在具体的交易场合，商品的市场价格或许与其生产价格发生背离，市场价格围绕着生产价格波动，但在长期内却趋近于生产价格。

传统的观点认为，平均利润率是资本主义社会特有的经济规律，只有资本占统治地位的条件下，平均利润率才会发生作用。平均利润率的形成，是资本家追逐利润、进行竞争的必然结果，是资本主义经济的一种内在趋势。但是，随着我国经济体制改革的深入和市场经济的发展，随着我国经济运行中企业日益成为以盈利为目的经济主体，随着竞争机制的产生和确立，我们可以越来越清楚地看到，即使在公有经济部门之间，利润率也表现出平均化趋势。由此看来，在社会主义市场经济的条件下，只要资本(资金)还是生产的要素条件，只要经济组织还以盈利最大化为导向，只要各个不同生产部门之间存在着竞争和资金的转移，那么，平均利润率规律就仍然是客观的必然。

商品生产和商品交换的基本规律是价值规律，它的主要内容是：商品的价值量由生产商品的社会必要劳动时间所决定；商品按照价值量进行交换。在现实的经济生活中，商品的价值表现为价格。商品的等价交换，也就是要求价格符合价值。然而，这只是一个长期的平均趋势。事实上，价格围绕价值在竞争中根据供求变动而上下波动。这正是价值规律在商品经济社会借以发挥其作用的具体形式。"只有通过竞争的波动从而通过商品价格的变化，商品生产的价值规律才能得到贯彻。社会必要劳动时间决定商品价值这一点才能成为现实。"[①]

3. 供求规律

供求规律，是指供给要通过商品需求来实现，需求又要由商品供给来满足。供求双方要求彼此互相适应。商品供给与社会需求必须互相平衡，这是供求双方矛盾运动的内在规律。但是，双方的相互适应和平衡是在周期性的波动中实现的。

商品供求关系，是指一定时间内商品供给和社会需要之间的对比关系。流通是商品从生产领域向消费领域的运动，生产者表现为供应的一方，而消费者表现为需求一方。为使

---

① 中共中央马克思、恩格斯、列宁、斯大林著编译局译. 马克思恩格斯全集. 第25卷. 北京：人民出版社，1975：215.

这种运动能够实现，商品的供应和需求客观上要相互适应和平衡。商品供给是处在市场上的商品，是向市场提供的具有不同使用价值的产品的总和。商品需求是指市场上出现的对商品有货币支付能力的需求，即对不同使用价值的社会需求。

商品的市场价格由其本身的价值(生产价格)所决定，但商品的供求关系影响着价格与价值的背离程度，当商品的供给大于需求时，商品的价格就会低于价值(生产价格)，并且其低的程度与供大于求的程度相关。在价格较低的情况下，供应方所耗费的劳动难以得到充分的补偿，而需求一方则可以得到高额的利益，利益的驱动将促使生产能力向外转移，这样较低的价格有抑制供给、刺激需求的功效，使二者渐趋平衡。而当商品的供给小于需求时，商品的价格就会高于商品价值(生产价格)，而其高的程度与供小于求的程度相关。在价格较高的情况下，供应方一般都能得到额外的程度相关。在价格较高的情况下，供应方一般都能得到额外的利益，而需求一方则要付出较高的代价；此时，利益的驱动将使生产能力向内转移，这样较高的价格有刺激供给、抑制需求的功效，同样也能促使供求关系趋于平衡。

4. 商品自愿让渡规律

商品自愿让渡规律，是指进行商品交换的双方，必须在同时自愿的条件下，才能达成交换。换句话说，就是在商品交换中，一方面是要按照等量原则实现商品的价值，另一方面是要取得与其消费需要相适应的使用价值，这两个基本点是互为条件的。

商品交换过程中的这种自愿让渡或自愿成交的规律，是由商品本身的二重性——使用价值和价值的矛盾以及交换双方具有平等的权利所决定的。商品是价值和使用价值的统一体。作为商品生产者，他不需要自己商品的使用价值，而是需要商品的价值，但是商品本身是不能自己表现自身的价值的，它只能由另一个商品的使用价值来表现。因此，生产者只有通过交换才能实现商品价值，商品的购买者才能取得商品的使用价值。在一般情况下，商品所有者只有在交换价格接近商品价值时才能出售商品，否则便不能充分地补偿其在生产商品的过程中所耗费的劳动。假使如此，轻则影响下一步的扩大生产经营，重则不能保障在原有基础上进行简单再生产，那么他就不愿让渡自己的商品。

等价交换是自愿让渡的必要条件。因为在不等价交换的情况下，必然有一方承受价值的损失，因而便不会自愿，但它毕竟还不是自愿让渡的充分条件。这个条件之所以不充分，原因在于它或多或少地忽略了不同商品所有者的自主选择权利。在商品交换中，互相对立的仅仅是权利平等的商品所有者，在市场上，无论是卖方还是买方，都有着等价交换的选择机会，他们之所以做出一种选择而放弃另外的选择，是因为他们作为价值量相等的商品或货币所有者具有平等的权利，这种权利保障了他们的选择意愿使得他们的选择不受任何力量的干预或制约。如果站在卖方的角度看，他的目标就是争取最大的市场占有率，因而只要能获得与自身所拥有的商品所包含价值量相等的货币就可以成交；而站在消费者角度看，则除了要有等价交换的条件外，还必须要有自愿让渡的选择机会来体现和保障他们作为货币所有者的权利。

1.2.2　国际贸易理论①

国际贸易理论主要探讨国际贸易发生的内在原因、贸易条件及其利益分配等问题。国际贸易理论主要包括绝对优势理论、比较优势理论、要素禀赋理论和新贸易理论等。

1. 绝对优势理论

绝对优势理论是由亚当·斯密(Adam Smith)在其 1776 年发表的名著《国民财富的性质与原因的研究》(简称《国富论》)一书中提出的。在《国富论》中，斯密批驳了重商主义学说的观点，认为一国的财富应当是公民获得的物质与服务，因此财富应以社会所生产的商品和服务来衡量，而不能够用货币来衡量。斯密认为，如果一国一味地追求贸易顺差，只会导致国内货币数量增加，商品价格上涨，从而带来出口商品竞争力的下降。

亚当·斯密在《国富论》中首次提出了绝对优势理论，并论证了自由贸易的有效性。亚当·斯密被认为是自由经济和自由贸易理论的先驱，《国富论》一书的出版也被认为是自由经济和自由贸易理论诞生的标志。亚当·斯密的主要观点如下。

1) 各国均有自己的绝对优势

亚当·斯密认为，每个国家都有可能在某种产品的生产上拥有自己绝对有利的生产条件，从而在生产该产品上比别的国家更具有效率，即绝对优势。一国有利的生产条件可以来自自然优势，如地理条件、气候条件等，也可以来自后天优势，如生产技术优势和加工技术优势等。

2) 国际分工与绝对优势

亚当·斯密首次提出了分工与专业化的思想，认为分工和专业化可以提高生产效率，各国可以根据自己拥有的绝对有利的生产条件进行国际分工，专业化地生产自己具有绝对优势的产品，并与其他国家相互交换而获得更多的利益。

3) 自由贸易是有效的

亚当·斯密认为各国按照绝对优势的原则进行国际分工和国际交换，会促使世界各国生产资源、劳动力资源和资本资源得到最有效地利用，而在此基础上进行的国家间自由贸易将会使各国的物质财富和国民福利都得到增加。

2. 比较优势理论

比较优势理论是由大卫·李嘉图(David Ricardo)在其 1817 年发表的《政治经济学及赋税原理》一书中提出的。大卫·李嘉图以英国和葡萄牙进行贸易为例，认为比较优势是国际分工和贸易的依据，即使那些不具备绝对优势的国家也可以进行国际贸易，并从国际分工和贸易中获得利益。

---

① 陈绵水，赵应宗. 国际贸易[M]. 太原：山西经济出版社，1998：24-85.

在大卫·李嘉图的举例中，葡萄牙生产一个单位的酒需要 80 个工时，生产一个单位的毛呢需要 90 工时，英国生产同量的酒和毛呢分别需要的时间为 120 工时和 100 工时。很显然，葡萄牙在这两种产品的生产中均具有绝对优势，但在生产酒上的优势相对毛呢更大。因此，葡萄牙可以集中全部资源集中生产酒，然后用酒去交换英国生产的毛呢，而英国则相反，可以集中全部的资源生产毛呢，然后用毛呢去交换葡萄牙生产的酒，这样两国在国际分工和贸易中均可以获得利益(在此例中，假定酒和毛呢的交换比率为 1:1，则葡萄牙用一单位的酒交换英国毛呢要比在本国生产毛呢节约 10 个工时；而英国用一单位的毛呢交换葡萄牙的酒要比在本国生产酒节约 20 个工时)。

根据大卫·李嘉图的比较优势理论，即使是一个国家在两种产品生产上都处于绝对有利地位，而另一个国家都处于绝对不利的地位时，只要绝对有利的程度或绝对不利的程度不同，两国之间就可以进行分工，前者专门生产自己最有利的产品，后者专门生产自己不利程度最小的产品，这样，双方都能够从生产资源的有效配置和劳动生产率的不断提高中获得更多的利益。

比较优势理论比绝对优势理论更全面地揭示了国际贸易产生的原因，但该理论并未就国际贸易一些更深层次的问题，如各国产品成本差异的原因和贸易利益分配等问题进行分析。

3. 要素禀赋理论

要素禀赋理论由瑞典经济学家伊利·赫克歇尔(E.Heckscher)和伯力蒂·俄林(B.Ohlin)于 20 世纪初共同创立。要素禀赋理论通过对相互依存的价格体系的分析，用生产要素的充裕和稀缺来解释国际贸易产生的原因，认为国家间商品价格的相对差异是国际贸易产生的基础，而价格的相对差异则是各国生产要素禀赋的不同，即要素的相对价格不同所决定的。因此，该理论认为，一个国家应生产和出口那些生产要素充裕的产品，即自己具有比较优势的产品；进口那些本国生产要素稀缺的产品，即自己具有比较劣势的产品。俄林还提出，自由的国际贸易不仅可以弥补要素缺乏流动性的不足，而且还可以通过商品价格的均等化，使同种要素的报酬趋于均等。20 世纪 40 年代，美国经济学家保罗·萨谬尔森(P.Samuelson)也论证了自由贸易将会导致要素价格的均等化，进一步发展了要素禀赋理论。

要素禀赋理论以与绝对优势理论和比较优势理论完全不同的角度探讨了国际贸易发生的深层次原因。该理论的基本观点：即各国生产要素禀赋的差异所导致的各国产品价格的差异是国际贸易产生的基础，在一定程度上解释了国际贸易产生的理论原因。要素禀赋理论在国际贸易理论发展史中具有重要的地位，它与比较优势理论并列为国际贸易中的两大基石。但该理论体系是建立在一系列的假设条件之上的，忽略了现实经济中的动态因素对国际贸易的影响，因而得出的结论与各国国际贸易的现实状况有一定的差距。1947 年，美国经济学家列昂惕夫(W.Leontief)对美国的进口产品和出口产品的结构进行了验证。美国作为一个世界上资本最充裕的国家，按照要素禀赋理论的观点，其出口的应主要是资本密集型产品，进口的应主要是劳动密集型产品，但列昂惕夫验证的结果却与要素禀赋理论的观点完全相反，即美国主要出口的是劳动密集型产品，而进口的却主要是资本密集型产品。这一验证结果被称之为"列昂惕夫悖论"或"列昂惕夫之谜"。列昂惕夫对此悖论的解释是：美国的劳动力与外国的劳动力相比较具有较高的劳动生产率，因此，在资本数量不变的情况下，美国成为一个劳动力充裕的国家，故应出口劳动密集型产品。

4．新贸易理论

第二次世界大战以后，随着生产力的不断提高和科学技术的进步，在国际贸易领域内出现了一些新的情况，诸如产业内贸易迅速发展、发达国家之间的贸易比重扩大、知识型产品贸易增长速度超过了一般商品贸易的增长等。面对国际贸易这些新的情况，传统的以比较优势和要素禀赋为基础的国际贸易理论已无法解释。在此背景下，许多学者提出了一些所谓的"新贸易理论"。以下就其中具有代表性的理论进行简单介绍。

1) 人力资本理论

人力资本理论由美国经济学家舒尔茨(T.W.Schultz)提出，用以解释国际贸易发生的原因和贸易模式的确定。舒尔茨将资本分为两类：一类是物质资本(有形资本)，主要指厂房、机器设备和原材料等；另一类资本是人力资本(无形资本)，指寓于人体中的智能，主要表现为企业员工的文化水平、生产技能、管理才能和健康状况等。物质资本是物质资料投资的结果，同样，人力资本也是对人力投资的结果。舒尔茨认为，各国人民的天赋是相近的，劳动力质量或企业人员智能的差别是后天人力投资，主要是对教育投资的不同而形成的。在国际贸易中，美国等西方国家在高技术知识密集型产品的出口中具有比较优势，是因为这些国家拥有丰富的人力资本；而技术水平较低的发展中国家出口的产品以初级产品为主，是因为这些国家人力资本比较缺乏。

2) 需求相似理论

需求相似理论由瑞典经济学家林德(B.Linder)于 1961 年提出，是第二次世界大战后解释工业化国家之间贸易的著名理论之一。林德认为，一种工业品要成为潜在的出口产品，必须是一种在本国消费或投资生产的产品，即产品出口的可能性取决于它的国内需求。由于厂商不可能一开始就生产本国市场没有需求而只是为了满足自己所不熟悉的外国市场需求的产品，所以当两个国家的需求结构越相似时，这两个国家之间进行贸易的可能性就越大；如果两个国家的需求结构完全一样，那么，一个国家所有可能进出口的产品也就是另一个国家可能进出口的产品。林德还认为，各个国家人均收入水平是影响各国居民需求结构的最主要因素。各个国家之间人均收入水平越接近，其需求结构就越相似，相互之间的需求也就越大；各国之间人均收入水平差距越大，则需求结构的差异就越大，相互之间进行贸易的可能性就越小。

3) 动态周期理论

西方经济学者在研究第二次世界大战后工业品的国际贸易时，根据国家间技术创新和扩散以及产品的更新和仿制对国际贸易的影响，提出了技术周期理论和产品生命周期理论两个动态的国际贸易理论。

(1) 技术周期理论。

技术周期理论由美国经济学家波斯纳(Posner)提出。波斯纳认为，技术变动是一个持续的进程，一种技术在某一个国家的一种现行产品或新产品中应用到该技术被其他国家采用之间存在时间上的滞后，这是模仿滞后；同时，技术在新产品上的开发和其他国家对该产品的需求出现之间也存在时间上的滞后，这是需求滞后。技术周期理论的核心观点在于，持续的创造发明进程会导致贸易的产生，即使是在那些要素禀赋相同的国家之间，技术进步也会导致国际贸易。

(2) 产品生命周期理论。

产品生命周期理论是第二次世界大战后解释工业品贸易的著名理论之一，该理论由美国营销专家弗农(Vernon)和赫希(Hirsh)于 1966 年提出。该理论根据美国的情况，提出了产品生命周期的四个阶段。

① 美国对某一种新产品的垄断阶段。

② 外国生产者仿制该种产品的阶段。

③ 外国产品在出口市场上进行竞争的阶段。

④ 在美国市场开始竞争的阶段。

4) 规模经济理论

规模经济理论由美国经济学家保罗·克鲁格曼(P.R.Krugman)于 1979 年提出。在该理论中，首次将规模收益递增和垄断竞争引入国际贸易分析之中。克鲁格曼认为，规模收益递增也是国际贸易产生的基础，当某一产品的生产达到一定规模，收益开始递增时，生产成本随生产规模的扩大而递减，因而形成该产品生产的成本优势，最终形成专业分工并出口。规模收益递增的发生源自两个方面的因素，一方面来自内部规模经济收益，因为大规模的经营能够充分地发挥各种生产要素的效能，更好地组织企业内部的专业化和分工；另一方面来自外部经济效益，即来自与企业经营相关的外部环境，诸如运输、通信、金融服务等。

1.2.3　国际贸易政策[①]

国际贸易政策主要是指一个国家影响其商品进出口规模、构成和方向的各种具体的政策措施，这些政策措施大致可以分为进出口的关税措施、非关税壁垒，以及鼓励出口和限制进口的政策措施。

---

① 王建华. 国际商务理论与实务[M]. 北京：清华大学出版社，北京交通大学出版社 2006：37-43.

1. 关税措施

关税是指进出口商品经过一国关境时，由政府所设置的海关向进出口商征收的一种国家税收。

关税的种类繁多，可以按照不同的标准进行分类。

1) 按照征税商品的流向分类

(1) 进口税(Import Duty)。

(2) 出口税(Export Duty)。

(3) 过境税(Transit Duty)。

2) 按照征税的目的分类

(1) 财政关税(Revenue Tariff)。

(2) 保护关税(Protective Tariff)。

(3) 收入再分配关税(Redistribution Tariff)。

3) 按照征税的计算方法分类

(1) 从量税(Specific Duty)。

(2) 从价税(Advalorem Duty)。

(3) 混合税(Compound Duty)。

(4) 选择税(Alternative Duty)。

4) 按照差别待遇和特定的情况分类

(1) 进口附加税(Import Surtax)。

(2) 差价税(Variable Duty)。

(3) 特惠税(Preferential Duty)。

(4) 普遍优惠制(Generalized System of Preference，GSP)。

2. 非关税壁垒

非关税壁垒(Non-Tariff Barrier)是指除关税以外的限制进口的各种措施。非关税壁垒主要包括以下几种措施。

1) 进口配额

进口配额(Import Quota)，也称进口限制，是指一国政府在一定时期(通常为一年)内对某些商品的进口规定数量或金额上的限制。在规定的期限内，配额以内的商品可以正常进口，超过配额的商品不准进口，或者虽然准许进口，但须征收较高的关税乃至罚金。进口配额有两种形式，即绝对配额和关税配额。

2) 自愿出口限制

自愿出口限制(Voluntary Export Quota)，又称自愿出口配额，是指出口国在进口国的要求和压力下，单方面或经双方协商规定某种或某类商品在一定时期内对该进口国出口的最高数量限制。在此限额内，出口国自行安排出口，达到限额后即自愿限制不再出口，进口国通过海关统计进行核查。自愿出口限制有非协定的自愿出口限制和协定的自愿出口限制两种形式。

3) 进口许可证制度

进口许可证(Import License)是由政府颁发的凭以进口的证书。进口许可证制度即为政府规定商品进口必须领取进口许可证，没有许可证，一律不准进口的制度。进口许可证制度通常与配额、外汇管制等结合起来运用。

4) 外汇管制

外汇管制(Foreign Exchange Control)是一国政府通过法令对国际结算和外汇买卖实行限制以平衡国际收支和维持本币汇率稳定的一种制度。外汇管制的主要做法有以下两种。

(1) 行政管制。

(2) 成本管制。

5) 其他的限制进口的非关税壁垒措施

(1) 歧视性政府采购政策。

(2) 最低限价和禁止出口。

(3) 海关估价(Customs Valuation)。

(4) 各种国内税(Internal Tax)。

(5) 产品的本地成分要求(Local Content Requirements)。

(6) 技术性贸易壁垒(Technology Trade Barrier)。

(7) 其他形式的非关税壁垒。

3. 鼓励出口的措施

许多国家在利用关税和非关税措施限制进口的同时，还采取了各种措施对本国商品的出口予以鼓励和支持。其措施主要有以下几种。

1) 出口信贷

出口信贷(Export Credit)是指出口国银行为了鼓励本国商品出口，增强本国商品的竞争能力，以优惠利率的形式向本国的出口企业、国外的进口企业或国外进口方银行提供的一种政策性贷款。主要包括卖方信贷和买方信贷两种形式。

2) 出口补贴

出口补贴(Export Subsidies)是一国政府为了降低本国出口商品的价格，提高其在国际市场上的竞争力而对出口厂商出口商品时的现金补贴或财政上的优惠待遇。出口补贴有两种形式：一种形式是直接补贴，另一种形式是间接补贴。

3) 商品倾销

商品倾销(Dumping)是指以低于国内市场的价格甚至低于生产成本的价格，在国外市场抛售商品的行为，其目的是打击同类商品生产者以占领市场。按照倾销的具体目的的时间不同，商品倾销可以分为偶然性倾销、长期性倾销和间歇性倾销三种类型。

4) 外汇倾销

外汇倾销(Eexchange Dumping)是指以降低本国货币汇率的方法来扩大商品的出口。

5) 其他

其他措施，如建立自由贸易区、保税区和出口加工区等。

1.2.4 对外直接投资理论①

第二次世界大战后，随着跨国公司的兴起和发展，对外直接投资已经成为世界经济的重要推动力量。在此背景下，西方的学者纷纷就对外直接投资的动因、国际市场的进入方式及跨国经营的区位选择进行研究，形成了不同的理论流派。

1. 垄断优势理论

垄断优势理论，也称特定优势理论，是由美国学者斯蒂芬·海默(Stephen Hymer)于 1960 年最先提出，后经查尔斯·金德尔伯格(Charles Kindleberger)进行了系统的阐述和补充。垄断优势理论被认为是西方跨国公司理论的基础和主流，也是对外直接投资最早和最有影响的理论。

垄断优势理论的核心内容是"市场不完全"和"垄断优势"。海默认为，传统的国际资本流动理论认为海外市场是一种"完全竞争"的描述在现实中是不存在的。事实上，市场是不完全竞争的，这主要体现在四个方面。

(1) 商品市场不完全，即商品的特质化、商标、特殊的市场技能和价格联盟的存在使商品市场不完全。

(2) 要素市场不完全，即技术水平的差异和获得资本难易程度的不同使要素市场不完全。

(3) 规模经济引起的市场不完全，即不同规模的企业所获得的规模收益不同所导致的市场不完全。

(4) 政府干预形成的市场不完全，即由于政府税收政策、利率政策和汇率政策等因素所导致的市场不完全。

海默认为，市场不完全是造成企业对外直接投资的基础。垄断优势的构成，大致可以归纳为技术和知识优势、规模优势、资金优势、营销和组织管理能力优势等。这些优势后来被英国学者约翰·邓宁总结为"所有权优势"，并成为其国际生产折中理论的重要组成部分之一。

2. 内部化理论

内部化理论的渊源可以追溯到罗纳德·科斯(R.H.Coase)的产权经济学理论。科斯认为，

---

① 王建华. 国际商务理论与实务[M]. 北京：清华大学出版社，北京交通大学出版社，2006.：90-93.

由于市场失效及市场不完全将使企业的交易成本大大增加，如企业签订合同的费用、信用收集的费用及合同履行的费用等。企业为避免这些额外费用的增加，便产生了"内部化"，即以企业内部市场取代不完全的外部市场的倾向和活动。1976年，英国学者巴克利(Peter J.Buckley)和卡森(Mark C.Casson)运用交易成本和垄断优势理论，提出了对外直接投资的内部化理论。

内部化理论从国外市场的不完全与企业内部配置资源的关系来说明对外直接投资的动因。该理论的出发点是市场不完全，认为市场不完全不仅存在于最终产品市场，也同样存在于中间产品市场。这里所指的中间产品除了通常意义上的原材料和零部件外，还包括专利和专有技术等知识型中间产品。由于知识型中间产品市场更加不完全，因此存在着定价困难和交易成本增加等问题。当交易成本过高时，企业就倾向于通过对外直接投资使其市场内部化，这样就可以将原本通过外部市场进行的交易转化为内部所属企业间的交易，从而达到降低交易成本的目的。该理论认为，影响中间产品内部化的因素主要有四个。

(1) 行业因素，主要包括中间产品的特性、外部市场的结构、企业的规模经济特征和产业特点等。

(2) 国别因素，指有关国家政治体制和法律框架、财政经济状况等。

(3) 区位因素，指有关区域内社会文化差异、自然地理特征和综合投资环境等。

(4) 企业因素，指企业的竞争优势与劣势、组织结构、管理水平及企业文化等。

3. 国际生产折中理论

国际生产折中理论由英国著名跨国公司专家约翰·邓宁(J.H.Dunning)提出，邓宁认为，过去的各种对外直接投资理论都只是从某一个角度进行分析，未能综合、全面地分析企业对外直接投资的动因，因而需要用一种折中的理论将各有关理论综合起来。国际生产折中理论的核心是：企业跨国经营是该企业具有所有权特定优势、内部化优势和区位优势这三种优势综合作用的结果。

1) 所有权特定优势

所有权特定优势又称垄断优势，是指企业所独有的优势。具体包括两方面内容：资产性所有权优势和交易性所有权优势。

2) 内部化优势

内部化优势是指具有所有权特定优势的企业，为避免外部市场不完全性对企业的影响，而将企业优势保持在内部的能力。

3) 区位优势

区位优势是指某一东道国市场相对于企业母国市场在市场环境方面对企业生产经营的有利程度。主要包括：东道国市场的外资政策、市场规模、基础设施、资源禀赋等。

4. 比较优势理论

比较优势理论是由日本一桥大学教授小岛清(K.Jima)于1987年提出的。该理论是小岛清依据日本企业对外直接投资的实践对对外直接投资动因做出的新的解释。小岛清认为，具有垄断优势的美国公司在海外设立子公司并把生产基地转移到国外的行为，会减少母公司的出口并对本国经济产生不利的影响，这种投资行为违背了比较优势的原理，因而属于"贸易替代型"海外直接投资。日本跨国公司的海外投资领域多属于那些已经失去或即将失去比较优势的传统工业部门，这些传统行业在国外很容易找到生产要素、技术水平相适应的投资地点，获得比国内投资高的收益；并且东道国由于直接投资项目的收益增加也必然会形成对投资产品的需求。因此跨国公司在海外的直接投资属于"贸易创造型投资"。小岛清进一步分析了美国模式与日本模式海外直接投资的不同之处：美国公司的对外直接投资是从本国具有绝对优势或比较优势的行业开始，其目的是垄断东道国当地市场，其结果是对东道国发展经济不利；日本公司对外直接投资是从不具有比较优势的所谓"边际产业"开始的，因而有利于东道国建立具有比较优势的产业，并促进当地经济的发展。

1.2.5　竞争理论[①]

1. 一般竞争理论

迈克尔·波特教授在其《竞争战略》一书中把竞争战略描述为：采取进攻性或防守性行动，在产业中建立起进退有据的地位，成功地对付五种竞争作用力，从而为公司赢得超常的投资收益。由于不同的企业面临其独特的内外部环境，因此对付这五种竞争作用力，会采取不同的战略方法。波特教授提出了具有内部一致性的三种基本竞争战略，即成本领先战略(Cost Leadership Strategy)、差异化战略(Differentiation Strategy)和集中战略(Focus Strategy)。

1) 成本领先战略

成本领先战略的指导思想是在某一产业中以低于竞争对手的成本取得一个领先的地位，从而以较低的销售价格吸引市场上众多对价格敏感的消费者，或者在与竞争者销售价格相同的情况下获得更高的利润水平。其方法主要是通过加强内部成本控制，在研究与开发、生产运作、销售、服务和广告等领域把成本降到最低限度。企业能否实施成本领先战略的关键是产业内所提供的产品差异比较小，需求量很大。价格是顾客购买最敏感的因素，价格竞争是产业内主要的竞争手段。

2) 差异化战略

差异化战略是指企业在产品或服务方面有别于其他竞争对手，树立起在全产业范围内独具一格的特色产品或服务。差异化战略是利用购买者对产品或服务品牌的忠诚以及由此产生对价格的敏感性下降使企业获得竞争优势。企业能否实施差异化战略的关键是企业提供的产品或服务的独特性所带来的溢出价格超过因其独特性所增加的成本。

---

① 王建华. 国际商务理论与实务[M]. 北京：清华大学出版社，北京交通大学出版社，2006：154-158.

3) 集中战略

集中战略又称专一化战略，是指企业把经营范围集中在一个特定的目标市场上，为特定的地区或特定的购买群体提供特定产品或服务的一种战略。由于企业的资源和实力有限，全线作战、整个产业全面铺开往往顾此失彼，很难赢得竞争优势，因而寻求在某一特定的目标市场集中优势资源或特殊能力寻求突破，以便能够比竞争对手更为有效地为特定的目标顾客群服务。当市场被细分，特定的目标市场和特定的顾客群体确定以后，接下来就是通过成本领先战略或差异化战略来赢得竞争优势。

波特认为，这三种基本竞争战略都是每一个企业必须要明确的，因为徘徊在三种战略之间的企业战略就是非常糟糕的中庸战略，这样的企业必定是市场占有率低、缺少资本投资、企业文化含糊、组织结构不合适等。波特认为，以投资收益率代表盈利性指标，企业盈利性与市场占有率之间存在 U 形关系，这种关系的形成与企业所选择的竞争战略有关。

波特教授认为，三种基本竞争战略实施需要不同的资源和技术，同时在实施过程中需要企业有相应的组织结构和组织环境与之相匹配。

2. 国际竞争理论

1) 国际化战略

国际化战略是指企业的产品和生产要素在流通过程中积极参与国际分工和国际竞争，全面提升企业的竞争力，以适应世界经济一体化的发展趋势和尽快与国际接轨，在较大范围、更广领域、更高层次参与竞争，不断提升企业的综合竞争能力。

国际化战略的特点是：面向国外市场，在海外建立自己的研发中心和生产基地；建立自己的国际营销和服务网络，更好地开发国际市场；与外方在共赢的基础上共同开发国际战略资源。

2) 全球化战略

全球化战略是指企业向全球市场销售其产品或服务，其核心是在全球范围内合理配置资源，基于全球市场来构思和设计企业的标准化产品或服务，并选择在低成本国生产。全球化战略强调的是通过兼并实现资本在全球范围内的集中和控制，从而增强其在全球的垄断地位，通过对技术资源的控制实现核心技术在全球范围的垄断。

全球化战略实施的条件是：全球消费者的需求与喜好已趋一致；产品既要符合当地的消费者偏好，又要进行标准化生产；全球消费者愿意牺牲产品的性能、功用及设计以获得价廉质优的产品；企业通过面向全球市场可以达到可观的生产及销售规模。

3) 本土化战略

本土化战略是指企业根据东道国的法律法规、政治制度、文化氛围等人文因素和经营环境的不同，对自身的经营战略、经营模式等进行优化调整，在产品品牌、人力资源、资本运作、产品制造、研究开发、企业文化等方面大力实施本土化的战略。

实施本土化战略的途径有：用适用产品占领东道国目标市场，进行产品本土化；大胆聘用当地适用人才，实施人才本土化；积极参与东道国社会文化融合，实现品牌与营销本土化；实现生产本土化和原材料采购的本土化；了解产业技术信息和消费动态，实施研发本土化；树立企业良好形象，建设本土化公共关系；以全球市场为导向，实施管理本土化等。

1.3　商务管理概述

为保证商务组织或自然人的商务活动有效而顺利地进行，必须对商务活动实施管理，并不断得到强化。特别是在市场经济条件下，市场和政府双方都存在弱点的情况下，如何强化对商务活动的管理就成了商务组织或自然人关注的重要问题。

1.3.1　商务管理的概念

尽管商务及其管理的实践活动由来已久，但是"商务"与"商务管理"不仅在我国相当长时期没有得到广泛使用，而且研究甚少。即便有少量研究，也是既不规范，观点也不一。因此，有必要弄清商务管理的概念，从而有利于"商务管理"这门学科的建设和发展。

1. 商务管理概念的表述

概念是反映客观事物根本属性的思维形式[①]。人类的认识过程中，把感觉到的事物共同点抽象出来，加以概括，就形成了概念。

商务管理概念中至少应包含商务和管理两个概念。其中商务又是对管理的限定。

关于管理概念和理论体系已在近代进行了科学研究并完整形成。归纳起来，有代表性的管理定义可以分为三类。

第一类，注重业务过程，管理，强调以"事"为中心。管理就是对特定的事件或组织性活动进行计划、组织、领导、控制和创新的过程。人与人聚集在一起是为了完成某种特定的工作，没有特定的事件，管理活动就失去了实际意义。

第二类，注重人员激励，强调以"人"为中心。管理活动总是以一定的人际环境为前提，没有共同劳动就没有管理的必要，只有在两人或两人以上集合在一起共同劳动时，才需要采取各种激励手段去推动他人工作，协调人与人之间关系，形成人际合力的管理劳动。

第三类，注重组织目标，强调以"目标"为中心。管理就是决定组织或个人目标，组织各种资源有效实现目标的过程。管理总是以实现某种目标为己任，将必要的资源聚集在一起开展某种特定工作。没有目标管理，活动就失去了方向。

上面三类定义分别从不同侧面提示了管理活动的本质。人、事、目标是管理的三大基

---

① 商务印书馆辞书研究中心. 应用汉语词典[M]. 北京：商务印书馆，2000：392.

本因素。可见，管理是人、事、目标的有机统一。所以，管理的定义可综合表述为：管理就是在特定的环境下，对组织或自然人所拥有的资源进行有效的计划、组织、领导、控制和创新等一系列活动，以便达成既定目标的过程。

关于商务概念我国从20世纪70年代末就开始认真研究，研究结果也在前文有所表述和归纳。从中可以明显地看出，商务也是人、事、目标三大基本因素的有机统一。商务本身就是一种出售和购买经济资源的各种活动，表现为特定的"事"；出售和购买经济资源的是商务组织和自然人，表现为特定的"人"。出售和购买经济资源一方面是为了实现经济资源的价值和使用价值，另一方面也是为了获得盈利，交易各方都有明确的"目标"。不过，商务在商务管理中已成了管理的特定领域和对象。为获取管理的成功与成效，管理包括管理手段必须符合管理对象的特点与要求。毫无例外，商务管理也必然将与商务相适应的人、事、目标有机统一起来，才能构成商务管理的全部内容。因此，我们将商务管理的概念定义为：商务管理是指以盈利为目的的商务组织和自然人，对出售和购买经济资源的各种活动进行全面的计划、组织、领导、控制和创新的过程。

2. 商务管理概念的理解

上述关于商务管理概念的表述，体现了商务管理与管理的共性与个性的关系，概括性较强，又有利于我们明确商务管理的主体、客体、范围和本质。

1) 商务管理是管理的一个分支

管理是人类共同劳动、分工协作的产物，只要有共同劳动、分工协作就需要协调，就离不开管理。管理是一个普遍性的社会现象。关于管理的普遍性和必要性，马克思做过精辟的论述。马克思说："一切规模较大的直接社会劳动或共同劳动，都或多或少地需要指挥，以协调个人的活动，并执行生产总体运动——不同于这一总体的独立器官的运动——所产生的各种一般职能。一个单独的提琴手是自己指挥自己，一个乐队就需要一个乐队指挥。"[①]马克思的这一论述充分揭示了管理普遍存在的意义，管理社会活动本身所产生的一般社会职能，是保证协作劳动顺利进行的必要条件。

商务活动是社会活动的重要组成部分，是所有从事资源买卖的职工结合在一起的共同劳动。共同劳动是一种既有明确分工，又互相协作的劳动。共同劳动在分工之后，具有劳动程序上的连续性，分工越细，组织所属各部门、各环节、各个工作岗位之间的联系性、依赖性、制约性就越强，协作关系也就越密切。商务组织为了有节奏地从事买卖活动，实现目标，就必须通过管理，把所属各部门、各环节、各个工作岗位的活动有机地协调起来，并对组织活动进行计划、组织、领导、控制和创新才能保证买卖活动的顺利进行。

2) 商务管理与生产管理同宗异族

商务活动和生产活动均属社会活动的基本内容，都是社会再生产过程的一个重要组成

---

① 中共中央马克思、恩格斯、列宁、斯大林著作编译局译. 马克思恩格斯全集[M]. 第23卷. 北京：人民出版社，1975：367.

部门，属兄弟关系，仅是两者的职能和过程不同而已。

生产活动的职能是通过技术改变资源要素的形态或性能，为社会创造新的使用价值和价值，即 W—P—W′。在这个过程中，从资源的寻找、组合、配置，到成品的产出都要符合市场的需要。

商务活动的职能是通过市场、组织资源的异地转移，为社会实现资源的使用价值和价值，即 W—G—W′。在这个过程中，资源的形态或性能仍然保持原状，但同样要符合市场的需要。

可见，无论是商务活动还是生产活动都离不开市场需要。由此，都得以市场为"目标"。围绕使用价值和价值这件"事"，采取各种手段激励他人工作，形成人际合力，最终形成人、事、目标三大基本因素的有机统一，促进生产力的发展和生产关系的和谐。

3) 商务管理具有本身独立的内容

商务活动从主体、客体、手段、环境、要求等各个方面都有别于生产、社会、公共物品等活动。因而，其管理必然具有其本身独立的内容。商务管理的内容至少包括商务组织、商务人员、商务形象、商务手段、商务机会、商务桥梁、商流、物流、货物贸易、服务贸易、技术贸易、资金筹集、资金投放和商务风险等十四项。本书仅述商务机会、商务桥梁、商流、物流、货物贸易、服务贸易、技术贸易、资金筹集、资金投放、商务风险等十项。

(1) 商务机会，是指客观存在于市场过程之中，能给商务组织及其他盈利性活动的组织和自然人提供销售、服务对象、带来盈利可能性的市场需求。其管理的具体内容包括商业机会的捕捉、分析、选择和创造。

(2) 商务桥梁，是指沟通以盈利为目的的商务组织或自然人的经济资源交易活动的媒体和事务。其管理的具体内容包括交易磋商、签订合同、调解冲突、协调关系。

(3) 商流，是指流通(交换)过程中与经济资源所有权转移相关的各种买卖活动，也称为商品的价值运动，其管理的具体内容包括经济资源售出和购买的管理。

(4) 物流有广义与狭义之分。这里主要指狭义物流——商务物流，即发生于流通领域的在一定劳动组织条件下凭借载体从供应方向需求方的资源实体定向移动。其管理的具体内容包括运输、储存的合理组织和配送中心管理。

(5) 货物贸易也叫有形商品贸易，即有形的、看得见的经济资源(商品)的贸易，其管理的具体内容包括出口业务管理、进口业务管理、海关业务管理、货物运输保险管理。

(6) 服务贸易，是指以服务为交易对象的交换活动，包括服务的出售和购买。其管理的具体内容包括金融服务贸易、旅游服务贸易、通信服务贸易、运输服务贸易的管理。

(7) 技术贸易，是指以技术为交易对象的交易活动，包括技术转让和引进、技术合作、技术援助。其管理的具体内容包括专利贸易管理、商标贸易管理、版权贸易管理、技术引进、国际技术转让等。

(8) 资金筹集，是指商务组织为从事经济资源买卖从不同资金所有者手中筹措资金的财务活动。其管理的具体内容包括研究筹集资金的渠道和方式，分析比较筹资成本。

(9) 资金投放，是指商务组织根据需要，用一定的资金或实物来建立各种买卖条件，进行经济资源的买卖以获取收益的一种经济活动。其管理的具体内容包括确定资金投放的原则，评价投资方案的优劣，确定投资的基本内容。

(10) 商务风险，是指客观存在于商务活动过程之中的，在特定情况下、特定期间内，某一事件导致的最终损失的不确定性。风险管理用以对某一组织或自然人所面临的风险进行评价处理和防范。

上述十项内容，是商务管理所独有的。即便风险的管理在生产或其他领域的管理中也不会没有，但商务风险的管理在商务管理中更具特殊的地位和要求。

1.3.2　商务管理的特点[①]

商务活动的特点决定了商务管理与其他管理的不同。商务管理的特点大致可以概括为外向性、多变性、全局性、复杂性和人本性五个方面。

1. 商务管理的外向性

企业的商务活动是面向外部、面向市场的，企业与外界的各种经济联系主要是通过商务活动实现的，这就决定了商务管理是一种面对外部环境的管理活动。商务管理与生产管理的最大区别在于商务管理是外向的，而生产管理是内向的。生产管理的重点是成本、技术、质量和效率问题，强调生产的标准化、系列化和高效率；而商务管理侧重于情报、价格、经营、市场和效益等问题，强调企业经营能力与外部环境的协同性。

2. 商务管理的多变性

商务管理的外向性决定了其管理原则和方法的多变性。因为企业面临的外部环境总是不断变化的，商场如云、变幻莫测，企业的商务管理活动只有经常保持与外部环境的动态适应性，才能获得经营的成功。也就是说，商务管理面对的许多因素是不可控因素，这些因素是由市场客观力量所决定的，不以企业的意志为转移，企业只有通过经常的、周密的市场调查分析，才能掌握市场化的规律，抓住有利的商业机会，减少经营的风险损失，创造有利的经营环境。

3. 商务管理的全局性

商务活动是决定企业命运的活动，因为商务活动中的销售环节是决定企业经营成败的关键环节。马克思曾形象地说，商品的出售是一个"惊险的跳跃"，这个跳跃不成功，摔坏的不是商品，而是商品所有者(即生产经营者)。可见，商务管理的好坏不仅关系到商务工作自身的效果，而且直接影响到企业的盈利水平。一项不适当的促销措施可能会使企业的产

---

① 廖进球. 商务管理学[M]. 北京：中国财经出版社，1998：65-67.

品无人问津，造成大量产品积压；一项错误合同的签订可能会使企业面临灭顶之灾。总之，商务管理的好坏直接关系到企业经营的全局。

4．商务管理的复杂性

评价一项商务活动的绩效并不是一件轻易的事。通常，人们采用采购成本与质量、市场占有率、销售利润等指标评价商务活动绩效，但上述因素本身并不仅仅由商务活动决定。以企业利润为例，企业利润的高低不仅与商品销售有关，而且与产品成本、产品质量直接相关，还与企业战略决策紧紧相连。另外，短期利润的高低并不一定决定着长期利润的多寡，为了短期利润竭泽而渔可能会使当前商务绩效明显，但企业的长远利益却会受损。总之，商务绩效的评价是非常复杂的。绩效评价的复杂性，决定了商务人员管理的复杂性。要管理好商务人员，使之为企业的发展发挥最大的潜能，需要高超的管理艺术。

5．商务管理的人本性

商务活动离不开特定的"人"。这里所讲特定的"人"，既包括从事商务活动的自然人，也包括以人为基本要素的组织，还包括商务活动的服务对象及利益相关群体。商务组织和自然人是商务活动的真正主体。商务行为实质上是人的行为。为此，首先要处理好商务组织内部人员之间的关系，同时要处理好商务组织与外部的关系，创造一个和谐的环境。

由此可见，商务管理是一项意义重大而难度又很大的管理活动。它不仅会影响企业全局，而且大量管理活动都是非常规的，没有固定的模式和方法，没有永恒不变的原则，需要充分发挥全体商务人员的智慧和积极性，才能取得管理的成功。

1.3.3　商务管理的地位[①]

商务活动在商务组织或自然人的经营活动中的地位，决定了商务管理的地位。上面已提示：商务活动是商务组织的基本活动，是面向市场的活动，是塑造商务组织和自然人形象的活动。因而，商务活动是决定商务组织和自然人命运的活动。可见，商务活动在商务组织和自然人的各项活动中处于中心地位，由此可以得出推论：商务管理在商务组织和自然人的管理活动中也处于中心地位。具体可概括为以下四个方面。

1．商务管理是及时发现商务机会，明确商务目标的重要手段

在市场经济条件下，生产是以交换为目的的生产，其创造的产品或服务价值必须通过市场才能实现。企业的价值能否实现，主要不取决于供给品的质量，也不取决于企业推销工作如何卖力，而取决于是否适销对路，即市场有没有对企业产品的需求。如果市场需求旺盛，供给品质量好，销售服务质量高，就能迅速实现企业产品或服务的价值，实现生产

---

① 廖进球. 商务管理学[M]. 北京：中国财经出版社，1998：75-77.

目的。可见，商务组织活动顺利进行的关键是寻找交易对象、发现商业机会。而加强商务管理，则有利于及时发现商业机会，并迅速转化为企业目标，从而为企业产品的经营活动提供方向。

2. 商务管理，是迅速扩大销售，发展商务组织的重要保障

商务组织在市场竞争条件下必须具有很强的竞争力，即保持旺盛的生命力。商务组织生命力的源泉在于能够不断地为市场提供有用的产品或服务，经常接受市场的检验。为此，商务组织不仅要在市场调查研究的基础上不断开发新产品和新市场，经常为社会提供适销对路的产品或服务，而且要千方百计地扩大销售，巩固和提高市场占有率，而这一切又与商务管理水平高低紧密相关。如果商务组织不能有效地扩大销售和提高市场占有率，商务组织的发展壮大就会受到很大的限制。

3. 商务管理，是降低销售成本，提高商务组织利润水平的必要途径

获取利润是商务组织的天性，商务组织生产经营活动的理想目标是利润最大化。决定企业利润大小的因素有很多，最直接的因素是销售额和销售成本。在价值水平一定的情况下，销售额增加，销售成本不变，利润增大；销售成本降低，销售额不变，利润也增大。销售成本取决于产品成本和销售费用，而产品成本则取决于生产成本和采购成本。采购成本高低、销售费用大小都与商务管理密切相关。如果采购成本高、销售费用大，销售成本将上升，商务组织利润随之减少。可见，要提高利润水平，必须加强商务管理。

4. 商务管理，是规避商务风险，保障商务组织和自然人安全的重要举措

商务风险是企业和自然人在开发商务活动中产生的风险，有广义和狭义之分。广义的商务风险，泛指一切与商务相关的活动所产生的风险，包括交易风险、产品质量和服务与合同不符产生的风险、选择商业机会的风险、运输风险、结算风险，以及筹资风险和投资风险等。我们讲的是广义的商务风险。商务风险具有普遍性、客观性、损失性和不确定性，但又具有特定的根源、概率的互斥性、损失的可测性、可转移性、可被分隔、有些可利用性等特征，这些特征决定了风险的可防范性，风险损失也是可以控制的，即风险管理的可能性，也就是说人们可以通过主观努力，采取预防或消除措施或风险发生后的弥补措施，尽可能适应客观变化，缩小可能结果间的差异，从而使风险最小化。可见，包括商务风险管理在内的商务管理是获得商务组织或自然人安全经营的基本保障，直接关系到资源买卖的成败，是现代商务组织或自然人的"救生圈"。

总之，商务组织或自然人要在激烈的市场竞争中求生存、谋发展，要赢得竞争的优势，提高安全保障系数，就必须加强商务管理、提高商务水平。

1.3.4　商务管理的任务

商务管理的中心地位需要通过其管理任务的完成来体现。换句话说：与商务管理的地位相适应，商务管理必须明确承担相应任务。

1. 商务管理的基本任务

商务管理的基本任务是：根据商务理论和市场的要求，通过对商务活动的计划、组织、领导、控制和创新，充分发挥商务人员的积极性和首创精神，及时地调整商务组织内外关系，加速经济资源的集散和配置，以较少的费用、高质的服务实现经济资源的转移。

商务作为出售和购买经济资源的一种活动，是以交换为目的的社会生产的基本活动，是面向市场的活动，是塑造形象的活动，是决定组织命运的活动，是社会经济活动的中心，引导着社会经济的发展。在激烈的市场中，商务能力的大小直接影响到商务组织的命运。因此，商务管理必须有理论支撑，以市场需求为导向，以"人"和"事"为中心，以快速、高效、低成本为目标。

2. 商务管理的具体任务[①]

商务管理的基本任务具体化为以下六个方面。

1) 收集信息，捕捉商机

高质量地收集、分析市场信息，捕捉有利的商业机会。

2) 扩大销售，实现价值

千方百计地扩大经济资源的销售，以优质的服务满足消费者和用户的需要，实现商务组织及其经济资源的经济和社会价值。

3) 做好采购，满足需要

努力做好经济资源的购买，以低成本、高质量的资源满足商务组织、商务活动的需要。

4) 强化中介，创造和谐

加强交易磋商和合同管理，妥善处理商务冲突，协商对外关系；创造良好、和谐的商务活动内外环境。

5) 加强调研，规避风险

加强市场的调研预测和商务战略研究，积极开拓市场领域，有效运营资本，防范和减少商务风险。

6) 提高素质，发挥才智

定期进行商务人员盘点，及时进行商务人员适当的获取、维护、激励、活用与发展，充分发挥全体商务人员的积极性和聪明才智。

---

① 廖进球. 商务管理学[M]. 北京：中国财经出版社，1998：73(改写).

3. 商务管理的基本要求①

要实现商务管理的上述任务,要求做到以下三点。

1) 以销售为中心

以销售为中心是指全部的商务活动都要围绕销售展开。商情调研与选择商业机会是为了寻找销售市场;组织商品的采购供应(包括进一步加工生产)是为销售准备货源;加强合同管理和对外关系协调是为了减少管理和减少销售矛盾;对外关系协调是为了减少销售矛盾,协调销售关系;强化战略管理是为了扩大销售市场,减少销售风险;加强人员管理是为了提高销售质量、减少销售成本。总之,各项活动都要以销售为中心。

2) 以人为根本

以人为根本是指充分调动一切积极因素,为实现商务目标服务。人是商务活动的真正主体。首先要处理好商务组织内部人员的关系,商务人员之间、管理者与被管理者之间、商务人员与商务组织其他人员之间要相互尊重、相互支持,形成一个团结进取、心态良好的人际环境;其次要处理好商务组织与外部的关系,商务组织与顾客、股东、合作伙伴、竞争对象、新闻媒介、金融机构、社会公众之间要进行充分的人际沟通,创造一个和谐的商务环境。

3) 以诚信为宗旨

以诚信为宗旨是指开展各种商务活动都要讲求诚信二字。诚信是经商的法宝,"诚招天下客,誉从信中来",这是自古以来经商的信条。商务管理要始终贯彻诚信二字,以诚待人,以诚处事,顾客至上,信誉至上,不做任何损害消费者和用户利益、损害公众利益、损害国家利益的事。把商务行为与商务组织的社会责任有机统一起来。

本 章 小 结

(1) 商务是以盈利为目的的微观经济主体出售和购买经济资源的各种活动的总称。它与商业、贸易、服务、营销、经营、商事、国际商务等既有联系,又有区别。

(2) 商务活动的范围和内容分别包括三个层次和八个方面。

(3) 做好商务工作,对于人类生活的丰富、企业的发展、社会的进步极其重要。

(4) 商务活动由于商业概念、内涵、地位、职能的革命性变化将呈现着商务要素细分化、商务地域扩大化、商务手段信息化、商务体系多维化、商务边界模糊化、商务组织新式化的趋势。

(5) 为使商务活动由自发变为自觉,必须以商品流畅规律、国际贸易理论、国际贸易政

---

① 廖进球. 商务管理学[M]. 北京:中国财经出版社:1998:73-74.

策、对外直接投资理论、竞争理论为支撑和指导。

(6) 商务管理,是指以盈利为目的商务组织和自然人,对出售和购买经济资源的各种活动进行全面的计划、组织、领导、控制和创新的过程。它是管理的一个分支,与生产管理同宗异族,具有本身独立的内容。其特点概括为外向性、多变性、全局性、复杂性和人本性五个方面。

(7) 商务管理在商务组织和自然人的管理活动中处于中心地位。

(8) 商务管理的基本任务是:根据商务理论和市场的要求,通过对商务活动的计划、组织、领导、控制和创新,充分发挥商务人员的积极性和首创精神,及时地调整商务组织内外关系,加速经济资源的集散和配置,以较小的费用、高质的服务实现经济资源的转移。这一基本任务具体化为收集信息,捕捉商机;扩大销售,实现价值;做好采购,满足需要;强化中介,创造和谐;加强调研,规避风险;提高素质,发挥才智等六个方面,为实现上述任务要求做到以销售为中心,以人和为根本,以诚信为宗旨。

本章思考题

1. 什么是商务?理解商务概念应把握哪些基本点?
2. 你对商务活动的重要性是如何认识的?
3. 何谓商务管理?你对商务管理是如何理解的?
4. 试比较商务交流与商务管理的联系与区别。

本 章 案 例

少收一元引来亿元投资

江西省贵溪市出租车司机周新华因少收浙商 1.3 元车费,为该市赢来 1.2 亿元的投资。为此,贵溪市相关部门授予周新华驾驶的 2034 号出租车"文明出租车"称号,奖励周新华现金 1000 元,并号召全市干群向周新华学习。

周新华当年 40 岁,是贵溪市泗沥镇周湾村的一位进城务工农民。2005 年 8 月 4 日上午 9 时左右,在 320 国道贵溪城南路口拉上了一位刚从长途客车上下来的乘客。

乘客要去贵冶铜苑宾馆,由于路程较长,两人攀谈起来。当得知乘客是浙江台州人,来贵溪是想投资办厂时,周新华主动介绍起贵溪来,并着重介绍了近几年来贵溪城市环境的变化,以及贵溪在经济社会发展过程中所取得的喜人成绩。周新华讲了很多,客人听得非常专注。

出租车在这种轻松愉快的氛围中驶到目的地。停车时,计价器显示车费为 7.30 元。乘

客掏出钱包，翻了翻，只找出 6 元零钱。正当他准备拿出整钱让周新华找零时，周新华说："就给 6 元吧。你们外地人能来贵溪投资，我们很高兴。你们来得越多，我们贵溪发展得越快。作为贵溪人，我随时愿意为你们提供优质服务。"说完他递上自己的名片，只收了 6 元钱就开车走了。令周新华没有想到的是，正是他少收 1.3 元车费的热情文明的服务，让这位乘客做出了在贵溪投资 1.2 亿元的决定。

原来，乘客名叫董服灿，是浙江玉环民丰生化有限公司董事长、河南省浙江商会副会长。这次来贵溪是商谈在贵溪投资办铜材加工厂的。为确保自己投资选择的正确，一路上，董服灿明里暗里都在考察贵溪的投资环境。当看到出租车司机的文明服务后，他毅然做出从尝试投资 5000 万元追加到 1.2 亿元的决定。他认为，一名普通的出租车司机都能尽己所能为别人服务，在这样的地方投资很放心。如今，董服灿的铜加工企业已在贵溪市工业园区选好了厂地，厂房建设也已在 2005 年完工。

(资料来源：刘祚保. 江南都市报，2005-8-11.)

问题：

1. "的哥"驾驶出租车这种行为的性质是什么！为什么？
2. "的哥"文明服务与浙商倾囊投资的关系。

第 2 章　商务机会管理

现代市场经济条件下，商务组织和自然人要想拥有竞争优势，必须具备三个关键条件：一是不断创造和提供能够适应消费需求变化的产品和服务；二是要有较高的生产效率、较强的科研开发能力和资本实力以及良好的财务管理能力；三是要有捕捉商务机会的能力。这三个条件之间，产品和服务是外在表现，生产效率、科研能力、资本实力、财务管理能力是内在素质，捕捉商务机会能力是中介纽带。缺少捕捉商务机会能力这个中介，就丧失了前提，缺少了条件。本章所要阐述的就是捕捉商务机会的能力及技术过程。

2.1　商务机会概述

2.1.1　商务机会的含义

1. 机会的含义

机会，指恰好的时候；时机。[①]《兵经》"机"字条讲：势之维系处为机，事之转变为机，物之紧切处为机，时之凑合处为机。[②]《辞海》中，"机会"释义为"行事的际遇机会；时机"。并引用陆游的《感兴》诗：诸将能为此，机会无时无。以此说明"机会"的来历。[③]等待机会是下策，寻找机会是中策，创造机会是上策。

机会、时机、机遇、机缘辨析："机会"着重时间；"时机"则包括时间在内的客观条件。例如："不能给敌人喘息的机会"，不能说成"不能给敌人喘息的时机"；"目前时机还不成熟"，不能说成"目前机会还不成熟"。[④]有时搭配也不一样，例如：可以说"把握时机"，不能说"把握机会"；而"得到机会"，不能说成"得到时机"。[⑤]因而产生"机遇"、"机缘"之说。"机遇"，指机会遇合，好的机遇；"机缘"包括机会和缘分。[⑥]第 27 届奥运会竞走冠军王莉华、射击女冠军陶璐娜夺冠有机有缘，27 届奥运会中国女足夺冠有机无缘。2008 年

① 应用汉语词典. 北京：商务印书馆，2000：263.
② 王水成，王长远，温海龙. 商机创造[M]. 北京：中国经济出版社，2000：2-3.
③ 王水成，王长远，温海龙. 商机创造.[M] 北京：中国经济出版社，2000：2-3.
④ 应用汉语词典. 北京：商务印书馆，2000：263.
⑤ 应用汉语词典. 北京：商务印书馆，2000：563.
⑥ 应用汉语词典. 北京：商务印书馆，2000：564.

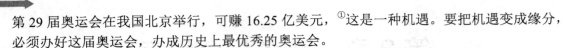
第 29 届奥运会在我国北京举行，可赚 16.25 亿美元，[①]这是一种机遇。要把机遇变成缘分，必须办好这届奥运会，办成历史上最优秀的奥运会。

机会处处有，包括军机、战机、球机、赛机、官机、学机、商机等。

2. 商务机会的含义

商务机会，是指客观存在于市场过程之中、能给商务组织及其他营利性活动的组织和自然人提供销售、服务对象、带来盈利可能性的市场需求。换句话说，商务机会，就是发展商品经济的市场机遇。机遇就是优势。

商务机会通常体现为市场上尚未满足和尚未完全满足的有购买力的消费需要，亦称为市场机会。商务机会客观存在于市场过程之中，是一种商务活动的极好机会，是一种有利于企业或自然人发展的机会或偶然事件，是还没有实现的必然性。商务机会必须为商务组织和个人提供某种程度上的消费满足。商务机会一定能给商务组织和个人带来一定程度的盈利。

商机派生出常用的时机、令机、地机、事机、力机、机遇等。

3. 商务机会的特点

评价分析商务机会，必须了解商务机会的特征。一般来说，商务机会具有以下特征。

(1) 客观性：即指机遇无时不有，无处不在。对每个商务组织或自然人都有均等的选择机会，客观存在，不以人的意志为转移。

(2) 公开性：即每个商务组织和自然人都可以发现和共享。它不同于组织自身拥有的专利、技术诀窍，发现市场机会的企业并不拥有独占性。

(3) 偶然性：即它是一种偶然的机会，常常突然发生，使人缺乏思想准备，在机遇面前犹豫不决，因而看不准、抓不住，容易轻易放过。

(4) 难得性：即机遇是很难碰到的，特别是一些大的机遇，更是千载难逢。一生得不到机遇的人很多，许多企业总是得不到发展的机遇。

(5) 针对性：即针对特定市场主体。对那些具备满足该种市场需求条件的企业或个人来说，才是真正的商务机会。

(6) 时效性：即商机的价值随时而变，具有一定的时间性。如果在一定的时间内不利用，则市场机会所具有的机会效益(效用价值)就会逐渐减弱，最后完全消失。

(7) 效用性：即商务机会有用，会帮助人们成就事业。机遇是一种巧遇的有利条件，把握了这种巧遇，就可以大大发挥自己的作用和优势，收到事半功倍的效果。

(8) 利益性：即商务机会能给商务组织或自然人带来收益的可能性。只要企业或个人能够在平均社会必要劳动时间条件下生产和组织机会点的产品或服务供给，就能补偿所费的

---

① 江南都市报，2001 年 7 月 17 日，第 11 版。

经济资源，并获得一定程度的盈利。

(9) 差异性：即人们对机遇的认识不同，存在着较大的差异，有时甚至得出截然相反的结论。

(10) 未知性和不确定性：即商务机遇的结果事先往往难以准确预料。机遇又是因一定条件而产生的，条件改变，其结果也往往随之改变。

(11) 风险性：即商务机会有得有失，风险越大，得失越多。商务机会的多变性、透明性与认知度间的差异会存在截然不同的结果。

(12) 理论上的平等性和实践上的不平等性：即任何商务组织或自然人在发现和利用某一市场机会时是平等的，不存在独占。但各个商务组织在利用某一商务机会时所拥有的竞争优势和所获得的差别利益有大有小。

4. 商务机会的类型

商务组织的商务机会按照不同的划分标准可以划分为以下五种类型，每类中又可分为若干种。

(1) 按商务机会的性质划分有：政治性机遇、文化性机遇、区域环境机遇、经济性机遇。

(2) 按商务机会的范围划分有：国家机遇、区域机遇、企业机遇、企业家个人或企业员工个人机遇。

(3) 按商务机会的状态划分有：直接机遇和间接机遇、潜在机遇和显性机遇。

(4) 按商务机会的特征划分有：风险机遇、巧合机遇、环境机会与企业机会、行业机会与边缘机会。

(5) 按商务机会的获取方式划分有：完全意外机遇与部分意外机遇、目前市场机会与未来市场机会、全面市场机会与局部市场机会。

2.1.2 商务机会的地位

1. 商务机会的地位

商务机会的得失，将给商务组织和自然人带来以下六种可能。

(1) 商务机会可将商务组织或自然人置于死地。

如江西省万安县放弃国家重点建设项目万安水电站建设的商机，因而该县的发展处于蜗牛爬行般的状态。又如巨人集团无视西方国家禁止向中国出口计算机、世界知名电脑公司"围剿"尚未形成，以及国内银根宽松的商机，使"巨人集团"几度风云、阴云密布，处于四面楚歌之境。

(2) 商务机会能使商务组织或自然人起死回生。

流行是一种消费习惯，与流行"嫁接"会出现新的商机。如日本伊仓产业公司经理石川将中药同流行饮料相嫁接，开发出保健饮品，使积压的中药很快变成了现钞。

嫁接术被一些有开拓创新精神的人应用到商务领域，可以取得意料不到的奇效。如日本将彩电与影碟机嫁接、美国将温度计与汤匙嫁接、我国海尔集团将自动洗衣机与干衣机嫁接、我国广州"爱斯"公司将冰激凌与泡泡糖嫁接，均取得了令同行羡慕的好效益。

(3) 商务机会能使商务组织或自然人扶摇直上。

产品缺陷是市场空白之所在，也是绝好的商务机会。如南山奶粉就紧盯别人的缺陷，并想办法生产出能弥补缺陷、填补市场空白的新产品，使市场份额迅速上升。

(4) 商务机会能给商务组织或自然人插翅高飞。

新产品概念的创新来自消费者需求，有效推广来自对市场的了解，这就有了商机。如澳门李锦记推出"蒸鱼豉油"，使其酱油市场走出困境，一年翻一番，市场占有率提高三倍，1997 年成为香港 HKMA TVB 铜奖得主。

(5) 商务机会能让商务组织或自然人财大气粗。

如我国九亿农民中的二三千万劳动力，在 20 世纪 80 年代中期，乘改革开放、企业改革、经济大发展之机，奔赴东南沿海、内地城市务工淘到一大桶、一大桶金，盖起了洋房，购买了高档小轿车，办起了银行。

(6) 商务机会会使商务组织或自然人改头换面。

跳跃思维，可以捕捉到宝贵的市场机会，达到由此及彼、由表及里的经营佳境。如美国制瓶工人罗特有了"从裙子到瓶子"的跳跃性思维，生产出裙子式瓶子，成为百万富翁。

可见，商机对于商务组织和自然人而言，简直太重要了，谁抓住了它，谁就有了出路，谁就找到了财富。

2. 对待商机的态度[①]

对待商机，有四种态度。

第一种态度：坐等商机、守株待兔，认为机遇可遇不可求。

第二种态度：寻找商机，发现市场提供的现有机会，并及时地抓住机会，这是低层次的初级阶段。

第三种态度：跟市场，跟着机遇跑。

第四种态度：制造市场，创造商机。

总之，商务机会是商务组织或自然人从事商务活动的重要前提，是赢得竞争优势的必要条件，已成为商务或自然人实施商务运作的一项非常重要的内容。

然而，商务机会运作并非易事，它是一个捕捉、分析、选择和创造的全过程，其中有很高超的技术性要求。

---

① 王水成，王长远，温海龙. 商机创造[M]. 北京：中国经济出版社，2000.

2.2　商务机会的捕捉

市场信息的调查研究即商务机会的捕捉是商务机会管理的首要环节。

2.2.1　市场信息概述

1. 市场信息的含义

市场信息,是指能够反映市场状况及其变化特征的各种信号、资料和数据等的统称;就企业或商务组织而言,就是各种可能转化为商务机会的情报,通常简称为商情。

信息,作为一种社会资源,作为现代科学技术的支柱之一,正以不可阻挡之势渗透于人类社会经济生活的各个方面,备受各行各业的普遍关注,已成为商务活动的一个必不可少的要素。在市场经济条件下,商情的拥有程度,已成为衡量商务管理水平的重要标志之一。

随着我国社会主义市场经济的形成与发展,经济竞争的不断深化,市场信息的调研比任何时候都显得更为重要和迫切。[①]

2. 市场信息的类型

市场信息的分类方法有很多,常见的有以下五类。

(1) 按市场信息的内容划分,有宏观环境信息、目标市场信息、市场销售信息、市场竞争信息、市场供给信息等。

(2) 按市场信息发生的时间划分,有先导性信息、实时性信息、滞后性信息等。

(3) 按市场信息产生的过程分:有原始市场信息、加工整理过的市场信息等。

(4) 按市场信息收集的渠道划分:有规范性信息、非规范性信息等。

(5) 按市场信息形成的因素划分:有直接市场信息、间接市场信息等。

3. 市场信息的重要性

市场信息(或商情)的重要性表现在以下三个方面。

(1) 企业的经营活动呈现从地区经营发展到全国经营和跨国经营的趋势。当企业扩大地理上的市场覆盖面时,经营者就需要比以往更多的市场信息。

(2) 企业的产品销售呈现从满足消费者的需要发展到满足消费者欲望的趋势。由于消费者收入的增加和消费心理的成熟,他们选购商品时变得更加挑剔。企业经营者会发现,在预测消费者对不同商品的特点、式样和其他属性的反应方面要比以前更困难了。因此,需

---

① 廖进球. 商务管理[M]. 北京:中国财经出版社,1998:83-84.

要建立正式的市场研究机构，系统研究和分析市场信息。

(3) 企业的竞争呈现从价格竞争为主发展到非价格竞争为主的趋势。当经营者们加强品牌、产品差异性、广告和促销等竞争手段的运用时，信息就显得更为重要。正如管理专家们所说，"要管理好一个企业，必须管理它的未来，而管理未来就是管理信息"。

总之，市场信息的重要性是随着市场经济的成熟与发展、经济全球化的形成而发展的。它是企业了解市场、掌握市场供求发展趋势、了解用户、为用户提供产品和服务的重要资源，被称为继材料、机器、资金和人员之后，对企业的生产经营活动有着至关重要影响的第五大资源。

总而言之，市场信息是商务组织和自然人了解市场、掌握市场供求趋势、了解用户、提供产品和服务的重要资源。

2.2.2 市场信息调查研究的过程

对市场信息的调查研究，一般分为两大步骤：一是市场信息的收集，二是市场信息的分析(即加工整理)。

1. 市场信息的收集

市场信息的收集，是指信息收集者通过一定的程序，采用科学的方法和手段，从有关的信息渠道收集满足商务组织或自然人商务活动所需的信息。信息收集的数量与质量(有效性)，直接影响或决定着信息处理工作的成败。

1) 市场信息收集的原则

为保证商务组织或自然人商务活动所需信息的需要(数量和质量)，在收集市场信息时必须遵循一定的原则，这些原则包括：

(1) 全面性。就是根据研究目标的要求，把所需要的信息都收集起来，从时间、空间、内容上保持全面、系统、连续。

(2) 及时性。就是把研究目标所需要的信息及时收集起来。它包括两层含义：一是信息内容要及时；二是住处的传递要及时，讲求时效。

(3) 准确性。即所收集的市场信息要如实地反映市场的客观情况。

(4) 经济性。即用较低的费用去收集所必需的信息。

2) 市场信息收集的程序

市场信息收集的基本程序，可概括为确定问题、明确问题、选择信源、选择方法、实际收集、初步整理、追踪收集等七个步骤。其中，最关键的工作要求是：确定问题和目标、界定信息源、选择信息收集方法等。

(1) 确定问题。通常，企业是围绕解决某个问题或确定潜在的商务机会这两个目标来进行市场信息收集的。一个时期内企业在市场的销售额直线下降，产品质量达不到消费者新的要求，导致企业销售额下降的真正原因是出现了强有力的竞争对手。因此，当企业管理

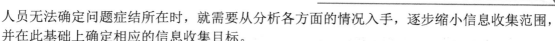

人员无法确定问题症结所在时，就需要从分析各方面的情况入手，逐步缩小信息收集范围，并在此基础上确定相应的信息收集目标。

(2) 界定信息源。商务活动所需要的信息涉及面广、来源很多，但就一次具体的信息收集活动而言，总是为解决一定的需要而展开的。因此，明确信息源由哪些单位或对象构成，处于什么空间位置或关联环节，是信息收集工作计划性的一个表现。信息源的界定要细心斟酌，力求正确、精确，特别是信息源的面要得当。信息源的面界定得过宽或过窄都是不利的。

(3) 选择信息收集方法。商务活动所需信息，分散在不同的组织、场所、时间，同一信息内容可以采用不同的收集方法，不同的信息内容也可以采用同一收集方法，因此，企业应根据市场信息收集的目标，并结合信息收集所处的活动环境、场合、时机、时间要求、质量要求、内容以及预定的费用水平等一系列约束条件，选择适当的方法，收集第一手资料。通常可采用以下四种方法。

① 访问法。是指调查人员直接向被调查者提出问题，并以所得到的答复作为调查结果来获得信息的方法，主要包括人员访问、信函访问、电话询问等。

② 观察法。是由调查者直接或利用仪器来观察、记录被调查对象的行为、活动、反应、感受或现场事物，以获取信息资料的一种方法。其具体做法有调查人员到现场直接观察被调查对象的直接观察法、用仪器对被调查对象的行为进行测录的行为记录法、通过一定的途径观察事物发生变化的痕迹来收集有关信息的痕迹观察法等。

③ 试验法。是从影响调查对象的若干因素中，选出一个或几个因素作为试验因素，在其余诸因素不发生变化的条件下，了解试验因素的变化对调查对象的影响程度，用以收集市场信息的一种方法。

④ 日记调查法。是调查人员对固定的调查单位或对象，发给登记簿或登记表，由被调查者逐日逐项连续记录，并由调查人员定期收回、整理、汇总，以获取市场信息资料的一种方法。

上述方法各有长处，也各有不足，应综合运用，从而达到优势互补的效果。

(4) 实际收集，即调配收集人员具体从事信息的收集工作。

(5) 初步整理，即将已收集到的信息进行粗略整理、分析。

(6) 追踪收集，即根据初步整理的结果决定是否进行补充收集。

2. 市场信息的分析

市场信息的分析是指把收集到的各种信息，按照一定的程序，采用科学的方法，进行鉴别、分析、编组、评价，使之成为能够反映某一现象特征的、对解决某一问题有用的、适合某种目的、具有新质和新形式的信息。

市场信息的分析是由一系列具体工作组成的过程。这些具体工作包括逻辑处理、数学处理、系统分析、编写等四个步骤。

1) 逻辑处理

逻辑处理是指对信息资料进行只涉及形式而不涉及内容的某些加工工作，主要包括以下几个方面。

(1) 鉴别。即对市场信息资料的真实性、准确性、系统性、适用性等进行判断。真实性鉴别，即检验信息资料的真伪；准确性鉴别，即判断信息资料的精确程度；系统性鉴别，即确定信息资料的完整程度；适用性鉴别，即检测信息资料的适用程度和价值大小。

(2) 筛选。指在鉴别的基础上，选择那些真实准确、适用性强、价值大的信息资料，淘汰那些错误、准确度低、适用性差、无保存价值的信息资料。筛选必须认真、仔细、慎重，既要去伪存真，又要避轻择重，还要防止出现删除有用的信息资料。

(3) 分类。指把鉴别筛选后的市场信息资料根据其性质、特点、用途等分别进行归类。分类的关键工作是确定分类标准或依据。通常，除了可把信息资料的性质、特点、用途等作为分类的标准外，也可将内容、时间、地点等作为分类标准。标准一经确定，即可把相同的信息划归一类，大类下面还可根据需要再进行层层细分。

(4) 分析。指对某些性质相同、内容相似的市场信息资料进行合并。

(5) 编码。指把市场信息根据其名称、属性、状态按照国家有关部门规定、国际惯例或企业经营的实际需要编制代码。代码是制定的有关文字、字母、数据、符号、图像等，代表市场信息的名称、属性和分类。市场信息的编码应遵循标准化、系统性、唯一性、相关性原则，主要方法有顺序编码法、成组编码法、分组编码法。

2) 数学处理

数学处理是对市场信息资料所做的定置运算、分析和处理。它大致包括三个方面工作：一是数学运算，主要是对那些定量化的市场信息数据，根据需要所进行的各种数学计算；二是统计分析，即根据所要分析解决问题的内在关系的发展规律，建立相应的数学模型，并通过解模运算，得出某些预期结论；三是建模与解模，即根据统计学的原理，运用统计方法，对有关信息资料进行计算分析。

3) 系统分析

系统分析是在充分掌握各种信息资料的前提下，运用系统观点思维推理，对所研究问题进行全面的科学分析。它要求综合考虑各种影响因素，将定性分析与定量分析有机地结合起来，找出事物之间的联系和内在规律，得出可靠的有用信息。这是信息加工人员将原有知识经验和各种信息资料相结合，运用创造性思维的高级水平的信息处理与分析方法。

4) 编写

编写是指经过整理与分析后形成的市场信息资料，按照要求格式写作成文，供管理部门决策使用。编写信息资料要符合简明、准确、科学和规范的要求。

上述工作既相互独立，又相互衔接、相互关联，形成了一个有机完整的过程。

2.3　商务机会的分析

市场信息不完全是商务机会，商务机会仅是市场信息中能给商务组织或自然人的商务活动带来盈利可能性的市场需求，因而存在商务机会分析与识别的必要。

2.3.1　商务机会分析的意义

尽管市场需求的现实性不仅有赖于市场信息带来，还在于商务主体的素质，但商机分析仍然是基础。商务机会分析对于商务组织或自然人避免市场风险，制定竞争战略具有重要意义，具体表现在以下三个方面。

1. 商务机会分析是商务活动过程的始发点

商情调研与商务机会分析处于商务活动整个过程的起点，它直接影响和制约着企业商务管理过程的每个环节。缺少商务机会的分析，商务决策就是盲目的，凭经验或缺少科学根据的商务活动必定是低效的。

2. 商务机会分析是商务组织或自然人制定商务战略的重要依据

商务战略是谋划商务的未来，规定商务任务、目标和具体发展方向的重要工具。商机分析则是确定商务目标的首要依据。通过商务机会分析，企业就能选择适应市场变化要求的经营目标，实现企业的经济和社会价值。

3. 商务机会分析是商务组织或自然人经营决策的基础

商务活动的内容、规模主要取决于市场的需求。市场需求又取决于消费者的偏好及其货币投向。商务机会分析的任务就是要了解消费者的偏好及其货币投向，并从中找出适应企业条件的机会点。可见，商务决策必须以商务机会分析为基础，尤其是新产品的开发和商务机会分析的关系更为密切。商机分析能为它提出开发方向，指明潜在发展趋势，从而使经济资源在市场导向的基础上进行流动。

2.3.2　商务机会分析的程序

商务机会分析，大体分为寻找与识别、价值分析两大阶段。

1. 商务机会的寻找与识别

商务组织或自然人可以从各种途径、采用多种方法来寻找和识别商务机会。一般而言，寻找和识别商务机会的途径和措施主要有四条。

1) 最大范围地搜集意见和建议

发现商务机会，提出新观点的人员尽管有很多，但新的观点大体来源于企业内部和企业外部。他们的观点和意见直接反映着市场需求的变化倾向。因此必须注意和各方面保持密切联系，经常倾听他们的意见，并进行归纳和分析，以期发现新的商务机会。其方法有：

(1) 询问调查法。即通过上门询问或采取问卷调查的方式来收集意见和建议，作为分析的依据，从中寻找和发现商机的方法。

(2) 德尔菲法。即通过轮番征求专业意见来从中寻找和发现商务机会的方法。

(3) 召开座谈会法。即通过召开消费者、企业内部人员、销售人员、专门人员等座谈会，收集意见和建议的方法。

(4) 课题招标法。即将某些方面的环境变化趋势对商务活动的影响，以课题的形式进行招标或承包，由中标的科研机构或人员在一定期限内拿出分析报告，从中发现商务机会的方法。

(5) 头脑风暴法。将有关人员紧急召集在一起，不给任何限制，对任何意见不加批评，从中收集和发现有价值的商机的方法。

2) 采用产品—市场发展分析矩阵来寻找

产品—市场发展分析矩阵是商务战略研究中经常采用的方法，也可以用作寻找和识别商务机会的工具。利用这种方法，可以有效地发现商务机会并做出响应决策。

该方法的要点如图 2-1 所示，即将产品分为现有产品和新产品，市场也相应分为现有市场和新市场，从而形成了一个四个象限的矩阵，企业可以从这四个象限的满足程度上来寻找和发现商务机会。

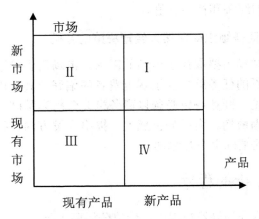

图 2-1 产品—市场发展分析矩阵

对由现有产品和现有市场组成的第Ⅲ象限来说，商务组织或自然人主要是分析需求是否得到了最大限度的满足？有没有渗透机会存在？如果有这种商务机会，商务组织或自然人相应采取的就是市场渗透战略。

对由现有产品和新市场所组成的第 II 象限来说，商务机会分析主要是考察在其他市场（即新市场）是否存在对企业现有产品的需求。这里所说的新市场，是指包括其他消费群体、其他区域的市场在内的商务组织或自然人还未进入的所有市场。如果在其他市场上存在对商务组织现有商品的需求就是一种商务机会，商务组织或自然人相应采取的就是市场开发战略。

对由现有市场和新产品所组成的第 IV 象限来说，商务组织或自然人主要是分析现有市场上是否有其他未被满足的需求存在。如果有，经过分析和评价，这种商务机会适合企业的目标和能力，商务组织或自然人就要开发出新产品满足这种需求，这种策略就是产品开发策略。

对由新市场和新产品所组成的第 I 象限来说，商务组织或自然人主要是分析新的市场中存在哪些未被满足的需求。由于这些商务机会大多属于自身原有经营范围之外，因而就是多角化经营策略。

3) 聘请专业人员来寻找

许多复杂的商务机会需要借助于专门的知识和现代分析工具。为此，企业常常聘用专职或兼职的专业人员进行商务机会分析。

4) 建立专门机构来寻找

如果企业没有一个完善的市场信息系统和专门机构进行经常性的市场调查研究，而主要依靠经验或偶然性的分析预测去发现商务机会，并想利用这种机会获得经营的成功，是非常困难的，也是不可想象的。只有建立起完善的市场信息系统，并通过专业人员的经常性分析研究去寻找和发现有价值的商务机会，才是经营成功的组织保证。

2. 商务机会的价值分析

不同的商务机会可以为商务组织或自然人带来不同的利益，因而商务机会的价值具有差异性。为了在瞬息万变的外部环境中找出价值最大的商务机会，需要对商机价值进行详细具体的分析。

1) 决定商务机会价值的因素

决定商务机会价值大小的因素主要有两个：吸引力和可行性。

(1) 吸引力。商务机会对企业的吸引力是指商务活动组织者利用该商务机会可能创造的最大利益。它表明了商务活动组织者在理想条件下充分利用该机会的最大限度。反映商务机会吸引力的指标主要有市场需求规模、利润率和发展潜力。

① 市场需求规模。市场需求规模反映某种商品或服务、特定区域市场需求的总量，通常用商品销售数量或销售金额、市场占有率来表示。在供给一定的条件下，市场需求规模越大，则表明该商务机会对商务组织或自然人的吸引力越大。

② 利润率。利润率是指商务机会提供的市场需求中单位需求量可能给商务活动组织者带来的最大利益。利润率反映了商务机会所提供的市场需求对不同商务活动组织者产生的

差别利益。它与市场需求规模共同决定了商务活动组织者当前利用该商务机会可能创造的最大利益。

③ 发展潜力。发展潜力反映了商务机会为商务活动组织者提供的市场需求规模、利润率的发展趋势及其速度。即使商务活动组织者当前面临的某一商务机会所提供的市场需求规模很小或利润率很低，但由于整个市场规模或该商务活动组织者的市场份额或利润率有迅速增大的趋势，则该商务机会对商务活动组织者来说仍可能具有相当大的吸引力。

(2) 可行性。商务机会的可行性是指商务活动组织者将商务机会转化为具体利益的可能性。一般而言，商务机会的可行性是由企业内部条件、外部环境两方面决定的。

① 内部条件。商务活动组织者的内部条件是其能否把握住商机的决定性因素。内部条件对商务机会可行性的决定作用有：第一，商务机会只有适合企业的经营目标、经营规模与资源状况才具有较大的可行性；第二，商务机会只有在有利于企业内部差别优势的发挥时才具有较大的可行性；第三，企业内部的协调程度也是影响商务机会可行性大小的重要因素。

② 外部环境。商务活动组织者的外部环境从客观上决定着商务机会可行性的大小。外部环境中每一个宏观、微观因素的变化都可能会使商机的可能性发生很大的变化。如某商务活动的组织者已进入一个吸引力很大的市场，然而当前的外部环境已经发生或即将发生一些变化，现有的竞争者和潜在的竞争者逐渐进入该产品市场，并采取了相应的工艺革新，使该企业的差别优势在减弱；低价替代品已经开始出现，顾客因此对原产品的定价已表示不满；环保组织在近期的活动中已经把该企业产品使用后的废弃物列为造成地区污染的因素之一，并呼吁社会各界予以关注；政府即将通过的一项关于国民经济发展的政策可能会使该产品的原材料价格上涨，等等。大大降低了商务活动组织者利用该商机的可行性，致使商机的价值锐减。

2) 商务机会价值的评估

明确了商机的吸引力与可行性，就可以对商机进行价值评估。价值评估既要借助科学的评估方法，又要通过科学的评估指标。

(1) 商机价值评估方法。

按商务机会的吸引力大小和可行性强弱组合，可构成商务机会的价值，因此可借助商务机会价值评估矩阵来进行评估，如图 2-2 所示。

区域 I 为吸引力、可行性最佳的商务机会，即该类商务机会的价值最大。通常，此类商务机会既稀缺又不稳定。因此，商务活动组织者要及时、准确地发现有哪些商务机会进入或退出了该区域。

区域 II 为吸引力大，可行性弱的商务机会。一般来说，该类商务机会的价值不会很大。但是，商务活动组织者应时刻注意决定其可行性大小的内、外环境因素的变动情况，并做好可能利用该商务机会的准备。

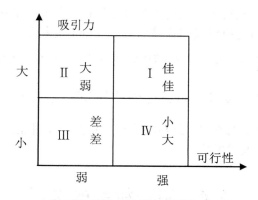

图 2-2 商务机会价值评估矩阵

区域Ⅲ为吸引力、可行性皆差的商务机会。该类商务机会的价值最低，又不大可能直接跃居到区域Ⅰ中，但可能会在极特殊情况下，该区域的商机可行性、吸引力突然同时大幅增加。因此，通常商务活动组织者不会去注意。企业对这种现象的发生也应有一定的准备。

区域Ⅳ为吸引力小、可行性大的商务机会。即该类商务机会的风险低、获得能力也小，通常稳定型、实力薄弱的商务活动组织者会以它作为其常规活动的主要目标。因此，商务活动组织者应注意其市场需求规模、发展速度、利润率等方面的变化情况，以便在该类商务机会进入区域Ⅰ时可以有效地予以把握。

(2) 商机价值评估指标。

商务机会的寻找与识别要投入一定量的时间和资金以及其他资源。这是一种广义的投资。因此，商务机会价值评估，要以资金成本为标准，采用净现值(NPV)和内含报酬率(IRR)两个指标作为评估标准。净现值是未来现金流入量现值与投资现值间的差额，其计算公式为

$$NPV = \sum_{t=0}^{n} \frac{NCF_t}{(1+k)^t}$$

式中：k——折现率(最低投资报酬率)；

　　　NCF_t——t 年的现金净流量；

　　　n——项目的有效期；

　　　NPV——未来现金流入量现值与投资额现值之间的差额，也即净现值。

运用净现值法评价项目的经济可行性时，首先要根据预测资料确定经营期限内的现金流出量与现金流入量。其次要依据企业的资金成本或最低投资报酬率确定折现率。最后采用本公式计算出净现值 NPV，并据以对项目做出评价：NPV≥0，说明该项目的投资收益率大于或等于资金成本，是经济上可行的方案；多个方案比较时，净现值 NPV 越大的方案越好。

内含报酬率又称内部收益率,是投资项目以现值为基础计算的真实收益率。内含报酬率不能直接计算,只能通过净现值的计算公式,找到能使投资项目的现金流量净现值为零的折现率,也即 $\sum_{t=0}^{n} \frac{\mathrm{NCF}_t}{(1+k)^t} = 0$(式中,$k$ 即内含报酬率)。采用内含报酬率评价投资项目,首先仍需预测各年的现金净流量和企业的资金成本等数据,然后按公式 $\sum_{t=0}^{n} \frac{\mathrm{NCF}_t}{(1+k)^t} = 0$ 逐次测试能使项目现金流量净现值为零的 k。最后将 k 值与资金成本对比:若 $k \geqslant$ 资金成本,则方案可取;多方案比较,k 较大者更佳。

2.4　商务机会的选择

商务机会在经过寻找和识别之后,必须将现有商务机会与商务组织或自然人的内外条件结合起来思考判断。

2.4.1　思考与判断商务机会的必要性

商务机会的选择与判断是商务组织或自然人根据内外条件而必然要做的工作。商务机会在经过寻找和识别之后,需进一步判断该商务机会是否与自身目标相吻合,是否与自身拥有的资源、经济实力、能力相适应,是否能较好地发挥自身的竞争优势,使自己获得商务机会的差别利益。因为不同商务活动组织者的内部条件千差万别,对商务机会的实际把握运用的能力不一样。故各个商务活动组织者必须在考虑自身条件的基础上对环境中所蕴含的各种商务机会进行优化选择,找出真正符合自身条件并能够发挥竞争优势的商务机会。

2.4.2　选择与判断商务机会应做的工作

商务活动组织者在选择与判断商务机会时,一般应做好以下几个方面的工作。

1. 确定环境机会是否属于商务组织或自然人机会

1) 环境机会与商务组织或自然人机会的关系

环境机会涵盖着商务组织或自然人机会,商务组织或自然人机会是环境机会的组成部分。环境机会是指存在于竞争市场的各种商务机会;商务组织或自然人机会是指适合商务活动组织者条件,有利于发挥商务活动组织者优势的商务机会。对于特定商务活动组织者而言,有些环境机会未必就是其良好的生存发展机会。

2) 属于商务组织或自然人机会的确定

首先,从环境机会中挑选与其自身目标能力相符合的机会,并集合成自身机会群。其次,判断属于自己的某一环境机会。判断某一环境机会是否属于企业机会,可以从这几方面入手：第一，确定该商务机会成功的必要条件；第二，分析自身在该商务机会上所拥有的竞争优势；第三，将自身所拥有的竞争优势同现有的和潜在的竞争对手相比较，看自身是否在这一商务机会上能获得差别利益以及这种差别利益的大小。最后，商务活动组织者在确定某些环境机会是否属于自己的机会时，要防止两种失误：一是"误舍"，即将有前途的某些商务机会轻率地舍去，从而使自己失去很好的市场；二是"误用"，即过高地估计自身的竞争优势，而将本身不能获得差别利益的商务机会作为自己的商务机会来看待，并大加利用，从而导致自身在竞争中陷入力不从心、进退维谷的被动境地。

2. 评价商务机会的潜在吸引力与成功概率

1) 商务组织或自然人机会潜在吸引力与成功概率评价的必要性

这是由商务组织或自然人的差别利益所决定的。因为各个商务活动组织者由于其客观环境的差别而可能给各自带来的潜在利益也不尽相同，同时由于其自身的原因，在利用商机时，取得成功的可能性也不太相同。因而必然要进行评价，争取主动权。

2) 商务组织或自然人机会潜在吸引力与成功概率的评价

对每个商务活动组织者机会的选择判断，可采用本章 2.3 节所阐述的商务机会分析矩阵法及净现值、内含报酬率、边际利润等指标来衡量。

(1) 商机选择与判断评价方法。

按照商务机会潜在吸引力的强弱与成功概率的大小，可构成商务机会选择判断矩阵(见图 2-3)。区域Ⅰ为潜在吸引力强、成功概率大的商务机会，因此是首选目标。

区域Ⅱ、Ⅳ为潜在吸引力强、成功概率小及潜在吸引力弱、成功概率大的商务机会，可作备选(或参考)目标。

区域Ⅲ为潜在吸引力弱、成功概率小的商务机会，应予舍去。

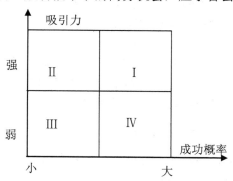

图 2-3　商务机会选择判断矩阵

(2) 商机选择与判断指标。

商务机会的选择与判断同样要有投入和耗费，这些构成了商机选择与判断成本。成本与预期收益之差即是报酬，因此，可以以净现值、内含报酬率、边际利润三个指标来衡量。

其计算公式如下:

$$NPV = \sum_{t=0}^{n} \frac{NCF_t}{(1+k)^t}$$

式中：NPV——净现值，即未来现金流入量现值与投资额现值之间的差额；

n——项目的有效期；

NCF_t——t 年的现金净流量；

k——折现率(最低投资报酬率)。

当 $\sum_{t=0}^{n} \frac{NCF_t}{(1+k)^t} = 0$ 时，k 即内含报酬率。

边际利润=边际收益-边际成本

=销售收入-变动成本

=销售量×(销售单价-单位变动成本)

=销售量×单位边际利润

其判断标准分别为：NPV≥0，k≥成本，边际利润≥0 时为可取。

3. 明确商务组织或自然人的经营目标

1) 商务组织或自然人明确经营目标的理由

明确商务活动组织者的发展方向及发展的每一个阶段上所要达到的基本目标和要求，客观分析商务活动组织者的内部条件和发展潜力，目的就在于扬长避短，在利用商务机会时能发挥自身的竞争优势。因此，一般而言，商务活动组织者机会应和自身的生产经营状况、资源和原材料状况、资金筹措营运能力、技术能力、经营能力和管理能力相符合。相悖于自身目标、超越于自身能力的商务机会不宜利用。

这是扬长避短，发挥自身竞争优势的需要。

2) 商务组织或自然人对商务机会的利用

商务组织或自然人在利用商务机会时应注意两个问题：第一，要符合自身经营目标，不能超越自身能力；第二，以动态发展的战略眼光看待自身的相对地位和实力，考虑自身的潜在能力，以增强商务活动组织者开拓市场新路的信心。

4. 优化商务组织或自然人的商务机会

经过上述分析、评价后，将形成系列可供选择和利用的商务组织机会群，在此基础上，商务组织还必须对每个商务机会群进行综合评价。

1) 优化商务组织或自然人商务机会的目的

优化商务组织或自然人商务机会，即对商务组织或自然人的商务机会群进行综合评价，按机会等级排出次序，从中选出最优的商务机会，加以利用。综合评价商务组织或自然人商务机会的目的在于选择最优机会。同属商务活动组织者的商务机会群的各个具体商务机会对商务活动组织者的适用范围、价值、吸引力、可行性、成功概率、成本均会有差异。只有通过综合评价，选出最优的商务机会，才会给自己带来最大的预期收益。

2) 综合评价商务组织或自然人商务机会的内容

综合评价商务组织或自然人商务机会的内容包括：潜在顾客群体大小；市场需求潜能大小及地区分布；自身商品销量大小；商品的产销成本高低；商品营销费用多少；预期利润率高低；潜在竞争程度强弱；等等。

3) 综合评价商务组织或自然人商务机会的步骤

综合评价商务组织或自然人商务机会，大致分为以下三步。

第一步，综合分析评价；

第二步，排出等次(或优先顺序)；

第三步，选择优者。

2.5　商务机会的开发

等待市场是下策，寻找市场是中策，创造市场是上策。商务组织或自然人在激烈的市场竞争中，为求得发展，对商务机会不仅应调查研究、分析识别、选择判断，还应开发创造，不应该等待。创造商机就是创造市场。

2.5.1　开发与创造商务机会的含义

商务组织或自然人开发与创新商务机会有两层含义。

一是将选择的商务机会迅速转化为市场优势。即认真做好货源的采购，技术产品的研制，生产过程的组织，产品的市场销售以及售后服务等工作，力求占有较大市场份额并在消费者中树立良好的(企业)形象。

二是因势利导，通过自身努力创造新的商务机会。即通过商务组织或自然人自身有效的商务活动或影响或改变经营环境中的某些可控因素，从而为自身的发展创造出新的商务机会。

2.5.2　开发与创造商务机会的重要性

等待商务机会是下策，寻找商务机会是中策，创造商务机会才是上策。开发与创造商务机会的重要性表现在以下五个方面。

1. 开发与创造商务机会就是创造价值

价值规律的基本内容是：商品的价值量由生产商品所耗费的社会必要劳动时间所决定，

商品交换必须以价值量为基础，实行等价交换。而商品价值能否得到正常或超值实现，又决定了企业的经济效益。为能正常实现或超值实现商品价值，又必须按价值规律办事，解决如下三个基本问题。

一是企业生产经营某种特定商品所耗费的个别劳动时间等于或低于社会必要劳动时间；二是寻找实现产品销售的最佳时机；三是寻找有利于实现产品价值的场所。

因此，商务活动组织者必须善于寻求和发现有利于提高自身劳动效率，改进产品技术机遇，使花费在某一特定产品或商品上的个别劳动时间低于社会必要劳动时间；必须及时了解市场需求量的多少，寻求发展市场所需商品的机会，经营社会紧缺的商品；必须研究销售机遇；必须将商品从处于衰退期的地区运送到处于成长和成熟阶段的地区销售。总之，价值观念要求企业按照价值规律办事，而价值规律又与商机密切相关。

2. 开发与创造商务机会就是创造市场

市场是商品交换的场所，是各种交换关系的总和，其又是变幻莫测的。商务活动组织者为取得主动，寻求机遇，必须时刻盯住市场变化，从分析供求矛盾入手，认真研究市场需求，从引起供求变化的因素中寻找自身发展的机遇。捕捉和利用各种机会，不断调整商品结构，努力供应适销对路的商品，并保证商品质量，搞好销售服务，使自己在市场上立于不败之地。

3. 开发与创造商务机会就是创造经济效益

经济效益是一切商务活动组织者开展活动时应树立的基本观念。提高经济效益的两大根本途径是节约投入、增加产出，缩短投入产出的过程。节约投入包括资源的节约和人力的节约，而在不同的地方，不同资源丰富的程度是不同的，其基本点在于合理地利用资源，变废为宝。"废"与"宝"在不同时间、不同地点的认识也是有差异的，这就要求商务活动组织者能在这些差异中发现机遇。另外，社会需要也是变化的，这就要求商务活动组织者从变化中发现机遇，在投入、产出的有效转化过程中，生产出尽量多的符合社会需要的产品或商品。

4. 开发与创造商务机会就是创造竞争优势

竞争要善于发现和利用机遇，扬长避短，以己之长，攻敌之短。在市场竞争中，优势总是相对的、有一定时间性的，得时取胜，失时失败。成功的机遇不一定永存，因此，只有不断寻找新的机遇才能在竞争中立足；受挫时，只要认真总结，励精图治，自强不息，也会有机遇得以复兴。

5. 开发与创造商务机会就是创造最大利润

利润是商务活动组织者生存和发展的源泉，没有利润，商务活动组织者就不能发展，整个社会经济都难以前进。但利润又是商务活动组织者的直接目的和经营成果的反映。因此，商务活动组织者要树立利润观念，理直气壮地寻找赚钱的机会，才能追求利润的最大化。

2.5.3 开发与创造商务机会的途径

一般来说，商务组织或自然人开发与创造商务机会的途径主要有以下六条。

1. 转变思维方式，开展创新活动

思维方式是在主客体相互作用中形成的主体观念及把握客体的特定方式，是思维的各种要素、形式和方法。通过组织和优化而建立的相对稳定、定型的思维结构和习惯性的思维程序[1]，既具有认识功能又具有实践功能。

如不少企业在开拓国际市场时往往采用先易后难的策略，而青岛海尔集团却采用先难后易的竞争策略，即首先在较难进入的市场中站住阵脚，然后轻松进入容易进入的市场。他们首先选择的出口地是美国和德国，因为他们对产品质量的要求特别苛刻。特别在进入德国市场时更体现了质量的重要性，他们先通过德国 VD 论证，然后才把产品推向德国市场。海尔集团在发达国家站稳脚跟后，又轻而易举地进入发展中国家。因此，在现代企业商贾开发与创新过程中，思维方式的转变是十分重要而有效的。

2. 利用新闻媒体，提高自身声誉

新闻媒体指的是交流或传播新闻信息的报刊、广播、电视、广告等舆论工具[2]。新闻媒体是重要的宣传工具、舆论工具。它既能造就和成就组织和自然人，也能够损害和诋毁组织和自然人。这就是通常所说的"成也媒体，败也媒体"。

20 世纪 90 年代我国十大风云人物之一——史玉柱所执掌的巨人集团在发展初期巧妙地运用媒体声势提升自己的知名度、声誉，并使企业得到迅速发展，就是例证。

3. 参与社会活动，改善公共关系

社会活动指的是社会上各种与本身工作或学习任务无直接关联的集体活动[3]。公共关系主要反映社会组织与公众之间的一种信息传播行为和发展形态。这种行为和形态有别于其他行为和形态。它属于一种社会范畴，是社会关系的一种。[4]

社会活动与公共关系之间存在着必然联系。公共关系活动是社会活动的重要内容，社会活动是改善公共关系的必由之路，也是发现、开发、创造商机的良方。

---

① 刘兴倍. 经营创意导论[M]. 北京：经济管理出版社，1999：91.

② 应用汉语词典. 北京：商务印书馆. 2000：1398.

③ 应用汉语词典. 北京：商务印书馆. 2000：1109-1110.

④ 王晓春. 现代公共关系理论与实践[M]. 北京：新华出版社，1999：5.

4. 研究消费心理，引导消费需求

人的心理是在周围环境中，受到客观现实的反复作用，经过大脑加工而产生的。因此，社会环境、自然环境和大脑生理机制对人们心理的产生、发展起着决定性的作用。所以说，人的心理既受到社会规律的制约，又受到自然规律的制约，具有社会性和自然性双重性质。消费者的心理现象一方面取决于本身的认识，同时受到经营者促销活动的诱导、刺激。这些经营者所采取的各种促销活动，例如展销、试销、广告以及服务，就是作用于消费者的外界客观现象，使消费者受到不同程度的激化，再通过生理机制的作用而产生并影响心理活动，从而收到引导消费、满足需求的效果和目的。

5. 改善信息环境，获取需求信息

信息是指依据一定需要而收集起来的，经过加工整理后具有某种使用价值的图形、文字、公式、方法、数据等组织元素的总称。[①]它是现代企业生存和发展必须依赖的重要经济资源；是企业对外开拓新市场、调整营销策略、有效开展竞争的依据；也是企业加强组织内部沟通和控制，提高资源利用效率的前提条件。如果能以敏锐的眼光去捕捉新的信息，创造出顾客对商品的需求，那么就抓住了成功的机会。

如原化工部化工机械研究院团委书记任建新一次偶然的机会在一个培训班上了解到，我国清洗锅炉的问题未解决，因锅炉结垢全国每年要多耗煤炭1750万吨。他立即想到本研究院的柜子里还锁着一项清洗效果好又不腐蚀锅炉、获国家发明奖的缓蚀剂成果，于是找七个青年人成立了中国第一家既生产清洗剂又实施清洗业务的清洗公司——蓝星清洗公司。公司成立8年来已在全国拥有260多家分公司和联合体。1999年一年创产值1500万元，清洗技术被国家科委评为"八五"重点推广项目。

6. 发掘市场潜力，创造市场空间

人类社会已进入变幻无穷的时代，一方面是新技术的发明，使产品更新换代的速度越来越快，许多产品还没进入衰退期就被淘汰，被新型产品所取代，产品生命周期大为缩短；另一方面是消费者的成熟，使需求不断更新。这双重因素的作用，使市场空间永恒地存在，潜在市场不断涌现。但是，潜在市场亦如地下矿藏一样，需要人们去开采，这是有规律可循的。挖掘潜在市场的规律如下：从差异中挖掘；从相近中挖掘；从扩散中挖掘；从连锁反应中挖掘；从弊端中挖掘；借鉴外国以挖掘[②]。

如香港人称鸡爪为凤爪，制作出豆豉椒凤爪、凤爪排骨、卤水凤爪、白云凤爪等美味，真是"嗜爪如命"。日本人不吃鸡爪，曾把它当"废物"扔掉，但如今却开发成一宗出口商品，年输往香港达9.2万吨之多。

---

① 刘兴倍. 企业管理基础[M]. 北京：清华大学出版社，2006：260.

② 王水成. 商机创造[M]. 北京：中国经济出版社，2000：112-114.

2.5.4　开发与创造商务机会的程序[①]

开发与创造商务机会一般经过确认→觅寻→捕捉→发掘→拓展→预测→转化七个步骤。

1. 确认商机

商机是客观存在的，但如果没有相应的能力去发现它、识别它，那它也只能是"藏在深闺人未知"，机遇也就不成机遇了。尤其是对于那些稍纵即逝的机遇，就更是如此。留心意外之事，敏锐识别其中潜藏的新事物，是发现机遇的一种途径。确认商机大体包括抢抓机遇、商机识别、商机确认、商机分析、商机评价等内容或措施。

2. 觅寻商机

觅寻商机，这并非一个纸上谈兵的话题。商机沉浮，果断者占先，优先者有利，灵敏者强势，积极者成功。商机是客观存在的，可以说是无处不有，无时不在，即使是对特定的企业，机遇也不止一个，只有努力去做的人，才能发现生活中的商机，才能利用这个机遇，把它演变为财富。

觅寻商机主要包括学会等待、趁热打铁、寻找空间、填补缺口、相关服务等内容或措施。

3. 捕捉商机

机遇往往光顾那些自强不息，锐意进取，捕捉有术的人们。捕捉市场机会的方法可归纳为三条：一是快速获得经济信息，尽早发现市场机会；二是善于运筹，铸成巧用市场机会的高招；三是创造条件，把市场机会转化为企业机会。只有这样才能充分利用各种市场机遇。

捕捉商机主要包括抓住商机、把握商机、爆出冷门、商机视察、抢先占领等内容或措施。

4. 发掘商机

当今，商品市场竞争十分激烈，但却不乏"现成"或"未开垦"的机会，可以说机会的"潜力"是很大的，对于每个竞争者来说，机会都是均等的，关键在于发现和发掘。商务活动组织者在不断加强自身能力的同时，深入细致地研究分析对手的优劣长短，不断寻找和发现"现在"的机会，挖掘"商机的潜力"，创造新的机会，使自己在激烈的市场竞争中立于不败之地是十分重要的。

发掘商机大体包括创造需求、挖掘潜机、选好空闲、启动农村市场、帮人赚钱等内容

---

① 王水成. 商机创造[M]. 北京：中国经济出版社，2000.

或措施。

5. 拓展商机

古希腊哲学家苏格拉底说："最有希望成功的人，倒不是有多大才干的人，却是最会利用每一时机去开发开拓的人。"商务活动组织者应该是一个善于开拓商机的人。因为机遇是多维的，商机开发、开拓的关键是谋而决断，努力去做。只有疲软的产品，没有疲软的市场。"市场饱和"之论调更是不堪一击的。

拓展商机主要包括商机扩大、商机开拓、见缝插针、资本经营、市场侵略、知识服务等内容或措施。

6. 预测商机

凡事预则立，不预则废。商务机会可以预测，预测可以创造市场机会。当今时代，既是激烈竞争和变革时代，又是科学技术和社会经济飞速发展的时代，在这种形势下，企业不仅要经受市场竞争和社会变革的考验，而且要面临未来的严峻挑战。现代市场学认为，市场存在于生产的首端，哪里有潜在的需求，哪里就存在着市场。因此，未来的需求将构成未来的市场。无数事实证明，未来存在着大量的商机。企业树立未来市场观念，预测和适应未来市场的变化，对创造商机是至关重要的。

今天，我们对商机的预测，就是运用科学的原理，抱着科学的态度，采用科学的方法，对可能产生的市场机遇的性质和发展的范围等，进行科学的推测，做出科学的判断，从而制定出多种可供选择的措施。商机的预测包括市场预测、察微知著、总结规律、战略预见、未来意识等内容或措施。

7. 转化商机

若机遇来了，而且已经捕捉了，那么这时对商机的深化、强化、转化就至关重要了。商机转化，就是把机遇转化成一种机制，把偶然的机会转化为必然的成功，把相对的劣势演绎为相对优势。

价值观念、市场观念、效益观念、利润观念、时间观念和竞争观念是商品经济的六个观念。对于商务活动组织者来讲，这六个观念无不与机遇具有直接的相关关系。商机转化，应从这六个观念的转变入手。转化商务机会包括商机强化、挑战"极限"、谨防诱惑、反向操作等内容或措施。

2.5.5　开发与创造商务机会应注意的问题[①]

开发与创造商务机会应注意以下八个问题。

---

① 1、2、3、4、5 条根据王水成、温海龙编著的《商机创造》(中国经济出版社 2000 年 1 月版)摘录整理而成，6、7、8 条根据廖进球主编的《商务管理学》(中国财经出版社 1998 年 7 月版)摘录整理而成。

1. 把观念创新作为商机创造成功的导向

在知识经济时代和我国经济体制改革不断深化的条件下，只有不断更新观念，不断产生适应并领先时代的新思维、新观念，并运用于经营与市场行动上，企业才能获得发展机遇。从这个意义上讲观念创新，是商机创造成功的导向。观念指导实践，只有树立了"商机是可以创造的"新观念，才有可能创造出新的商机。

2. 商务机会创造要善于抓住关键

所谓关键是指获得最主要的时机，才能先发制人。商务活动组织者创造商机要眼勤观察、脑勤思考、口勤提问、手勤操作，要心到、口到、眼到、手到、身到、多谈、多思、多看、多记。特别要善于利用现代化的先进技术，捕捉各种信息，找寻新的商机。

3. 商务机会创造要掌握创造性思维方法

创造性思维是运用新颖独特的方式方法去解决问题的一种积极主动的思维活动。创造性思维有两个根本特点：一是非常规性，即它是一种破除常规，另辟蹊径的思维活动。二是积极主动性，即创造性思维不仅需要各种认知心理过程，特别是思维活动的积极配合，而且需要经济情感、意志以至于全部积极的生理、心理功能发挥有效的作用。

4. 商务机会创造要抓好策划

创造商机，策划与创意是重要环节和最锐利的武器。企业要在残酷的市场竞争中求生存、求再发展、争胜利，不仅要掌握市场主动权，而且还要靠软件，靠策划来创造出一个又一个新的商机。

5. 商务机会创造要抓住关键

商务活动组织者的发展过程中，成败只有几个关键环节，每个关键环节的机遇及对机遇的捕捉与利用决定着其兴衰。其关键环节主要是：投市场需要之机，确定经营方向；抓住销售时机，迅速将商品变成货币；利用资源的差异性和人们对资源认识的差异性，抓住采购时机，增强吸收资源的能力。

6. 明确经营环境因素中自身的可控因素及可控程度

对企业而言，环境可控因素的范围及可控程度的大小因企业的经营实力而异，具有较大伸缩性。企业应量力而行，客观进行分析、判断，切不可简单地认为别人能做的自己也能做，从而混淆了可控与不可控的界线。

7. 判断自身可控因素中影响商机生成的关键性因素及其变化

判断企业的可控因素中，哪些是影响商务机会生成的关键性因素，并分析它们有几种可能的变化趋势，因时因地采取不同措施，便能收到抓纲带目、事半功倍的效果。因此，企业必须找出关键性因素，并分析其可能变化的趋势，为企业针对性地采取措施提供依据。

8. 分析关键性可控因素的预期转化措施

对关键性的可控因素做进一步分析，即企业应采取哪些措施才能使它朝着预定方向转化，还应采取哪些措施预防其朝不利于本企业的方向转化。

企业开发商务机会的途径主要有：利用宣传媒介、参与社会活动、研究消费心理、改善信息环境。

本 章 小 结

(1) 商务机会是指客观存在于市场过程之中，能给商务组织或其他营利性活动的组织和自然人提供销售、服务对象，带来盈利可能性的市场需求。它具有客观性、公开性、偶然性、难得性、针对性、时效性、效用性、利益性、差异性、求知性、风险性、理论上的平等性和实践上的不平等性等特点。

(2) 商务机会的得与失，将给商务组织和自然人带来六种可能：可将商务组织或自然人置于死地；能使商务组织或自然人起死回生；能使商务组织或自然人扶摇直上；能给商务组织或自然人插翅高飞；能让商务组织或自然人财大气粗；能使商务组织或自然人改头换面。

(3) 商务机会管理的内容与程序是：商务机会的捕捉；商务机会的分析；商务机会的选择；商务机会的开发。

本 章 思 考 题

1. 什么是商务机会？它有哪些特点？商务机会在商务运作中的地位何在？
2. 简述市场信息的含义与重要性。
3. 简述商务机会管理的基本内容与程序。

本 章 案 例

一张照片，巨额利润

1964 年，《中国画报》的封面刊出这样一张照片：大庆油田的"铁人"王进喜头戴大狗皮帽，身穿厚棉袄，顶着鹅毛大雪，手握钻机刹把，眺望远方，他的背景远处错落地矗立着星星点点的高大井架。几乎同时,《人民中国》杂志撰文报道说,以王进喜为代表的中国工人阶级,为粉碎国外反对势力对我国的经济封锁和石油禁运,在极端困难的条件下,发扬"一不怕苦,二不怕死"的精神,抢时间,争速度,不等马拉车拖,硬是用肩膀将几百吨采油设备扛到了工地。不久,《人民日报》报道了第三届全国人大开幕的消息,其中提到王进喜光荣地出席了大会。

当时,由于各种原因,大庆油田的具体情况是保密的。然而,上述几则由官方对外公开播发的极其普通的旨在宣传中国工人阶级伟大精神的照片和新闻,在日本三菱重工财团信息专家的手里变成了极为重要的经济信息,揭开了大庆油田的秘密。

(1) 根据对照片和新闻报道的分析,可以断定大庆油田的大致位置在中国东北的北部,且离铁路线不远。其依据是:唯有中国东北的北部寒冷区,采油工人才需戴这种大狗皮帽和厚棉袄;唯有油田离铁路线不远,王进喜等大庆油田的采油工人才能用肩膀将百吨设备运到油田。因此,只需找一张中国地图,就可轻而易举地标出大庆油田的大致方位。

(2) 根据对照片和有关新闻报道的分析,可以推断出大庆油田的大致储量和产量,并可确定是否已开始出油。其依据是:首先从照片中王进喜所站的钻台上握手柄的架势,推算出油井的直径是多少;从王进喜所站的钻台油井与他背后隐露的油井之间的距离和密度,又可基本推算出油田的大致储量和产量,接着从王进喜出席了人代会,可以肯定大庆油田出油了,不然王进喜是不会当代表的。

(3) 根据中国当时的技术水准和能力及中国对石油的需求,中国必定要大量引进采油设备。于是,日本三菱重工财团迅速集中有关专家和人员,在对所获信息进行剖析和处理之后,全面设计出了适合中国大庆油田的采油设备,做好充分的夺标准备。果然不久,中国政府向世界市场寻求石油开采设备。三菱重工财团以最快的速度和最符合中国所要求的设计设备获得中国巨额订单,赚了一笔巨额利润。此时,西方石油工业大国却目瞪口呆,还未回过味来呢。

(资料来源:熊菊喜. 现代企业管理教学案例[M]. 南昌:江西科学技术出版社,1995.)

问题:

1. 结合案例,说明为什么信息是无形财富?
2. 通过案例,怎样理解"利用知识比创造知识更重要"?

第 3 章　商务桥梁管理

我国著名的桥梁专家茅以升曾这样风趣地解释过"桥"的概念：桥是经过放大的一条板凳。桥有很深的文化含义，它在民族的文化思想中体现了重视联系、沟通而反对阻隔的意思。人要克服阻隔、联通彼岸，最佳的选择莫过于架桥，可见桥始终意味着连接与畅通。没有桥梁，我们生活中的人与物的空间位移将受到很大的制约。在商务活动中，为了使利益相关方通过沟通达成合作，就要架设信息沟通的渠道，这个渠道就是商桥。因此，商桥是指商务活动中利益相关者之间商业信息沟通的桥梁。

3.1　商桥管理概述

企业为了保证生产经营的连续性，必须不断地组织原材料、零部件、辅助材料等投入要素按质按量及时供给，使采购成本最小化；同时又要确保企业的产品或服务用最短的时间、最小的成本销售出去，实现企业产品或服务的价值，以保证再生产过程的顺利进行。可见，如何科学地构造商品购销环节的商桥和维持商桥的畅通，将直接影响企业的生存和发展。

3.1.1　商桥管理的概念

企业要想生存和发展，必须确保投入要素的及时供给和产出产品的快速交换，这实际上涉及商务活动采购和销售两大领域，即与商品价值转移和价值形态变化相关的业务活动，如发现商业机会、寻找买主或卖主、商务磋商、解决纠纷、签订合同、达成交易、协商外部关系等。

管理是为了实现某种组织目标，对特定的人和事进行有效的计划、组织、领导和控制的过程。

商桥管理也是人、事、目标的有机结合。商务本身就是一种交换商品的事务，表现为特定的"事"；但商品自己不会交换，交换商品必定是人的行为，开展商品交换离不开特定的"人"；人们之所以进行商品交换主要是为了实现商品价值和使用价值的"目标"。交易双方要实现各自的目标，必须通过联结彼此的商桥获取所需的相关信息。

因此，我们将商桥管理的概念定义为：商务活动的利益相关者为了实现各自特定的目标，对商桥的构建和维护活动中所涉及的人和事进行全面计划、组织、领导和控制的过程。

3.1.2　商桥管理的特征

商桥管理的特征是由商桥管理活动的特点所决定的，就企业而言，商桥管理的主要特征大致可概括为以下几项。

1. 目的性

商桥管理旨在构建和维护购销领域高效畅通的商桥，使企业的投入与产出能够顺利进行，从而实现企业的总目标和一定时期的目标。

2. 外向性

企业的商桥管理主要是构建和维护高效快捷的购销路径，因此，商桥管理是面向企业外部市场、外部环境的管理活动。商桥管理与生产管理的最大区别在于商桥管理是外向型的，而生产管理是内向型的，生产管理的重点是将投入高效地转化为产出；而商桥管理侧重于市场调研、识别交易合作者，强调构建和维护广泛、畅通的外部交易网络。

3. 预见性

商桥管理不仅是对企业过去的交易网络进行维护，而且更重要的是考虑未来的机遇和可能的威胁，构建适应外部环境变化的新的商桥。企业面临的外部环境总是不断变化的，企业只有通过经常的、周密的市场调查分析，才能掌握市场变化的规律，抓住有利的商业机会，减少经营的风险损失，创造有利的经营网络，因此，从事商桥管理的人员必须具有预见性。

4. 动态平衡性

商桥管理的外向性决定了商桥管理必须重视动态平衡性。商桥管理负责通过诊断环境来设计最适合当前情景的调整方案以维护平稳性。动态平衡性具体包括：
(1) 具有足够的稳定性以保证现有目标的实现。
(2) 具有足够的持续性以保证目的和手段有秩序的变化。
(3) 具有足够的适应性以有效地对外部机会或需要的变化做出反应。
(4) 具有足够的创新性以便企业能在环境变化之前有所行动。

3.1.3　商桥管理的任务

进行商桥管理的目的是构建和维护购销领域高效畅通的商桥，使企业的投入与产出能够顺利进行，从而实现企业的目标。

商桥管理的基本任务是：通过对商桥构建和维护活动所涉及的人和事进行全面计划、组织、领导和控制，充分发挥商桥管理人员的积极性和创新精神，以实现企业拥有广泛、高效、畅通的商桥来与供应商、销售商和客户等进行信息沟通。商桥管理的任务具体包括：

(1) 广泛深入的市场调研，捕捉有利的商业机会。

(2) 努力构建好采购领域的商桥，与供应商建立相对稳定友好协作的伙伴关系，以低成本、高质量的货源供应满足企业生产经营活动的需要。

(3) 千方百计构建销售领域的商桥，传递企业产品、服务等信息；在产品良好技术质量的基础上提升消费者和用户的认知质量，满足顾客的需求，使企业的产品得以畅销。

(4) 加强交易磋商和合同管理，妥善处理商务纠纷，协调对外关系，创造良好的商务活动氛围。

(5) 加强商桥管理的战略研究，根据外部环境的变化，积极构建新的商桥，防范和减少商务风险。

(6) 加强对商桥管理人员的激励，充分发挥他们的积极性和创新精神。

3.2 交易磋商管理

磋商，即谈判，是一个人们熟悉的词，也是一个无法回避的现实，还是一种普遍的人类行为。无论是汉末诸葛亮"舌战群儒"助孙刘联盟，还是我国为恢复关贸总协定缔约国地位、加入世界贸易组织，都离不开谈判。翻开历史，从古至今、由中到外，事实告诉我们磋商广泛存在于政治、经济、社会活动等人们生活的各个方面。

3.2.1 交易磋商的含义

1. 交易磋商的概念

随着社会经济的发展，人与人之间的经济交往日趋频繁，为了实现和满足商业利益，交易磋商迅速发展起来并成为促进贸易双方达成交易的重要环节。当然，磋商的最终目的不是将对方置于死地，而是在"给"与"取"的过程中、在"合作"与"冲突"的协调中，使双方都获得利益，求得"双赢"的理想局面。

因此，交易磋商是指经济交往各方通过协商和采取协调性行动，寻求实现一定商业利益的策略性的相互作用的过程。

2. 交易磋商的特点

交易磋商作为谈判的一种形式，显然，它既存在谈判的共性，也拥有自己独特的个性。

(1) 交易磋商以获得经济利益为目的。

交易磋商中，其主体更应以商业利益为基础，用理性思考决定谈判内容，围绕价格这个核心议题，准备策略技巧，力求以最理性的行为追求利益最大化。

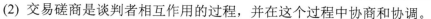

(2) 交易磋商是谈判者相互作用的过程，并在这个过程中协商和协调。

交易磋商中的谈判主体在"给"与"取"的过程中，都希望可以获得对己方最有利的条件，都希望获得最大的满足，但若每一方都只是一味地"取"，而不愿"给"，那么谈判所面临的最终结局只有失败，所以为了共同发展，谈判需要以一定的"合作"协调"冲突"，进而在"互惠"、"公平"的基础上继续进行。可能有人会说因供求关系等因素影响，买卖双方在价值实现问题上得失不同，所以交易磋商不公平。但我们只能以此说明其结果不平等，却不能否定其公平性，因为作为谈判方的你手中握着对结果的否决权，你有权站起来微笑地说"不"，不是吗？

(3) 交易磋商重视节时高效。

"时间就是金钱"，交易磋商作为一项重时间讲效率的经济活动，为了获得一定的经济利益，与普通活动相比，它更加重视节时高效。

(4) 交易磋商注重合同条款的严密性与准确性。

谈判的结果是由双方协商一致的协议或合同来体现的。合同条款实质上反映了各方的权利和义务，合同条款的严密性与准确性是保障谈判获得各种利益的重要前提。如果在拟订合同条款时，掉以轻心，不注意合同条款的完整、严密、准确、合理、合法，很可能会被谈判对手在条款措辞或表述技巧上引入陷阱，这不仅会使本已到手的利益丧失殆尽，而且还会为此付出惨重的代价，这种例子在商务谈判中屡见不鲜。因此，在商务谈判中，谈判者不仅要重视口头上的承诺，更要重视合同条款的准确性和严密性。

3.2.2　交易磋商过程[①]

交易磋商是一个循序渐进的过程，一般包括七个阶段，即准备、开局、摸底、报价、磋商、成交和签约。

1．准备阶段

俗话说"知己知彼，百战不殆"，当然，这在商务谈判中也不例外。"凡事预则立，不预则废"，我们只有在谈判前充分准备，才能更好地看清自己，了解对方，才能更好地认清谈判各方的关系，找到成功的方向。

1) 明确谈判目标

作为指导谈判的核心，谈判目标尤为重要。你可能会考虑"协议包括哪些内容"、"我希望对方答应我哪些条件"、"对我来说什么最重要"等问题，其实这些都属于谈判目标，甚至还要提前考虑到你准备在哪些方面做出让步。

在谈判前，为了做到有的放矢，我们应根据谈判情形选择不同层次的目标。

---

① 王国梁. 推销与谈判技巧[M]. 北京：机械工业出版社，2003：141-143.

(1) 必达目标。这是不可放弃的基本目标，如果不能实现，就需放弃谈判。

(2) 希望目标。这是谈判者力争的在实际需求利益得到满足后，追求的一个额外利益的理想目标，除非迫不得已，一般情况不放弃。

(3) 可能目标。其作为最理想的目标，实现难度很大，一般情况下可以放弃。

2) 知己知彼

"知己"即首先了解自己，了解本企业的产品及经营状况。看清自己的实际水平与现在所处的市场地位，这对于谈判地位的确立及决策的制定十分重要。只有熟悉自己的产品规格、性能、质量、用途、销售状况、竞争状况、供需状况等要素，才能更全面地分析自己的优势、劣势，评估自己的力量，从而认定自我需要，满怀信心地坐在谈判桌前。

"知彼"即对谈判对手调查分析，越了解对方，越能掌握谈判的主动权。在谈判前，当对手选定后，应针对该企业，进行企业类型、结构、投资规模等一系列基础性调查，分析对方的市场地位，将其优势、劣势细细分析，使自己能避实就虚，在谈判中占据主动地位。当然，与此同时，也不能忽视对该企业的资信调查，确定其是否具有经营许可等能力，以降低信用风险。

"知彼"与"知己"一样，也应通过各种途径去详细摸清对方谈判代表的一切情况。也许对方谈判代表曾和你打过交道，即使有过不愉快，也应该开诚布公地强调会积极避免此类事情的发生。如果对方是新客户，就更应从其个人简历、兴趣爱好、谈判思维及权限等方面进行不带任何个人色彩的了解，做到心中有数。

2. 开局阶段

开局阶段是指谈判人员见面入座后，开始洽谈到话题进入实质性内容之前的阶段。开局是交易谈判的前奏，其主要工作是建立适宜的谈判气氛和协商谈判议程。

一般来说，双方谈判人员见面之后，总要先互相寒暄一番，介绍各自出席谈判的代表，并就谈判以外的话题适度闲聊几句。双方正是在这种初步的接触中形成了一定的谈判气氛，这种谈判气氛对将要进行的谈判活动会产生非常重要的影响。交易谈判是一种合作性的活动，因此，所建立的谈判气氛应有利于谈判的开展，总体上应该是积极、友好、轻松愉快的。

谈判议程反映所谈事项的次序和时间安排，议程安排将影响双方在谈判中的主、被动地位，同时决定着谈判效率的高低，是开局阶段的一项主要工作。

3. 摸底阶段

摸底阶段是双方进入实质性谈判的开始阶段，是正式谈判开始以后，没有报价之前，谈判双方通过交谈互相了解各自的立场观点和意图的阶段。

双方在转入正式谈判之后，一般要有一个开局发言，这个发言是概括性的，发言中主要表明己方对本次谈判所持的态度、立场，希望取得的利益或期望达到的目的，提出应重点或优先考虑的问题，今后双方可能存在的合作机会等。这些阐述一般都是原则性的，不必做详细的解释和说明，能够表明己方谈判的意图即可。

摸底阶段的另一个内容是了解对方的意图，通过对方的开场陈述，了解对方的立场观点和意图，搞清楚最终成交的大致轮廓，明确哪些是对方主要关心的问题，是否需要调整己方的谈判策略等。

4. 报价阶段

报价阶段是谈判的一方或双方提出自己的价格和其他交易条件的阶段。价格是交易谈判的核心问题，直接关系到交易双方的经济利益，所以，报价阶段对谈判来说，是至关重要的阶段。

价格应该报多高、如何报是这一阶段主要考虑的问题。价格报得过高，会吓退谈判对手或被对方指责为没有诚意。价格报得过低，会损害企业的利益，也使己方处于相对被动的地位。事实上，报价为谈判画定了一个框架，双方应把握的基本原则就是要报一个"留有余地的最高价"。既能保证谈判继续进行，又能最大限度地保障企业的根本利益。

按照商业惯例，一般是由卖方报价，买方还价。

5. 磋商阶段

磋商阶段是指谈判双方为了实现各自的利益，就交易条件中不一致的地方进行探讨，以寻求双方利益的共同点的阶段，也就是讨价还价阶段。这一阶段是双方力量的真正交锋，技巧策略也主要运用在这一阶段，双方在这一阶段会充分调动各种手段来试图达到自己的目的，最终的结果可能是条件逐渐趋于一致，也可能是僵持不下或者是破裂。

磋商阶段的主要任务就是运用各种谈判策略与技巧，列举各种信息来说服对方接受自己的观点，当然，为了促成交易的成功，也不可避免地要做出一些妥协和让步。

6. 成交阶段

成交阶段是指谈判双方经过反复磋商，对各项交易条件已达成一致意见后，拍板定案并采取一定交易行动的阶段。

经过双方的反复磋商和妥协让步，交易中的一些重要原则问题已达成一致意见，已经可以预见到谈判将取得成果，虽然还存在一些小问题，但已不会对谈判有重要影响，这标志着谈判将进入成交阶段。

交易谈判在转入成交阶段后，要密切关注对方所表现出来的成交信号，及时把握成交机会，将要求与让步结合起来解决存在的遗留问题，回顾总结前面的谈判成果，表明成交的意图，促使双方尽快拍板定案。

成交阶段的关键在于遗留问题的解决，处理不当，也会因小失大，使谈判功亏一篑，所以要特别注意。

7. 签约阶段

签约阶段是交易谈判的最后阶段，是指谈判双方用准确规范的文字表述谈判成果，并经双方有正当权限的代表依法签字，形成具有法律效力的合同文件的阶段。

签约阶段从表面上来看仅限于文字表述，是一项纯技术性的工作，实际上事关交易谈判的根本。因为交易谈判的一切努力最终都是通过协议来进行表达的，如果表述不当、遗漏或含糊不清，会给企业带来严重的后果，造成难以预料的麻烦。因此，在签约阶段仍需以认真的态度、严谨的作风来继续做好这一工作。签约阶段的关键是以准确的文字来表述谈判成果，要求所签署的合同文件要合法、齐全、清楚、确切和穷尽。协议一经签署，整个谈判即告结束。

3.2.3　交易磋商的策略

交易磋商既是一门科学，又是一门艺术。在交易磋商中，如果能熟练运用各种谈判谋略，就会在谈判中居于主动地位，立于不败之地；反之，如果缺乏谈判谋略，就极易在谈判中居于被动地位，甚至被引入"圈套"而吃亏上当。因此，作为一名优秀的谈判者，必须了解有关交易谈判谋略与技巧。

1. 对抗策略[①]

企业实力是选择与运用对抗策略的基点。谈判中的对抗通常就是企业之间实力的较量，这种实力不仅仅是指企业的经济实力，还包括谈判者的谈判水平、谈判者掌握的信息量、谈判者的职位以及交易内容对各方的重要性和迫切性、信誉、竞争状况等多种因素。受这些因素的影响，谈判双方的实力对比呈现三种状态：主动地位、被动地位和平等地位。

1) 主动地位的对抗策略

当谈判中己方实力强大，对手实力弱小，己方处于谈判主动地位时，采取对抗策略的核心就是使对方做出让步，从而谋求更大的利益。这时可选取的策略有：

(1) 平铺直叙策略。这种策略是指在谈判内容比较简单、技术要求不高的情况下，己方直接向谈判对手列出所要求的各项条件，并要求对方尽快给予答复。当然，己方所列的各项条件应当比较合理，即在正常情况下，与其他谈判对手的交易结果也大体如此。这种策略可以避免双方的"拉锯战"、速战速决，为己方争取时间，适合在己方没有足够的谈判时间的情况下使用。

(2) 吊胃口策略。这种策略是指实力占有优势的一方，只是反复说明谈判如果成功能给对方带来的好处，而自己却不肯让步，通过吊谈判对手的胃口来为己方争取更多的利益。这种策略对于在实力上占有优势、时间又比较充裕的企业较为适用。当企业的时间成本不

---

① 王国梁. 推销与谈判技巧[M]. 北京：机械工业出版社，2003：180-181.

高，对谈判的依赖程度又较低时，这种"持久战"的方式往往可以为企业争取到较大的利益。

2) 被动地位的对抗策略

当谈判对手实力强，而己方实力弱，己方处于谈判的被动地位时，正面对抗显然占不到什么便宜，因此，采取对抗策略的核心就是要设法改变谈判力量的对比，变被动为主动，尽量保护自己。可选取的策略有：

(1) 团队力量策略。这种策略就是谈判小组的全体成员，集中一个目标或一个提案，轮番向对方进攻，通过"造势"来壮大自己的力量，改变谈判对手的态度，达到谋取利益的目的。在己方实力不强时，如果单兵独斗，则会使己方的力量更加分散。只有集中力量才可以形成局部优势，在谈判中争取到较多的利益。

(2) 软化个别对手策略。这种策略是指通过软化对方的某个关键人物，使对方不能从思想上统一起来，内部产生意见分歧，达到分化瓦解对手的目的。这种策略是场内外结合的一种策略，己方可通过深入了解对方谈判人员的各种背景，找出对方关键人物的"薄弱环节"，采取非正式渠道与其接触，联络感情，使之对己方产生好感，取得对方的同情与理解，在其内部造成分化，削弱对方的力量。

(3) 寸土必争策略。寸土必争策略就是坚持己方的每一块阵地，在对方不做出相应让步的情况下，绝不主动让步，让对方感觉到每前进一步都很不容易。这种策略应该说是一种正面对抗，在己方实力较弱的情况下，正面对抗确实难以把握，但只要用心操作，避免失误，还是可以取得较好效果的。在运用这一策略时，要特别注意保护好自己的"底牌"，保持小组成员的行动一致。对于己方所做的让步，在谈判中要不断反复提起，并适当夸大，让对手感觉到他们取得了一个很大的胜利，因而做出一些让步也是应该的。

(4) 迂回进攻策略。这种策略是指谈判人员将自己的条件转换一种形式表达出来，给对手造成一种自己已经让步的错觉，从而使谈判摆脱困境，进一步向前发展。

3) 平等地位的对抗策略

当谈判双方实力相当，所处地位基本均等时，似乎采用任何策略都不具有特别的优势。但这一点应当注意，实力相当并不等于双方的每一个方面都条件相等，总是各有所长也各有所短。因此，在地位平等时的基本对抗策略就是扬长避短。这种策略就是尽可能将对方控制在自己的优势范围内，用自己的长处来迫使对方让步。

2. 让步策略

谈判的过程实际上是一个让步妥协的过程。无论你是久经沙场，还是初次上阵，都应对让步给予高度重视。但在具体实践中，到底如何让步？让多少？什么时候让？却是一个非常复杂的和值得研究的问题。成功让步的策略和技巧尤其表现在谈判的磋商阶段。要准确地、有价值地运用好让步策略，总体上需把握以下原则。

1) 目标价值最大化原则

应当承认，在交易谈判中很多情况下的目标并非是单一的。在处理这些多重目标的过程中，不可避免地存在着目标冲突现象。谈判的过程事实上是寻求双方目标价值最大化的一个过程，但这种目标价值的最大化并不是所有目标的最大化，因此也避免不了在处理不同价值目标时使用让步策略。让步策略首先就是要保护重要目标价值的最大化，尽可能在次要目标上进行让步。

2) 刚性原则

在谈判中，谈判双方在寻求自己目标价值最大化的同时，也要对自己最大的让步价值有所准备，换句话说，谈判中可以使用的让步资源是有限的，所以，让步策略的使用是具有刚性的。因此，在刚性原则中必须注意以下几点：第一，谈判对手的需求是有一定限度的，也是具有一定层次差别的，让步策略的运用也必须是有限的、有层次区别的。第二，让步策略运用的效果是有限的，每一次的让步只能在谈判的一定时期内起作用，是针对特定阶段、特定人物、特定事件起作用的，所以不要期望满足对手的所有意愿，对于重要问题的让步必须给予严格的控制。第三，时刻对于让步资源的投入与你所期望效果的产出进行对比分析，必须做到让步资源的投入小于所产生的积极效益。

3) 时机原则

所谓让步策略中的时机原则就是在适当的时机和场合做出适当适时的让步，使谈判让步的作用发挥到最大，所起到的作用最佳。让步的随意性往往会导致时机把握不准确，在商务谈判中，有些谈判者仅仅根据自己的喜好、兴趣、成见、性情等因素使用让步策略，而不顾及所处的场合、谈判的进展情况及发展方向等，不遵从让步策略的原则、方式和方法。这种随意性会导致让步价值缺失、让步原则消失，进而促使对方的胃口越来越大，并使自己在谈判中丧失主动权，导致谈判失败，所以在使用让步策略时千万不能随意而为之。

4) 清晰原则

在商务谈判的让步策略中的清晰原则是：让步的标准、让步的对象、让步的理由、让步的具体内容及实施细节应当准确明了，避免因为让步而导致新的问题和矛盾。常见的问题有：第一，让步的标准不明确，使对方感觉自己的期望与你的让步意图错位，甚至感觉你没有在问题上让步而是含糊其辞。第二，方式、内容不清晰，在谈判中你所做的每一次让步必须是对方所能明确感受到的，也就是说，让步的方式、内容必须准确、有力度，对方能够明确感觉到你所做出的让步，从而激发对方的反应。

5) 弥补原则

如果迫不得已必须让步时，也须把握住"此失彼补"这一原则。即在这一方面(或此问题)己方给了对方优惠，那在另一方面(或其他地方)必须获取回报。当然，在谈判时，如果发觉此问题己方若是让步则可以换取彼处更大的好处时，也应毫不犹豫地给予让步，以保持全盘的优势。

在交易磋商中，为了达成协议，让步是必要的。但是，让步不是轻率的行动，必须慎

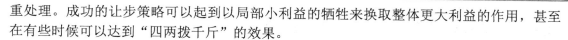

重处理。成功的让步策略可以起到以局部小利益的牺牲来换取整体更大利益的作用，甚至在有些时候可以达到"四两拨千斤"的效果。

3.3　商务合同管理

商务当事人就双方共同关心的诸多事宜进行多种形式的磋商后，要对达成的共识签订商务合同，以使双方今后的运营与操作有所遵循。

3.3.1　商务合同管理概述

1. 商务合同管理的概念

商务合同管理是指商务当事人对以自身为当事人的合同依法进行订立、履行、变更、解除、转让、终止以及审查、监督、控制等一系列行为的总称。其中订立、履行、变更、解除、转让、终止是合同管理的内容；审查、监督、控制是合同管理的手段。合同管理必须是全过程的、系统性的、动态性的。全过程就是由洽谈、草拟、签订、生效开始，直至合同失效为止。我们不仅要重视签订前的管理，更要重视签订后的管理。系统性就是凡涉及合同条款内容的各部门都要一起来管理。动态性就是注重履约全过程的情况变化，特别要掌握对我方不利的变化，及时对合同进行修改、变更、补充、中止或终止。

2. 合同管理的重要性

市场经济是法治经济、契约经济。合同是商品经济的产物，是商品交换的法律表现形式。企业的经济往来，主要是通过合同形式进行的，所以，一个企业的经营成败与合同和合同管理有密切关系。合同管理的重要性可以从以下两个方面来理解。

(1) 对市场来说，企业合同管理的重要性和必要性在于：实现企业对市场的承诺，体现企业的诚信，提升企业的品牌和形象，使企业更牢固地立足市场，实现可持续发展。

(2) 对企业来说，合同管理的重要性和必要性在于：一方面使企业的生产经营与市场接轨，满足市场的需要，提高企业适应市场和参与市场竞争的能力；另一方面是使企业在履约过程中维护自身的合法权益，提高企业经济效益。

由此可见，企业合同管理是市场经济条件下企业管理的一项核心内容，企业管理的方方面面都应围绕这个核心去开展。成功的企业合同管理，是把合同的权利义务按职能分工分解到各部门，由各部门去履行属于自己职能范围的权利义务。只有这样，合同管理才能真正到位，履行责任才能真正落实。可以说，企业合同管理是一个系统工程，需要各子系统、分系统共同配合。合同管理比其他管理更需要信息沟通和处理。

3.3.2　商务合同管理中应注意的问题

1. 合同签订阶段的问题

1) 合同主体不当

合同当事人主体合格，是合同得以有效成立的前提条件之一，而合格的主体，首要条件应当是具有相应的民事权利能力和民事行为能力的合同当事人。这里要防止两种倾向：一是虽然具有上述两种能力，但不是合同当事人，即当事人错位，也是合同主体不当；二是虽然是合同当事人，但却不具有上述两种能力，同样是合同主体不当。

2) 合同文字不严谨

不严谨就是不准确，容易产生歧义和误解，导致合同难以履行或引起争议。依法订立的有效的合同，应当体现双方的真实意思。而这种体现需要靠准确明晰的合同文字作载体。可以说，合同讲究咬文嚼字。

3) 合同条款不齐、存在漏洞

不齐就是不全面、不完整，有缺陷、有漏洞。常见漏掉的往往是违约责任，如遗漏质量要求与标准，缺少价款规定及支付方式，没有验货方法，不定违约条款，等等。此种情况容易造成履约的困难，从而产生纠纷。

4) 条款重复、矛盾

合同各条款前后重复、自相矛盾，易造成执行中的困难，甚至被人钻空子。因此合同条款必须协调一致，避免前后矛盾。

5) 违反法律法规签订无效合同

《合同法》第五十二条规定，违反法律、行政法规的强制性规定签订的合同属于无效合同，而无效合同是不受法律保护的。

6) 境外合同文本的疑问

我国加入 WTO 后，有些合同使用境外文本。由于国情和语言文字不同，加上翻译问题，这些合同文本存在不少疑问。对这些疑问不能回避，必须在合同上加以澄清，弄清其含义或堵塞其漏洞，以免造成损失。

2. 合同履约阶段的问题

1) 应变更合同的没有变更

在履约过程中合同变更是正常的事情，问题在于不少负责履约的管理人员缺乏这种及时变更的意识，结果导致了损失。合同变更包括合同内容变更和合同主体变更两种情形。合同变更的目的是通过对原合同的修改，保障合同更好履行和一定目的的实现。

2) 应当发出的书函(会议纪要)没有发

在履约过程中及时地发出必要的书函，是合同动态管理的需要，是履约的一种手段，也是企业自我保护的一种招数，可惜这一点往往被忽视，结果受到惩罚。

3) 应当追究的却过了诉讼时效

如：建筑行业被拖欠工程款的情况相当严重，有些拖欠没有诉诸法律，在要起诉时才发现已超过了两年的诉讼时效，无法挽回损失。超过了诉讼时效等于放弃债权主张，等于权利人放弃了胜诉权。

4) 应当行使的权利没有行使

《合同法》赋予了合同当事人抗辩权，但大多数公司不会行使。例如，发包方不按合同约定支付进度款，建筑公司本可以行使抗辩权停工，但却没有行使，怕单方面停工要承担违约责任，结果客观上造成了垫资施工，使发包方的欠款数额愈来愈大，问题更难解决。

5) 应当重视证据(资料)的法律效力的却没有得到足够的重视

并不是所有书面证据都具有法律效力，有效的证据，应当是与事实有关的、有盖章和(或)签名的、有明确内容的、未超过期限的原件。不具备法律效力的书面证据只是废纸一张。

3.3.3　商务合同管理的具体工作

合同关系自始至终是一种法律关系，所以现代企业的合同管理也应当是自始至终的全过程的、全方位的管理。合同管理应做好如下几项工作。

1. 建立健全规章制度

要使合同管理规范化、科学化、法律化，首先要从完善制度入手，制定切实可行的合同管理制度，使管理工作有章可循。合同管理制度的主要内容应包括：合同的归口管理，合同资信调查、签订、审批、会签、审查、登记、备案，法人授权委托办法，合同示范文本管理，合同专用章管理，合同履行与纠纷处理，合同定期统计与考核检查，合同管理人员培训，合同管理奖惩与挂钩考核等。企业通过建立合同管理制度，做到管理层次清楚、职责明确、程序规范，从而使合同的签订、履行、考核、纠纷处理都处于有效的控制状态。

2. 加强合同管理人员的培训教育

合同管理人员的业务素质的高低，直接影响着合同管理的质量。通过学习培训，使合同管理人员掌握合同法律知识和签约技巧，坚持持证上岗和年检考核制度，不但可以增强合同管理人员的责任感，也可以提高他们的合同法律意识。

3. 重大合同审查管理

企业重大合同主要有：中外合资合作合同、企业购并合同、联营合同、独家代理协议、重大技术改进或技术引进合同、涉及担保的合同、房地产开发与交易合同等。把这些对企业的生产经营活动和经济效益影响大的合同挑出来，作为合同的重点管理对象。合同的项目论证、资信调查、合同谈判、文本起草、修改、签约、履行或变更解除、纠纷处理的全过程，都应有法律顾问参与，以严格管理和控制、预防合同纠纷的发生，有效维护企业的合法权益。

4. 履行监督和结算管理

签约的目的主要是保障合同的及时有效履行，防止违约行为的发生，所以，企业法律顾问对合同的履行进行监督是十分必要的。通过监督可以知道企业各类合同的履行情况，及时发现影响履行的原因，以便随时向各部门反馈，排除阻碍，防止违约的发生。另外，合同结算是合同履行的主要环节和内容，法律顾问部门要同财务部门密切配合；把好合同的结算关至关重要，这既是对合同签订的审查，也是对合同履行的监督，具体可采取或制定货款支付复核程序，实施有效的管理。

5. 违约纠纷的及时处理

合同关系是一种法律关系，违约行为是一种违法行为，要承担支付违约金、赔偿损失或强制履行等法律后果。法律顾问部门审查合同时，选择合适的违约条款和纠纷处理条款显得很重要，一旦发生违约情形，法律顾问要区别情况，及时采用协商、仲裁或诉讼等方式，积极维护企业的合法权益，减少企业的经济损失。

3.4 商务冲突管理

企业开展商务活动，一定会与外界发生广泛的经济联系，同时也不可避免地会产生各种摩擦、冲突，从而影响和制约着商务活动的健康运行。与商务活动相关的各种摩擦、冲突通常称为商务冲突或商务纠纷。如何协调合同纠纷、化解商务冲突是商务管理的重要内容。

3.4.1 商务冲突概述

1. 商务冲突的概念

商务冲突是商务管理中的一个重要概念和研究领域。从管理心理学的角度来看，当人们具有不同的目标或利益时，往往会产生外显或潜在的意见分歧或矛盾，从而体验到心理冲突或人际冲突。在中国文化背景下，"冲突"一词往往具有一定的负面含义。因此，许多时候，人们会忌讳谈论"冲突"，更多愿意用"矛盾"或"分歧"的概念来分析所存在的问题。

商务冲突是指商务活动的双方感知到的由于某种差异而引起的抵触或对立状态。人与人之间由于利益、观点、掌握信息的不同或对事件的理解上存在差异，就可能引起冲突。不管这种差异是否真实存在，只要一方感觉到有差异就会发生冲突。肯尼思·托马斯认为，冲突是一个过程，"这个过程始于一方感到另一方阻挠或似乎阻挠他所关注的事物之时"。由此可见，当一方察觉自身利益受到损害或将会受到损害时，他就会反击对方的侵害，从而引起商务冲突。

可见，商务冲突表现为一个发展过程，具有四个关键成分。

(1) 对立内容：人们具有对立的利益、思想、知觉和感受。

(2) 对立认知：冲突各方承认或认识到存在着不同的观点。

(3) 对立过程：分歧或矛盾具有一个发展过程。

(4) 对立行动：分歧各方设法阻止对方实现其目标。

2. 商务冲突的原因

商务活动中，由于人们之间存在的差异多种多样，冲突产生的原因也是多方面的。

(1) 信息偏差。当事人从不同信源获得信息，信息内容差异导致冲突；同一信息未按规定时间传输，造成信息时效偏差；信息传输顺畅，但因当事人理解错误，发生信息理解的语义偏差；信息传输、理解都正确，或许因当事人的利害关系未按信息规定办事，造成信息应用的偏差等。

(2) 当事人的态度和价值观不同。商务活动中的当事人是复杂多样的。由于他们的经历、地位、知识、文化、国别、籍贯、民族、性别等有差异，所以导致他们对事物会有不同的态度和价值观。例如跨国经营中交叉文化一直是商务活动中的棘手问题。一件平常的事，往往会因不同的文化和价值观念，产生激烈的争论和冲突。

(3) 环境的变化。环境包括自然环境和社会政治环境。环境的变化会影响资源、利益分配，从而导致当事人为争夺资源、利益而产生冲突。其次，环境变化可能影响企业的经营活动，使合同、协议无法执行，使当事人双方产生争执。

(4) 合理要求认识的差异。商务谈判中，谈判的双方提出的交易条件不同，但从各自的立场来看，都会认为这些条件是很合理的，那么冲突也就容易产生。虽然双方不是敌对的关系，但是也并不是不存在利益的冲突和矛盾，因为双方都希望获得自身利益的最大化，因此常常面临合理要求认识的差异。

由此可见，商务冲突概括地说，不外乎是由认识和利益两方面引起的，它表现为心理冲突和行为冲突。

3. 商务冲突管理的重要性

1) 商务冲突管理是建立高质量工作环境的需要

冲突有建设性的，也有破坏性的。有些冲突解决得好，能转化为建设性的，解决不好会变为破坏性的。同时有些冲突本身就是破坏性的，它会给正常的商务活动带来破坏性影响。两种类型的冲突都需要管理，只有对冲突进行有效管理，才能建立高质量的商务工作环境。

商务管理(第2版)

2) 商务冲突管理关系到商务活动的效率和成功

在商务活动中，交易各方之间产生冲突有时是难免的。如何控制、驾驭和解决冲突，不仅会影响本次交易能否成功，而且会影响双方今后长期友好的合作关系。

3) 商务冲突管理对企业的生存与发展至关重要

商务冲突涉及企业与政府、金融、税务、公安、社区、用户等方面的关系。它关系到企业的外部环境，处理好的话，企业可以顺风顺水地迅速发展；处理不好会使企业的千里大堤溃于蚁穴，一个环节的失控，可能会使企业全线崩溃，这样的例子也屡见不鲜。

4. 商务冲突的类型

商务活动和非商务活动中，经常发生一些与商务活动相关的冲突。这些冲突主要反映在六个方面，也可以说商务冲突有六种类型。

1) 合同履行中产生的冲突

由不履行合同或没有完全履行合同发生的商务冲突是商务活动中最常见、最大量的商务冲突，如标的数量、质量、型号、规格，价格、定金，执行期限，付款日期、付款形式，赔偿金和违约金等。

2) 假冒侵权产生的冲突

不管假冒还是侵权，都是损害利益的行为。假冒与被假冒，侵权与被侵权，双方构成相互冲突的关系。

3) 为争夺技术权益引起的冲突

科学技术是第一生产力。企业界为获取或垄断某种技术经常会展开激烈的争夺。他们猎取的目标有的是技术资料本身，有的是掌握技术资料的技术人员。

4) 争夺原料和销售渠道所引起的冲突

原料是生产要素和工业的食粮；销售渠道是产品通向用户的途径。这一进一出，是每个企业都少不了的，因此在商界，争夺原料和销售渠道的斗争一天也没停止过。为了原料和渠道商家使出浑身解数，进行着拼死的搏杀。

5) 广告活动中的冲突

广告活动中的冲突是商贸冲突的公开化。企业的利益冲突，总是寻求多种解决途径，广告是其中最重要的手段之一。

6) 刑事犯罪所引起的冲突

刑事犯罪分子的犯罪行为，如投毒、放火、造谣等，可能会对企业信誉和形象产生巨大的破坏。这样犯罪分子和企业之间就会形成对抗与冲突。

3.4.2　商务冲突管理的策略

商务谈判的最终目的是双方达成协议，使交易成功。如何有效地避免和化解谈判中出现的冲突和矛盾呢？

1. 了解谈判对手的特点是商务谈判必备的常识

商务谈判要面对的谈判对象来自不同地区，甚至不同的国家。由于世界各国的政治经济制度不同，各民族间有着迥然不同的历史、文化传统，各国客商的文化背景和价值观念也存在着明显的差异。因此，他们在商务谈判中的风格也各不相同。在商务谈判中，如果不了解这些不同的谈判风格，就可能闹出笑话，产生误解，既失礼于人，又可能因此而失去许多谈判成功的契机。如果想在商务谈判中不辱使命，稳操胜券，就必须熟悉世界各国、各地区商人不同的谈判风格，采取灵活的谈判方式。

当然，随着当今世界经济一体化、通信的高速发展以及各国、各地区商人之间频繁的往来接触，他们相互影响、取长补短，有些商人的国别风格已不是十分明显。因此，我们既应了解熟悉不同国家和地区商人之间谈判风格的差异，还应根据临时出现的情况随机应变，适当地调整自己的谈判方式以达到预期的目的，取得商务谈判的成功。

2. 做好谈判前的准备工作是预防冲突激化的有效手段

谈判桌上风云变幻，谈判者要在复杂的局势中左右谈判的发展，必须做好充分的准备。只有做好了充分准备，才能在谈判中随机应变、灵活处理，从而避免谈判中利益冲突的激化。由于商务谈判涉及面广，因而要准备的工作也很多，一般包括谈判者自身的分析、谈判对手的分析、谈判班子的组成、精心拟定谈判目标与策略，必要时还要进行事先模拟谈判等。

1) 知己知彼，不打无准备之仗

在谈判准备过程中，谈判者要在对自身情况做全面分析的同时，设法全面了解谈判对手的情况。自身分析主要是指进行项目的可行性研究。对对手情况的了解主要包括：对手的实力(如资信情况)，对手所在国(地区)的政策、法规、商务习俗、风土人情以及谈判对手的谈判人员状况等。目前中外合资项目中出现了许多合作误区与投资漏洞，乃至少数外商的欺诈行为，很大程度上是中方人员对谈判对手了解不够导致的。

2) 选择高素质的谈判人员

商务谈判在某种程度上是双方谈判人员的实力较量。谈判的成效如何，往往取决于谈判人员的知识储备和心理素质。由于商务谈判所涉及的因素广泛而又复杂，因此，通晓相关知识十分重要。通常，除了国际贸易、国际金融、国际市场营销、国际商法这些必备的专业知识外，谈判者还应涉猎心理学、经济学、管理学、财务知识、外语、有关国家的商务习俗与风土人情以及与谈判项目相关的工程技术等方面的知识。较为全面的知识结构有助于构筑谈判者的自信与成功的背景。此外，作为一个商务谈判者，还应具备一种充满自信心、具有果断力、富于冒险精神的心理状态，只有这样才能在困难面前不低头，才能正视挫折与失败，拥抱成功与胜利。

因为大型商务谈判又常常是一场群体间的交锋，单凭某个谈判者的丰富知识和熟练技能，并不一定就能达到圆满的结局，所以要选择合适的人选组成谈判班子与对手谈判。谈判班子成员各自的知识结构要具有互补性，形成一个团队，从而在解决各种专业问题时能驾轻就熟，有助于提高谈判效率，并在一定程度上减轻主谈人员的压力。

3) 拟订谈判目标，明确谈判最终目的

准备工作的一个重要部分就是设定让步的限度。商务谈判中经常遇到的问题就是价格问题，这一般也是谈判利益冲突的焦点问题。如果是卖方，要确定最低价；如果是买方，则要确定最高价。在谈判前，双方都要确定一个底线，突破这个底线，谈判将无法进行。这个底线的确定必须有一定的合理性和科学性，要建立在调查研究和实际情况的基础之上，如果出口商把目标确定得过高或进口商把价格确定得过低，都会使谈判中出现激烈冲突，最终导致谈判失败。

作为卖方，开价应在能接受的最低价和认为对方能接受的最高价之间，重要的是开价要符合实际，是可信的、合情合理的，促使对方做出响应。一个十分有利于自己的开价不一定是最合适的，它可能向对方传递了消极的信息，使他对你难以信任，而采取更具进攻性的策略。当你确定开价时，应该考虑对方的文化背景、市场条件和商业管理。在某些情况下，可以在开价后迅速做些让步，但很多时候这种作风会显得对建立良好的商业关系不够认真。所以开价必须慎重，而且要留有足够的回旋余地。

4) 制定谈判策略

每一次谈判都有其特点，要求有特定的策略和相应战术。在某些情况下，首先让步的谈判者可能被认为处于软弱地位，并会导致对方施加压力以得到更多的让步；然而另一种环境下，同样的举动可能被看作是一种要求回报的合作信号。在商务磋商中，采取合作的策略，可以使双方在交易中建立融洽的商业关系，使谈判成功，各方都能受益。但一个纯粹的合作关系也是不切实际的。当对方寻求最大利益时，会采取某些竞争策略。因此，在谈判中采取合作与竞争相结合的策略会促使谈判顺利结束。这就要求我们在谈判前制订多种策略方案，以便随机应变。你需要事先计划好，如果必要时可以做出哪些让步。核算成本，并确定怎样让步和何时让步。重要的是在谈判之前要考虑几种可供选择的竞争策略，万一对方认为你的合作愿望是软弱的表示时，或者对方不合情理、咄咄逼人，这时改变谈判的策略，可以取得对方额外的让步。

3. 谈判策略的恰当运用也可以在一定程度上避免冲突

谈判的直接目的是获得各方面都满意的协议或合同。我们把与我们谈判的人称为谈判对手，双方的确有为争取自身利益最大化的对抗关系，但更重要的还是合作关系，是为了合作才有的暂时对抗。所以在谈判中，要恰当地应用一些谈判技巧，尽力避免强烈冲突的出现，如果谈判陷入僵局，对谈判双方来说都是失败。

1) 刚柔相济

在谈判过程中，谈判者的态度既不可过分强硬，也不可过于软弱。过于强硬容易刺伤对方，导致双方关系破裂，过于软弱则容易受制于人，而采取"刚柔相济"的策略比较奏效。谈判中有人充当"红脸"角色，持强硬立场，有人扮演"白脸"角色，取温和态度。"红脸"是狮子大开口，大刀阔斧地直捅对方敏感部位，不留情面，争得面红耳赤也不让步；"白脸"则态度和蔼，语言温和，处处留有余地，一旦出现僵局，便于从中斡旋挽回。

2) 拖延回旋

在贸易谈判中，有时会遇到一种态度强硬、咄咄逼人的对手，他们会以各种方式表现其居高临下的地位。对于这类谈判者，采取拖延交战、虚与周旋的策略往往十分有效，即通过许多回合的拉锯战，使趾高气扬的谈判者疲劳生厌，逐渐丧失锐气，同时使自己的谈判地位从被动中扭转过来，等对手精疲力竭的时候再反守为攻。

3) 留有余地

在谈判中，如果对方向你提出某项要求，即使你能全部满足，也不必马上和盘托出你的答复，而是先答应其大部分要求，留有余地，以备讨价还价之用。

4) 以退为进

让对方先开口说话，表明所有的要求，我方耐心听完后，抓住其破绽，再发起进攻，迫其就范。有时在局部问题上可首先做出让步，以换取对方在重大问题上的让步。

5) 利而诱之

根据谈判对手的情况，投其所好，施以小恩小惠，促其让步或最终达成协议。请客吃饭、观光旅游、馈赠礼品等虽然是社会生活中的家常便饭，但实际上是在向对方传递友好信号，是一种微妙的润滑剂。

6) 相互体谅

谈判中最忌索取无度，漫天要价或胡乱杀价，使谈判充满火药味和敌对态势，谈判双方应将心比心，互相体谅，从而使谈判能够顺利进行并取得皆大欢喜的结果。

4. 商务谈判中利益冲突的解决方法

由于谈判双方都想获得自身利益的最大化，所以尽管我们可以在一定程度上避免谈判陷入僵局，但有时利益的冲突也是难以避免的。每逢此时，只有采取有效措施加以解决，才能使谈判顺利完成，取得成功。

1) 处理利益冲突的基本原则——将人的问题与实质利益相区分

谈判的利益冲突往往不在于客观事实，而在于人们的想法不同。在商务谈判中，当双方各执己见时，往往都是按照自己的思维定势考虑问题，这时谈判往往会陷入僵局。在谈判中，如果双方的意见不一致，可以尝试以下几种处理问题的方法。

(1) 不妨站在对方的立场上考虑问题。

(2) 不要以自己为中心推论对方的意图。

(3) 相互讨论彼此的见解和看法。

(4) 找寻让对方吃惊的一些化解冲突的行动机会。

(5) 一定要让对方感觉到参与了谈判达成协议的整个过程,协议是双方想法的反映。

(6) 在协议达成时,一定要给对方留面子,尊重对方的人格。

不同的人看问题的角度也不一样。人们往往用既定的观点来看待事实,对与自己相悖的观点往往会加以排斥。彼此交流不同的见解和看法,站在对方的立场上考虑问题并不是让一方遵循对方的思路解决问题,而是这种思维方式可以帮助你找到问题的症结所在,最终解决问题。

2) 处理谈判双方利益冲突的关键在于创造双赢的解决方案

很多人在小时候都做过这样一道智力测验题:有一块饼干,让两个人分,怎么样才能分得公平呢?答案就是由一个人先把它分成两部分,分的标准是分的人觉得得到其中哪部分都不吃亏,然后让另一个人来选。这是一个典型的双赢态势。就像这道智力题的答案一样,解决利益冲突的关键在于找到一个双赢的方案。

谈判的结果并不是"你赢我输"或"你输我赢",谈判双方首先要树立双赢的概念。一场谈判的结局应该是使谈判的双方都要有"赢"的感觉。采取什么样的谈判手段、谈判方法和谈判原则来达到谈判的结局对谈判各方都有利,这是商务谈判的实质追求。因此,面对谈判双方的利益冲突,谈判者应重视并设法找出双方实质利益之所在,并在此基础上应用一些双方都认可的方法来寻求最大利益的实现。

双赢在绝大多数的谈判中都应该是存在的。创造性的解决方案可以满足双方利益的需要。这就要求谈判双方应该能够识别共同的利益所在。每个谈判者都应该牢记:每个谈判都有潜在的共同利益;共同利益就意味着商业机会;强调共同利益可以使谈判更顺利。另外谈判者还应注意谈判双方兼容利益的存在。为了有效地寻找双赢的方案,须遵循"商务谈判三步曲"。

(1) 申明价值。

此阶段为谈判的初级阶段,谈判双方彼此应充分沟通各自的利益需要,申明能够满足对方需要的方法与优势所在。此阶段的关键步骤是弄清对方的真正需求,因此其主要的技巧就是多向对方提出问题,探询对方的实际需要;与此同时也要根据情况申明我方的利益所在。因为你越了解对方的真正实际需求,越能够知道如何才能满足对方的要求;同时对方知道了你的利益所在,才能满足你的要求。

然而,我们也看到有许多所谓"商务谈判技巧"诱导谈判者在谈判过程中迷惑对方,让对方不知道你的底细,不知道你的真正需要和利益所在,甚至想方设法误导对方,生怕对方知道了你的底细,会向你漫天要价。我们认为,这并不是谈判的一般原则,如果你总是误导对方,那么可能最终吃亏的是你自己。

(2) 创造价值。

此阶段为谈判的中级阶段,双方彼此沟通,往往申明了各自的利益所在,了解了对方的实际需要。但是，以此达成的协议并不一定对双方来说都是利益最大化。也就是，利益在此往往并不能有效地达到平衡，即使达到了平衡，此协议也可能并不是最佳方案。因此，谈判中双方需要想方设法去寻求更佳的方案，为谈判各方找到最大的利益，这一步骤就是创造价值。

创造价值的阶段，往往是商务谈判最容易忽略的阶段。一般的商务谈判很少有谈判者能从全局的角度出发去充分创造、比较与衡量最佳的解决方案。因此，也就使得谈判者往往总觉得谈判结果不尽如人意，没有能够达到"赢"的感觉，或者总有一点遗憾。由此看来，采取什么样的方法使谈判双方达到利益最大化，寻求最佳方案就显得非常重要。

(3) 克服障碍。

此阶段往往是谈判的攻坚阶段。谈判的障碍一般来自两个方面：一个是谈判双方彼此利益存在冲突；另一个是谈判者自身在决策程序上存在障碍。前一种障碍是需要双方按照公平合理的客观原则来协调利益；后者就需要谈判无障碍的一方主动去帮助另一方能够顺利决策。

以上我们谈到的"商务谈判三步曲"是谈判者在任何商务谈判中都适用的原则。只要谈判双方都牢记这一谈判步骤，并有效地遵循适当的方法，就能够使谈判的结果达到双赢，并使双方利益都得到最大化。

3) 借助客观标准，最终解决谈判利益冲突问题

在谈判过程中，双方在了解了彼此的利益所在后，都会绞尽脑汁为双方寻求各种互利的解决方案，也非常重视与对方发展关系，但是棘手的利益冲突问题依然不是那么容易解决的。双方若就某一个利益问题争执不下、互不让步，那么即使强调"双赢"也无济于事。例如，房东与承租人之间的房租问题；在贸易中的交货期长短问题；最终价格条款的谈判问题等。因此，当利益冲突不能采取其他的方式协调时，客观标准的使用在商务谈判中就起到了非常重要的作用。

例如，对于谈判中经常遇到的价格问题，当双方无法达成协议时，可以参照一些客观标准，如市场价值、替代成本、折旧的账面价值等。此种方式在实际谈判中非常有效，可以不伤和气地快速取得谈判成果。在价格问题上的利益冲突可以这样解决，其他问题同样也可以运用客观标准来解决。但是，在谈判中有一点一定要把握，就是基本原则应该是公平有效的原则、科学性原则和先例原则。在谈判中，谈判者运用客观标准时还应注意以下几个问题。

(1) 建立公平的标准。

商务谈判中，一般遵循的客观标准有：市场价值、科学的计算、行业标准、成本、有效性、对等原则、相互原则等。客观标准的选取要独立于双方的意愿，公平和合法，并且在理论和实践中均是可行的。

(2) 建立公平的利益分割方法。

例如，大宗商品贸易由期货市场定价进行基差交易；在两位股东持股相等的投资企业

中，委派总经理采取任期轮换法等。

(3) 将谈判利益的分割问题局限于寻找客观依据。

在谈判中，多问对方：您提出这个方案的理论依据是什么？为什么是这个价格？您是如何算出这个价格的？

(4) 善于阐述自己的理由，也接受对方合理正当的客观依据。

一定要用严密的逻辑推理来说服对手。对方认为公平的标准必须对你也公平。运用你所同意的对方标准来限制对方漫天要价，甚至于两个不同的标准也可以谋求折中。

(5) 不要屈从于对方的压力。

来自谈判对手的压力可以是多方面的，如贿赂，最后通牒，以信任为借口让你屈从，抛出不可让步的固定价格等。但是无论哪种情况，都要让对方陈述理由，讲明所遵从的客观标准。

3.5　商务公关管理

公共关系，简称"公关"。从社会关系的角度来看，公共关系是对我们所从事的各种活动、各种关系的通称，这些活动与关系都是公众性的，并且都有社会意义。公共关系是一种管理功能，是指公共关系对社会组织及其社会环境所发挥的积极、独特的作用与影响。研究公共关系的功能，对于进一步了解公共关系的实质，了解它在社会组织以及整个社会生活中的作用，从而有目的、有计划地开展公共关系工作有着重要意义。

3.5.1　商务公关管理概述

1. 商务公关管理的概念

公关即公共关系，深一点说是公共关系管理。商务公关管理是指商务组织通过一系列活动的运作来树立并维护组织的公共形象，传递组织文化，建立组织与社会间的商桥，有目的、有计划地影响公众心理，从而为组织塑造一个良好的社会环境的过程。商务公关的定义可谓众说纷纭，尽管说法不同，但有几点是相同的。

第一，商务公关由公共关系的主体、公共关系的客体和公共关系的媒介三大基本要素构成。主体，我们这里指商务组织；客体，这里指社会公众，即顾客、员工、社区、股东、金融界、供应商、竞争对手、新闻出版界、社会公众、政府机关、行业协会等；媒体，指新闻媒介。

第二，主体、客体、媒体的利害相关，这是商务公关活动开展的基础。

第三，商务公关的内容是主体、客体、媒体之间的关系，其核心是借助媒体来塑造主体形象，感染影响客体，达到共鸣的目的。

第四，商务公关是一种软性的艺术，是管理科学人事管理的艺术化。

2. 商务公关的功能

1) 塑造形象

塑造企业形象，可以说是商务公关最基本的职能，有人据此将公关部称为企业的"形象设计师"。一个企业在公众心目中树立了良好形象，就意味着它具有很好的社会信誉，可以取得广大公众的信任和支持，这也就是我们通常所说的"无形资产"。

2) 提高素质

企业员工素质是指企业员工的知识技能、情感态度、价值观以及道德法律观念等方面的综合品质。员工素质状况决定着企业整体的质量。企业将公关纳入企业的管理体制，将大幅度地提升全体员工的素质。通过公关管理，企业可以在四个方面提高员工的素质：公众至上意识、交往合作意识、个人形象意识和与时俱进的意识。

3) 优化环境

社会环境有狭义和广义之分。狭义的社会环境指企业生存和发展的具体环境，具体而言就是企业与各种公众的关系网络。广义的社会环境则包括社会政治环境、经济环境、文化环境、心理环境等大的范畴，它们与企业的发展也是息息相关的。企业开展公关活动，对企业生存和发展的大环境和小环境优化都有积极的建设意义。

4) 采集和传播信息

企业总是在一定环境中生存和发展，而这个环境是不断变化的。这种变化对组织而言，可能有利，也可能不利，如何才能趋利避害呢？这就要发挥公关的预警功能，即公关部门通过对目前环境严密的监控和精细的分析，随时掌握环境状况及未来变化趋势，预先向企业领导者提供信息，使组织能迅速出击，抓住有利时机，或及时调整，避免不利因素。

公关通过各种传播媒介，将企业的有关信息及时、准确、有效地传播出去，争取公众对组织的了解和理解，树立良好的社会形象。具体表现为创造舆论，告知公众；强化舆论，扩大影响；引导舆论，控制形象。

3. 商务公关的基本原则

1) 求真务实的原则

(1) 向公众说真话。

这一点是公关活动首先必须遵守的原则。一个企业说一次谎话可能不会被公众抓住，一个虚假的广告宣传也可能会为企业带来暂时的巨大的经济效益。但我们须知：公众的眼睛是雪亮的，在公众社会地位不断提高，新闻媒介社会监督作用日益加强的今天，想长久隐瞒事件的真相是不可能的。

(2) 用行动来证明。

在对公共关系的特征进行描述的时候，有人说："公共关系就是少说多做"，还有人说：

"公共关系是90%靠自己做得对，10%靠宣传"。这些说法都是在说明一个道理，即公共关系的好坏，主要通过事实而不是单纯依赖宣传来证明。

(3) 公关活动应当从事实出发。

公关人员必须树立先有事实，后有公关活动的思想。在每一次公关活动以前，公关人员都要进行实事求是的调查研究，掌握企业与公众各方面的状况，才能设计出优秀的公关方案，并且在实际运行中取得预期效果。所以任何形式的公关活动，都必须以调查研究为出发点。

2) 真诚互惠的原则

公共关系的本质是企业与公众之间的一种利益关系。公共关系活动是一项"双向对称"的活动，即企业与公众之间的关系要对称。因此，互利互惠是搞好公共关系工作的根本原则之一，其具体内容包括两个方面。

(1) 真诚地对待公众。

这是公共关系工作重要的职业道德。现代西方公关协会的章程和宣言中，都是强调公众利益至上，对公众负责的原则。这一原则与我们国家的企业为人民服务的宗旨也是一致的。真诚地对待公众具体包括诚实无欺、对外开放和对社会负责。企业对公众要以诚相待，不能靠"耍嘴皮子"、"耍笔杆子"欺骗公众，更不能"做套"愚弄公众。

(2) 给公众以实际的利益。

公共关系从某种角度看，也被称为企业的信誉投资，即花钱买名誉。企业必须给公众实实在在的利益，这样才能使他们对企业产生信赖感，乐于与企业合作。

3) 全员公关的原则

全员公关是指企业中的所有员工都参与公共关系活动，简称全员(Public Relation)，其意义在于增强企业全体员工的公关意识，上下齐心，合力搞好公关工作。公共关系作为企业一项重要的信誉投资，已经得到了社会的普遍认同。但是有些企业在进行各类公关活动时没少花钱，公关投资的效果并不明显，一个重要的原因就在于企业内部没有树立全员公关的意识，公关活动成了公关部门的孤立行为，没有得到组织全体员工的配合。有人为企业的形象投资，但也有人自觉不自觉地为企业形象抹黑，正负效果相互抵消。有时甚至负面影响会超过正面影响。因此，树立全员公关意识，要做好两个方面的工作：①领导人具有超前的公关意识。②全体员工积极配合公关工作。

4) 遵守法纪的原则

目前社会上之所以有种种对公共关系的不良舆论，主要因素在于一些组织进行的公关活动不遵守国家的法律、法规，违反了社会的道德。企业开展公关活动应遵守国家的相关法律，使自己的活动始终在法律规范的空间内运行。另外，企业开展公关活动应该符合社会的各种道德规范。公关人员在公关活动中必须遵守的主要道德规范是社会公德和职业道德，绝不能用不健康、不文明的活动方式来吸引公众。当某些公众提出伤害国家或其他公众利益的要求时，公关人员不能仅仅为了自身企业的利益而盲目屈从。须知，满足了这些少数公众的不合法、不道德的要求，就是对大多数公众合法利益、公共道德的伤害，最终也会伤害组织的形象。

5) 平时联络的原则

要使组织长期处于良好的公关状态，公关人员必须注意与公众的平时联络。组织与当地的政府机关、新闻媒介、消费者、股东、社区公众等，平时就应注重进行一些联络感情的工作，以防不测风云。企业在日常的联络工作中要注意以下问题：①普遍建立关系，不要厚此薄彼；②建立关系要自然、顺理；③关系对等，互利互惠。

6) 不断创新的原则

公共关系工作必须研究公众心理，满足公众求新、求异、求变的心理特征，这样才能取得预期的宣传效果。一味重复教科书上的经典战略，或者长期运用一种公关方法，必然会引起公众的视觉疲劳，事倍功半，甚至会引起公众的反感，产生负效果。因此公关人员要使自己的策划永远保持新意，不断推出新的形式、新的方法、新的手段。为了使策划富有新意，以下思路可供参考：①大胆设计，敢于开创前人没有发现的新形式；②移植与再造相结合；③角度转换，逆向思维，寻求突破；④排列组合，以旧翻新。

3.5.2 商务公共关系的协调

商务公共关系协调就是商务组织运用信息和公关技术、技巧促进商务组织与公众的双向交流，使公众接受或了解组织，产生与公关目标相符合的观点或态度，从而建立起商务组织与公众的共同认识，引起一致行为的过程。

公共关系运用各种协调、沟通手段，为企业架设商桥、广交朋友、减少摩擦；为企业协调内部关系，增强企业内聚力；为企业生存发展创造人和的外部环境。

1. 内部公共关系的协调

企业内部公共关系的协调，主要是协调企业与内部员工关系和股东关系。

1) 协调员工关系

企业与内部员工关系是非常重要的一种关系。因为，员工是商务组织赖以生存和发展的细胞，员工是起主导作用的独立群体，员工是商务组织与外部公众沟通的最有效的媒介，员工关系协调是组织成功的根本保证。协调方法：①保证员工利益得到充分实现；②尊重、关心、理解员工，调动员工积极性；③建立和完善内部沟通交流的网络，常见内部沟通交流方式有：员工会议(最直接)、公告牌(反应迅速)、员工意见箱(发表意见的有效媒介)、各类员工活动、电子渠道、内部刊物、员工手册报告(财务报告、季度报告、年度报告)等。

2) 协调股东关系

商务组织协调股东关系的目的：鼓励股东关心组织的事务；鼓励股东长期持有股票，并不断增加投资，扩大新股东，增加商务组织财力；在股东心目中树立组织的良好形象，并通过股东提高组织在一般公众心目中的信誉和声望，提高组织的知名度和美誉度；利用股东的社会关系，建立广泛的销售网络。协调股东关系的方法有：①尊重股东的权益；②及时向股东通报商务组织情况；③组织股东为组织经营出谋划策。

2. 外部公共关系的协调

1) 顾客关系协调

顾客关系协调的目的：促使顾客形成对组织及其产品的良好印象和评价，提高组织及其产品的知名度和美誉度。具体方法如下。

(1) 强化以顾客利益为重的观念。

实施顾客满意战略，即企业通过满足顾客，而成为深受顾客信赖与支持的企业。利益是协调关系的根本问题，一切以顾客利益为重。例如，IBM 赢得的信誉不是靠神乎其神的广告宣传，而是靠它愿意做出额外的努力和必要的牺牲去满足顾客的利益。

(2) 在服务中尊重、满足顾客，并提供完善的售后服务。

10-1=0：在对顾客的服务中，如果有 9 次顾客满意，而有 1 次顾客不满意，则 9 次的服务工作也就前功尽弃。完善的售后服务是建立良好的顾客关系的重要保证。建立良好的顾客关系始于销售环节，但取决于售后服务。

(3) 保持与顾客联络沟通渠道的通畅。

保持与顾客联络沟通是有组织、有目标、有计划的行为。可以借助电话、问卷调查、访谈、走访、邀请参观、广播、电视、报刊、宣传资料、展览、赞助等方式沟通顾客关系。

2) 政府关系的协调

任何一类组织都必须接受政府的管理和制约，并与其建立和保持良好关系，这是组织生存和发展的重要条件。政府公众是所有公关对象中最具社会权威性的对象。

政府关系的协调目的：争取对组织的了解、信任和支持，从而创造良好的政策环境以及法律保障和行政支持的社会政治条件，保障组织的生存和发展。协调政府关系时要注意以下几点：①把国家利益放在首位，这是最根本、最有效的原则和方法；②服从政府的指挥和管理；③帮助政府排忧解难；④及时准确和真实地向政府通报情况；⑤积极参与政治活动并扩大政治交往。

3) 媒介关系的协调

这是最敏感的对象，需要组织特别争取，又是组织与其他公众沟通的重要中介。在外部公众中，新闻媒介往往被置于最显著的地位。具体方法：①增加组织领导人和公关人员与媒介的直接联系；②帮助媒介解决实际难题；③发布新闻；④"制造"新闻。

"制造新闻"是指社会组织为吸引新闻媒介报道并扩散自身所想传播出去的信息而专门策划的活动。我们说"制造新闻"是一种积极主动的传播方式，是因为"制造新闻"是在社会组织充分认识新闻媒介的地位、作用和特点的情况下，为扩大知名度和美誉度，抓住一切可利用的契机"制造"新闻，以激起新闻媒介采访、报道的兴趣，从而达到使新闻媒介自觉不自觉地为组织做宣传的一种积极主动的、创造性的新闻媒介公关活动。

4) 社区关系协调

社区是指企业开展经营活动时所处的一定区域，任何一个企业的生存和发展都离不开社区的支持，企业也必然要同社区的各种主体发生联系。具体方法：①利用媒介进行普遍沟通；②通过人际交往加强情感沟通；③开展社会活动，赢得公众的好感；④征询、交流、获得理解与支持；⑤关心社区建设，为社区排忧解难。

5) 竞争者关系协调

随着市场经济的不断发展，市场竞争日趋激烈，和自然界的竞争法则一样，企业之间的竞争也是遵循着"优胜劣汰"、"适者生存"的原则展开。这就使得企业与竞争对手之间的沟通与协调显得较为困难。企业在与竞争者的交往中，应注意以下几点：①讲究公平、正当；②提倡学习、协作；③增进交往、沟通。

3.5.3　商务公共关系的策划

公共关系策划可以分成战略策划和战术策划两个部分：战略策划是指对组织整体形象的规划和设计，因为这个整体形象将会在相当长的一段时间内连续使用，关系到组织的长远利益。战术策划则是指对具体公共关系活动的策划与安排，是实现组织战略目标的一个个具体战役。制订公关计划，最根本的任务就是组织形象的战略策划。

1. 组织形象的战略策划

组织形象的战略策划，包括对组织未来若干年内生存发展环境的战略预测，组织将会遇到哪些竞争对手，组织的公众结构及公众的需求将会发生什么样的变化等组织发展的战略性思考。可以说，组织形象的战略策划应成为组织各项工作的基本指针。同时组织形象的战略策划要有一定的稳定性，应在至少 5 年以上的时间内保持不变，因此意义重大，必须慎重对待。

1) 形象设计的一般原则

组织的形象设计，首先要遵循"有效性"的原则。组织在形象设计时要注意以下几点：公众利益与组织利益的统一；总体形象与特殊形象的统一；期望值与实际能力的统一。

2) 注意战略策划与战术安排的协调

战略策划要指导和规范战略安排；战略安排既要具体，又要符合战略策划的要求。两者要互相适应，互为支撑。

2. 公关活动的战术安排

当组织的战略形象确定以后，具体的任务就是落实它，每一次战术性的公关活动，都是公关战略目标的实现。具体公关活动的策划过程如下。

1) 确定主题

公共关系目标是经过公关人员的专业策划，开展各类公关活动所要追求和渴望达到的一种目的或状态，也就是组织通过公关活动，准备"做什么"和"要取得什么成果"。对于公关活动来说，确定公关目标具有十分重要的意义。

2) 选择公众

一个组织的公众往往是多方面的，但一次具体的公关活动则要有所侧重，面面俱到是不现实的。组织需要根据宣传的主题选择公众。这样，公关活动才能重点突出，顺利达到预期的目的。由于不同的公众有不同的经济条件、文化修养、生活习惯、价值观念、利益要求，对组织所持的态度也不尽一样。因此，组织在选择公众以后还要根据公众的特点选择传播渠道和公关模式。总之，对公众的了解越彻底，公关目标就越有针对性，执行效果也就越好。

3) 选择公关模式

所谓公关模式，就是指由一定的公关目标和任务，以及为实现这种目标和任务所应用的一整套工作方法构成的一个有机系统。公关模式不同，其功能也就不同。在制订公关计划时，要根据事先确定的主题选择的公众，选择公关模式。

(1) 宣传型公关。

主要利用各种传播媒介直接向公众表白自己，以求最迅速地将组织信息传输出去，形成有利于己的社会舆论。

(2) 交际型公关。

以人际交往为主，目的是通过人与人的直接接触，为组织广结良缘，建立起社会关系网络，创造良好的发展环境。

(3) 服务型公关。

以提供各种实惠的服务工作为主，目的是以实际行动获得社会公众的好评，树立组织的良好形象。

(4) 社会型公关。

以各种社会性、赞助性、公益性的活动为主，组织通过对生存困难的人群的实际支持，为自己的信誉进行投资。

(5) 征询型公关。

以采集信息、调查舆论、收集民意为主，目的是通过掌握信息和舆论，为组织的管理和决策提供参谋。

4) 选择公关策略

公关策略是指组织根据环境的状况及组织自身的变化，所采取的公共关系行为方式。具体而言，公关策略包括以下几种。

(1) 建设型公关。

建设型公关是指组织的初创时期，或某一产品、服务刚刚问世的时候，以提高知名度为主要目标的公关活动。这时组织的形象尚不确定，产品的形象也没有在公众的头脑中留下什么印象。此时公关策略应当是以正面传播为主，争取以较大的气势，形成良好的"第一印象"。从公众心理学的角度讲，就是争取一个好的"首因效应"。其常用的手段包括：开业庆典、剪彩活动、落成仪式、新产品发布、演示、试用、派送等。

(2) 维系型公关。

维系型公关是指社会组织在稳定、顺利发展的时期，维系组织已享有的声誉，稳定已建立的关系的一种策略。其特点是采取较低姿态，持续不断地向公众传递信息，在潜移默化中维持与公众的良好关系，使组织的良好形象长期保存在公众的记忆中。

(3) 防御型公关。

防御型公关是指社会组织公共关系可能出现不协调，或者已经出现了不协调，为了防患于未然，组织提前采取或及时采取的以防为主的措施。

(4) 进攻型公关。

进攻型公关是指社会组织与环境发生某种冲突、摩擦的时候，为了摆脱被动局面，开创新的局面，采取的出奇制胜、以攻为守的策略。组织要抓住有利时机和有利条件，迅速调整组织自身的政策和行为，改变对原环境的过分依赖，以便争取主动，力争创造一种新的环境，使组织不致受到损害。

(5) 矫正型公关。

矫正型公关是社会组织公共关系状态严重失调，组织形象受到严重损害时所进行的一系列活动。社会组织要及时进行调查研究，查明原因，采取措施，做好善后工作，平息风波，以求逐步稳定舆论，挽回影响，重塑组织形象。矫正型公关属于危机公关的组成部分，如组织发生各种危机后采用的各种赔偿、致歉、改组等活动。

5) 编制预算

编制预算实际上就是将一个公关计划具体化的过程，公关预算主要指财务预算。通过预算，基本上可以限定公关活动的范围和规模。编制公关预算的方法通常有两种：一种是长期预算，一般用"销售额提成法"，即按过去(或将来)的总销售额，抽取一定百分比用于公关开支。"销售额提成法"主要用于公关部门的年度预算。另一种是短期预算，即针对某一项公关活动进行的预算。一般用"目标作业法"，即按照事先制订的公关目标和工作计划，将完成公关任务所需经费详细列出，请主管部门批准执行。"目标作业法"的开支包括：劳务报酬、行政管理费用、传播媒介费、交际费、器材费、社会性活动、机动费。

本 章 小 结

(1) 商桥是指商务活动中利益相关者之间商业信息沟通的桥梁。

(2) 商桥管理是商务活动的利益相关者为了实现各自特定的目标，对商桥的构建和维护活动所涉及的人和事进行全面计划、组织、领导和控制的过程。

(3) 商桥管理的特征是由商桥管理活动的特点所决定的,就企业而言,商桥管理的主要特征大致可概括为:目的性、外向性、预见性和动态平衡性。

(4) 商桥管理的基本任务是:通过对商桥构建和维护活动所涉及的人和事进行全面计划、组织、领导和控制,充分发挥商桥管理人员的积极性和创新精神,以实现企业拥有广泛、高效、畅通的商桥来与供应商、销售商和客户等进行信息沟通。

(5) 交易磋商是指经济交往各方通过协商和采取协调性行动,寻求实现一定商业利益的策略性相互作用的过程。

(6) 交易磋商的特点:交易磋商是以获得经济利益为目的;交易磋商是谈判者相互作用的过程,并在这个过程中协商和协调;交易磋商重视节时高效;交易磋商注重合同条款的严密性与准确性。

(7) 交易磋商是一个循序渐进的过程,它有一个基本的谈判过程,一般包括七个阶段,即准备、开局、摸底、报价、磋商、成交和签约。

(8) 交易磋商的策略包括对抗策略和让步策略。

(9) 要准确、有价值地运用好让步策略,总体上须把握以下原则:目标价值最大化原则、刚性原则、时机原则、清晰原则和弥补原则。

(10) 商务合同管理是指商务当事人对以自身为当事人的合同依法进行订立、履行、变更、解除、转让、终止以及审查、监督、控制等一系列行为的总称。

(11) 商务活动和非商务活动中,经常发生一些与商务活动相关的冲突。这些冲突主要反映在六个方面:合同履行中产生的冲突、假冒侵权产生的冲突、为争夺技术权益引起的冲突、争夺原料和销售渠道所引起的冲突、广告活动中的冲突、刑事犯罪所引起的冲突。

(12) 商务谈判中利益冲突的解决方法:处理利益冲突的基本原则——将人的问题与实质利益相区分;处理谈判双方利益冲突的关键在于创造双赢的解决方案;借助客观标准,最终解决谈判利益冲突问题。

(13) 商务公关管理是指商务组织通过一系列活动的运作来树立并维护组织的公共形象,传递组织文化,建立组织与社会间的商桥,有目的、有计划地影响公众心理,从而为组织塑造一个良好的社会环境的过程。

(14) 商务公关的功能:塑造形象、提高素质、优化环境和采集与传播信息。

(15) 商务公关的基本原则:求真务实的原则、真诚互惠的原则、全员公关的原则、遵守法纪的、平时联络的原则、不断创新的原则。

(16) 商务公共关系协调就是商务组织运用信息和公关技术、技巧促进商务组织与公众的双向交流,使公众接受或了解组织,产生与公关目标相符合的观点或态度,从而建立起商务组织与公众的共同认识,引起一致行为的过程。

本章思考题

1. 什么是商桥管理? 商桥管理有哪些特点?
2. 简述商桥管理的基本任务。
3. 运用让步策略时应把握哪些原则?
4. 试述商务谈判中利益冲突的解决方法。
5. 商务公关的功能、原则有哪些? 企业应如何做好商务公关?

本 章 案 例

绿色麦当劳

环境污染和恶化问题正引起世界各行各业的关切和重视。全球闻名的快餐王国麦当劳也积极、主动地加入了有益于环境保护的行列。

在美国,从 20 世纪 70 年代起,速食业已有饱和之说,但麦当劳(快餐食品)却以其无坚不摧之势风行世界,几乎无处不受欢迎。时过境迁,到了 1988 年,麦当劳因其每天都制造垃圾——废弃的包装物,又逐渐成为环保人士攻击的对象。

麦当劳采用的是"保丽龙"贝壳式包装。这种包装既轻又保温,且携带方便,是速食业理想的包装。但这种包装难以处理,加之外带食用的比例过高,废弃包装物的清理就成了威胁环境的问题。富有环保意识的人们,尤其是年轻的一代纷纷向麦当劳总公司寄来了抗议信。麦当劳意识到这些抗议将威胁到企业未来的生存,而且包装可以说是速食业的灵魂,速食业致力于包装的开发,其重要程度并不亚于菜单的本身。

许多企业面对环保问题,应付的办法不外乎是推、拖、拉,但麦当劳没有这样做。它得罪不起消费者,不仅必须有所行动,而且要公开地做。为了平息抗议,它不得不寻求环保人士的协助。1990 年 8 月,麦当劳和"环境防卫基金会"(EDF)签署了一项不寻常的协定。EDF 是美国一个很进步的环保研究及宣传机构。

麦当劳之所以寻求与 EDF 的协作,是因为当其拟定环保政策时,发现环保的复杂程度远远超过其认识。起初,麦当劳以为主动回收废弃的贝壳包装,似乎就能平息消费者的不满。1988 年,麦当劳在 10 个店铺做过小试验,证实将贝壳包装回收再制成塑料粒子作为他用,技术上是可行的。但翌年将此设计扩大到 1000 个店铺时,却出了问题,主要因其外带量是店内量的 6~7 倍,这么大量的废弃物已非麦当劳所能控制。另外,在店内食用的、废弃的包装物虽然可以回收,但清理工作十分麻烦。回收不是灵丹妙药,特别是美国有些城市已全面禁止使用贝壳包装。

在实在很难满足不同环保目标要求的情况下，麦当劳不得不寻求外援，与 EDF 携手合作。

在与 EDF 合作之初，麦当劳领导层人士还期待着在美国的 8500 家店铺全面实施回收来解决包装问题，但 EDF 确信减少包装才是治本之道。

麦当劳至此决心改弦易辙，宣布取消贝壳包装，代之以夹层纸包装。随后麦当劳自己还进行了一项研究，发现贝壳包装从制造到废弃的全过程，耗费的天然资源比夹层包装纸大。夹层包装纸虽然无法回收再制，但不像贝壳那样蓬松，其储运与丢弃所占的空间只是贝壳的 1/10。整个研究得出的结论是：减废比回收更重要。

取消贝壳包装只是整个环保努力中的一个小进步，主要的成就还是在实现环保目标上。为了实现环保计划，双方同意按减废、重复使用、回收再制的顺序进行。在减废上从三个方面着手：一是减少包装；二是减少使用有损环境的材料；三是使用较易处置，能物化成肥料的材料。

问题：

1. 有人说"绿色形象是现代企业的巨大财富"，结合本案例谈谈你对此话的理解。
2. 如何提高我国企业"绿色"公关的意识？

第4章 商流管理

商流和物流是同一商品流通过程中相伴发生的两个方面，表现在流通领域中商品的价值和使用价值的运动，因此商流和物流是互相依存的关系。但是，商流和物流又有不同的内容、特点和规律性，因此可以把商流和物流作为两个独立的范畴加以研究。本书分为商流管理与物流管理两章来进行阐述。

4.1 商流管理概述①

近年来，人们提到物流的话题时，常常与商流、资金流和信息流联系在一起，这种说法有一定道理。因为商流、物流、资金流和信息流是流通过程中的四大组成部分，由这"四流"构成了一个完整的流通过程。"四流"互为存在，密不可分，相互作用，既是独立存在的单一系列，又是一个组合体。所谓商流是指流通(交换)过程中与商品所有权转移相关的各种购销活动，也称为商品的价值运动。商流是物流、资金流和信息流的起点，也可以说是后"三流"的前提，没有商流一般不可能发生物流、资金流和信息流。反过来，没有物流、资金流和信息流的匹配和支撑，商流也不可能达到目的。"四流"之间有时是互为因果关系。比如，A企业与B企业经过商谈，达成了一笔供货协议，确定了商品价格、品种、数量、供货时间、交货地点、运输方式等，并签订了合同，就可以说商流活动开始了。要认真履行这份合同，自然要进入物流过程，将货物进行包装、装卸、保管和运输。同时伴随着信息传递活动。如果商流和物流都顺利进行了，接下来是付款和结算，即进入资金流的过程。无论是买卖交易，还是物流和资金流，这三大过程中都离不开信息的传递和交换，没有及时的信息流，就没有顺畅的商流、物流和资金流。没有资金支付，商流不会成立，物流也不会发生。所谓商流管理就是对商品价值转移过程进行有效的计划、组织、领导和控制。

4.1.1 商流的职能

企业商流过程包括货币转化为商品(购买原材料、辅助材料、动力等)的过程和商品转化为货币(销售企业产品)的过程。与此相对应，商流的时间也分为货币转化为商品所需的时间和商品转化为货币所需的时间。这两个过程和时间是互相交错的，即相互独立，又相互联系，相互制约。与这两个过程和时间相对应，商流的基本职能表现在以下两个方面。

---

① 廖进球. 商务管理学[M]. 北京：中国财政经济出版社，1998：113-118.

1. 实现商品的使用价值，保证满足社会生产和生活对商品的有支付能力的需求

实现企业生产的产品的使用价值，一方面，表明了企业产品已被销售出去，企业生产这种产品的具体劳动符合社会的需要；另一方面，产品的市场需求也得到了满足，同时，也标志着再生产新阶段的开始。

为此，在自觉利用价值规律的基础上，研究由支付能力需求的增长和需求结构的变化，经常关注所在行业的宏观走势以及本企业在行业中的市场占有率变化情况，制定出本企业的长期营销战略和应变策略，保证产品不断创新，才能使本企业产品对用户和顾客有长期的吸引力，才能不断扩大本企业产品的适销程度，从而保证产品使用价值的顺利实现。

2. 实现商品的价值，保证以货币形式补偿商品生产中的社会必要耗费

实现商品的价值，就是指商品的生产者不仅必须通过商流活动把自己的产品销售出去，而且还必须按一定的价格取得相应的货币收入，以补偿生产中的各种消耗，为扩大再生产准备条件。利用商流的这一职能，一方面，使企业生产出的产品进入流通过程，实现商品向货币的转化过程，使企业得到相应的收益；另一方面，企业的收益又使得扩大再生产成为可能，生产得以补偿，再生产的物质条件得以实现。这样，企业生产出的产品源源不断地进入市场，满足各种需求的同时，又使生产连续不断地进行，生产出适销对路的产品。这一系列的过程不断循环，周而复始，又带动了生产过程和流通过程的不断发展。

4.1.2　商流的作用

1. 商流在社会再生产过程中的作用

从商流的职能可知，它在社会再生产过程中发挥着重要作用。从再生产的一般过程看，商流是再生产的两个必要阶段，即购买原材料和销售产品阶段；从企业或部门间的相互联系来看，商流是生产和生产性消费的中介；从资金运动角度看，商流是社会总资金循环和周转的一个必要阶段。由此可见，商流在社会再生产过程中有着特定的功能。

1) 实现功能

商流是实现商品价值和使用价值的唯一途径。企业生产的产品，只有经过商流部门，才能进入市场流通，才能实现其价值和使用价值，获得相应的货币收入，满足生产的需要，并完成生产过程中必要劳动耗费的及时补偿，保证再生产过程的正常进行。因此，商品价值和使用价值的实现过程，构成了商流过程的经济内容。由此也不难看出，商流在社会再生产过程中最基本的作用，就是生产资料补偿的实现作用。也就是说，在社会再生产过程中消耗的商品，不论从价值形态上，还是实物形态上，都必须得到补偿，以保证生产过程的连续进行。而这种补偿，只有通过商流过程，把产品拿到市场上进行商品交换才能实现。

2) 中介功能

企业商流部门代表生产企业参与社会商品流通。商流实际上处于再生产的两极之间：

一极是商品的生产者，另一极是商品的消费者。在这里，一方的买意味着另一方的卖，买和卖、购和销必须相互衔接和配合，不能发生任何脱节和间断，否则就会造成再生产过程的中断，这就要求一个中介过程来衔接，而商流正可以担当此任。商流中介功能的实现，使生产过程和消费过程相互衔接，从而保证社会再生产过程的连续不断进行。此外，商流中介功能的实现，一方面，对于市场商品流通的环节、速度、规模、质量均提出了更高的要求，另一方面，也有利于促进生产结构与消费结构的合理化，克服产销脱节、供需脱节的不合理现象。

3) 调节功能

由于商流所处的地位及其自身的客观规律，商流对于社会再生产过程乃至国民经济运行过程，具有极为有力和有效的调节作用，这表现为：商流是实现社会再生产的必要条件，它能满足社会生产迅速发展对商品的各种需求，它能保持社会再生产的合理比例关系，调整产品结构使其更加合理；商流是实现社会资源合理配置的有效手段，调节着社会资源的合理流动；商流是生产企业、消费企业经济利益关系的调节器，能满足各方经济利益的要求并使其合理化；商流是调整社会生产力布局的有力工具，促进社会生产分工及专业化发展，提高社会劳动生产率；商流还是国民经济各部门保持优化比例关系和合理生产结构的重要影响因素。

2. 商流在微观经济中的作用

从一家企业或一个部门角度来看，由于商流一头连着生产过程，一头连着消费过程，因此从简单生产过程看，商流处于生产和消费的中间环节；若从动态的长期的再生产过程来看，商流对生产和消费又有着明显的导向作用。尤其是在商品供过于求的态势下，这种导向作用越来越明显，具体表现在以下几个方面。

1) 发现新市场，发掘新需求

市场是多层次、多侧面、多单元的。不同的层次、不同的侧面、不同的单元，由于政治环境不同，经济条件不同，人口构成不同，其消费需求会有不同的内容、不同的特点：有的产品在此地没有消费需求，到彼地却可能供不应求；有的产品对这一类消费者来说就是不屑一顾，而对另一类消费者来说却可能是求之不得。企业的产品为了畅销，就要让其从没有消费需求的地方流到供不应求的地方，从不屑一顾的消费者群体流向求之不得的消费者群体。这里的关键是寻找和发现产品供不应求的地点和求之不得的消费者群体。而商流活动与消费者、经营者接触多、联系广、信息灵，在"寻求"和"发现"新市场和新的消费群体方面发挥着重要作用。根据美国市场研究资料的分析，一般企业在一年内约有20%～25%的顾客，会因种种不可控制的因素有所变动而转向其他购买方向。为了使企业能继续生存或进一步有所发展，就必须不断发掘新客户、新顾客。商流活动在发现新市场、发掘新需求方面的力度，直接关系到企业产品市场占有率的高低，直接关系到企业的生存和发展。

2) 刺激和引导消费

购买行为产生于消费动机，动机是一种被刺激了的需要，它能驱使消费者为实现需要而行动，直到需要得到满足，驱使力才随之消失而恢复其心理平衡。消费者各种心理活动的综合反映形成消费动机，它是消费心理活动的结果。其中，知觉是一种重要的心理现象，商流活动通过卓有成效的说服、示范、对比、图片展览等方法，通过消费者的眼睛、耳朵、口、皮肤等感觉器官传导给消费者的大脑，即产生知觉。知觉的保持与再生形成记忆，并决定着消费者对产品的态度和情感。而态度和情感具有稳定性的特点，能左右消费者的购买方向。

人的需求有显性需求和隐性需求的区别。显性需求常常表现为现实购买行为，因而消费者感觉比较清楚，市场上也能观察得到。而隐性需求虽然也具有货币支付能力的支撑，但往往是消费者尚未意识到的一种需求。企业商流活动通过广告、宣传、演示、讲解等手段刺激消费者的感官，能把消费者的隐性需求激活为显性需求，推动消费者迅速购买本企业产品。

3) 传播和收集市场信息

商流工作一头连着生产，一头连着广大顾客。为了进一步提高本企业产品的适销率，商流工作人员必须在销售本企业产品的同时，广泛地及时地收集广大消费者和用户对本企业产品的意见和建议。把这些意见和建议归纳整理后，反馈给企业生产技术部门，以便他们在进行产品更新换代时予以注意和考虑。商流工作具有有效地传播和收集市场信息和产品信息，才能不断提高本企业产品的适销率，使商流工作越做越主动。

4.1.3 商流管理的任务

从上述对商流功能作用的分析可知，做好商流管理工作具有重要意义。站在企业角度看，商流管理的任务主要有以下几个方面。

1. 扩大商品销售

千方百计以最低的销售费用、最优的服务质量实现商品从生产领域向消费领域的价值转移。为此，必须合理选择销售方式，科学采用销售手段，精心组织销售过程，努力提高服务质量和降低销售成本。

2. 组织生产资料供应

适时以最低的采购费用、合理的价格和可靠的质量保证生产所需的各种物质资料。为此，必须认真分析货源的供给状况，科学进行采购决策，精心组织好采购工作。

3．掌握购销行情

及时为企业经营决策提供可靠的依据。为此，必须认真分析供应市场和销售市场，掌握各种市场变化规律，保证经营决策适应市场变化的要求。

4.2　销　售　管　理

销售管理是指对企业的整个销售活动进行计划、组织、领导和控制，从而实现组织目标。销售管理工作是促进企业进步的重要因素，也是决定企业生存和发展的重要条件。为此，必须确定销售目标，选择销售方式，组织销售活动。这些都是销售管理的重要内容。

4.2.1　销售目标的确定[①]

销售管理是商务组织职能与任务的重要组成部分，也是由其地位和作用决定的。包括销售问题目标、经营结构目标、开拓经营目标等。

1．制定销售问题目标

制定商品销售问题目标就是确定商务组织在一定营业期内(月、季、年)争取完成的商品销售量或商品销售额。企业销售总量(额)定得合理与否，直接关系到企业的经营成果。确定销售总量目标是一项复杂而又细致的工作，既要考虑商务组织自身的经营条件，又要考虑外部环境的变化；既要考虑市场供求关系变动趋势，又要考虑商品的经济寿命周期。只有深入分析研究各种影响销售的因素，并在此基础上运用科学方法做出推断，这样确定的销售总量目标才是比较切合实际的。

确定商品销售总量的方法很多，基本上可分经验判断法和数学模型法两大类，各类方法中又包含有若干种，这里只各介绍一种方法。

(1) 主观概率判断法。这种方法的步骤是：①召集熟悉情况的人员开会讨论，集体研究销售趋势，分别对下期销售额进行主观判断；②列表按顺序计算各人的期望值；③计算预测值。这种方法达到预测目的的关键是参加人员掌握信息的程度和综合分析、逻辑推理的能力。例如，某商店召集六名有关人员对下年度销售额分别进行主观判断，如表 4-1 所示。

---

① 刘兴倍. 现代商业企业管理[M]. 南昌：江西高校出版社，1995：205-210.

表4-1 某商店六名有关人员对下年度销售额主观判断表

单位：千万元

人员组成	最高销售量	概率	最可能销售量	概率	最低销售量	概率	期望值	权数
总经理	1200	0.3	1000	0.5	800	0.2	1020	2
统计师	1100	0.2	950	0.6	850	0.2	960	1.5
会计师	1200	0.2	900	0.6	700	0.2	920	1.5
营业员A	1400	0.4	1000	0.4	900	0.2	1140	1
营业员B	1200	0.2	800	0.4	600	0.4	800	1
营业员C	1000	0.3	900	0.4	800	0.3	900	1

表中的权数是由主持预测的人根据参加人员判断的可能准确程度予以给定的。

计算公式：

$$期望值 = \sum(销售量 \times 概率)$$

$$预测值 = \frac{\sum(期望值 \times 权数)}{\sum(权数)}$$

据公式本例预测值 = $\frac{7700}{8}$ = 962.5(千万元)

(2) 直线趋势外推法。这种方法是根据过去一段时间里销售额的时间序列建立直线方程，来描述这段时间的销售趋势并推出今后一段时间的销售趋势。下例是以某商店 2007—2013 年的销售额编制的直线方程，如表 4-2 所示。

表4-2 某商店 2007—2013 年销售额编制的直线方程表

单位：千万元

年序(n)	销售额(y)	各年年序与中间一年的差数(x)	x^2	xy
2007	40	−3	9	−120
2008	41	−2	4	−82
2009	42	−1	1	−42
2010	44	0	0	0
2011	47	1	1	47
2012	49	2	4	98
2013	52	3	9	156
合计	$\sum y$=315	$\sum x$=0	$\sum x^2$=28	$\sum xy$=57

用函数 $y=a+bx$ 来描述商店销售额变化趋势。用最小平方的简捷法，求参数 a、b 的公式为

$$a = \frac{\sum y}{n} \qquad\qquad b = \frac{\sum xy}{\sum x^2}$$

将表中数据代入得：

$$a = \frac{315}{7} = 45$$

$$b = \frac{57}{28} = 2.04$$

趋势方程是： $y=45+2.04x$

若预测 2014 年商店销售额则为

$$y=45+2.04 \times (1994-1990)=53.16(万元)$$

之所以要减去 2010 年，是因为本方程是以 2010 年为中位数计算的。

2. 确定经营结构目标

组织经营结构比例取决于两方面的因素：一是商务组织自身的经营能力；一是供应范围内的消费者需求。确定商品经营结构必须深入调查市场需求，并在此基础上进行科学预测。在此过程中通常还要考虑以下因素。

(1) 消费者需求情况。

消费者需要什么，就经营什么；需要多少，就经营多少。就是说按消费者的需求来确定商品经营结构。

(2) 商品需求特点。

有的商品需求弹性小，需求稳定，对这类商品，如食盐、食糖等，应根据需要量确定销售量；有的商品具有相互代替的使用价值即具有交叉弹性，如肥皂与洗衣粉、洗涤剂等，对这类商品应做到品种多一些，使之具有挑选性；有的商品具有关联性或配套性，如皮鞋与鞋油，对这类商品根据相互基本配套原则来确定。

(3) 商务组织本身的经营条件。

诸如资金实力、销售额的大小、资金周转速度等，都是确定商品经营结构不可忽视的因素。

3. 制定开拓经营目标

组织为适应社会经济发展和自身发展的要求，以不断提高经济效益和社会效益，必须制定开拓经营目标。商务组织开拓经营目标的内容主要有：全方位的开拓、空间领域的开拓、时间领域的开拓、商品领域的开拓和服务领域的开拓。

1) 全方位的开拓

全方位的开拓是指商务组织把自身、销售对象、竞争者、企业环境等因素综合起来当作一个系统看待，针对这些因素所采取的总体的、有效的策略、措施和方法。市场经济的

特点之一就是充满着激烈竞争。商务组织必须具有开拓精神，否则就会在激烈的竞争中被淘汰；同时，社会主义市场经济的发展，对商务组织的要求也越来越高，如果缺乏开拓精神，就会因丧失生命力，不能满足消费者日益提高的要求而失去生存条件。因此，从这个意义上说，商务组织也必须不断开拓进取。

组织全方位开拓是以满足社会需要为前提，以提高经济效益和社会效益为目标、结合考虑自身经营能力和竞争态势展开的。其内容包括：开拓市场的区域范围；开拓潜在市场；开拓销售对象；开拓新商品经营；开拓服务领域等。这些内容一般都要制定具体数量指标。

2) 空间领域的开拓

商务组织空间领域的开拓包括市场领域开拓、新商品开拓和企业资源开拓三个方面的内容。空间领域如果用立体直角坐标的三个坐标轴分别表示商品、市场领域和组织资源的话，那么商务组织经营活动的空间领域就处于一个立体的空间之中，如图4-1所示。

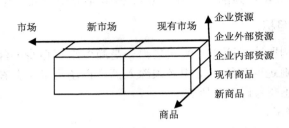

图 4-1　商务组织活动空间领域

从图中可见，空间领域的开拓是一个由原有市场不断扩大新市场(国内新市场和国际市场)，由现有商品发展新商品，由利用组织内部资源发展到利用组织外部资源这样一个立体空间扩展的过程。

3) 时间领域的开拓

组织时间领域的开拓包括营业时间安排和工时利用两方面的内容。营业时间安排是指向顾客销售商品或提供服务时间的确定，应根据便利顾客，服务经营，提高效益的原则进行；工时利用是指工作人员的时间定额，要挖掘工时利用潜力，提高有效工时在工作日中的比重。为此，要合理安排经营品种，配备人员，开展协作，提高职工操作技术，以提高时间利用效率。

4) 商品领域的开拓

商务组织之所以要在商品领域不断开拓，原因在于经营适销对路的新商品，直接关系到自身的经济效益和竞争地位，关系到满足社会需求；现实也告诉我们：凡是著名的组织都无不在这方面表现出浓厚的兴趣；同样，凡是在这方面做过努力的组织也无不获得了成功。企业开拓商品领域应遵循以下原则：①商品要符合市场需要；②要有较强的竞争力；③要有较长的经济寿命周期；④要符合市场流行时尚和发展趋势；⑤要符合企业自身的经

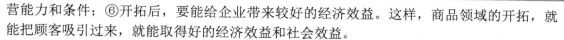

营能力和条件；⑥开拓后，要能给企业带来较好的经济效益。这样，商品领域的开拓，就能把顾客吸引过来，就能取得好的经济效益和社会效益。

5) 服务领域的开拓

良好的销售服务是一种巨大的无形财富。现代商务组织之间的竞争不仅是价格、质量方面的竞争，而且越来越重视服务在竞争中的地位和作用。在商品质量相同的情况下，服务竞争往往优于价格竞争。良好的销售服务，它可以提高企业的信誉和形象，可以提高竞争能力，从而达到扩大销售、提高经济效益的目的。销售服务主要包括售前、售中和售后服务。售前服务主要是以创造购买条件、激起购买欲望、促进顾客购买行动为目的，其内容包括：组织货源、店堂布置、商品陈列、橱窗设计、店堂卫生等；售中服务是在顾客购买过程中向顾客提供的服务，主要包括：主动热情、展示商品、介绍商品、收取货款、包扎商品、传递商品；售后服务是以使顾客熟悉商品、正确使用商品、延长商品使用寿命为目的的服务，主要包括：送货上门和技术服务，如实行"包修、包退、包换"等。

4.2.2　促销管理

在营销组合中，促销手段的重要性日渐提升。事实上，营销活动能否取得预期效果，产品是前提，价格是调节工具，分销是通道，促销是助推器，服务是最终保障。当代社会日趋信息化，"酒香不怕巷子深"早已不再是人们坚信的商业哲理。离开了促销，尤其是进入市场早期的营销活动，相当一部分产品将难以立足市场。促销手段大体上有以下四种。

1. 广告宣传

广告宣传是生产者与用户之间传播信息情报以达到销售商品的一种行为。商业广告是以付费的形式向广大公众进行传播信息促进销售的活动。商业广告的种类繁多，包括报纸、杂志、电视、广播、路牌、壁画等形式。它是一种最广泛、最常用的广告活动。

广告是一种高度大众化的信息传播方式。由于广告媒体众多，广告信息的社会影响大，市场渗透力强，借助现代传媒，广告信息的表现力也很强。利用广告形式传播信息，既可扩大产品销售，又能树立企业形象，但运用广告手段促销时应注意以下四个问题。

1) 广告宣传介绍推荐的产品必须货真价实

货真价实是产品形象的基础，企业唯有提供优良的产品和服务，并且与其包装、服务、品牌及销售组织联系在一起，才能构成产品的完整使用功能。顾客购物归根结底是为了获得产品的使用功能。如果产品质量有缺陷，那么广告再多，也只能多给企业制造更恶劣的影响。

2) 应根据产品生命周期的不同阶段，选择不同的广告宣传内容

新产品刚进入市场时，企业还没有竞争对手，广告宣传着重介绍产品的性能和特点，以吸引顾客购买新产品；进入成长期后，市场上已出现同类产品或仿制品，广告宣传的重

点应突出介绍最重要的优点和不足，以取得用户对企业的信任，维护品牌商标的声誉；当产品进入成熟期或衰退期，广告宣传则应强调提高服务质量、降低价格和其他优惠政策，并宣传产品的新的用途。

3) 合理选择广告媒介

当今社会广告媒介越来越多，能否合理选择广告媒介，直接关系到广告费用的高低和效果的优劣。因此应从广告传播的范围、对象、地位、频率、创造能力五个方面进行权衡比较，以达到广告的预期目的。

4) 合理选择广告投放时机

广告宣传的另一个着眼点是合理选择广告投放时机。大部分产品或服务存在消费的淡旺季，在某些节假日和重大社会事件发生之际，报刊销量和电视受众剧增；同一电视频道在不同的时段，受众的数量有很大差异。广告的黄金时间是晚上 7 点到 10 点之间，此时段的受众最多；部分频道、节目的收视率很高，广告信息的接触率也高，而此时段的广告费标准也是最高的。企业须根据目标受众的特点合理选择广告投放时机，使广告信息能有效地传递到目标受众。

2. 人员推销

人员推销是指企业利用推销人员直接与顾客或潜在顾客接触、洽谈，宣传介绍商品，以达到促进销售目的的活动过程。人员直接向消费者或可能的用户推销产品，既是销售活动，也是信息互换的促销过程。在四种促销方式中，人员推销对信息传递的作用不明显，受推销人员数量和活动领域的限制，但对具有购买意向的用户产生购买行为，人员推销的作用明显甚至非常关键。

1) 人员推销的目的

人员推销的目的是实现销售或增加销售量，发现并培养新的顾客，向顾客传递产品或服务的信息，介绍关于产品以及相关方面的知识并解答某些问题，通过推销了解顾客需要和分析市场，为营销决策提供第一手参考资料，此外，良好的人员推销也有助于提升企业形象，巩固和扩大客户规模。

2) 人员推销的方式

人员推销可以是推销员对顾客、推销小组对厂商用户这类一一对应的方式；也可采用专题会议形式，将顾客相对集中起来，由技术或商务专家介绍产品，再由推销人员分头洽谈业务。从营销组合的角度看，推销人员又属于企业分销体系的要素，可以按不同地区、不同产品的分销特点，设立人员推销的组织结构，也可以按顾客对象组织不同的人员推销。如对家庭和厂商两类客户分设两个机构，或在市场潜力大的地区按对象设立机构。

3) 人员推销效果的影响因素

(1) 推销人员的数量与素质。

人员推销的效果主要取决于推销人员的数量与素质。从一般意义上说，推销人员要懂得与产品有关的专业知识，了解购买心理和商务知识，具有一定的文化素质和职业道德。因此，建立一支高素质的、相对稳定的推销员队伍十分重要，对推销人员的年龄、文化、智商、口才和行为道德有较高的要求，须定期对销售人员进行培训教育。

(2) 推销人员的管理。

企业的销售人员达到一定的规模，具备了较好的素质和结构，人员推销能否有效地实现促销和营销目的，还取决于督导、激励等管理制度和方法。按实际推销业绩支付工资奖金的方法有利于调动推销人员的积极性，也容易造成推销活动失控的局面；强调管理监控，收入分配平均，显然难以发挥推销人员的聪明才智和工作积极性。我国企业界对推销人员的管理，较容易犯前一种错误。有效的管理制度与分配方法是对各推销人员(或小组)的销售业绩或超额业绩，给予两种不同的物质奖励：一是即期现金奖励；二是中远期福利性奖励；此外，对销售人员的业绩考核要力争公平、公正、公开，要从销售额、货款回收率、销售利润率、顾客满意率等综合考量。

3. 营业推广

利用营业场所介绍、展示产品，鼓励购买的方式方法，称营业推广。营业推广的推销作用一般介于广告和人员销售之间：信息传递功能弱于广告，购买激励强于广告，与推销相比恰好相反。营销推广同时也离不开广告和人员推销：广告可以传递企业营业推广的时间、地点和内容，营业场所的介绍、演示、解答和购买主要由推销人员承担或参与。

1) 营业推广场所的选择

在促销目的明确以后，需选择确定：以本企业营业场所还是中间商的营业场所进行推广，在交易市场还是在展示博览会上设立展点，选择哪些中间商作为营业推广的合作伙伴，等等。

2) 营业推广促销与购买奖励的具体形式和内容的选择

营业推广策略也表现为选择促销与购买奖励的具体形式和内容。在营业推广期间，营销企业可以向购买者赠送礼品、新产品样品、优惠券，实行有奖销售、摇(对)奖或交易印花，在推广现场展示介绍产品，鼓励顾客尝试，对销售业绩好的中间商予以折扣、促销津贴等奖励。从总体上看，营业推广以展示介绍和销售激励两大内容构成：展示的地点、时间确定后，介绍产品的形式、技术方法和载体条件要有创意；在销售奖励方面，明确奖励的对象、重点和期限，承诺奖励的规模和比例，取信于顾客。

4. 公共关系

在促销组合中，公共关系这一方式已经得到企业的重视。相对于其他促销手段，公共关系对销售的直接促进作用并不明显，但公关手段运用得当，不仅能改善企业与社会各界的沟通和联系，促进企业和品牌形象的提升，而且在克服突发事故对企业营销活动的影响方面，有其独到的功效。

实施公关策略，企业可选择的方法不少，但要强调运用得当，在情在理。最常用的方法有以下几种。

1) 利用新闻或创造新闻

但要避免在公众中产生炒作和有偿新闻的嫌疑。无论是企业内部的事件还是企业与社会的联系，有新闻价值、社会意义的题材要尽量发掘，主动编制。

2) 主动筹办或积极参与公益活动

公益活动讲究社会效益，因此，主动筹办或积极参与公益活动，是企业实施公共策略的有效方法。关心社会公益事业的企业是可信的、受尊重的，当然也是具备经济实力的。

3) 举办专题性报告会、纪念活动或科普活动

这些活动较容易把企业的产品和技术优势展现给公众，而关于企业及产品、技术、财务与管理的介绍材料、小册子或音像资料等，如果装印精美，用语准确，也是给公众和客户留下良好形象的载体形式。

4) 对商业活动提供经费予以协作或冠名

在诸多商业活动如电影、电视剧拍摄、运动俱乐部建设和运作中，企业提供经费予以协作或冠名，也是扩大企业影响、提升企业形象的有效途径。

4.3 采 购 管 理

任何企业的生产经营活动所需的物资都是通过采购获得，都离不开采购活动，都需要做出采购决策并组织好采购活动，这是商流管理的重要内容。

4.3.1 采购管理概述

1. 采购管理的基本概念

采购是指企业向供应商购买货物的一种商业行为，由采购部门执行、采购人员完成采购的行为过程。采购管理是企业为了达成生产或销售计划，从合适的供应商那里，在确保合适的品质下，于合适的时间，以合适的价格，购入合适数量的商品所采取的管理活动。即"5R"管理：合适的供应商(Right Vendor)、合适的品质(Right Quality)、合适的时间(Right Time)、合适的价格(Right Price)、合适的数量(Right Quantity)。采购管理是研究在取得商品的过程中，统筹事前的规划、事中的执行以及事后的控制，以达到维持正常的企业生产经营活动、降低产销成本的目的。

采购管理之所以重要，是由它的地位和作用所决定的。其重要性具体表现为以下方面。

(1) 采购管理是企业经济效益的关键。

采购物料成本占企业生产经营总成本的比例很大，若物料或设备无法以合理的价格及

时获得，则直接影响到企业的正常生产经营。若采购价格过高，则产品成本也高，影响到产品的销售和利润；若采购价格过低，则可能采购的物料品质会很差，影响到产品的品质，从而使产品不具备市场竞争力，同样会对企业利润产生很大的影响。

(2) 采购管理是企业正常生产经营的主要保证。

企业的生产经营离不开物资的投入，企业进行采购管理就是为了适价、适时、适量、适质、适地地采购到生产所需的各类物资，保证物资的供应，再通过生产和销售，实现商品的价值和使用价值。搞好采购管理，对于保障企业正常生产经营具有举足轻重的影响。

(3) 采购管理能为企业生产经营科学决策提供依据。

在采购工作过程中，市场供应和销售信息经常处于不断变化的动态之中，企业必须很敏锐地加以重视和掌握。采购管理不仅仅是纯粹的货物或商品采购，更重要的是伴随着信息处理，只有及时了解市场信息，反馈给企业，才能为企业生产经营的科学决策提供依据。

2．采购的原则

采购工作在具体执行过程中，必须根据一定的原则，其原则要求包括以下几点。

1) 适价

大量采购与少量采购，长期采购与短期采购，往往存在价格差异，决策一个适宜的价格必须经过以下步骤。

(1) 多渠道询价。企业在采购前，多方面了解市场行情，包括最高价、最低价和平均价。

(2) 比价。分析供应商提供的货物或商品的价格、品性、功能，拟出比价标准。

(3) 自行估价。企业成立估价机构或小组，由采购业务技术员和会计人员组成，估算出符合企业要求的、较为准确的基本资料。

(4) 议价。根据基本资料如市场情报、货物用料、采购量多少、付款方式及时间长短等，与供应商协议制定出一个双方满意的价格。

2) 适时

由于企业之间竞争异常激烈，企业必须制订非常严密的采购计划，并且不折不扣认真执行。特别是要充分掌握进货时间，既能保证生产有序进行，又能保证货物流畅，只有这样，才能合理节约采购成本，提高市场竞争能力。

3) 适量

一般而言，采购货物的数量与价格有一定关系，在一定范围内，采购数量越多，价格越低，但并不是采购得越多越好。资金成本、货物储存的成本都直接影响采购成本，应综合考虑其他因素，计算出最佳经济采购量。

4) 适质

货物质量非常重要。如果货物的质量不能符合生产或销售的需要，将会造成一系列恶果。质量不良，会发生经常性客户投诉或退货。经常性退货，会影响生产和销售的连续性，由此影响成交期，降低企业信誉和竞争能力。质量不良，还会增加检查人员和检查次数，增加人员成本。在生产过程中，由于质量低劣，造成最终产品质量受影响，返修或返工增加，企业成本上升。

5) 适地

供应商离企业越近越好，这样可以降低运输费用，同时采购工作其他事宜的沟通会更方便，企业采购成本也就降低。

3. 采购的过程

采购作业过程往往会因采购货物来源、采购方式以及对象等不同，在具体细节上存在若干差异或不同，但是基本作业过程大同小异。通常，采购流程由以下七个步骤组成。

1) 采购申请

采购申请由货物控制部门根据货物分析表计算出货物需求量，填制请购单，依照签核流程，送至不同审核主管批准。在填制请购单的同时，还必须登记编号，以便未来查询和确证，这样可以有效防止随意性和盲目性。

2) 选择供应商

在现代市场经济中，买方市场占有相当比例，在货物采购时，市场上往往有多家供应商可供选择，此时买方处于有利地位，货比多家，空间广阔。采购时，根据货物的品种、价格、形状、功能、品质及多种相应服务条件向供应商提出，比较供应商提供货物的能力和条件，尽量降低采购成本，选择最理想的供应商，在采购条件许可范围内，应该列出所有供应商清单，采用比较和评估的科学方法挑选合适的供应商。

3) 确定价格

确定价格过程就是价格谈判过程，这一过程相当困难。这是因为价格是最敏感或最棘手的一个问题，买卖双方都设法降低或提高价格来维护自身利益。值得一提的是，虽然双方的价格是市场供需的一对矛盾，但是双方中的任何一方都不能随意要价，否则将导致货物交易失败。另外，价格并不是采购业务过程中的唯一决定性因素，价格与货物质量、数量、交货时间、包装、运输方式、售后服务等内容有紧密相关的制约关系，同样要求买卖双方必须综合权衡利弊，做出令双方满意的价格，促其成交。

4) 签约或签发采购订单

货物采购协议或订单是具有法律效力的两个近似或类似的书面文件，其内容主要有如下要求。

(1) 采购货物的具体品名、品质、数量及其他要求；

(2) 包装要求及运输方式；

(3) 采购验收标准；

(4) 交货时间和地点；

(5) 付款方式；

(6) 不可抗拒因素的处理；

(7) 违约责任；

(8) 其他。

签约或签发是需要十分仔细和谨慎的采购行为。采购方必须认真行事。签约或签发的原则是：权利和义务对等、严格执行责任等。

5) 跟踪协议后订单与稽核

在完成订货之后，为求供应商如期、如质、如量交货，应依据合约或订单规定，督促供应商按规定交运，并予以严格验收入库。这一过程是整个采购过程的核心，必须充分重视。在执行过程中，经常会发生意外。在这种情况下，双方应竭力采取有效措施，避免不必要的损失，或尽力降低损失。

6) 接受货物

供应商根据不同运输方式将货物送至采购方指定地点，采购方根据所送货物不折不扣认真验收。验收时，一般有如下要求。

(1) 确定验收时间或日期。

(2) 验收工作应按照合约内容进行，以确定是否完全符合合约要求。

(3) 确定验收人员和负责人员。

(4) 验收时，如发现货物存在质量或其他方面的问题，应及时通知供应商处理。

(5) 验收单据由验收人员签署，并对此负全部责任。验收单据被签署后，可作为采购付款凭证之一。

7) 确认支付发票与结案

支付货款前必须核对支付发票与验收的货物清单或单据是否一致，确认后连同验收单据，开出保票向财务部门申请付款，财务部门经会计处理后通知银行正式付款。此时，采购方与供应商之间的业务事宜结束。

4.3.2 建立采购管理系统

采用一套科学、有效的物资采购管理操作系统去指导、改善和实施物资采购运作，形成企业独有的物资采购优势，以促进研发、保障生产需求供应，为企业参与市场竞争、获得持久发展提供动力。建立现代企业物资采购管理系统可按照"强化管理，理顺职能；明确职责，规范业务；杜绝腐败，降低成本；高效运作，增加收益"的原则。物资采购管理操作系统主要由以下七个子系统组成。

1. 采购计划与预算子系统

采购预算是采购部门为配合企业年度销售预测或生产计划(包括产品品种、数量)，对所需求的原料、物料、零件等数量及成本做翔实地估计，以利于整个企业目标的实现。采购计划与预算是企业年度预算的重要组成部分，它的建立要以年度生产计划、用料清单和存量管制卡为依据，设定物料标准成本指标体系和监控价格涨跌变化之规律，针对现实状况进行必要调整，实行动态滚动管理方法，提高采购计划与预算子系统在实际过程中的准确性、实用性和可操作性。

2. 供应商开发管理子系统

正确考查、评估、认证和选择合适的供应商，是物资采购工作成功的关键。采购最怕找错供应商，不管价格如何便宜，如果供应商选择不当，日后会后患无穷。供应商的开发为今后采购工作的顺利进行打下坚实的基础。为此，供应商的确立，必须先成立评选小组，确定科学、合理和系统的评审项目，一般包括供应商的经营状况、企业资信、制造能力、技术水平、品质性能、管理绩效等指标，将合格厂商按 A(最好)、B(良好)、C(较好)分级建立档案。每半年重审评估一次，根据《供应商评估制度》，从品质、成本、价格、服务水平、交货周期、履行合约的承诺与能力等得分高低重新划分调整，进行动态管理。没有终身制，把供应商开发与管理有机结合起来，实现采购环境的最佳选择。

3. 采购物流子系统

采购物流子系统是指任何物品从卖方(供应商)到买方场所进行的转移活动，包括包装、装卸、运输、存储、配送、信息、管理等方面。采购物流子系统由包装运输物流、暂存检验物流和物料入库物流三部分组成。采购物流子系统的结构由位移载体、存放载体、位移路径构成。如何设计一个有效的采购物流子系统，并且使之运作富有成效，是现代企业迫切需要解决的战略问题之一。优化采购物流子系统必须把握好以下几个环节：送货计划性强，批量规模采购合理，协作配送效率高，物流路径最优，信息电子网络化管理，最终建立企业的采购供应链模式，从而使之快捷高效地运作。

4. 采购绩效评估子系统

在建立采购绩效评估系统时，要正确、重点设定与选择最能反映和代表采购绩效的指标体系，明确绩效考评的目的、原则、程序与方法，合理选定考评人员和设置考评机构，正确及时反馈考评结果和认真搞好考评工作总结，保证考评内容重点化、考评指标定量化、考评手段科学化、考评结果客观化。一般来说，采购组织绩效指标体系包括采购(计划完成及时率)、物料质量(来料合格率)、采购成本(价格差额比率)、采购周期、供应(供应准确率)、库存(库存周转率)、服务满意度等。企业如能建立部门绩效子系统，并持续进行评估，就能及时有效地发现工作中存在的问题，制订改善的措施和解决的方案，确保采购目标的实现和绩效的提升。

5. 采购信息子系统

由资料数据库存、业务操作系统、业务管理系统、决策支援系统、电子商务系统五个部分组成。为了迎接全球电子化的挑战，企业导入或引用电子商务已是大势所趋，更是提升其竞争力的有效手段。采购信息子系统的全面导入不仅提升采购效能，更为重要的是给采购部门及整个组织管理带来明显的收益。现在企业经常使用的是 ERP(企业资源计划系统)，这能使我们获得更多、更新、更全面、更精确、更及时的资讯，利用这些资讯拓展采购视野，以便在与供应商谈判时掌握主动权，提高工作效率和改善作业流程，从而将更多的时间放到采购策略和绩效提升等重要工作上去。

6. 采购管理制度、工作标准、运作程序与作业流程子系统

为了全面、准时、有效地完成物流采购工作，实现生产计划、物料需求计划同物料采购三者之间的同步运作与均衡制造，达成整个组织的目标，前提是必须要有完善的管理制度、明确的工作标准、适用的运作程序和合理的作业流程。在这里我们把采购管理组织分成四个层次：一是管理制度，主要是制定解决采购组织部门的方向，解决关键与重大的管理问题；二是工作标准，按工作岗位拟定、衡量工作做得好坏的基准，是用于检验考评工作人员是否称职的依据；三是运作程序，规定物流采购工作层面各接口环节的运作程序；四是作业流程，更为详细地制定出各项具体业务的作业流程图，明确指导采购人员按作业流程正确执行工作指令，及时完成本职工作任务。这些都是物流采购系统规范化管理的基础，有利于采购管理工作全面走上正轨。

7. 采购策略规划子系统

此系统包括采购政策(大政方针)策略规划、成本价格策略规划、采购品质策略规划、支持供应策略规划、环境变动策略规划和存储策略规划等。实施采购策略规划之目的是通过策略性的规划管理，从企业长期经营的目标出发，结合外部采购环境的变动，分析企业所处的内外环境优劣因素，以求利用自己的长处和抓住外部的机遇，克服自身的弱点和规避外部的风险，采取积极的对策迎接挑战，使企业采购活动由被动变主动，化劣势为优势，从而使企业在未来的发展中获得良好的采购收益。

4.3.3 建立良好的供应商管理体系

在采购工作中选择好的供应商也是至关重要的。因为供应商能保证物料的顺畅，使企业不会待料而停工；保证物料品质的稳定，使企业生产成品的品质易于控制；交货数量的符合，有助于企业生产数量准确；交货期的准确，有助于保障企业出货期的准确；各项工作的协调，良好的配合，使双方的工作进展顺利。由此看来，供应商直接影响到企业的生产经营，因此，选择合适的供应商是非常重要的。

合适的供应商应具备很多条件，但能提供合适的品质、充分的数量、准时交货、合理的价格以及优质的服务，应该是共同的要求。为了更好地选择合适的供应商，并与供应商建立良好合作关系，应注意以下三个方面。

1. 成立评选小组

成立调查小组，对合格供应商各项资格或条件进行分析审议。小组的成员由采购部门、生产部门、品保部门及财务部门等相关人员组成。

决定评审的项目：不同的供应商的条件必定不同，因此，必须有客观的评分项目。成立的评选小组应对供应商以下各项进行评估：经营状况、企业资信、制造能力、技术水平、品质性能、管理绩效等指标。

设定评审项目之权数：针对每个评审项目，权衡彼此的重要性，分别给予不同分数。

合格供应商分类分级：依据分数按各自专业程度予以分类，分级是将各采购的合格供应商按其能力划分等级，按 A(最好)、B(良好)、C(较好)分级建立档案。分类的目的是，避免供应商包办各种采购案件，预防外行人做内行事；分级的目的是，防止供应商大小通吃，配合采购的需求，选择适当的供应商。

2. 科学考评供应商的业绩

首先应建立科学的指标体系，企业可依据自身的需要合理运用这些指标，进行科学的评审。这些指标包括质量、价格、交货时间、合同完成率、服务水平等。指标真正发挥作用在于历史数据的收集、整理及数据的真实性。所以，维护供应商绩效资料的工作量比较大，这些资料对采购决策的支持，起着重要的作用。

传统采购管理往往倾向于一种物料有多个供应商，感觉上比较保险。而现代管理的趋势是减少供应商，并建立互信、互利、互助的长期稳定合作伙伴关系。好处是：简化采购计划及调配；可以形成经济采购批量，争取优惠；减少供方的专用工艺装备费用；简化运输管理；减少库存，从而有利于控制质量，降低成本；简化同供应商建立合作伙伴关系前后的业务流程，由于环节减少，降低了采购成本。对于供应商的选择，可以独家供应，也可多家供应。独家供应易于管理，也能以大批量的优势增强自己的谈判能力，以获得更优惠的价格。但不容易把握市场动态，供应商也会因为没有竞争的压力而形成惰性，不去提升产品品质、提高自身管理。对供应商实施动态的选择、比较和淘汰机制，可从本质上提高整个供应链的能力，提升供应链的竞争优势。

3. 构建与供应商的战略合作伙伴关系

采购管理的贡献并不是采购中价格方面的节省，更重要的是它还可以使企业与供应商建立联盟，以缩减新产品的开发成本与时间。正如克莱斯勒汽车公司总裁罗伯特·J.伊顿曾指出的，同各层次的供应厂商的有效联系，为克莱斯勒公司提高汽车价值提供了最大的机会。传统采购管理倾向于一种物资有多个供应商，而现代采购管理的趋势是减少供应商，并建立稳定的合作伙伴关系，从战略的高度认识供应商、管理供应商。由于企业竞争已从企业之间的竞争，发展到企业供应链的竞争，这就要求企业实施有效的供应商管理，同供应商建立长期良好的伙伴关系，实施一定程度的纵向整合，形成"虚拟式"的企业联盟，使企业得到长期稳定的物资供应和及时反馈的市场信息。

本 章 小 结

(1) 商流是指流通(交换)过程中与商品所有权转移相关的各种购销活动，也称为商品的价值运动。商流管理就是对商品价值转移过程进行有效的计划、组织、领导和控制。

(2) 商流的基本职能表现在以下两个方面：实现商品的使用价值，保证满足社会生产和生活对商品的有支付能力的需求；实现商品的价值，保证以货币形式补偿商品生产中的社会必要耗费。

(3) 商流在社会再生产过程中的作用：实现功能、中介功能和调节功能。

(4) 商流在微观经济中的作用具体表现在以下几个方面：发现新市场，发掘新需求；刺激和引导消费；传播和收集市场信息。

(5) 销售管理是指对企业的整个销售活动进行计划、组织、领导和控制，从而实现组织目标。它的作用和重要性表现为，第一、销售管理工作是促进企业进步的重要因素；第二，销售管理工作也是决定企业生存和发展的重要条件。

(6) 从销售渠道环节和销售的组织形式来看，销售方式有直销、代销、经销、经纪销售与联营销售等方式。

(7) 生产企业在选择分销渠道时，必须对产品因素、市场因素、企业本身的因素、政策规定、经济收益等方面的因素进行系统地分析和判断，才能做出合理的选择。

(8) 在营销组合中，促销手段的重要性日渐提升。事实上，营销活动能否取得预期效果，产品是前提，价格是调节工具，分销是通道，促销是助推器，服务是最终保障。促销手段大体上有以下四种：广告宣传、人员推销、营业推广和公共关系。

(9) 采购工作在具体执行过程中，必须根据一定的原则，其原则要求包括：适价、适时、适量、适质、适地。

(10) 采购作业过程往往会因采购货物来源、采购方式以及对象等不同，在具体细节上存在若干差异或不同，但是基本作业过程大同小异。通常，采购流程由以下七个步骤组成：采购申请、选择供应商、确定价格、签约或签发采购订单、跟踪协议后订单与稽核、接受货物、确认支付发票与结案。

(11) 采用一套科学、有效的物资采购管理操作系统去指导、改善和实施物资采购运作，形成企业独有的物资采购优势，以促进研发、保障生产需求供应，为企业参与市场竞争、获得持久发展提供动力。建立现代企业物资采购管理系统可按照"强化管理，理顺职能；明确职责，规范业务；杜绝腐败，降低成本；高效运作，增加收益"的原则。物资采购管理操作系统主要由以下七个子系统组成：采购计划与预算子系统；供应商开发管理子系统；

采购物流子系统；采购绩效评估子系统；采购(资讯)信息子系统；采购管理制度、工作标准、运作程序与作业流程子系统；采购策略规划子系统。

(12) 为了更好地选择合适的供应商，并与供应商建立良好合作关系，应注意以下三个方面：成立评选小组、科学考评供应商的业绩和构建与供应商的战略合作伙伴关系。

<h1 style="text-align:center">本章思考题</h1>

1. 商流概念和基本职能是什么？
2. 简述销售管理的作用和重要性。
3. 生产企业在选择分销渠道时，必须对哪些方面的因素进行系统地分析和判断，才能做出合理的选择？
4. 促销手段大体上有哪几种？
5. 试述企业应如何与供应商构建良好的战略合作伙伴关系？
6. 如何采用一套科学、有效的物资采购管理操作系统去指导、改善和实施物资采购运作，形成企业独有的物资采购优势？

<h1 style="text-align:center">本 章 案 例</h1>

<h3 style="text-align:center">"本店绝不食言！"</h3>

香港一家经营强力胶水的商店，坐落在一条鲜为人知的街道上，生意很不景气。一天，这家商店的店主在门口贴了一张布告："明天上午九点，在此将用本店出售的强力胶水把一枚价值4500美元的金币贴在墙上，若有哪位先生、小姐用手把它揭下来，这枚金币就奉送给他(她)，本店绝不食言！"这个消息不胫而走。第二天，人们将这家店铺围得水泄不通，电视台的录像车也开来了。店主拿出一瓶强力胶水，高声重复广告中的承诺，接着便在那块从金饰店定做的金币背面薄薄涂上一层胶水，将它贴到墙上。人们一个接着一个地上来试运气，结果金币纹丝不动。这一切都被录像机摄入镜头。这家商店的强力胶水从此销量大增。

问题：

1. 你从此案例中得到什么启示？
2. 为什么说"制造新闻"是一种最有效、最主动、最经济的传播信息的方式？

第 5 章　物 流 管 理

在除不动产外的绝大多数有形商品交易中，伴随着商流活动的是物流活动。因为企业采购、生产、销售之间存在着时间和空间上的差异，使得商品的储存、运输和配送成为企业再生产过程中的重要条件。因此，从动态角度分析和研究商品的储存、运输和配送过程，对加强物流管理具有重要意义。

5.1　物流管理概述

物流的定义至今还在修改、演变。物流定义在各个经济发展阶段，适应不同的经济活动目的，不断地进化、调整和完善；即便在同一历史时期同一经济发展阶段，也因不同的学派、不同的学术团体、不同的机构和不同的国家，出自不同的角度和观点而有所差别。而且物流的定义至今仍有争论。国家经贸委提出的《关于加快中国现代物流发展的若干建议》中对现代物流的定义是：现代物流泛指原材料、产成品从起点至终点及相关信息有效流动的全过程。

5.1.1　物流管理的含义

1. 物流管理的概念

物流管理(Logistics Management)是指为了以最低的物流成本达到用户所满意的服务水平，对物流活动进行计划、组织、领导与控制的过程。这一定义实际上包含三个层面的意思。

(1) 物流管理既要实现最低化的成本管理，又要确保客户对物流服务质量的满意，可见，成本和服务是物流管理的侧重点。

(2) 物流管理不仅仅是对单个构成要素的管理，而是一个动态的、全要素、全过程的管理。

(3) 物流管理就是要通过有效的计划、组织、领导和控制等手段，合理地组织各种要素的搭配，实现整体最优。

2. 物流管理的特点

物流管理具有与其他管理不同之处。表现在以下几个方面。

1) 实现客户满意

现代物流管理以实现客户满意为第一目标，这里的客户不仅指物品的需求方，还包括物流服务的接受方，即物流业务的委托方。客户满意是一个综合指标，具体包括效率、质量、速度、成本、安全等。

2) 追求整体最优

现代物流管理以整体最优为目的，这里的整体最优表现为对运输、储存、装卸、库存、配送、信息等基本功能要素实施优化管理，在保证物流系统效率与质量的前提下，实现物流成本的最小化。

3) 注重效率更重视效果

现代物流管理既重视效率更重视效果，即在确保整体最优的基础上充分重视环保、公害、交通等因素，积极发展符合 21 世纪发展潮流的绿色物流。

4) 以信息为中心

物流信息则主要是输入、输出物流的结构，流向与流量，库存储备量，物流费用，市场动态等信息。信息成为物流管理的核心，因为没有高速发展的信息网络和信息的支持，物流就不能顺利地进行。

5.1.2　物流的功能和要素

1. 物流的功能

物流具有以下四种功能。

(1) 储存。

实现物资的时间效益。是物流体系中的唯一的静态环节，相当于物流系统中的一个节点，起着缓冲和调节的作用，其主要的载体是仓库。

(2) 运输。

实现物质实体由供应方向需求方的移动，也是创造空间价值的过程。运输工具包括车、船、飞机、管道等，相应的运输方式有铁路、公路、航空、水路和管道等。

(3) 配送。

配送是物流系统中由运输派生出的功能，是短距离的运输。它具有如下特点。

① 配送的距离较短，位于物流系统的最末端，即到最终消费者的物流。

② 在配送过程中，也包含着其他的物流功能(如装卸、储存、包装等)，是多种功能的组合。

③ 配送是物流系统的一个缩影，也可以说是一个小范围的物流系统。

(4) 辅助性功能：包装、装卸搬运、流通加工和信息处理。

2. 物流的要素

物流五要素(Five Elements of Logistics)是指评价物流体系的五个主要元素，它们是品质、数量、时间、地点和价格。

1）品质

品质是指物流过程中，物料的品质保持不变。

2）数量

数量是指符合经济性的数量要求和运输活动中往返运输载重尽可能满载等。

3）时间

时间是指以合理费用及时送达为原则做到的快速。

4）地点

地点是指选择合理的集运地及仓库，避免两次无效运输及多次转运。

5）价格

价格是指在保证质量及满足时间要求的前提下尽可能降低物流费用。

5.1.3 物流管理的原则与内容

1. 物流管理的原则

在对物流进行管理时，要注意以下原则。

(1) 在总体上，坚持物流合理化的原则，就是在兼顾成本与服务的前提下，对物流系统的构成要素进行调整改进，实现物流系统整体优化。

(2) 在宏观上，除了完善支撑要素建设外，还需要政府以及有关专业组织的规划和指导。

(3) 在微观上，除了实现供应链的整体最优管理目标外，还要实现服务的专业化和增值化。现代物流管理的永恒主题是成本和服务，即在努力削减物流成本的基础上，努力提升物流增值性服务。

(4) 在服务上，具体表现为 7R 原则，即适合的质量(Right Quality)、适合的数量(Right Quantity)、适合的时间(Right Time)、适合的地点(Right Place)、优良的印象(Right Impression)、适当的价格(Right Price)和适合的商品(Right Commodity)，为客户提供上述七个方面的恰当服务。

2. 物流管理的基本内容

物流管理的基本内容包括以下六个方面。

1）物流作业管理

物流作业管理是指对物流活动或功能要素的管理，主要包括运输与配送管理、仓储与物料管理、包装管理、装卸搬运管理、流通加工管理、物流信息管理等。

2）物流战略管理

物流战略管理是对企业的物流活动实行的总体性管理，是企业制定、实施、控制和评价物流战略的一系列管理决策与行动，其核心问题是使企业的物流活动与环境相适应，以实现物流的长期、可持续发展。

3) 物流成本管理

物流成本管理是指有关物流成本方面的一切管理工作的总称，即对物流成本所进行的计划、组织、领导和调控。物流成本管理的主要内容包括物流成本核算、物流成本预测、物流成本计划、物流成本决策、物流成本分析、物流成本控制等。

4) 物流服务管理

所谓物流服务，是指物流企业或企业的物流部门从处理客户订货开始，直至商品送交客户过程中，为满足客户的要求，有效地完成商品供应、减轻客户的物流作业负荷，所进行的全部活动。

5) 物流组织与人力资源管理

物流组织是指专门从事物流经营和管理活动的组织机构，既包括企业内部的物流管理和运作部门、企业间的物流联盟组织，也包括从事物流及其中介服务的部门、企业以及政府物流管理机构。

6) 供应链管理

供应链管理(Supply Chain Management)，是用系统的观点通过对供应链中的物流、信息流和资金流进行设计、规划、控制与优化，以寻求建立供、产、销企业以及客户间的战略合作伙伴关系，最大限度地减少内耗与浪费，实现供应链整体效率的最优化并保证供应链成员取得相应的绩效和利益，来满足顾客需求的整个管理过程。

5.1.4 物流管理"第三利润源"与"物流冰山"说

1. "第三利润源"说

在近几年我国物流"热"持续升温的过程中，"第三利润源"说也随之被广为引用，耳熟能详。在 1970 年，日本早稻田大学教授、权威物流成本研究学者西泽修先生在他的著作《物流——降低成本的关键》中提出了"第三利润源"说，早在 1979 年就被原国家物资总局组织的赴日考察团带回我国，在该代表团考察报告中对此有过介绍。

企业的利润源泉随着时代的发展和企业经营重点的转移而变化。日本 1950 年因朝鲜战争得到美国的经济援助和技术支持，很快实现了企业机械化、自动化生产。当时日本正处于工业化大生产时期，企业的经营重点放在了降低制造成本上，这便是日本第二次世界大战后企业经营的第一利润源。然而，依照自动化生产手段制造出来的大量产品，引起了市场泛滥，产生了对大量销售的需求。于是，1955 年从美国引进了市场营销技术，日本迎来了市场营销时代。这一时期，企业顺应日本政府经济高速增长政策，把增加销售额作为企业的经营重点，这便是日本第二次世界大战后企业经营的第二个利润源。1965 年起，日本政府开始重视物流，1970 年开始，产业界大举向物流进军，日本又进入了物流发展时代。这一时期，降低制造成本已经有限，增加销售额也已经走到尽头，迫切希望寻求新的利润源，物流成本的降低使"第三利润源"的提法恰好符合当时企业经营的需要，因而"第三利润源"说一提出，就备受关注，广为流传。

西泽修教授的"第三利润源泉"说，不仅推动了当时日本物流的发展，也对我国和亚太地区的物流发展产生了重要影响。

2. "物流冰山"说

关于物流费用，有一种提法叫"物流冰山"，其含义是说，人们对物流费用的总体内容并不掌握，提起物流费用，大家只看到露出海面的冰山的一角，而潜藏在海水下面的冰山主体却看不见，海水中的冰山才是物流费用的主要部分。一般情况下，企业会计科目中，只把支付给外部运输企业、仓库企业的费用列入成本，实际这些费用在整个物流费用中犹如冰山的一角。因为物流基础设施建设费、企业利用自己的车辆运输、利用自己的库存保管货物、由自己的工人进行包装、装卸等费用都没有计入物流费用科目内。一般来说，企业向外部支付的物流费是很小的一部分，真正的大头是企业内部发生的各种物流费用。基于这个现实，日本的西泽修教授提出了"物流冰山"说。"物流冰山"说之所以成立，有三个方面的问题导致。

1) 物流成本的计算范围

原材料物流、工厂内物流、配送中心的物流、从配送中心到商店的物流等。这么大的范围，涉及的单位非常多，牵涉的面也特别广，很容易漏掉其中的某一部分。漏掉哪部分，计算哪部分，物流费用的大小相距甚远。

2) 物流成本的计算对象

运输、保管、包装、装卸、流通加工以及信息等各物流环节中，以哪几个环节作为物流成本的计算对象问题。如果只计算运输和保管费用不计算其他费用，与运输、保管、装卸、包装、流通加工以及信息等全部费用的计算相比，两者的费用计算结果差别就相当大。

3) 物流成本的费用确认

把哪几种费用列入物流成本中去的问题。比如，向外部支付的运输费、保管费、装卸费等费用一般都容易列入物流成本；可是本企业内部发生的物流费用，如与物流相关的人工费、物流设施建设费、设备购置费，以及折旧费、维修费、电费、燃料费等是否也列入物流成本中去，都与物流费用的大小直接相关。因而，我们说物流费用确实犹如一座海里的冰山，露出水面的仅是冰山的一角。

5.2 物流运输管理

运输是物流过程的主要功能之一，也是物流过程各项业务的中心活动。物流过程中的其他各项活动，如包装、装卸搬运、物流信息等，都是围绕着运输而进行的。可以说，在科学技术不断进步、生产的社会化和专业化程度不断提高的今天，一切物质产品的生产和消费都离不开运输。物流合理化，在很大程度上取决于运输合理化，所以，在物流过程的各项业务活动中，运输是关键，起着举足轻重的作用。

5.2.1 物流运输管理的含义

物流运输是人类最古老的行业之一，自从远古时代人类文明出现了以物易物，开始了交换，就出现了物流运输的雏形。每一个国家的经济地理环境工业化程度不同，运输方式的构成也有差异。在缺乏河流的内陆国家，就几乎没有水路运输；在工业化程度很低的国家，航空运输的比重就很低。就近代运输业的发展史来看，船舶运输是较早使用的一种机械运输方式。1807 年，世界上第一艘轮船在北美哈德孙河下水，揭开了机械运输的新纪元。在经历了一个世纪后，逐渐形成了以铁路、公路、水路、航空和管道等五种运输方式为基本格局的运输业。

1. 运输的概念及其功能

运输是指人或物借助运力在空间上产生位置移动。运力包括运输设施、路线、设备、工具和人力，是具有从事运输活动能力的系统。

中国《物流术语》国家标准中对运输的定义是：用设备和工具，将物品从一地点向另一地点运送的物流活动。其中包括集货、搬运、中转、装入、卸下、分散等一系列操作。

一般而言，物流运输主要实现了两种功能。

1) 物品移动

显而易见，运输实现了物品在空间上的移动职能。无论物品处于哪种形式，是材料、零部件、配件、在制品或流通中的商品，运输都是必不可少的。运输通过改变物品的地点与位置而创造出价值，这是空间效用。另外，运输能使物品在需要的时间到达目的地，这是时间效用。另外，运输的主要职能就是将物品从原产地转移到目的地，运输的主要目的就是要以最少的时间完成产品的运输任务。

运输是一个增值的过程，通过创造空间效用和时间效用来创造价值。商品最终送到顾客手中，其运输成本构成了商品价格的一个重要部分，运输成本的降低可以达到以较低的成本提供优质服务的效果。

2) 短时产品库存

产品进行短时储存也是运输的职能之一，即将运输工具作为暂时的储存场所。如果转移中的产品需要储存，而短时间内产品又需要重新转移，卸货和装货的成本也许会超过储存在运输工具中的费用，这时，便可考虑采用此法。只不过产品是移动的，而不是处于闲置状态。

例如，当交付的货物处于转移之中，而最初的装运目的地被改变时，产品需要临时的储存，那么采取改道则是产品短时存储的一种方法。另外，在仓库空间有限的情况下，利用运输工具储存也不失为一种可靠的选择。可将货物装上运输工具，采用迂回路径或间接路径运往目的地。尽管用运输工具储存产品可能是昂贵的，但如果从总成本或完成任务的角度来看，考虑装卸成本、储存能力的限制等，那么用运输工具储存往往是合理的，甚至有时是必要的。

2. 运输的原则

运输有两条基本原则，即规模经济和距离经济。

1) 规模经济

规模经济的特点是随着装运规模的扩大，使单位货物的运输成本下降。例如，整车装运(即车辆满载装运)的每单位成本低于零担装运(即利用部分车辆能力进行装运)；铁路或水路之类运输能力较大的运输工具，其每单位重量的费用要低于诸如汽车或飞机之类运输能力较小的工具。运输规模经济之所以存在，是因为有关的固定费用(包括运输订单的行政管理费用、运输工具投资设备装卸费用、管理与设备折旧费用等)可以按整批的货物量分摊。另外，通过规模运输还可以获运价折扣，也使单位货物的运输成本下降。总之，规模经济使得货物的批量运输显得合理。

2) 距离经济

距离经济的特点是每单位距离的运输成本随运输距离的增加而减少。距离经济的合理性类似于规模经济，尤其体现在运输装卸费用的分摊上。距离越长，固定费用分摊后的值越小，导致每单位距离支付的总费用越小。

3. 运输管理在物流中的作用

运输是任何全球物流的一个重要组成部分，针对运输所做的决策必须纳入整个物流系统之中，必须适应这一系统。运输在物流系统中发挥的重要作用，主要表现在以下几个方面。

(1) 运输是社会物质生产的必要条件之一。它是生产过程在流通领域内的继续，生产与生产，市场与市场，生产与消费都需要运输来维系，使得社会生产得以延续，是加速社会再生产和促进社会再生产连续不断进行的前提条件。

(2) 运输是物流的动脉系统。企业的物流过程：投入—转换—检验—储存—销售，都需要运输来连接。

(3) 运输是创造物流空间效用的环节。利用运输可以把物资运送到空间的效应最高的地区，从而可得到最大的利益。在宏观上也起到了资源配置的作用，能实现资源的优化配置。

(4) 合理运输能降低物流费用，提高物流速度，是发挥物流系统整体功能的中心环节。

(5) 合理运输能加快资金周转速度，降低资金占用时间，是提高物流经济效益和社会效益的重点所在。

所以，如何搞好运输工作，开展合理运输，不仅关系到物流时间占用的多少，而且还会影响到物流费用的高低。不断降低物流运输费用，对于提高物流的经济效益和社会效益，都有着重要作用。而且，对于物流管理者来说，现今商品运输的竞争特性，意味着将有更多的机会从运输提供者那里获得更好的服务项目或更低的成本。

5.2.2　运输方式及其选择

1．运输方式

运输方式按不同的标准有多种分类，在此按运输设备及工具不同可分为铁路、公路、水路、航空和管道等五种运输方式。

1）铁路运输

铁路是国民经济的大动脉，铁路运输是现代化运输业的主要运输方式之一，它与其他运输方式相比较，具有以下主要特点：铁路运输的准确性和连续性强、铁路运输速度比较快、运输量比较大、铁路运输成本较低、铁路运输安全可靠、风险远比海上运输小。

铁路运输主要适用于以下作业：①大宗低值货物的中长距离运输，也较适合运输散装、罐装货物；②适于大量货物一次高效率运输；③对于运费负担能力小，货物批量大，运输距离长的货物来说，运费比较便宜。

2）公路运输

公路运输(一般是指汽车运输)是陆上两种基本运输方式之一，具有以下的特点：机动灵活、简捷方便、应急性强，能深入到其他运输工具到达不了的地方；适应点多、面广、零星、季节性强的货物运输；运距短、单程货多；汽车投资少、收效快；是空运班机、船舶、铁路衔接运输不可缺少的运输形式；随着公路现代化、车辆大型化，公路运输是实现集装箱在一定距离内"门到门"运输的最好的运输方式；汽车的载重量小，车辆运输时震动较大，易造成货损事故，费用和成本也比海上运输和铁路运输高。

公路运输主要适用于以下作业：①近距离的独立运输作业；②补充和衔接其他运输方式，当其他运输方式担负主要运输时，由汽车担负起点和终点处的短途集散运输，完成其他运输方式到达不了的地区的运输任务。

3）水路运输

水路运输是使用船舶及其他水上工具通过河道、海上航道运送货物的一种运输方式。水路运输又可分海运和内河运输，海运又有沿海和远洋运输两种。水路运输具有以下的特点：运载量大、运费低、耗能少、投资省、可不占或少占农田等优越性，但受自然条件限制，水路运输又有连续性差、速度慢、联运货物要中转换装等不利因素，延缓了货物的送到速度，也增加了货损、货差。

水运主要承担以下作业任务：①承担大批量货物，特别是集装箱运输；②承担原料半成品等散货运输；③承担国际贸易运输，即远距离，运量大，不要求快速抵达的货物运输。

4）航空运输

航空运输常被看作是在其他运输方式不能运用时，用于紧急服务的一种极为保险的方式。它快速及时，价格昂贵，但对于致力于全球市场的厂商来说，当考虑库存和顾客服务问题时，空运也许是成本最为节约的运输模式。航空运输虽然起步较晚，但发展极为迅速，这与它所具备的许多特点分不开的。这种运输方式与其他运输方式相比，具有以下特点：快速及时、安全性能高、包装要求低、运量小、运价较高。

空运一般用于以下作业：①成为国际运输的重要工具，对于对外开放，促进国际技术、经济合作与文化交流有重要作用；②适用于高附加值、低重量、小体积的物品运输；③急迫、鲜活贵重物资的快速运输。

5）管道运输

管道运输是近几十年发展起来的一种新型运输方式。管道运输的运输形式是靠物体在管道内顺着压力方向移动实现的。与其他运输方式的重要区别在于管道设备是静止不动的。具有大量不间断运送、安全可靠、运输能力大、维护比较容易、自动化水平高、投资省、占地少、经济合理、一般受自然条件影响小等技术经济特点。

管道运输主要担负单向、定点、量大的流体状货物运输。在液体、气体运输中占有很大的优势。

2．运输方式的选择

运输方式的选择是物流系统决策中的一个重要环节，是物流合理化的重要内容。所以对进出货物的运输，必须选择最适合的运输方式。选择运输方式的判断标准包括以下因素：货物的性质、运输时间、交货时间的适用性、运输成本、批量的适应性、运输的机动性和便利性、运输的安全性和准确性等。对货主来说，运输的安全性和准确性，运输费用的低廉性以及缩短运输总时间等因素是其关注的重点。从业种来看，制造业重视运输费用的低廉性；批发业和零售业重视运输的安全性、准确性以及运输总时间的缩短等运输服务方面的质量。

具体来说，在选择运输方式时主要考虑以下五个方面。

1）运输物品的种类

在运输物品种类方面，物品的形状、价值、单件重量、容积、危险性、变质性等都成为选择运输方式的制约因素。

2）运输数量

在运量方面，运输的批量不同选择运输的方式也不同，一般来说，原材料等大批量的货物运输适合铁路运输或水运。

3）运输距离

货物运输距离的长短直接影响到运输方式的选择，一般来说，中短距离的运输比较适合于公路运输；而长距离的运输比较适合于铁路、水路、管道和航空运输。

4) 运输时间

货物运输时间长短与交货时间有关，应该根据交货期来选择适合的运输方式。

5) 运输费用

货物运输费用的高低关系到承担运费的能力，是选择运输方式时要重点考虑的内容，但在考虑运输费用时，不能仅从运输费用本身出发，必须从物流总成本的角度联系物流的其他费用综合考虑。除了运输费用外，还有包装费用、保管费用、库存费、装卸费用以及保险费用等。在选择最为适宜的运输方式的时候，在成本方面应该保证总成本最低。

当然，在具体选择运输方式的时候，往往要受到当时的运输环境的制约，因而必须根据运输货物的各种条件，通过综合判断加以确定。

5.2.3 运输合理化

组织商品合理运输，在发运地与到达地之间往往有多条运输线路，存在多种运输方式。物流运输合理化的目的，是在保证物流及时、安全运输的前提下，如何有利于提高综合运输水平，降低运输费用。物流运输合理化标志的确立，必须符合这一基本目的要求。因此，组织商品合理运输，必须从实际出发，根据当前的交通运输条件，合理选择运输线路和运输工具，保证运输任务的完成；必须加强运输环节的联系，做到环节紧扣，密切协作，使商品合理运输的工作得以顺利进行。

1. 运输合理化的含义

运输合理化就是按照货物流通的规律，用最少的劳动消耗，达到最大的经济效益来组织货物调运。即在有利于生产，有利于市场供应，有利于节约流通费用和节约运力、劳动力的前提下，使货物走最短的里程，经最少的环节，用最短的时间，以最小的损耗，花最省的费用，把货物从生产地运到消费地。

2. 影响物流运输合理化的因素

物流运输合理化，是由各种经济的、技术的和社会的因素相互作用的结果。影响物流运输合理化的因素主要有以下几种。

1) 运输距离

在运输时运输时间、运输货损、运费、车辆或船舶周转等运输的若干技术经济指标，都与运输距离有一定比例关系，运输距离长短是运输是否合理的一个最基本因素。因此，在组织商品运输时，首先要考虑运输距离，尽可能实现运输路径优化。

2) 运输环节

因为运输业务活动，需要进行装卸、搬运、包装等工作，多一道环节，就会增加起运的运费和总运费。因此，减少运输环节，尤其是同类运输工具的运输环节，对合理运输有促进作用。

3）运输时间

运输是物流过程中需要花费较多时间的环节，尤其是远程运输。在全部物流时间中，运输时间缩短有利于运输工具加速周转，充分发挥运力作用；有利于运输线路通过能力的提高。

4）运输工具

各种运输工具都有其使用的优势领域，对运输工具进行优化选择，要根据不同的商品特点，分别利用铁路、水路、公路等不同的运输工具，选择最佳的运输线路合理使用运力，以最大限度地发挥所用运输工具的作用。

5）运输费用

运费在全部物流费用中占很大比例，是衡量物流经济效益的重要指标，也是组织合理运输的主要目的之一。

上述五个因素，既相互联系，又相互影响，有的还相互矛盾。运输时间短了，费用却不一定省，这就要求进行综合分析，寻找最佳方案，才可能实现运输的合理化。

3. 运输合理化的有效措施

不合理运输是在现有条件下可以达到的运输水平而未达到，从而造成了运力浪费、运输时间增加、运费超支等问题的运输形式。目前我国存在主要不合理运输形式有：返程或起程空驶、对流运输、倒流运输、迂回运输、重复运输、过远运输、运力选择不当、托运方式选择不当等。

长期以来，我国劳动人民为了消除不合理运输，在生产实践中探索和创立了不少运输合理化的途径，在一定时期内、一定条件下取得了效果。

(1) 提高运输工具的实载率。

实载率的含义有两个：一是单车实际载重与运距之乘积和标定载重与行驶里程之乘积的比率，在安排单车、单船运输时它是判断装载合理与否的重要指标；二是车船的统计指标，即在一定时期内实际完成的货物周转量(吨公里)占载重吨位与行驶公里乘积的百分比。

提高实载率的意义在于：充分利用运输工具的额定能力，减少车船空驶和不满载行驶的时间，减少浪费，从而求得运输的合理化。

(2) 减少劳力投入，增加运输能力。

运输的投入主要是能耗和基础设施的建设，在运输设施固定的情况下，尽量减少能源动力投入，从而大大节约运费，降低单位货物的运输成本，达到合理化的目的。如在铁路运输中，在机车能力允许的情况下，多加挂车皮；在内河运输中，将驳船编成队行，由机运船顶推前进；在公路运输中，实行汽车挂车运输，以增加运输能力等。

(3) 发展社会化的运输体系。

运输社会化的含义是发展运输的大生产优势，实行专业化分工，打破物流企业自成运输体系的状况。单个物流企业车辆自有，自我服务，不能形成规模，且运量需求有限，难以自我调剂，因而经常容易出现空驶，运力选择不当，不能满载等浪费现象，且配套的接、发货设施、装卸搬运设施也很难有效的运行，所以浪费颇大。实行运输社会化，可以统一安排运输工具，避免对流、迂回、倒流、空驶、运力选择不当等多种不合理形式，不但可以追求组织效益而且可以追求规模效益，所以发展社会化的运输体系是运输合理化的非常重要的措施。

(4) 开展中短距离铁路公路分流，"以公代铁"的运输。

这一措施的要点，是在公路运输经济里程范围内，或者经过论证，超出通常平均经济里程范围，也尽量利用公路。这种运输合理化的表现主要有两点：一是对于比较紧张的铁路运输，用公路分流后，可以得到一定程度的缓解，从而加大这一区段的运输通过能力；二是充分利用公路从门到门和在中途运输中速度快且灵活机动的优势，实现铁路运输服务难以达到的水平。

我国"以公代铁"目前在杂货、日用百货及煤炭运输中较为普遍，一般认为，目前的公路经济里程为200～500公里，随着高速公路的发展，高速公路网的形成，新型与特殊货车的出现，公路的经济里程有时可达1000公里以上。

(5) 尽量发展直达运输。

尽量发展直达运输。直达运输是追求运输合理化的重要形式，其对合理化的追求要点是通过减少中转过载换载，从而提高运输速度，省却装卸费用，降低中转货损。直达的优势，尤其是在一次运输批量和用户一次需求量达到了一整车时表现最为突出。此外，在生产资料、生活资料运输中，通过直达，建立稳定的产销关系和运输系统，也有利于提高运输的计划水平。用最有效的技术来实现这种稳定运输，可以大大提高运输效率。

特别需要一提的是，如同其他合理化措施一样，直达运输的合理性也是在一定条件下才会有所表现，不能绝对认为直达一定优于中转。这要根据用户的要求，从物流总体出发做综合判断。如果从用户需要量看，批量大到一定程度，直达是合理的，批量较小时中转或许更为合理。

(6) 配载运输。

配载运输是充分利用运输工具载重量和容积，合理安排装载的货物及载运方法以求得合理化的一种运输方式。配载运输也是提高运输工具实载率的一种有效形式。

配载运输往往是轻重商品的混合配载，在以重质货物运输为主的情况下，同时搭载一些轻泡货物。如海运矿石、黄沙等重质货物，在舱面捎运木材、毛竹等；铁路运矿石、钢材等重物上面搭运轻泡农、副产品等。在基本不增加运力投入、不减少重质货物运输情况下，解决了轻泡货的搭运，因而效果显著。

(7) "四就"直拨运输。

"四就"直拨是减少中转运输环节，力求以最少的中转次数完成运输任务的一种形式。一般批量到站或到港的货物，首先要进分配部门或批发部门的仓库，然后再按程序分拨或销售给用户。这样一来，往往出现不合理运输。

"四就"直拨,首先是由管理机构预先筹划,然后就厂、就站(码头)、就库、就车(船)将货物分送给用户,而无须再入库了。

(8) 发展特殊运输技术和运输工具。

依靠科技进步是运输合理化的重要途径。例如,专用散装及罐车解决了粉状、液状物运输损耗大,安全性差等问题;袋鼠式车皮、大型半挂车解决了大型设备整体运输问题;"滚装船"解决了车载货的运输问题,集装箱船比一般船能容纳更多的箱体,集装箱高速直达车船加快了运输速度等,都是通过采用先进的科学技术实现合理化。

(9) 通过流通加工,使运输合理化。

有不少产品,由于产品本身形态及特性问题,很难实现运输的合理化,如果进行适当加工,就能够有效解决合理运输问题,例如将造纸材在产地预先加工成干纸浆,然后压缩体积运输,就能解决造纸材运输不满载的问题;轻泡产品预先捆紧包装成规定尺寸,装车就容易提高装载量;水产品及肉类预先冷冻,就可提高车辆装载率并降低运输损耗。

5.3 物流储存管理

储存功能是物流的基本功能之一。储存是指商品在从生产地向消费地的转移过程中,在一定地点、一定场所、一定时间的停滞,具有时间调整和价格调整的功能。商品储存是包含商品库存和商品储备在内的一种广泛的经济现象,是一切社会形态都存在的一种经济现象。储存管理在企业管理中具有重要的地位,直接关系到企业的资金占用水平、资产运作效率以及生产经营活动的正常进行。

5.3.1 储存合理化的含义

1. 储存合理化的概念

储存合理化的含义是用最经济的办法实现储存的功能。储存的功能是对需要的满足,实现被储物的"时间价值",这就"必须有一定储量"。马克思讲:"商品储备必须有一定的量,才能在一定时期内满足需要量。"这是合理化的前提或本质,如果不能保证储存功能的实现,其他问题便无从谈起了。但是,储存的不合理又往往表现在对储存功能实现的过分强调,因而是过分投入储存力量和其他储存劳动所造成的。所以,合理储存的实质是,在保证储存功能实现前提下的尽量少的投入,也是一个投入产出的关系问题。

2. 储存合理化的主要标志

储存合理化的主要标志主要有以下六个方面。

1) 质量标志

保证被储存物的质量,是完成储存功能的根本要求,只有这样,商品的使用价值才能通过物流之后得以最终实现。在储存中增加了多少时间价值或是得到了多少利润，都是以保证质量为前提的。所以，储存合理化的主要标志中，为首的应当是反映使用价值的质量。

现代物流系统已经拥有很有效地维护物资质量、保证物资价值的技术手段和管理手段，也正在探索物流系统的全面质量管理问题，即通过物流过程的控制，通过工作质量来保证储存物的质量。

2) 数量标志

在保证功能实现前提下有一个合理的数量范围。目前管理科学的方法已能在各种约束条件的情况下，对合理数量范围做出决策，但是较为实用的还是在消耗稳定、资源及运输可控的约束条件下，所形成的储存数量控制方法。

3) 时间标志

在保证功能实现前提下，寻求一个合理的储存时间，这是和数量有关的问题，储存量越大而消耗速率越慢，则储存的时间必然长，相反则必然短。在具体衡量时往往用周转速度指标来反映时间标志，如周转天数、周转次数等。

在总时间一定前提下，个别被储物的储存时间也能反映合理程度。如果少量被储物长期储存，成了呆滞物或储存期过长，虽反映不到宏观周转指标中去，也标志储存存在不合理。

4) 结构标志

是从被储物不同品种、不同规格、不同花色的储存数量的比例关系对储存合理性的判断。尤其是相关性很强的各种物资之间的比例关系更能反映储存合理与否。由于这些物资之间相关性很强，只要有一种物资出现耗尽，即使其他种物资仍有一定数量，也会无法投入使用。所以，不合理的结构影响面并不仅局限在某一种物资身上，而是有扩展性。结构标志重要性也可由此确定。

5) 分布标志

指不同地区储存的数量比例关系，以此判断和当地需求比，对需求的保障程度，也可以此判断对整个物流的影响。

6) 费用标志

仓租费、维护费、保管费、损失费、资金占用利息支出等，都能从实际费用上判断储存的合理与否。

5.3.2 储存合理化的措施

合理储存就是要保证货畅其流，要以满足市场供应不间断为依据，确定恰当储存定额和商品品种结构，以此实现储存的合理化。储存过多就会造成商品的积压，增加资金占用，使储存保管费用增加，造成商品在库损失，造成巨大的浪费。如果储存过少，又会造成市场脱销，影响社会消费，最终也会影响国民经济的发展。因此，储存的合理化，具有很重要的意义。

1. 进行储存物的 ABC 分析

ABC 分析是实施储存合理化的基础分析，在此基础上可以进一步解决各类结构关系、储存量、重点管理、技术措施等合理化问题。在 ABC 分析基础上实施重点管理，分别决定各种物资的合理库存储备数量及经济地保有合理储备的办法，乃至实施零库存。

2. 在形成了一定的社会总规模前提下，追求经济规模，适度集中库存

适度集中储存是合理化的重要内容，所谓适度集中库存是利用储存规模优势，以适度集中储存代替分散的小规模储存来实现合理化。

集中储存是面对两个制约因素，在一定范围内取得优势的办法。一是储存费，二是运输费。过分分散，每一处的储存保证的对象有限，互相难以调度调剂，则需分别按其保证对象要求确定库存量，导致储存费用增加。而集中储存易于调度调剂，集中储存总量可大大低于分散储存之总量。过分集中储存，储存点与用户之间距离拉长，储存总量虽降低，但运输距离拉长，运费支出加大，在途时间长，又迫使周转储备增加。所以，适度集中的含义是主要在这两方面取得最优集中程度。适度集中库存除在总储存费及运输费之间取得最优之外，还有一系列其他好处：对单个用户的保证能力提高、有利于采用机械化自动化方式、有利于形成一定批量的干线运输、有利于成为支线运输的始发站等。适度集中库存也是"零库存"这种合理化形式的前提条件之一。

3. 加速总的周转，提高单位产出

储存现代化的重要课题是将静态储存变为动态储存，周转速度一快，会带来一系列的合理化好处：资金周转快、资本效益高、货损小、仓库吞吐能力增加、成本下降等。具体做法诸如采用单元集装存储，建立快速分拣系统都有利于实现快进快出，大进大出。

4. 采用有效的"先进先出"方式

为保证每个被储物的储存期不至于过长。"先进先出"是一种有效的方式，也成了储存管理的准则之一。有效的先进先出方式主要有以下几种。

1) 贯通式货架系统

利用货架的每层，形成贯通的通道，从一端存入物品，从另一端取出物品，物品在通道中自行按先后顺序排队，不会出现越位等现象。贯通式货架系统能非常有效地保证先进先出。

2) "双仓法"储存

给每种被储物都准备两个仓位或货位，轮换进行存取，再配以必须在一个货位中取光才可补充的规定，则可以保证实现"先进先出"。

3) 计算机存取系统

采用计算机管理，在储存时向计算机输入时间记录，编入一个简单的按时间顺序输出的程序，取货时计算机就能按时间给予指示，以保证"先进先出"。

5. 提高储存密度，提高仓容利用率

提高储存密度，主要目的是减少储存设施的投资，提高单位存储面积的利用率，以降低成本、减少土地占用，有以下三类方法。

1) 采取高垛的方法，增加储存的高度

具体方法有采用高层货架仓库、采用集装箱等，都可以比一般堆存方法大大增加储存高度。

2) 缩小库内通道宽度以增加储存有效面积

具体方法有采用窄巷道式通道，配以轨道式装卸车辆，以减少车辆运行宽度要求。

3) 减少库内通道数量以增加储存有效面积

具体方法有采用密集型货架，采用可进车的可卸式货架，采用各种贯通式货架，采用不依通道的桥式吊车装卸技术等。

6. 采用有效的储存定位系统

储存定位的含义是被储物位置的确定。如果定位系统有效，能大大节约寻找、存放、取出的时间，节约不少物化劳动及活劳动，而且能防止差错，便于清点及实行订货点订购等管理方式。储存定位系统可采取先进的计算机管理，也可采取一般人工管理，行之有效的方式主要有以下两种。

1) "四号定位"方式

"四号定位"方式用一组四位数字来确定存取位置、固定货位的方法，是我国手工管理中采用的科学方法。这四个号码是：序号、架号、层号、位号。这就使每一个货位都有一个组号，在物资入库时，按规定要求对物资编号，并记录在账卡上，提货时按四位数字的指示，很容易将货物拣选出来。

2) 电子计算机定位系统

电子计算机定位系统是利用电子计算机储存容量大、检索迅速的优势。在入库时，将存放货位输入计算机，出库时向计算机发出指令，找到存放货，拣选取货的方式。

7. 采用有效的监测清点方式

对储存物资数量和质量的监测不但是掌握基本情况之必需，也是科学库存控制之必需。在实际工作中稍有差错，就会使账物不符，所以，必须及时且准确地掌握实际储存情况，经常与账卡核对，这无论是人工管理或是计算机管理都是必不可少的。此外，经常的监测也是掌握被存物质量状况的重要工作。监测清点的有效方式主要有以下几种。

1) "五五化"堆码

"五五化"堆码是我国手工管理中采用的一种科学方法。储存物堆垛时，以"五"为基本计数单位，堆成总量为"五"的倍数的垛形，如梅花五、重叠五等，堆码后，有经验者可过目成数，大大加快了人工点数的速度，减少差错。

2) 光电识别系统

在货位上设置光电识别装置，该装置对被存物扫描，并将准确数目自动显示出来。这种方式不需人工清点就能准确掌握库存的实有数量。

3) 电子计算机监控系统

用电子计算机指示存取，可以防止人工存取所容易出现的差错，如果在被存物上采用条形码认寻技术，使识别计数和计算机联结，每存取一件物品时，识别装置自动将条形码识别并将其输入计算机，计算机会自动做出存取记录。这样只需向计算机查询，就可了解所存物品的准确情况，而无须再建立一套对实有数的监测系统。

8. 采用现代储存保养技术

利用现代技术是储存合理化的重要方面。现代储存保养技术主要有：气幕隔潮、气调储存和塑料薄膜封闭等。

9. 采用集装箱、集装袋、托盘等运储装备一体化的方式

集装箱等集装设施的出现，也给储存带来了新观念。采用集装箱后，本身便是一栋仓库，不需要再有传统意义的库房，在物流过程中，也就省去了入库、验收、清点、堆垛、保管、出库等一系列储存作业，因而对改变传统储存作业有很重要意义，是储存合理化的一种有效方式。

5.4 物流配送中心

配送中心是一种多功能、集约化的物流据点。作为现代物流方式和优化销售体制的配送中心，把收货验货、储存保管、装卸搬运、拣选、分拣、流通加工、配送、结算和信息处理甚至包括订货等作业有机结合，形成多功能、集约化和全方位服务的供货枢纽。

5.4.1 配送中心的含义

配送中心是以组织配送性销售或供应，执行实物配送为主要职能的流通型节点。在配送中心中为了能更好地做送货的编组准备，因此必然需要采取零星集货、批量进货等种种资源搜集工作和对货物的分整、配备等工作，因此，也具有集货中心、分货中心的职能。为了更有效地、更高水平的配送，配送中心往往还有比较强的流通加工能力。此外，配送中心还必须执行货物配备后的送达到户的使命，这是和分货中心只管分货不管运达的重要不同之处。由此可见，如果说集货中心、分货中心、加工中心的职能还是较为单一的话，那么，配送中心功能则较全面、完整，也可以说，配送中心实际上是集货中心、分货中心、加工中心功能之集合，并有了配与送的更高水平。

1. 配送中心概念

《物流手册》对配送中心的定义是："配送中心是从供应者手中接收多种大量的货物，进行倒装、分类、保管、流通加工和情报处理等作业，然后按照众多需要者的订货要求备齐货物，以令人满意的服务水平进行配送的设施。"

王之泰在《物流学》中定义如下："配送中心是从事货物配备(集货、加工、分货、拣选、配货)和组织对用户的送货，以高水平实现销售或供应的现代流通设施。"

这个定义有四层含义。

(1) 配送中心的"货物配备"工作是其主要的、独特的工作，是全部由配送中心完成的。

(2) 配送中心有的是完全承担送货，有的是利用社会运输企业完成送货，从我国国情来看，在开展配送的初期，用户自提的可能性是比较小的，所以，对于送货而言，配送中心主要是组织者而不是承担者。

(3) 强调了配送活动与销售或供应等经营活动的结合，是经营的一种手段，以此排除了这是单纯的物流活动的看法。

(4) 强调了配送中心的"现代流通设施"，蓄意和以前的诸如商场、贸易中心、仓库等流通设施的区别。在这个流通设施中以现代装备和工艺为基础，不但处理商流而且处理物流，是兼有商流、物流全功能的流通设施。

2. 配送中心的功能

配送中心为实现各用户货物需求的目标，必须通过自身功能的体现，才能满足用户需求。其功能体现在以下方面。

(1) 集货：将分散的或小批量的物品集中起来，以便进行运输、配送的作业。

(2) 分拣：将物品按品种、出入库先后顺序进行分门别类堆放的作业。

(3) 配货：使用各种拣选设备和传输装置，将存放的物品，按客户要求分拣出来，配备齐全，送到指定发货地点。

(4) 配装：在单个客户配送数量不能达到车辆的有效载运负荷时，将不同客户的配送货物进行搭配装载，充分利用运能和运力。

(5) 配送运输：即运输中的末端运输、支线运输。

(6) 送达服务：货物送达后的相关服务。

(7) 配送加工：按照客户的要求所进行的流通加工。

5.4.2　配送合理化的判断标志

对于配送合理与否的判断，是配送决策系统的重要内容，目前国内外尚无一定的技术经济指标体系和判断方法，但按一般认识，以下标志是应当纳入的。

1. 库存标志

库存是判断配送合理与否的重要标志。具体指标有以下两方面。

1) 库存总量

库存总量在一个配送系统中，从分散于各个用户转移给配送中心，配送中心库存数量加上各用户在实行配送方式后库存量之和应低于实行配送方式前各用户库存量之和。

2) 库存周转

由于配送中心的调剂作用，以低库存保持高的供应能力，库存周转一般总是快于原来各企业库存周转。此外，从各个用户角度进行判断，各用户在实行配送前后的库存周转比较，也是判断合理与否的标志。为取得共同比较基准，以上库存标志，都以库存储备资金计算，而不以实际物资数量计算。

2. 资金标志

总地来讲，实行配送应有利于资金占用降低及资金运用的科学化。具体判断标志如下。

1) 资金总量

用于资源筹措所占用流动资金总量，随储备总量的下降及供应方式的改变必然有一个较大的降低。

2) 资金周转

从资金运用来讲，由于整个节奏加快，资金充分发挥作用，同样数量资金，过去需要较长时期才能满足一定供应要求，配送之后，在较短时期内就能达此目的。所以资金周转是否加快，是衡量配送合理与否的标志。

3) 资金投向的改变

资金分散投入还是集中投入，是资金调控能力的重要反映。实行配送后，资金必然应当从分散投入改为集中投入，以增加调控作用。

3. 成本和效益标志

总效益、宏观效益、微观效益、资源筹措成本都是判断配送合理化的重要标志。对于不同的配送方式，可以有不同的判断侧重点。例如，配送企业、用户都是各自独立的以利润为中心的企业，不但要看配送的总效益，而且还要看对社会的宏观效益及两个企业的微观效益，不顾及任何一方，都必然出现不合理；又如，如果配送是由用户集团自己组织的，配送主要强调保证能力和服务性，那么，效益主要从总效益、宏观效益和用户集团企业的微观效益来判断，不必过多顾及配送企业的微观效益。

由于总效益及宏观效益难以计量，在实际判断时，常以按国家政策进行经营，完成国家税收及配送企业、用户的微观效益来判断。

对于配送企业而言(投入确定了的情况下)，企业利润反映配送合理化程度。

对于用户企业而言，在保证供应水平或提高供应水平(产出一定)的前提下，供应成本的降低，反映了配送的合理化程度。

成本及效益对合理化的衡量，还可以具体到储存、运输具体配送环节，使判断更为精细。

4. 供应保证标志

实行配送，各用户的最大担心是害怕供应保证程度降低，这是个心态问题，也是承担风险的实际问题。

配送的重要一点是必须提高而不是降低对用户的供应保证能力，才算实现了合理。供应保证能力可以从以下方面判断。

1) 缺货次数

实行配送后，对各用户来讲，该到货而未到货以致影响用户生产经营的次数，必须下降才算合理。

2) 配送企业集中库存量

对每一个用户来讲，其数量所形成的保证供应能力高于配送前单个企业的保证程度，从供应保证来看才算合理。

3) 即时配送的能力及速度

这是用户出现特殊情况的特殊供应保障方式，这一能力必须高于未实行配送前用户紧急进货能力及速度才算合理。

特别需要强调一点，配送企业的供应保障能力，是一个科学的、合理的概念，而不是无限的概念。具体来讲，如果供应保障能力过高，超过了实际的需要，属于不合理。所以追求供应保障能力的合理化也是有限度的。

5. 社会运力节约标志

末端运输是目前运能、运力使用不合理，浪费较大的领域，因而人们寄希望于配送来解决这个问题。这也成了配送合理化的重要标志。

运力使用的合理化是依靠送货运力的规划和整个配送系统的合理流程及与社会运输系统合理衔接实现的。送货运力的规划是任何配送中心都需要花力气解决的问题，而其他问题有赖于配送及物流系统的合理化，判断起来比较复杂。可以简化判断的标准如下。

(1) 社会车辆总数减少，而承运量增加为合理。

(2) 社会车辆空驶减少为合理。

(3) 一家一户自提自运减少，社会化运输增加为合理。

6. 用户企业仓库、供应、进货人力物力节约标志

配送的重要观念是以配送代劳用户；因此，实行配送后，各用户库存量、仓库面积、仓库管理人员减少为合理；用于订货、接货、搞供应的人应减少为合理。真正解除了用户的后顾之忧，配送的合理化程度则可以说是一个高水平了。

7. 物流合理化标志

配送必须有利于物流合理。这可以从以下几方面判断。
(1) 是否降低了物流费用。
(2) 是否减少了物流损失。
(3) 是否加快了物流速度。
(4) 是否发挥了各种物流方式的最优效果。
(5) 是否有效衔接了干线运输和末端运输。
(6) 是否不增加实际的物流中转次数。
(7) 是否采用了先进的技术手段。
物流合理化的问题是配送要解决的大问题，也是衡量配送本身的重要标志。

5.4.3　配送合理化的办法

1. 不合理配送的表现形式

对于配送的决策优劣，不能简单处之，也很难有一个绝对的标准。例如，企业效益是配送的重要衡量标志，但是，在决策时常常考虑各个因素，有时要做赔本买卖。所以，配送的决策是全面的、综合的决策。在决策时要避免由于不合理配送所造成的损失，但有时某些不合理现象是伴生的，要追求大的合理，就可能派生小的不合理，所以，这里只单独论述不合理配送的表现形式，但要防止绝对化。

1) 资源筹措的不合理

配送是利用较大批量筹措资源。通过筹措资源的规模效益来降低资源筹措成本，使配送资源筹措成本低于用户自己筹措资源成本，从而取得优势。如果不是集中多个用户需要进行批量筹措资源，而仅仅是为某一、两户代购代筹，对用户来讲，就不仅不能降低资源筹措费，相反却要多支付一笔配送企业的代筹代办费，因而是不合理的。资源筹措不合理还有其他表现形式，如配送量计划不准，资源筹措过多或过少，在资源筹措时不考虑建立与资源供应者之间长期稳定的供需关系等。

2) 库存决策不合理

配送应充分利用集中库存总量低于各用户分散库存总量，从而大大节约社会财富，同

时降低用户实际平均分摊库存负担。因此，配送企业必须依靠科学管理来实现一个低总量的库存，否则就会出现只是库存转移，而未解决库存降低的不合理情况。配送企业库存决策不合理还表现在储存量不足，不能保证随机需求，失去了应有的市场。

3) 价格不合理

总地来讲，配送的价格应低于不实行配送时，用户自己进货时产品购买价格加上自己提货、运输、进货之成本总和，这样才会使用户有利可图。有时候，由于配送有较高服务水平，价格稍高；用户也是可以接受的，但这不能是普遍的原则。如果配送价格普遍高于用户自己进货价格，损伤了用户利益，就是一种不合理表现。价格制定过低，使配送企业处于无利或亏损状态下运行，会损害销售者的利益，也是不合理的。

4) 配送与直达的决策不合理

一般的配送总是增加了环节，但是这个环节的增加，可降低用户平均库存水平，以此不但抵消了增加环节的支出，而且还能取得剩余效益。但是如果用户使用批量大，可以直接通过社会物流系统均衡批量进货，较之通过配送中转送货则可能更节约费用，所以，在这种情况下，不直接进货而通过配送，就属于不合理范畴。

5) 送货中不合理运输

配送与用户自提比较，尤其对于多个小用户来讲，可以集中配装一车送几家，这比一家一户自提，可大大节省运力和运费。如果不能利用这一优势，仍然是一户一送，而车辆达不到满载(即时配送过多过频时会出现这种情况)，则就属于不合理。此外，不合理运输的若干表现形式，在配送中都可能出现，会使配送变得不合理。

6) 经营观念的不合理

在配送实施中，有许多是经营观念不合理，使配送优势无从发挥，相反却损坏了配送的形象。这是在开展配送时尤其需要注意克服的不合理现象。例如，配送企业利用配送手段，在库存过大时，强迫用户接货，以缓解自己库存压力；在资金紧张时，长期占用用户资金；在资源紧张时，将用户委托资源挪作他用获利等。

2. 配送合理化的办法

国内外推行配送合理化，有一些可供借鉴的办法，简介如下。

1) 推行一定综合程度的专业化配送

通过采用专业设备、设施及操作程序，取得较好的配送效果并降低配送过分综合化的复杂程度及难度，从而追求配送合理化。

2) 推行加工配送

通过加工和配送结合，充分利用本来应有的这次中转，而不增加新的中转求得配送合理化。同时，加工借助于配送，加工目的更明确和用户联系更紧密，更避免了盲目性。

3) 实行送取结合

配送企业与用户建立稳定、密切的协作关系。配送企业不仅成了用户的供应代理人，而且承担用户储存据点，甚至成为产品代销人。在配送时，将用户所需的物资送到，再将该用户生产的产品用同一车运回，这种产品也成了配送中心的配送产品之一，或者作为代存代储，免去了生产企业库存包袱。这种送取结合，使运力充分利用，也使配送企业功能有更大的发挥，从而追求合理化。

4) 推行准时配送系统

准时配送是配送合理化的重要内容。配送做到了准时，用户才有资源把握，可以放心地实施低库存或零库存，可以有效地安排接货的人力、物力，以追求最高效率的工作。另外，保证供应能力，也取决于准时供应。从国外的经验看，准时供应配送系统是现在许多配送企业追求配送合理化的重要手段。

5) 推行即时配送

即时配送是最终解决用户企业担心断供之忧，大幅度提高供应保证能力的重要手段。即时配送是配送企业快速反应能力的具体化，是配送企业能力的体现。即时配送成本较高，但它是整个配送合理化的重要保证手段。此外，用户实行零库存，即时配送也是重要手段保证。

本 章 小 结

(1) 物流管理(Logistics Management)是指为了以最低的物流成本达到用户所满意的服务水平，对物流活动进行计划、组织、领导与控制的过程。

(2) 物流管理的特点：实现客户满意、追求整体最优、注重效率更重视效果、以信息为中心。

(3) 物流的功能：储存、运输、配送、包装、装卸搬运、流通加工和信息处理。

(4) 物流管理的基本内容有物流作业管理、物流战略管理、物流成本管理、物流服务管理、物流组织与人力资源管理和供应链管理。

(5) 中国《物流术语》国家标准中对运输的定义是：用设备和工具，将物品从一地点向另一地点运送的物流活动。其中包括集货、搬运、中转、装入、卸下、分散等一系列操作。物流运输主要实现了两种功能：物品移动和短时产品库存。运输有两条基本原则，即规模经济和距离经济。

(6) 运输是任何全球物流的一个重要组成部分，针对运输所做的决策必须纳入整个物流系统之中，必须适应这一系统。运输在物流系统中发挥的重要作用，主要表现在以下几个方面：运输是社会物质生产的必要条件之一；运输是物流的动脉系统；运输是创造物流空间效用的环节；合理运输能降低物流费用，提高物流速度，是发挥物流系统整体功能的中心环节；合理运输能加快资金周转速度，降低资金占用时间，是提高物流经济效益和社会效益的重点所在。

(7) 运输方式按不同的标准有多种分类,在此按运输设备及工具不同可分为铁路、公路、水路、航空和管道等五种运输方式。

(8) 运输方式的选择是物流系统决策中的一个重要环节。是物流合理化的重要内容。所以对进出货物的运输,必须选择最适合的运输方式。选择运输方式的判断标准包括以下因素:货物的性质、运输时间、交货时间的适用性、运输成本、批量的适应性、运输的机动性和便利性、运输的安全性和准确性等。

(9) 运输合理化就是按照货物流通的规律,用最少的劳动消耗,达到最大的经济效益来组织货物调运。即在有利于生产,有利于市场供应,有利于节约流通费用和节约运力、劳动力的前提下,使货物走最短的里程,经最少的环节,用最短的时间,以最小的损耗,花最省的费用,把货物从生产地运到消费地。

(10) 运输合理化的有效措施:提高运输工具的实载率;减少劳力投入,增加运输能力;发展社会化的运输体系;开展中短距离铁路公路分流,"以公代铁"的运输;尽量发展直达运输、配载运输、"四就"直拨运输;发展特殊运输技术和运输工具;通过流通加工,使运输合理化。

(11) 储存合理化的主要标志:质量标志、数量标志、时间标志、结构标志、分布标志、费用标志等。

(12) 储存合理化的措施:进行储存物的 ABC 分析;在形成了一定的社会总规模前提下,追求经济规模,适当集中库存;加速总的周转,提高单位产出;采用有效的"先进先出"方式;提高储存密度,提高仓容利用率;采用有效的储存定位系统;采用有效的监测清点方式;采用现代储存保养技术;采用集装箱、集装袋、托盘等运储装备一体化的方式。

(13) 配送中心是从事货物配备(集货、加工、分货、拣选、配货)和组织对用户的送货,以高水平实现销售或供应的现代流通设施。

(14) 国内外推行配送合理化,有一些可供借鉴的办法:推行一定综合程度的专业化配送、推行加工配送、实行送取结合、推行准时配送系统、推行即时配送。

本章思考题

1. 物流管理的概念及其特点。
2. 物流管理的基本内容有哪些?
3. 铁路、公路、水路、航空和管道等五种运输方式,各有什么优缺点?
4. 简述储存合理化的措施。
5. 试述运输合理化的有效措施。
6. 论述不合理配送的表现形式有哪些?

本 章 案 例

长虹物流合理化

目前中国家电业处境艰难，下游面临大连锁商的压力，上游面临原材料成本日益走高的挑战，处在中间的家电制造企业，必须通过内部挖潜的集约型竞争方式，才能在市场竞争中谋取一席之地。因此，作为"第三利润源"的物流被看作是制造企业最有希望降低运营成本、提高运营效率的环节。

长虹公司是我国家用彩色电视机最大的厂商，1998 年长虹将设置在全国各地的分公司处理的保管和配送等业务，从各分公司中分离出来，设置配送中心，在那里制订有计划地、集中地处理的物流战略计划。

长虹公司过去采取的方法是：将工厂装配好的产品，直接送到各地从事经营的商店，暂时保管，然后再根据客户的订货，配送到客户所在地。不管配送件数多少，各分店中都必须配备送货人员和卡车。运输费用占物流费用的 70%以上。

长虹面临这种成本压力，物流费用的必然上升将严重影响企业的竞争力，长虹采用上述商物分离和设置配送中心等物流合理化计划。配送中心建立在分公司集中的大城市内，一个中心可承担约 20 个分公司的商品配送业务。建立配送中心，分公司的车辆和送货人员就可以压缩，这样，就能用较少车辆运送大量货物。更进一步，还可实行从工厂到消费者的一贯制产品运输，这可以取得大批量运输等相当好的成效。

问题：

1. 长虹的分销物流为什么要采用商物分离的做法？
2. 长虹设置配送中心后，其物流合理化体现在哪些方面？

第6章　货物贸易管理

商务活动的中心是贸易，从事商务管理必然要对贸易进行管理。按业务是否跨国，贸易可分为国际贸易和国内贸易，通常所说的贸易即指国际贸易。国际贸易按其内容可划分为国际货物贸易、服务贸易及技术贸易等。中国企业也越来越多地受到国际贸易的影响，国际贸易是企业从事国际化经营的重要方式。

本章主要介绍国际货物贸易管理的相关知识，包括进出口业务管理、海关管理以及国际贸易保险管理等内容。

6.1　货物贸易管理概述

货物贸易是国际贸易最传统的形式，货物贸易已从最初的以物易物形式发展到今天复杂多样的贸易方式。什么是货物贸易、存在哪些贸易方式，有哪些管理货物贸易的组织和法规这是我们首先要了解的问题。

6.1.1　货物贸易的相关概念

货物贸易(Goods Trade)指贸易双方交易的商品是具体的、有形的实物商品，也被称为有形贸易(Visible Trade)。在通过一国海关时必须申报，海关依据海关税则征税，并列入海关统计。与有形贸易相对应的概念是无形贸易(Invisible Trade)，无形贸易是指在国际贸易活动中所进行的、没有物质形态的商品的交易，在国与国的交换中，交换标的物不是有形的商品，一般包括服务贸易和技术贸易，在通关时不必申报，不列入海关统计。

另外还要注意区分总贸易(General Trade)与专门贸易(Special Trade)。总贸易是指在外贸统计时，以国境为界，进入国境的商品为进口；离开国境的商品为出口。一定时期的进口和出口总额为总进口和总出口，其和为该国的总贸易。中国、日本、英国、加拿大、俄罗斯等采用此法统计外贸。

专门贸易是指在外贸统计时，以关境为界，一定时期内运入关境的商品列为进口，称为专门进口；运出关境的商品列为出口，称为专门出口。专门进口和出口的和即专门贸易。法国、德国、意大利等采用此法。美国采用专门贸易和总贸易分别统计。

6.1.2　管理货物贸易的相关条约、协定、惯例及世界贸易组织

在国际货物贸易的发展中，出现了许多管理国际货物贸易的组织、法规以及惯例，有效地对国际货物贸易进行规范和调整，很多已成为当代国际货物贸易不可缺少的内容，特别是 1995 年建立的世界贸易组织及其前身关贸总协定(GATT)对当代货物贸易起到了重大的调整作用，世界贸易组织的货物多边贸易体制等成为今天国际货物贸易的游戏规则。

1. 主要条约、协定、惯例

当今世界上调整货物贸易的主要条约、协定、惯例有以下内容。

(1) 世界贸易组织法律。世界贸易组织法律主要包括《关贸总协定 1994》、农产品协定、动植物卫生检疫措施协定、技术贸易壁垒协定等，还包括部长会议宣言和决议。

(2) 《联合国国际货物销售合同公约》(United Nations Convention on Contracts of International Sales of Goods)。这是由联合国国际贸易法委员会主持制定的，1980 年在维也纳举行的外交会议上获得通过。1981 年 9 月 30 日我国政府代表签署本公约，1986 年 12 月 11 日交存核准书。我国提出了两项保留意见：①不同意扩大《公约》的适用范围，只同意《公约》适用于缔约国的当事人之间签订的合同；②不同意用书面以外的其他形式订立、修改和终止合同。《联合国国际货物销售合同公约》共分为四个部分：适用范围和总则、合同的订立、货物销售、最后条款。

(3) 《2000 年国际贸易术语解释通则》(INCOTERMS2000)。这是国际商会为了统一各种贸易术语的解释而制定的，保留了《90 通则》中的 13 种术语，并分为 E、F、C、D 四组。《2000 通则》属于国际贸易惯例，它本身不是法律，对贸易各方不具有强制性约束力，因此买卖双方有权在合同中做出与该惯例不符的规定。

管理货物贸易的主要条约、协定还包括《跟单信用证统一规则》(UCP600)等，这些条约协定是从事国际货物贸易管理必须掌握的知识，除此之外，贸易相关国的法律也是调整货物贸易的重要法律法规。

2. 世界贸易组织

1995 年 1 月 1 日，世界贸易组织成立，负责解决国际贸易中的利益冲突和贸易纠纷。

WTO 的主要职能是：①促进 WTO 各项宗旨的实现，监督与管理其统辖范围的各项协议与安排的实施运行，并为执行上述各项协议提供统一的机构框架；②为多边贸易谈判提供论坛和场所；③按一体化争端解决规则程序，解决各成员之间的贸易纠纷；④与国际货币基金组织和世界银行等相关国际组织合作，协调全球经济决策；⑤监督检查各成员国的贸易政策。世界贸易组织设有部长级会议、总理事会、专门理事会、委员会、总干事、秘书处等机构。

6.1.3 国际货物贸易方式

国际货物贸易中，交易双方采用的具体做法称为贸易方式。货物贸易中可采用的方式主要有以下几种。

1. 经销和代理

经销是指经营主体(即经销商，一般为进口商)按照约定条件为供应商(即出口商)销售产品，经销商和供应商都是完全独立的流通当事人，对交易的商品拥有完全所有权和自主经营权。代理是指代理商接受出口商或其他销售商的委托，代表其购买或销售商品，并由委托人享有由此产生的权利和承担相应的义务，代理人在约定的时间和地区内以委托人的名义和资金从事业务活动。

经销和代理的区别主要体现在：①经销商与供应商之间是买卖关系，经销商拥有商品所有权，而代理商与委托人之间是委托代理关系，代理商不拥有商品所有权；②经销商自筹资金、自负盈亏、自担风险，而代理商无须承担风险和盈亏；③经销商可自主对商品进行处置，而代理商行为不能超过授权范围；④经销商是为自己的利益、以自己的名义购进货物后转售，而代理商一般不以自己的名义与第三方订立合同，只居间介绍并收取佣金。

2. 寄售和展卖

(1) 寄售(Consignment)。寄售是一种委托代售的贸易方式，是国际贸易中开拓销路、扩大出口而通常采用的一种做法。寄售是指出口人(寄售人)先将货物运往寄售地，委托当地代销人按照寄售协议规定代为销售，之后由代销人与货主结算货款的贸易做法。寄售双方之间是委托与受托关系，寄售协议属于行纪合同。

(2) 展卖(Fairs and Sales)。展卖是利用展览会或博览会以及其他交易会等对商品进行展览并销售的贸易方式。展卖可以先将货物卖给国外客户，由客户在国外举办或参加展览会，也可以由双方合作，展卖时货物所有权不变。展卖方式一般有国际博览会、各种类型的展览会、交易会等，我国的广交会就属于展卖。

3. 招标投标与拍卖

(1) 招标投标。招投标是一种传统的贸易方式，多用在机械设备、工程承包等项目上。招标(Invitation to Tender)是指招标方(买方)发出招标公告，说明准备购买的商品的品种、数量等条件，邀请投标人(卖方)在规定时间、地点按照一定程序进行投标的行为。投标(Submission to Tender)是指投标人应招标人的邀请，根据招标通知的规定条件在规定时间、地点向招标人递盘的行为。

(2) 拍卖(Auction)。拍卖是拍卖行接受货主的委托，在规定的时间和场所，按照一定的章程和规则，以公开叫价的方法把货物卖给出价最高的买主的贸易方式，主要用于品质难以标准化或者按传统习惯以拍卖出售的商品，如古玩、艺术品等。一般有增价拍卖、减价拍卖、密封递价拍卖三种方法。

4. 现货交易、远期交易与期货交易

(1) 现货交易(Spot Trading)是商品实物即时地、短时地进行商品交收的买卖。

(2) 远期交易(Forward Trading)是指买卖双方签订远期合同，约定在未来某一时期进行实物商品交割的贸易方式。

(3) 期货交易(Future Trading)是指为转移市场价格波动风险而对那些大批量均质商品所采取的，通过经纪人在商品交易所内以公开竞争的方式进行期货合约买卖的贸易形式。期货交易主要可起到规避风险、套期保值以及发现价格的作用。期货交易的商品有比较严格的要求，只有市场供求潜力大、品质易于标准化、价格波动风险大以及不易腐烂的大宗初级产品才适合期货交易。

5. 易货贸易、补偿贸易和互购贸易

(1) 易货贸易(Barter Trade)。这是不以货币为媒介的贸易方式，比如物物交换。

(2) 补偿贸易(Compensation Trade)。补偿贸易中交易的一方向另一方提供机器、设备等产品，而另一方则按照对等的金额提供商定的产品作为给对方的补偿。

(3) 互购贸易(Counter Purchase)。互购贸易的贸易过程如下：首先交易双方签订合同，约定先买的一方(如甲方)用现金或现汇购买对方货物，并由先卖的一方(如乙方)在合同中承诺在一定时间内买回头货；接下来先买方(甲方)将货款付给先卖方(乙方)；之后双方再签订一个合同，约定由先卖方(乙方)用所得货款的一部分或全部从先买方(甲方)处购买已商定的回头货。互购贸易中关键是要签订两个相互独立又相互联系的合同。

6. 加工贸易

加工贸易是我国对外贸易的主要形式，即从外地进口原材料，在本土加工成成品再销往国际市场的贸易形式，主要有进料加工、来料加工、来件装配以及协作生产等方式。

7. 国际电子商务

电子商务是当代新兴的一种贸易方式，越来越多的企业开始利用电子商务进行全球业务，通过 EDI、E-mail、电子转账等多种技术来实现国际贸易的电子化。

6.1.4　货物贸易管理的内容

对货物贸易进行管理是企业实现利润、国家获得税收的重要手段。货物贸易的良好运转是不可能自发形成的，必须要由贸易参与各方、国家或地方政府、国际组织等共同进行管理。货物贸易的主要内容包括以下几项。

1. 货物贸易流程管理

对于货物贸易整个流程中各环节进行管理是货物贸易管理最基本的内容，也就是对进口和出口的基本程序进行管理。这也就是企业的外贸业务管理，主要依靠企业自身完成，企业外贸人员要掌握充足的外贸业务知识，完成各项任务。在本章 6.2、6.3 节将重点介绍该内容。

2. 国际市场管理

从事贸易活动首先要进行国际市场开拓，并需要选择适合的渠道来销售商品，同时还需要对国际市场进行长期地跟踪、培养、控制，这就要制定正确的国际市场战略，采取恰当的营销组合策略，建立国际市场控制系统。这部分内容是国际市场营销课程的重点内容。

3. 货物贸易风险与信用管理

国际货物贸易中往往需要长距离的运输，由于自然灾害等原因很容易发生货物灭失的风险；另外由于国际货物贸易中存在"象征性交货"问题，很容易发生货款无法收回或者提货不着的风险，这就需要对贸易风险和交易者信用进行管理。

4. 货物贸易宏观管理

由于国际货物贸易关系到一国的宏观经济，因此政府不可能对货物贸易放任自流。政府会通过立法、经济调控以及行政命令等方式对货物贸易进行管理，在从事商务管理活动中必须要了解政府的相关法规、政策。本章中将简要介绍海关对货物贸易的管理以及我国政府对货物贸易的宏观管理。

6.2　货物出口管理

货物出口是一国宏观经济的拉动力量之一，也是企业创收获利的重要渠道，企业与政府对出口的有效管理是出口顺利进行的保障。本节将介绍出口的流程、出口合同的签订与履行、违约及救济方法等内容。

6.2.1　货物出口的流程与基本做法

货物出口的流程可用图 6-1 表示。

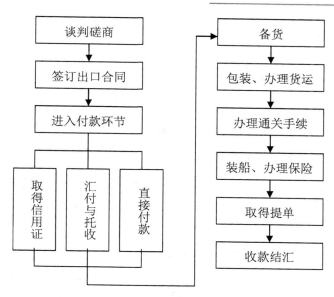

图 6-1　货物出口的流程

货物出口流程的基本做法主要如下。

(1) 交易前的准备。在进行出口交易前，首先要摸清楚市场行情，选择好目标市场，了解商品的价格水平。

(2) 交易磋商与签订合同。与客户进行洽谈的洽谈方式可以采取函电也可以采取面谈，当一方的发盘被另一方接受后，合同就算订立，所签订的合同应该具有法律规定的要件。

(3) 收到信用证或预付款。在签订合同时应该确定好付款方式，一般可采用的付款方式有信用证、汇付、托收等。如果采用信用证方式，应该尽早催促对方开立信用证并认真审证。

(4) 备货。收到对方的信用证或者预付款后，应该及时备货，按时按质按量交付货物。

(5) 办理货运。货物准备好后，应及时联系运输机构，租船订舱，准备好运输力量。

(6) 办理出口报关手续。报关是出口中重要的环节，如果不能得到海关的放行，交易将无法顺利进行。法定检验的商品必须要通过检验，还须由专业持有报关证人员，持装箱单、发票、报关委托书、出口结汇核销单、出口货物合同副本、出口商品检验证书等文本去海关办理通关手续。

(7) 装船、办理运输保险。装船中可根据货物多少来决定装船方式，可采用整装集装箱和拼装集装箱方式。运输保险的险别应该在合同中事先约定，包括基本险别和附加险别。

(8) 取得提单。出口商办理完通关手续、将货物装船后就可以得到由承运人签发的提单，出口商可以凭持有的提单来办理出口退税等业务，进口商付款后取得提单，之后提货。

(9) 收款结汇。出口货物装出之后，出口公司即应按照信用证的规定，正确制作装箱单、发票、提单、出口产地证明、出口结汇单等单据,在信用证规定的交单有效期内,递交银行办理议付结汇手续。

6.2.2 货物出口合同的签订

货物出口首先要签订合法有效的合同,这是货物贸易管理的基本法律文件,一份有效的、考虑全面的合同可以很大程度地减少贸易活动中的争议。

1. 签订合同前的准备与谈判工作

商务谈判是签订合同的必要环节,国际商务谈判是一项非常复杂的工作,必须事先做好充分的准备。谈判前主要准备的内容有:①确定好恰当的目标市场和交易对象;②选择适合参加谈判的人员;③制订谈判方案。

2. 签订合同的法律步骤与合同成立的法律要件

在国际货物买卖合同的订立过程中,必须具有发盘(Offer)和接受(Acceptance)两个必经的法律步骤。除此之外,还有询盘(Inquiry)和还盘(Counter Offer)两个非必经的法律步骤。

(1) 询盘:又称询价,指交易的一方向对方探询交易条件,不具有法律上的约束力。

(2) 发盘:也叫发价、报盘。构成发盘的必要条件是:①发盘必须向一个或一个以上特定的人提出;②发盘内容要十分确定,要表明名称、数量和价格;③表明订约的意旨,得到接受时发盘人即受约束;④发盘必须送达受盘人。

发盘一般应限定有效期,可以规定最迟接受的期限,也可以规定一段期间。

(3) 还盘:也就是还价,不同意或不完全同意发盘的条件,提出了修改意见。受盘人的答复如果在实质上变更了发盘条件,就构成对发盘的拒绝,原发盘失效。

(4) 接受:法律上称为承诺,只有满足以下几个条件,才能构成有效的承诺:①必须由特定的受盘人做出;②受盘人完全同意发盘所提出的交易条件;③承诺必须在发盘的有效期内传达到发盘人。逾期接受不是有效的承诺,但如果发盘人毫不犹豫地通知发盘人,认为该项逾期承诺有效,合同就可订立;④承诺必须以某种形式表示出来。

合同一般宜采用书面形式,合同生效还要具备以下的要件:①当事人必须具有法律行为的能力;②合同的标的和内容必须合法;③合同必须有对价和约因:对价是指当事人为取得合同利益所付出的代价,约因是指当事人签订合同所追求的直接目的;④合同当事人的意思表示必须真实;⑤合同的形式必须合法。

3. 货物出口合同中的条款

货物出口中所涉及的标的物往往千差万别,所以在货物出口合同中必须明确约定好有关出口事宜的各项具体内容。在货物出口合同中一般要约定的条款主要有以下内容。

(1) 合同的标的物及其数量、质量、包装。在合同中首先要明确商品的名称,商品名称可把有关具体品种、等级和型号的概括性描述包括进去，做进一步限定。商品的数量也是合同中的主要条款之一，卖方交货数量必须和合同规定相符，在合同中要明确约定计量单位和计量方法，还应订立溢短装条款。约定商品质量的方法主要有以实物、以说明表示两种，在合同中应该正确选择表示品质的方法，同时还应规定一定的品质机动幅度。包装有运输包装和销售包装，出口商品如何包装、包装费用由谁负担也是需要订立的条款。

(2) 商品的价格。在订立价格条款时，首先应该选择好贸易术语，采用何种贸易术语直接关系到风险的分担和价格的高低。在确定价格时要充分考虑各种影响价格的因素，如地理距离、季节变化、汇率变动等因素，综合运用成本导向、需求导向、竞争导向等定价方法，确保一定的盈利。在确定价格时还要明确约定计价货币和价格调整条款。

(3) 货物运输方式以及运输保险。运输问题也是出口合同的主要条件之一，采用何种运输方式、装运期、装运地和目的地、能否分批装运或转运、谁负责投保等条款都要明确约定。

(4) 货款支付方式。货款收付方式主要有信用证、汇付、托收三种方式，通常认为信用证是最为安全有效的支付方式。但汇付和托收也各有其利弊，汇付常用于预付货款、分期付款等，托收有利于出口商调动买方的积极性，但存在较高的、收不回货款的风险。合同中要明确采用何种付款方式，约定付款时间，采用信用证方式时特别要约定开立信用证的最后期限。

(5) 争议的预防和处理。国际贸易中存在大量争议，这就要求在合同中约定检验条款，检验条款有助于预防和解决争议。在合同中还应该订立索赔与定金罚则条款、不可抗力和仲裁条款等，出现争议首先由双方协商解决，如果无法协商则可提交仲裁或者去法院起诉。

6.2.3 货物出口合同的履行

我国大多数出口合同为 CIF 或 CFR 合同，而且付款方式多为信用证，所以在此我们以CIF 条件、信用证付款的合同为例来说明出口合同如何履行。货物出口合同主要环节有以下内容。

1. 备货

签订合同后，生产型企业应该向生产加工或者仓储部门下达订单，按要求生产加工货物；贸易型企业应与有关生产企业联系货源，订立采购合同。

在备货时，主要注意以下几个问题：①保证货物的品质、规格和合同或信用证保持一致；②货物数量应满足合同或信用证对数量的要求；③备货时间应根据信用证规定，结合船期安排，以达到船货衔接；④对货物应进行适合运输的包装，并印上运输标志。

2. 催证、审证和改证

(1) 催证。在出口合同中，买方应该严格按照合同规定的时间开立信用证，在实际业务中，常常会出现国外进口商拖延开证，这时应催促对方立即开证，必要时可以请驻外机构或者银行代为催证。

(2) 审证。银行和进出口公司共同承担审证任务，银行着重审核信用证的真实性、开证行的资信能力，出口公司主要审核信用证内容与买卖合同是否一致。

(3) 改证。在审证过程中如果发现信用证内容与合同规定不符，应区别问题的性质进行处理。如果有我方不能接受的条款，应该及时提请开证人修改，有多处需要修改的应该一次提出。对于可改可不改的内容，只要不影响安全迅速收汇，可酌情处理。对于不可撤销信用证，未经开证行、保兑行和受益人同意，既不能修改也不能取消，必须所有当事人全部同意后才能修改。

3. 办理货运、报关和投保

出口商按信用证及合同有关条款填写"托运单"，送交外运部门作为订舱依据。出口人办好报关手续海关放行后，将出口货物运到指定的出口口岸，交港口方理货、装船。此时，如合同规定出口方办理投保手续的，出口方则应着手办理保险。装船完毕后，船长或大副签发"大副收据"给托运人，托运人凭此单据向外轮公司交付运费，换取正式提单。船舶开航后，出口人向进口人发出通知，以便进口人办理接货及报关手续等。

4. 信用证项下制单结汇

信用证条件下制单结汇有三种做法：①收妥结汇(收妥付款)：指议付行收到外贸公司出口单据后经审查无误，将单据寄交国外付款行索取货款，待收到贷记通知书时即按当日外汇牌价折成人民币拨给外贸公司；②押汇(买单结汇)：指议付行在审单无误的情况下，按信用证条款买入受益人的汇票和单据，从票面金额中扣除从议付日到估计收款日之间的利息，将余款按议付日外汇牌价折合成人民币拨给外资公司；③定期结汇：是指议付行和出口企业约定一个固定的结汇期限，到期后无论是否收到国外付款行的货款，都主动将票款金额折成人民币拨给出口企业。

如果出口单据有单证不符情况时，在时间及其他条件许可情况下，出口公司应尽快更正单据或重新制单，争取在信用证有效期内重新交单议付。在条件不允许重新制单的情况下，卖方可以将"不符点"通知买方，以协商方式请求买方同意修改 L/C，或授权开证行同意接受"不符点"交单。在以上两种方法均不能做到的情况下，如果"不符点"的性质不太严重，受益人可以向议付行出具保函，请求议付行通融，并凭此保函予以议付。由于保函在法律上并未对信用证产生法律效力，也就加入了议付行的风险，这时的银行信用已变成了商业信用。

5. 理赔

违约方受理受损害一方提出的赔偿要求，称为理赔(Settlement)。卖方在理赔时要认真审核单证和检验结果，防止买方串通作假或者失误，同时还应认真理清责任，如果确属卖方责任，应及时实事求是地予以赔偿。

6.2.4　违约及救济管理

在出口贸易中，一方的违约往往会造成对方的损失，从而产生争议和纠纷，这时就需要采用法律上的各种救济方法。

1. 违约与救济的一般原则

1）违约(Breach of Contract)的含义

是指买卖双方中，任何一方违反合同没有履行或没有完全履行义务的行为。一方违约就应该承担违约的法律责任，而受损方有权根据合同或有关法律规定提出损害赔偿要求。

2）违约的形式及法律后果

各国对违约形式的区分不完全一样。《联合国国际货物销售合同公约》把违约分为根本性违约和非根本性违约两种情况。二者的法律后果不同：如果一方当事人根本违反合同，另一方当事人可解除合同，同时有权提出赔偿要求；在非根本性违约情况下，受损害方只能要求损害赔偿，不能解除合同。

3）违约的救济方法

主要有三种。

(1) 实际履行。《公约》认为在国际贸易中实际履行主要有以下几种情况：要求履行义务；交付替代货物；对不符合合同要求的货物进行修补；给予履行合同的额外时间。

(2) 损害赔偿。是指违约方用金钱来补偿另一方由于违约所遭受的损失。

(3) 解除合同(Rescission)。是指合同当事人免除或中止履行合同义务的行为。能否解除合同的判断标准就在于违约方有没有根本违反合同。

以下两种情况应慎重处理：①当卖方已经交货时，买方就不能再解除合同了；②在买方已经支付货款的情况下，卖方原则上也已经丧失了宣告解除合同的权力。

由于各国的法律相差很大，特别是大陆法和英美法两大法系之间存在很多差异，因此在合同中必须事先明确出现违约时选用哪种法律依据。

2. 买方违约时的救济方法

在出口合同中，买方的基本义务是按合同的规定受领货物和支付货款，买方违约基本都表现在不履行上述义务。对于其救济方法，各国法律规定不一致，《联合国国际货物销售合同公约》则规定了多种救济方法，包括：①请求买方履行合同义务；②规定一段额外的合理时间让买方履行其义务；③解除合同；④请求损害赔偿。

3. 卖方违约时的救济方法

卖方违约有多种情况，不同的违约情况有不同的救济方法，根据《公约》的规定主要有以下内容。

(1) 卖方所交货物和合同不符。买方的救济措施主要有：卖方未构成根本性违约时可要求其交付替代货物，也可要求卖方对不符合同的货物进行修补，还可以要求减低货价，如果构成根本违约且卖方不予补救，买方可要求解除合同和请求损害赔偿。

(2) 卖方延迟交货。延迟交货的救济方法有解除合同、请求损害赔偿，卖方不按时交货，如果已经构成根本性违约，买方还有权解除合同。

(3) 卖方不交货。买方可以采取要求继续履行、解除合同、请求损害赔偿的方式。

4. 对外贸易信用风险管理

尽管在前面我们着重强调了信用证方式在国际贸易中的应用，但是我们要注意的是在西方发达国家中信用证支付方式的使用率却迅速下降，而付款交单(D/P)、承兑交单(D/A)以及赊销(O/A)等以商业信用为付款保证的支付方式却很快成为国际贸易中的主流支付方式。据统计，欧美企业的信用证使用比例已降至 10%～20%，亚太国家信用证的使用比例也在逐年下降，虽然欧美企业贸易额的 80%～90%采用非信用证交易，但其坏账率只有 0.25%～0.5%。而我国企业使用信用证比例高达 80%～90%，坏账率却高达 5%[①]。这说明信用证并不能完全有效地规避风险，商业信用重新成为国际贸易的主要方式后，加强信用管理才是防范贸易风险的良策。

我国企业对外贸易信用风险管理能力十分薄弱，应该尽早建立客户资信管理系统，提高信用风险管理能力，从而提高应收账款的管理水平，这才是减少坏账的根本之举。

6.2.5 货物出口的宏观管理

货物贸易的微观管理主要由企业来完成，比如企业对货物贸易流程的管理；宏观管理主要由政府来执行，政府对于货物贸易的宏观管理手段主要包括立法管理、经济调控和行政管理。我国对于货物出口的宏观管理主要有以下内容。

1. 货物出口立法管理

贸易立法是国家对贸易进行宏观管理的依据，我国目前对于货物出口的立法主要有以下方法。

1) 货物出口管理的基本法——《中华人民共和国对外贸易法》

我国现行的对外贸易法是由十届全国人大常委会第八次会议于 2004 年 4 月 6 日修订通

---

① 王浩. 关于对外贸易信用风险管理的探讨[J]. 天津航海，2006(4)：52.

过的，于 2004 年 7 月 1 日正式实行。《对外贸易法》共 11 章 70 条，对于货物出口的管理，《对外贸易法》主要做以下方面的规定：①确定国家对于贸易管理的基本原则。国家实行统一的对外贸易制度，鼓励发展对外贸易，维护公平、自由的对外贸易秩序。②对贸易的经营者资格进行规定。③对货物出口管理内容的规定。如国家为维护国家安全、社会利益，为保护人的健康或安全，保护动植物、保护环境等原因可以限制或者禁止有关货物、技术的进口或者出口；国家对限制进出口的货物，实行配额、许可证等管理；国家根据有关法律、行政法规的规定，对进出口商品进行认证、检验、检疫、原产地管理等。

2) 货物出口管理的其他立法

《货物进出口管理条例》及其配套的规章是我国货物出口管理的主要法律依据，《货物进出口管理条例》的主要配套规章包括《出口许可证管理规定》、《出口商品配额管理办法》等。对于货物进出口主要环节的管理立法主要有：《进出口商品检验法》、《海关法》、《外汇管理条例》等。

2. 货物出口的经济调控

经济调控的手段主要包括汇率、税收、信贷等，通过市场机制间接调控各对象的利益。

(1) 汇率调控。汇率是调节出口的重要杠杆之一，一般来说，本币汇率上升，有利于增加本国的进口，但不利于本国的出口。我国目前的汇率制度是有管理的浮动汇率制，币值基本保持稳定，但可在一定范围内浮动。我国企业目前的结售汇制度直接受到汇率的影响。

(2) 税收调控。出口关税的征收会增加出口成本，不利于扩大出口，因此大多数国家对出口不征收关税或仅对少数商品征收出口关税。我国也基本类似，仅仅会由于特殊原因对纺织品等产品征收一定的关税。出口退税制度也是调控的方式之一。

(3) 信贷调控。出口信贷包括出口卖方信贷和出口买方信贷，主要用于鼓励和支持一些金额较大、付款期限较长的大型设备的出口。出口买方信贷是由出口方银行向本国出口商提供的贷款，出口买方信贷是我国的信贷机构向国外进口商提供的贷款，以用来支付进口所需的货款，促进我国出口。我国出口信贷的主要提供者是中国进出口银行和中国银行。

3. 货物出口行政管理

我国对货物出口的主要行政管理内容包括：贸易经营者的资格管理、出口许可证和配额管理、货物出口环节的管理等。

(1) 贸易经营者的资格管理。我国对对外贸易经营的管理逐渐由过去的审批制转向登记制，对外贸易经营者应当向国务院对外贸易主管部门或者其委托的机构办理备案登记；对部分重要的、大宗的货物出口则实行国营贸易管理。

(2) 出口许可证和配额管理。出口许可证由商务部许可证事务局负责管理，按照《出口许可证商品管理目录》和《出口许可证分级发证目录》的要求发证。出口许可证管理的商品主要是关系国计民生的、大宗的、资源性的或者特殊的商品。我国的许可证和配额是结合在一起进行管理的，我国的出口配额管理包括主动配额管理和被动配额管理。

（3）货物出口环节管理。这主要包括对货物检验的管理、海关管理以及外汇管理等内容，我国的货物出口检验也包括法定检验和抽查检验两部分，《商检法》就是管理进出境检验的依据。我国对出口商品实行结售汇制度，对外汇进行管制，以平衡国际收支、维护经济安全。

6.3 货物进口管理

比较优势理论认为，一国出口具有比较优势的产品，同时进口具有比较劣势的产品，有利于整体福利的提高，进口也是互通有无、解决物资短缺问题的重要手段。本节将重点介绍货物进口的相关内容。

6.3.1 货物进口的流程

货物进口的主要流程与出口流程有相似之处，主要有以下内容。

1. 交易前的准备

首先企业应当取得经营权并在海关登记注册，进口前应申请进口配额并进行货物进口登记，再申请进口许可证并领取进口核销单。之后还要进行市场调查，了解市场需求以及市场价格水平、交易对象的资信状况等。

2. 商务谈判与签订合同

在谈判中应尽可能详细地约定各项合同中的条款，有关进口合同中的条款基本与出口合同条款相同。

3. 开立信用证或者支付预付款

签订合同并确定了付款方式后，就应开始履行自己的义务。如果采用信用证方式付款，应该按照合同规定的时间开立信用证；如果要支付定金，也应按时支付。

4. 办理货运或者办理换单手续

如果交易双方约定由进口方负责接运货物，进口方则应该尽早组织好运输力量；如果由卖方货物负责运输，则应准备付款赎单，获得提单等单据。

5. 办理报关手续，并提交海关检验

进口商应向海关申报进口货物的情况并缴纳关税及进口环节税，获得最终的进口许可。对于国家规定需要法检的商品及进口商需要商检机构提供检验证书的进口商品，进口

商都要向进出口商品检验局申请检验。

6. 验收和拨交货物

对进口商品进行检验是验收商品必不可少的环节，通过检验机构的检验可以发现货物中存在的问题，以便作为索赔的依据。验收之后则可将货物转给订货或用货单位。

7. 付汇核销

货物到货后，进口单位凭进口付汇核销单到外汇局进行核销。

8. 索赔

如果收到的货物由于其他当事人的责任造成损坏或灭失，应该准备好相关证据向相关当事人进行索赔。

6.3.2 货物进口合同的签订与履行

在货物进口过程中，合同依然是最重要的法律文件，因此进口贸易中同样要重视合同的签订并按照合同规定履行义务、行使权利。

1. 货物进口合同的签订

进口与出口是一项贸易活动的两个方面，因此一项贸易合同对于卖方来说就是出口合同，对于买方来说就是进口合同。因此签订进口合同的步骤和条款与出口合同基本相同，不过值得一提的是，在我国大多数进口贸易中选择 FOB 术语，也就是由进口方自己组织运力到对方处接运货物，这样有利于保证货物的安全。当然在选择贸易术语的时候还是应该综合考虑运输距离、运输成本、企业实力等因素，选择最为恰当的贸易术语。

2. 货物进口合同的履行

在一项采用 FOB 术语、以信用证支付的进口中，履行进口合同的主要环节包括以下内容。

(1) 开立信用证。这是进口方的基本义务，应该按照合同约定的条款及时准确地给出口商开立信用证。进口商按照合同约定填写开立信用证申请书向开证行申请开证，支付手续费并提交一定的押金或抵押品。信用证开立后，如果卖方提出异议，还应考虑卖方意见，决定是否修改信用证。

(2) 组织运力接货，办理运输保险。在 FOB 条件下的进口合同中，要求买方负责派船到对方口岸接运货物，这就要求卖方在交货前一段时间将预计装运日期通知买方，买方应按时派船接货。有必要的话买方也应督促卖方及时装运，以免造成损失。FOB 条件下的进口合同，货物运输保险由买方负责办理。

(3) 付款赎单。在信用证支付方式下，买方只有付款后才能拿到提单等单据去提货，因此当卖方将货物装船后将单据交给议付行议付后，议付行将单据转给开证行，买方在接到开证行的通知后应该及时付款赎单。

(4) 办理报关并缴纳关税。进口方在进口货物时要获得海关的许可方能通关，因为许多国家都有限制进口的措施，这就需要进口方将提单单据及时报关，如果有法定检验的物品还应该随附商品检验证书。进口货物在通关时，还应缴纳进口税，所缴纳的税种在各国法律中规定不同，比如我国规定进口货物要缴纳关税、产品税、增值税、进口调节税等。

(5) 验收和拨交货物。进口货物到达港口后，港务部门要进行核对，如果发现货物短缺，要立即与船方确认，如果发现货物残损，则应将货物存放在海关指定仓库以待检验机构来检验。办理完手续后才开始转交货物，结算进口关税和国内运输费用。

6.3.3　货物进口的宏观管理

我国对货物进口的宏观管理与出口相类似，也包括立法、经济、行政三种主要手段。

在立法管理方面，其基本法律也是《中华人民共和国对外贸易法》，关于货物进口管理的立法主要有《货物进口许可证管理办法》、《机电产品进口配额管理办法》、《反倾销条例》、《反补贴条例》、《保障措施条例》等。

在经济调控方面，我国对进口商品征收关税，也同时征收进口商品国内税，国内税主要包括增值税和消费税。尽管我国加入世贸组织前后多次大幅度下调关税，但对进口商品征收关税还是调节进口的重要手段之一。我国现行的有管理的浮动汇率制度对进口也有调控作用，本币汇率上升，将有利于本国进口增加，但我国的汇率制度还有待于完善，外汇管制过多不利于我国的对外贸易。进口信贷也是调控进口的手段之一，进口信贷主要是对买方的信贷，也就是一国银行向企业提供贷款以支持其从国外引进技术设备。

在行政管理方面，国家将进口商品区分为限制进口货物、禁止进口货物、自由进口货物以及特殊进口货物，进行分类管理。对于进口也实行进口许可证与配额结合管理的方式，进口许可证实行分级管理原则，按照《进口许可证管理商品目录》等文件的规定发证，进口许可证管理的商品范围包括机电产品进口配额管理的商品、中药工业品进口配额许可证管理的商品、重要农产品进口配额许可证管理的商品和国家有关部门审批的进口商品。在进口配额中还有关税配额，主要对重要农产品和化肥实行关税配额管理。对进口的商品同样也要进行检验、通关等程序，进口商品要在海关和检验机构的监督下，按照《海关法》和《商检法》等法规进入我国。

6.4　海　关　管　理

海关是国家管理体系的重要环节，也是国家主权的象征之一。作为进出境环节的监督管理机构，海关对对外经济文化交流、维护进出口秩序起着至关重要的作用。本节将简要介绍海关的管理体制与对进出境的管理制度。

6.4.1　海关管理的含义

海关是国家的进出关境监督管理机关，海关的主要任务是负责监管进出境的运输工具、货物、行李物品、邮递物品等，征收关税和其他税费，并编制海关统计和办理其他海关业务。海关同时还是一个行政执法部门，在法律赋予的权力范围内对社会经济活动进行监管并对违法行为依法实行行政处罚。

1. 海关的任务、权力与监管对象

我国《海关法》及其他法律明确规定了中国海关的任务和权力，分别有以下内容。

1) 海关的任务

海关的任务主要有以下四项。

(1) 监管。海关运用国家赋予的权力，通过一系列的管理制度和程序，依法对进出境的运输工具、货物、物品及相关人员的进出境活动实施管理，海关管理的对象是进出境运输工具、货物和物品、知识产权、进出口企业。

(2) 征税。海关代表国家征收关税和其他税费，关税是国家财政收入的重要来源，其他税费主要是指在货物进口环节征收的国内税费，比如增值税、消费税等。

(3) 查缉走私。走私以逃避监管、逃避关税、牟取暴利为目的，扰乱经济秩序，破坏民族工业，引发违法犯罪行为，因此海关必须严厉打击走私以维持经济秩序与安全。

(4) 编制海关统计。海关统计可以有效地反映对外贸易的运行情况，提供统计信息，我国将海关统计数据作为国家正式对外公布的进出口统计数据。

2) 海关的权力

海关的权力主要包括以下十二项。

(1) 许可审批权。如海关对报关员从业资格的审批等。

(2) 税费征免权。海关负责征收关税等税费，也可以对特定地区、特定企业或有特殊用途的进出口货物减免关税。

(3) 检查权。海关可以对进出境的运输工具、走私嫌疑人的身体等。

(4) 查验权。海关对进出境货物、物品可以查验，不受海关监管区域的限制。

(5) 查阅复制权。海关可以查阅进出境人员的证件，查阅、复制与进出境运输工具、货物、物品有关的合同、发票、账册、单据、记录、文件、业务函电、录音录像制品和其他资料。

(6) 查问权。海关可以查问违反海关法或者其他有关法律、行政法规的嫌疑人，调查其违法行为。

(7) 查询权。在调查走私案件时，经直属海关关长或者其授权的隶属海关关长批准，可以查询案件涉嫌单位和涉嫌人员在金融机构、邮政企业的存款、汇款。

(8) 连续追缉权。进出境运输工具或者个人违抗海关监管逃逸的，海关可以连续追至海关监管区和海关附近沿海沿边规定地区以外，将其带回处理。

(9) 扣留权。对违反海关法或者其他有关法律、行政法规的进出境货物、物品，可以扣留。对有走私嫌疑的运输工具、货物、物品和犯罪嫌疑人，经直属海关关长或者其授权的隶属海关关长批准，可以扣留；在海关监管区和海关附近沿海沿边规定地区以外，对其中有证据证明有走私嫌疑的运输工具、货物、物品，可以扣留。

(10) 佩戴武器权。海关工作人员佩戴和使用武器的规则，由海关总署会同国务院公安部门制定，报国务院批准。

(11) 稽查权。自进出口货物放行之日起三年内或者在保税货物、减免税进口货物的海关监管期限内及其后的三年内，海关可以对于进出口货物直接有关的企业、单位的会计账簿、会计凭证、报关单证以及其他有关资料和有关进出口货物实施稽查。

(12) 其他行政权力。包括行政处罚权、行政复议权、行政裁定权等。

2. 海关的管理体制与组织机构

我国《海关法》明确规定海关总署是国务院的直属部门，统一管理全国海关；各地海关依法独立行使职权，向海关总署负责，海关直接隶属于海关总署，不受行政区划的限制。我国海关的管理体制是集中统一的垂直领导体制。

海关机构的设置为海关总署、直属海关和隶属海关三级，隶属海关由直属海关领导，向直属海关负责；直属海关由海关总署领导，向海关总署负责。海关总署是海关系统的最高领导部门，下设广东分署，协助海关总署管理广东省内的海关。直属海关负责管理一定区域范围内海关业务，隶属海关是负责办理具体海关业务的海关，是海关进出境监督管理职能的基本执行单位。

6.4.2 报关管理

国际货物、人员、运输工具的流动会对一国政治经济体系造成一定影响，各国都对进出本国国境的各类行为进行管理，要求相关当事人向有关管理部门说明进出境行为的情况，进出境的报关就是满足这一要求。

1. 海关对报关企业的管理制度

报关企业是指已完成在海关注册登记手续，取得办理进出口货物报关资格的境内法人，我国海关把报关企业分为自理报关企业、专业报关企业和代理报关企业三种类型。

1) 报关企业的注册登记制度

根据海关规定，目前可以向海关办理报关注册登记的企业有：①专门从事报关服务的

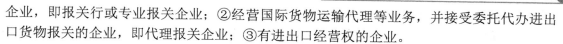

企业，即报关行或专业报关企业；②经营国际货物运输代理等业务，并接受委托代办进出口货物报关的企业，即代理报关企业；③有进出口经营权的企业。

办理报关注册登记的程序是：首先由企业向海关提出办理报关注册的申请，其次海关对企业进行资格条件的审查，审核通过后，海关给予颁发《报关注册登记证明书》。

2) 报关企业的年审、变更及注销登记

企业报关年审时间为每年的 1 月 1 日至 4 月 30 日，超过年审期限，由于企业自身原因不来参加年审的，海关将视为企业自动放弃报关资格，如果需要再开展报关业务需要重新办理海关注册登记手续。

已办理报关注册登记的企业，如果有关登记事项发生变更应到海关办理变更登记手续，首先到工商部门办理变更登记手续，办理后 1 个月内持变更后的营业执照及与变更事项有关的其他文件到原报关注册地海关办理变更登记手续，海关审核后重新核发《报关注册登记书》。

企业解散、破产或经营期限到期时，应持原批准成立的上级机关有关批复文件向原报关注册地海关申请办理注销登记，海关收回并注销原签发的《报关注册登记书》。

2. 海关对报关员的管理

我国报关员资格的获得必须通过全国报关员资格统一考试，考试由海关总署统一组织和管理。通过报关员资格考试取得《报关员资格证书》者，应向企业所在地海关申请注册。海关对报关员也实行年审制度，年审不合格的报关员，必须向海关提出书面申请参加培训，获得海关同意接受海关业务培训后，经考试合格后，海关准予继续从事报关业务；不参加培训者，视为自动放弃报关资格。

6.4.3　进出口货物的通关制度

通关是指进出境运输工具的负责人、货物的收发货人及其代理人、进出境物品的所有人向海关申请办理进出口手续，海关对其提交的单证和申请进出境的货物、运输工具和物品依法进行审核、查验、征缴税费、批准进口或出口的全过程。

进出口货物的通关一般分为四个环节，即申报、查验、征税、放行。而加工贸易进出口货物、经海关批准的减免税或缓期缴纳进出口税费的进出口货物除了上述四个环节外，还要加上结关环节。

进出口货物通关的一般程序如下所述。

1. 真实、完整和准确地申报，交验相关单证

《海关法》规定进出口货物的收发货人或其代理人应当向海关真实、完整和准确地申报，交验进出口商业单据(如发票、装箱单、提单等)、进出境管理机关签发的管制批准文件(如许可证、机电产品进口证明、特定商品进口登记证明等)等有关单证。国家限制进出口的货物，没有进出口许可证件的，不予放行。

进口货物的收货人应当自运输工具申报进境之日起14日内，出口货物的发货人除海关特准之外，应当在货物运抵海关监管区装货后的24小时以前，向海关申报。进口货物的收货人超过规定期限向海关申报的，由海关征收滞报金。

办理进出口货物的海关申报手续，应当采用纸质报关单和电子数据报关单的形式。两种形式均为法定申报，具有相同的法律效力。

2. 接受并配合海关查验货物或样品

进出口货物、物品应当接受海关查验。海关查验货物时，进口货物的收货人，出口货物的发货人或其代理人应当到场，并负责搬移货物，开拆和重封货物的包装。海关认为必要时，可以自行开验、复验或者提取货样。经收发货人申请，海关总署批准，有些进出口货物可以免验。

3. 征税

征税是指海关根据国家的有关政策、法规对进出口货物征收关税及进口环节的税费。

4. 放行

放行是指海关在接受进出口货物的申报，经过审核报关单据、查验货物、依法征收税款，对进出口货物做出结束海关现场监管决定的工作程序。

5. 结关

结关是指对经口岸放行后仍需继续实施后续管理的货物，海关在规定的期限内进行核查，对需要补证、补税货物做出处理直至完全结束海关监管的工作程序。

6.4.4　海关税收征管

海关负责进出口商品关税和其他税费征管，关税的计征标准有从价税、从量税、复合税、滑准税、选择税等。

1. 进口货物完税价格的审定与海关估价制度

目前世界大多数海关采用从价税的方法对进出境货物征收关税，因此完税价格是海关计征关税的基础，海关审定货品的完税价格的过程就称之为海关估价。海关估价制度有三个构成要素，即价格准则、价格审核和价格确定。

价格准则包括价格定义和价格构成要素，价格定义是指完税价格的基础，我国规定以货物的成交价格作为完税价格的基础。价格构成要素是指完税价格中包括那些费用项目，国际贸易术语不同，价格构成要素也必然不同，一般有货价、运输费、保险费等。

海关对价格的审核主要审核货物是否为销售进口和审核货物是否符合价格准则。

　　海关对价格进行审核后，如果申报价格符合成交价格定义，海关就按申报价格计征关税。如果不符合价格准则时，海关应当以一个符合价格准则、并且与被估货物最相近的货物的价格作为被估货物的完税价格，根据世贸组织《海关估价协定》，海关估价的方法主要有以下六种：①进口货物的成交价格，这是首要的最基本的方法。②相同货物成交价格。如果没有成交价格或者成交价格不真实，则进口成员海关可以根据相同货物的成交价格确定完税价格。③类似货物的成交价格，类似货物的成交价格是指与待估价货物同时或大约同时进口的类似货物的成交价格。④倒扣价格。倒扣价格指根据进口货物在进口国的销售价格扣除销售费用确定的价格。⑤计算价格。计算价格指进口货物的生产成本加推销费用及利润组成的价格。⑥其他合理方法。当上述五种方法都不能确定时，可以采用符合该协议规定的合理方法，并依据进口成员可获得数据确定完税价格。上述六种方法应严格按顺序实施，只有在前一种方法无法确定完税价格时，才可采用后一种方法。但进口商可要求颠倒使用第 4 种和第 5 种方法的顺序。

2. 进出口货物关税的计算

　　海关征收关税应该以《进出口税则》作为依据，我国的《进出口税则》主要由商品分类目录和税率两部分组成。在选用关税税率时，应注意普通税率和优惠税率的确定，首先要按进口产品原产地规则确定货物的原产地，以确定该货物适用哪种税率。税款计算确定后，海关应填发税款缴纳证给纳税人，纳税人应在规定期限内向指定银行缴纳税款。

　　1) 进口关税税款的计算

　　进口关税税款的计算公式是：进口关税税额=完税价格×关税税率，进口税款缴纳币种为人民币，完税价格计算到元为止，元以下四舍五入，关税税额计算到分为止，一票货物的关税税额在人民币 10 元以下的免税。

　　2) 出口关税税款的计算

出口关税税款的基本计算公式为

$$完税价格 = \frac{FOB价格}{1+出口税率}$$

$$出口税额=完税价格×出口税率$$

3. 海关对进口环节国内税的征管

　　我国规定的海关征收的进口环节国内税主要是消费税和增值税。

　　1) 消费税

　　(1) 从价征收的消费税。我国对烟、部分酒和酒精、化妆品、护肤护发品、贵重首饰及珠宝玉石、鞭炮烟火、汽车轮胎、摩托车、小汽车从价征收消费税，税率从 3%～45%不等，其计税价格和税额的计算公式为

$$组成计税价格 = \frac{关税完税价格 + 关税税额}{1 - 消费税税率}$$

$$应纳消费税税额 = 组成计税价格 \times 消费税税率$$

(2) 从量征收的消费税。从量征收消费税的应税货物为黄酒、啤酒、汽油和柴油四种，实行定额征收，黄酒每吨人民币 240 元，啤酒每吨 220 元，汽油每升 0.2 元，柴油每升 0.1 元。

从量计征的消费税税额计算公式为

$$应纳税额 = 单位税额 \times 进口数量$$

2) 增值税

增值税应税货物全部从价税率计征，税率包括 13%和 17%两种，具体税率可参照《中华人民共和国增值税暂行条例》规定。

增值税的计税价格和税额计算公式为

$$计税价格 = 关税完税价格 + 关税税额 + 消费税额$$

$$应纳税额 = 计税价格 \times 增值税税率$$

6.5 国际货物保险

在国际货物贸易中，往往需要长距离的运输，而且主要是海洋运输。在这样的运输方式下，存在着很大的货物灭失风险，因此对国际贸易中的货物进行保险就极其重要。本节将简要介绍国际货物贸易中的风险类型与保险措施。

6.5.1 海运货物风险与损失

国际货物贸易中最主要的运输方式是海洋运输，因此国际货物保险的重点在于海上运输保险，海运保险的主要范围包括海运风险和海运损失。

1. 海上风险

海上风险(Marine Risks)也称"海难"，包括海上发生的自然灾害和意外事故两类。自然灾害主要包括诸如海啸、地震或火山爆发、雷电和恶劣气候等人力不可抗拒的灾害；意外事故主要指由于非意料中的原因所造成事故如船舶搁浅、触礁、沉没、碰撞、失踪、失火、爆炸等。

2. 外来风险

外来风险(Extraneous Risks)指除了海上风险以外的，来自保险标的物外部的，对保险标的物产生损害的风险。因为保险标的物的自然属性、内在缺陷所引起的自然损害就不属于外来风险导致的损失。外来风险包括一般外来风险和特殊外来风险两种类型。一般外来风险通常是指偷窃、沾污、渗漏、破碎、受热受潮、串味、生锈、淡水雨淋、短少和提货不着、碰撞等；特殊外来风险是由于军事、政治、国家政策法令等原因所造成的风险，包括战争、罢工、武装冲突或海盗行为，以及由此引起的捕获、拘留、管制或扣押等。

3. 海上损失

海上损失(Marine Losses，简称海损)是指被保险货物在海运过程中，由于海上风险所造成的船或货的损坏或灭失。根据国际保险市场的一般解释，凡与海路连接的陆运过程中所发生的损坏或灭失，也属海损范围。就货物损失程度而言，海损可分为全部损失和部分损失；就货物损失的性质而言，海损又可分为共同海损和单独海损。

1) 全部损失(Total Losses)

全部损失有实际全损和推定全损两种。实际全损是指保险货物完全灭失或变质或已不可能归还被保险人；推定全损是指货物发生保险事故后，认为实际全损已不可避免，或者避免实际全损所支付的费用与继续将货物运抵目的地的费用之和超过保险价值。

2) 部分损失(Partial Losses)

部分损失按照损失的性质可分为共同海损和单独海损。

(1) 共同海损(General Average)。构成共同海损必须具备下列条件：①共同海损的危险必须是共同的，采取的措施是为了解救威胁船货双方共同安全的危险；②共同海损的风险是真实存在的或不可避免的，而不是主观臆测的；③共同海损的牺牲必须是有意识的行为，是为解救船货安全而采取的自愿的行动；④共同海损的牺牲和费用必须是合理的和额外的；⑤共同海损属非常情况下的损失，可以预测的常见事故所造成的损失不构成共同海损。

(2) 单独海损(Particular Average)。单独海损是由承保风险直接导致的损失，它与共同海损不同，共同海损是为了解除船货共同危险有意采取的合理措施所造成的损失。单独海损由受损方自行承担，而共同海损应由各受益方按照收益大小的比例共同分摊。

4. 海上费用

海上费用(Expenses)是指由于海上风险而造成的费用上的损失，包括施救费用和救助费用。

施救费用是指被保险货物在遭受承保风险时，被保险人或其代理人、受让人为了避免或减少损失而采取的抢救或防护措施中支付的合理费用。

救助费用是指被保险货物在遭受承保风险时，由保险人和被保险人以外的第三方提供了有效的救助，在救助后被救方付给救助方的报酬。

6.5.2　海运货物保险条款

国际货物保险合同中的保险条款是最为重要的。各国保险条款存在很大差别，我们简要介绍中国保险条款和伦敦保险协会海运货物保险条款。

1. 中国保险条款

中国保险条款的险别包括基本险别和附加险两部分，投保人可根据实际情况选择适当的险别。主要内容有以下几个方面。

1) 基本险(Basic Insurance Coverage)

(1) 平安险(Free from Particular Average，FPA)。投该险别后，保险公司对如下损失负责赔偿：①被保险的货物在运输途中由于恶劣气候、雷电等自然灾害造成整批货物的全部损失或推定全损；②由于运输工具遭受搁浅、触礁、沉没、互撞等意外事故造成货物的全部或部分损失；③在运输工具已经发生意外事故的情况下，货物在此前后又在海上遭受自然灾害所造成的全部或部分损失；④在装卸或转动时由于一件或数件货物落海造成的全部或部分损失；⑤被保险人对遭受承保责任内危险的货物采取抢救、防止或减少货损的措施而支付的合理费用，但以不超过该批被保货物的保险金额为限；⑥运输工具遭受海难后，在避风港由于卸货所引起的损失以及在中途港、避难港由于卸货、存仓以及运送货物所产生的特别费用；⑦共同海损的牺牲、分摊和救助费用；⑧运输契约订有"船舶互撞责任"条款，根据该条款规定应由货方偿还船方的损失。

总之，平安险对于自然灾害所造成的单独海损不负责赔偿，而对于因意外事故造成的单独海损要负责赔偿。

(2) 水渍险(With Particular Average，WPA)。水渍险的英文原意为负责赔偿单独海损，其责任范围为平安险的责任范围，加上由于恶劣气候、雷电、海啸、地震、洪水自然灾害所造成的部分损失(此部分是平安险不赔偿的那部分)。因此，水渍险的责任范围比平安险的责任大，保险费率亦高。水渍险一般适用于不大可能发生碰损、破碎或容易生锈但不影响使用的货物，如铁钉、螺丝等小五金类商品，以及旧汽车、旧机床等货物。

(3) 一切险(All Risks，AR)。一切险的承保范围则是水渍险的责任范围，以及由于外来原因所引起的全部或部分损失，即一切险的责任范围包括平安险、水渍险、再加上11种一般附加险。特别附加险不包括在内，需要时须另行加保。一切险的责任范围比水渍险的大，保险费率也比水渍险的高。

另外，中国人民保险公司海运保险条款还就保险的除外责任做了规定，保险公司对于下列风险损失和费用将不负责赔偿：①被保险人的故意行为或过失所造成的损失；②属于发货人责任所造成的损失；③在保险责任开始前，就保险货物已存在的品质不良或数量短差所造成的损失；④被保险货物的自然损耗、本质缺陷、特性、市价跌落、运输延迟所引起的损失和费用；属于海洋运输货物战争险和罢工险条款规定的责任范围和除外责任。

2) 附加险(Additional Insurance Coverage)

附加险包括一般附加险和特殊附加险，一般附加险包括偷窃提货不着险、淡水雨淋险、短量险、混杂、沾污险、渗漏险、碰损、破碎险、串味险、受潮受热险、钩损险、包装破裂险、锈损险。特殊附加险包括战争险、罢工险、交货不到险、进口关税险、黄曲霉素险等。

3) 承保责任的起讫期限

在中国保险条款中，基本险承保责任的起讫采用"仓至仓条款"(Warehouse to Warehouse Clause)办法处理，即从被保险货物从运离保险单载明的起运地发货人仓库开始，到货物抵达目的地收货人仓库为止。货物在目的地卸离海轮后 60 天，保险责任终止。

而战争险的起讫责任不同，它不采取仓至仓条款，而是从货物装上海轮开始到货物抵达目的港卸离海轮为止。

2. 伦敦保险协会"协会货物保险条款"(Institute Cargo Clause，ICC)

ICC 条款是世界上影响范围最广的保险条款，许多国家在海运保险中直接采用该条款，协会保险条款主要有六种条款，即协会货物条款(A)[ICC(A)]、协会货物条款(B)[ICC(B)]、协会货物条款(C)[ICC(C)]、协会战争险条款、协会罢工险条款、恶意损害险条款。在这六种条款中，ICC(A)、ICC(B)、ICC(C)三种险别都有独立完整的结构，可以单独投保，战争险和罢工险必要时征得保险公司同意后也可以单独投保，只有恶意损害险不能单独投保，只作为附加险。以上六种险别中，(A)险相当于中国保险条款中的一切险，其责任范围更为广泛，故采用承保"除外责任"之外的一切风险的方式表明其承保范围。(B)险大体上相当于水渍险。(C)险相当于平安险，但承保范围较小些。(B)险和(C)险都采用列明风险的方式表示其承保范围。

6.5.3　其他运输方式中的货物保险

国际货物运输除了海洋运输方式外还包括陆地运输、航空运输等，中国人民保险公司相应制定了陆上货物运输保险条款、航空货物运输保险条款以及邮政货物运输保险条款。

1. 陆上货物运输保险

1) 责任范围

保险分为陆运险和陆运一切险两种。

(1) 陆运险。陆运险负责赔偿：①被保险货物在运输途中遭受暴风、雷电等自然灾害，或由于运输工具或运输过程中遭受意外事故所造成的全部或部分损失；②被保险人对遭受承保责任内危险的货物采取抢救，防止或减少货损的措施而支付的合理费用，但以不超过该批被救货物的保险金额为限。

(2) 陆运一切险。除包括上列陆运险的责任外，还负责被保险货物在运输途中由于外来原因所致的全部或部分损失。

2) 责任起讫

该险负"舱至舱"责任,自被保险货物运离保险单所载明的起运地仓库或储存处所开始运输时生效,包括正常运输过程中的陆上和与其有关的水上驳运在内,直至该项货物运达保险单所载目的地收货人的最后仓库或储存处所或被保险人用作分配、分派的其他储存处所为止。如未运抵上述仓库或储存处所,则以被保险货物运抵最后卸载的车站满 60 天为止。

3) 索赔期限

保险索赔时效从被保险货物在最后目的地车站全部卸离车辆后计算,最多不超过两年。

2. 航空货物运输保险

航空运输保险包括航空运输险和航空运输一切险,这两种险都可以单独投保。航空运输险的责任范围:①被保险货物在运输途中遭受雷电、火灾、爆炸或由于飞机遭受恶劣气候或其他危难事故而被抛弃,或由于飞机遭受坠落等意外事故所造成的全部或部分损失;②被保险人对遭受承保责任内危险的货物采取抢救,防止或减少货损的措施而支付的合理费用,但以不超过该批被救货物的保险金额为限。航空运输一切险除包括上列航空运输险的责任外,还负责货物由于外来原因所致的全部或部分损失。

航空运输险和航空运输一切险的责任起讫也舱至舱条款,如未运抵指定仓库或储存处所,则以被保险货物在最后卸载地卸离飞机后满 30 天为止。如在上述 30 天内被保险的货物需转运到非保险单所载明的目的地时,则以该项货物开始转运时终止。

3. 邮政货物运输保险

邮包运输实际上是属于"门到门"运输,在长途运送过程中遭受自然灾害、意外事故以及各种外来风险的可能性较大。

1) 邮政货物运输保险的险别

根据中国人民保险公司制定的《邮政包裹保险条款》的规定,有邮包险(Parcel Post Risks)和邮包一切险(Parcel Post All Risks)两种基本险。在投保邮包险或邮包一切险的基础上,经投保人与保险公司协商可以加保邮包战争险等附加险。加保时须另加保险费,在加保战争险的前提下,如再加保罢工险,则不另收费。

2) 责任起讫

邮包基本险的责任起讫是自被保险邮包离开保险单所载起运地点寄件人的处所运往邮局时开始生效,直至被保险邮包运达保险单所载目的地邮局,自邮局签发出到货通知书当日午夜起满 15 天终止,但在此期限内,邮包一经递交至收件人处所时,保险责任即告终止。邮包战争险承保责任的起讫,是自被保险邮包经邮政机构收讫后自储存处所开始运送时生效,直至该项邮包运达保险单所载明的目的邮政机构送交收件人为止。

在办理国际邮包运输时,凡经过保价的邮包,一旦在途中遗失或损坏,即可向邮政机构按保价金额取得补偿。但有些国家和地区不办保价业务，或邮政机构对保价邮包损失赔偿限制过严，则可采取保险，也可采取既保险、又保价的做法。根据中国人民保险公司的规定，凡进行保价的邮包，可享受保险费减半收费的优待。

本 章 小 结

(1) 国际货物贸易的贸易双方交易的商品是具体的、有形的实物商品，也称为有形贸易。管理国际贸易的最重要的组织是世界贸易组织。

(2) 国际货物贸易的方式主要有经销和代理、寄售和展卖、招标投标和拍卖、现货交易、远期交易、期货交易、易货贸易、补偿贸易、加工贸易、国际电子商务等。

(3) 货物出口主要包括交易前的准备、交易磋商与签订合同、收到信用证或者预付款、备、办理货运、办理出口报关手续、装船、办理运输保险、取得提单、收款结汇等步骤。

(4) 货物进出口的宏观管理主要有立法管理、经济调控和行政管理等手段。

(5) 货物进口的流程主要包括交易前的准备、商务谈判与签订合同、开立信用证或者支付预付款、办理货运或者办理换单手续、办理报关手续并提交海关检验、验收和拨交货物、付汇核销、索赔。

(6) 海关是国家的进出关境监督管理机关，海关的主要任务是负责监管进出境的运输工具、货物、行李物品、邮递物品等，征收关税和其他税费，并编制海关统计和办理其他海关业务。我国海关实行集中统一的垂直领导体制。

(7) 进出口货物的通关一般分为四个环节，即申报、查验、征税、放行。完税价格是海关计征关税的基础，海关审定货品的完税价格的过程就称之为海关估价，海关除征收关税外海代征部分国内税入增值税、消费税。

(8) 海运保险的主要范围包括海运风险和海运损失，中国保险条款的险别包括基本险别和附加险两部分，其中基本险包括平安险、水渍险、一切险。

本章思考题

1. 货物贸易主要有哪些贸易方式？
2. 签订进出口合同的法律步骤有哪些？一项进出口合同成立具有哪些法律要件？
3. 货物贸易中发生违约时主要有哪些救济方法？
4. 政府对国际货物贸易进行管理的主要手段有哪些？
5. 我国海关有哪些权力？进出口商品的基本通关制度是什么？
6. 海关估价的方法有哪些？
7. 国际海洋运输中的货物主要面临哪些风险和损失？

本 章 案 例

1996 年 11 月，我 A 进出口公司按 FOB Tianjin 条件向韩国 B 公司出口一批价值 10 万美元的货物，不可撤销的即期信用证付款。来证规定：

"Signed Commercial invoice in triplicate Full set of clean on board ocean bills of Lading made out to order and blank endorsed, marked Freight to collect, Notify buyer, Partial shipments are not allowed."

A 公司将货物装船后，由韩国 C 海运公司在天津的代理签发了海运提单。A 公司将全套单据交银行议付，议付行审单无误后给 A 公司办理了押汇，并将全套单据寄交开证行索偿。不料开证行将全套单据退回给议付行。当议付行向 A 公司追索时，A 公司才告知，所交货物由于备货不足，实际只交付 9.5 万美元，为顺利结汇，签发的商业发票金额为 10 万美元，准备近期向 B 公司补交余下的 5000 美元的货物。且 A 公司已将货款另作他用。

A 公司此时只好与 B 公司协商，最后 B 公司同意按 D/P 方式支付货款，原议付行为托收行；开证行再次退单，理由是 B 公司拒付。此时，A 公司与议付行从有关方面获悉 B 公司已将货物提走并在市场销售，深感事态严重。很显然，信用证项下的全部单据，包括全套海运提单的情况下提货必是 C 海运公司所为。当找到 C 海运公司在天津的代理时，该代理讲，海运提单注明"运费到付"，如果 B 公司付清运费，当然可能提货。A 公司与议付行提出，海运提单上不论注明"运费预付"或是"运费到付"，均不影响其物权证书的作用，坚持要求说明货物去向。3 天后，C 海运公司在天津的代理承认，C 海运公司凭 B 公司提供的、由开证行会签的担保，将货物放给了 B 公司。最后，在各有关方面的共同努力下，历时半年才收回了货款。

问题：

1. 本案例中存在哪些不规范的国际贸易操作行为？
2. 本案中，A 公司为什么会几经周折才收到货款？从中我们可得出什么教训？

第7章 服务贸易管理

国际服务贸易的增长速度已经超过了货物贸易的增长速度，在国际贸易中的比重日益上升，服务贸易对国家经济的贡献已经越来越大，在这种背景下乌拉圭回合谈判达成了《服务贸易总协定》也就是必然的。中国已经加入世界贸易组织 6 年，发展我国的服务贸易已成为应对服务领域开放挑战的根本办法，我国企业和政府必须掌握更多的服务贸易知识、加强服务贸易管理。本章主要侧重从服务贸易产业的角度简要介绍有关服务贸易管理的基本知识。

7.1 服务贸易管理概述

服务贸易的发展是建立在理论与实践共同发展的基础之上，在本节中将介绍国际服务贸易的基本概念与理论，重点介绍国际服务贸易的有关协定(特别是《服务贸易总协定》)与服务贸易政策。

7.1.1 服务贸易的基本概念与理论

服务贸易理论的核心是服务贸易的定义、特征和基本原理，这一核心问题到目前为止还存在很多争议，这一问题是了解服务贸易的基础。

1. 国际服务贸易的基本概念

到目前为止，国际上有多个对于服务贸易的定义，其中最具有代表性的定义是《服务贸易总协定》(GATS)中对服务贸易的定义。GATS 对服务贸易是通过对服务贸易进行分类而进行定义的，它将服务贸易定义为四种类型：①从一缔约方境内向任何其他缔约方境内提供服务；②在一缔约方境内向任何其他缔约方的消费者提供服务；③一缔约方在其他缔约方境内通过提供服务的实体性介入而提供服务；④一缔约方的自然人在与其他任何缔约方境内提供服务。

这四种类型我们可以做如下阐述：①第一类服务贸易可称之为"过境提供"。在这种类型中，服务的提供者和被提供者分别在本国国内，这种服务提供方式往往要借助现代远程通信方式进行，比如国际电话通信服务就属于这类；②第二类可称之为"过境消费"，这种类型是通过服务的消费者通过过境行为进入服务提供者所在国家或地区接受服务，比如国际旅游、出国留学等；③第三类可称之为"商业存在"。这种类型就是指一缔约方在另一缔约方境内通过投资设立实体性机构并提供服务，从而获得收入，常见的类型主要有在境外设立金融机构、会计师事务所、购物广场等；④第四类可称之为"自然人移动"。这种类型是指一缔约方的自然人通过过境移动在其他缔约方境内提供服务而形成的贸易，自然人移动不存在投资行为，比如我国聘请国外的医学专家来我国参加病例会诊或讲学，这就属于自然人移动。

需要注意的是，这四种服务贸易类型不是服务贸易部门的划分，一项服务可能不是以一种方式完成，而是几种方式的结合。这个定义弹性也比较大，范围相对宽泛，为世贸组织各缔约方贸易谈判留下了空间。

2. 国际服务贸易理论

国际服务贸易理论目前尚未形成完整的体系，主要的代表性理论包括服务价值论、服务贸易比较优势理论、规模经济理论与服务贸易。

1) 服务价值论

服务的价值理论是服务贸易理论的重要部分，劳动价值理论认为服务也具有商品的二重性，即价值属性和使用价值属性。服务产品中也凝结着无差别的人类劳动，服务劳动同样形成价值。服务产品只要不是废品就具有使用价值，这是一种非实物的使用价值。

2) 服务贸易比较优势理论

在传统国际贸易理论中，比较优势理论以及 H-O 理论是最为经典的理论，在国际货物贸易问题上具有较大的解释力。在服务贸易中，比较优势理论也具有一定的适用性。服务产品是在劳动力等各生产要素的联合使用下生产出来的，服务产品的价值同样取决于它的劳动生产率，与劳动生产率成反比。外国生产的所有服务的劳动生产率都可能比本国高，但只要两国服务生产率的差异不完全相同，就会使服务的相对价格出现差异，两国就可以进行贸易。如果外国生产服务 A 的相对劳动生产率高于本国，而本国生产服务 B 的相对劳动生产率高于外国，那么本国就可以出口 B 服务，进口 A 服务，是贸易参与国都从中获利。

但比较优势理论在服务贸易中的适用性存在一定问题，主要是因为：①各国在服务贸易领域中往往会有多种干预和限制，这不符合比较优势理论假设的完全竞争市场结构；②服务生产率的计量非常困难。

3) 规模经济理论与服务贸易

知识密集型服务产品和资本密集型中间产品的生产都具有规模报酬递增的特点，在生产者服务贸易中往往包含高度的熟练劳动，这种服务产品的生产需要投入巨大的初始固定成本，而提供服务的边际成本相对较低，这就使服务贸易与传统贸易具有不同的成本特征，出于规模经济的需要，服务产品生产专业化程度得到提高，国际分工也开始发展。服务生产专业化有利于实现规模经济效应，规模经济效应有赖于企业内部的生产规模，而生产规模又受制于市场规模。服务贸易的发展使服务产品种类增加，生产规模随之扩大，需要有更大的市场规模，服务贸易得到进一步发展。

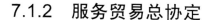

7.1.2　服务贸易总协定

由于服务贸易在世界经济中的地位越来越重要，因此 1986 年开始的关贸总协定第八轮谈判——乌拉圭回合首次将服务贸易作为三大新议题之一，以实现服务贸易自由化。经过三个阶段艰苦的谈判，1993 年 12 月 5 日贸易谈判委员会通过了《服务贸易总协定》(General Agreement on Trade in Services, GATS)。1994 年 4 月 15 日，GATS 各成员方在摩洛哥马拉喀什正式签署《服务贸易总协定》，并于 1995 年 1 月 1 日和世界贸易组织同时生效。

1. 《服务贸易总协定》的框架

《服务贸易总协定》主要有三部分内容构成：协定条款正文、附件、具体承诺表。条款正文是适用于所有成员的基本义务的框架协定，附件是关于具体服务部门特定问题的文件，共有八个，具体承诺表是各国的市场准入承诺清单。

2. 《服务贸易总协定》的主要内容

GATS 条款正文的主要内容包括有以下六项内容。

(1) 服务贸易的范围和定义。根据 GATS 第一条的规定，该协定适用的范围是"各成员方所采取的影响服务贸易的各项措施"，通过规范各成员方制定和实施的影响服务贸易的措施以实现服务贸易自由化，一国政府行政服务不在其适用范围之内。关于服务贸易的定义在前面已经介绍，不再赘述。

(2) 成员方的一般义务。这是 GATS 的核心内容，具体条款包括最惠国待遇原则、透明度原则、发展中国家更多参与、经济一体化、国内规定、对服务者任职资格的认可、垄断和专营、保障措施、政府采购、普遍例外和补贴等条款。

(3) 具体承诺义务。这是有关成员方具体承诺义务的规定，这一部分与各成员方提交的服务部门承诺减让表相结合，主要对市场准入、国民待遇和附加承诺义务的规定。

(4) 逐步自由化。为了促进服务贸易自由化，GATS 规定了各成员特别是发展中国家服务贸易自由化的原则和权利，主要从具体承诺义务的谈判、承诺减让表和减让表修改方面做出具体规定。

(5) 组织机构与争端解决机制。根据 GATS 第 24 条的规定，设立服务贸易理事会来负责执行 GATS。并确定了争端解决的方式，可通过磋商、仲裁、向争端解决机构申诉等方式解决争端。

(6) 最终条款。主要包括利益的否定、术语定义以及附件等。

GATS 的八个附件是：关于最惠国待遇豁免的附件、关于提供服务的自然人流动的附件、关于空运服务的附件、关于金融服务的附件一、关于金融服务的附件二、关于海运服务谈判的附件、关于电信服务的附件、基础电信协定。

7.1.3　国际服务贸易政策

国际服务贸易政策同货物贸易政策一样，也表现为自由贸易政策和保护贸易政策。在服务贸易发展的早期，对服务贸易的限制很少，在全球基本上是服务贸易自由化政策，"二战"后西方发达国家从国外大量引进服务人员，并欢迎技术转让和金融服务。但20世纪60年代以后，各国对服务贸易出台了许多政策或措施，大多为限制性的政策，通过各种非关税壁垒对服务贸易进行保护。

在服务贸易自由化问题上，大多数发达国家最为关注的都是自己有较强竞争实力的服务行业的自由化，而不愿意将自己相对薄弱的行业完全开放。因此在国际服务贸易自由化谈判中出现各国意见相左的现象，很难找到各国政策主张的共同之处，这也是为什么国际服务贸易自由化如此困难的原因所在。发展中国家在开放服务市场问题上更应该谨慎对待，服务贸易直接影响到国家的经济安全、文化安全和国家竞争力。

保护贸易政策主要是通过服务贸易壁垒实现对服务贸易的保护，所谓服务贸易壁垒是指一国政府对外国服务生产者或提供者销售或提供的服务设置的有障碍作用的措施。常见的服务贸易壁垒有：①服务产品移动壁垒，主要是规定服务产品进口的最高限度，比如数量限制、当地成分或本地要求等都属于这类；②人员流动壁垒，这种药市对外国劳动力进入本国工作的限制，如严格的签证制度；③资本移动壁垒，主要通过外汇管制、投资限制等措施进行限制；④开业权壁垒，主要通过有关市场准入的规定进行限制，即是否允许外国服务提供者以商业存在的形式进入本国服务市场；⑤与服务贸易相关的货物流转壁垒。服务往往需要借助一定的货物来实现，对这些货物流转进行限制就可以间接地限制服务。

7.2　金融服务贸易管理

金融服务贸易是指金融服务提供者有偿向金融服务消费者提供金融服务，金融服务主要包括银行及相关服务、保险服务。在本节中，我们将简要介绍银行服务贸易、保险服务贸易的主要内容以及管辖金融服务贸易的主要协议与规则。

7.2.1　银行服务贸易管理

银行服务贸易是国际金融服务贸易的主要内容之一，目前银行服务范围已遍及100多个国家和地区。

1. 银行服务贸易的主要内容

银行服务贸易的对象是银行服务产品，其基础是银行服务网络，因此银行服务产品与服务网络是银行服务贸易的主要内容。

1) 银行服务产品

银行服务产品是银行从服务贸易中获利的基础，其品种直接影响银行的获利情况。银行服务贸易的主要产品包括[①]以下方面。

(1) 储蓄业务。银行服务贸易的基本业务是存贷款业务，但这类业务往往盈利并不多。

(2) 金融交易与经营。主要包括货币市场业务、证券外汇交易、货币互换、期货、期权等业务。

(3) 银行证券销售。主要有储蓄凭证、普通股、优先股、长短期债券的销售等。

(4) 借贷业务。借贷业务主体是多元的，包括国家借贷、法人借贷、同业机构借贷、私人借贷等业务。

(5) 特殊融资活动。主要有项目融资、风险资本融资、固定资产融资、产权购买等。

(6) 证券认购与发行。主要有认购国内外国债、抵押证券、保险、股票，发行股票等。

(7) 咨询与顾问服务。主要由公司现金管理、风险管理服务、国际贸易顾问服务、信托规划、法律与投资顾问、一般金融服务等产品。

(8) 消费者服务。消费者持有的信用卡、旅行支票等产品就属于这一类。

(9) 资产管理服务。资产管理服务既有面向私人与零售的产品，比如信托活动、安全保管服务等；也有针对企业的服务，如安全保管、养老金管理、共同基金管理等。

(10) 经纪人服务。银行主要在货币市场、欧洲货币及外汇、期货交易、股票、期权等交易商可以提供经纪人服务。

(11) 支付机制。主要包括汇付、清算等。

(12) 与保险有关的服务。保险业务属于银行中间业务的重要组成部分，如人寿保险、财产保险等。

(13) 国际贸易服务。主要有信用证业务、金融承兑、提供市场情报等产品。

2) 银行服务网络

国际银行服务网络主要是构建在商业存在和现代通信技术的基础上，这个网络主要有以下部分组成。

(1) 代表处。代表处是设置分支行以前的一个临时措施，一般 3～4 人，主要与所在地社会各界接触，向对方介绍情况并向总行提供信息。

(2) 代理行。代理行是指银行总行与外国银行订立契约，在对方开立账户以办理资金往来业务，这主要是银行之间的合作。

(3) 分支行。分支行是总行下属的机构，不具有独立的法人资格，但能开展全面的银行业务，一般有分行、支行、经理处三个等级。

---

① 陈宪. 国际服务贸易——原理·政策·产业[M]. 2 版. 上海立信会计出版社，2003：355.

(4) 附属银行或联营银行。附属银行是指总行拥有全部股份或 50%以上有表决权的股份的外国银行或金融机构;联营银行是指国内银行拥有 10%～50%有表决权股份的外国银行或金融机构。

(5) 国际银团组织。国际银团组织是一群银行在国外设置一个独立的合资经营的银行或金融机构。

银行服务网络中的机构之间主要通过邮件、电传、环球银行金融电讯协会(SWIFT)、互联网、票据清算制度、银行内部网络等渠道开展服务贸易。

2. 国际银行服务贸易的壁垒与自由化

国际银行服务贸易存在大量的壁垒，这些服务贸易壁垒主要可归纳为两类，一类是市场准入壁垒，另一类是业务经营限制壁垒。

1) 市场准入壁垒

(1) 以法律形式对银行服务市场准入进行限制，或者完全禁止其他国家任何形式银行机构介入，或者禁止通过分支行进入本国，如古巴、老挝等国境之外过任何形式金融机构的介入。

(2) 以政策和许可证方式禁止境外金融机构的介入，如荷兰等国。

(3) 禁止外国银行购买本国银行的股权或者对外国银行获得本国银行的股权进行数量限制，如孟加拉国不允许外国银行与本国银行合资或控股。

2) 业务经营限制壁垒

(1) 服务范围限制。如中国在 2006 年之前对于外资银行在中国开展业务进行了一定的地域限制。

(2) 资产与规模限制，主要限制外资银行在本国的业务量、市场份额、资产总额等，例如加拿大所有外国银行占国内银行的总资产不能超过 8%，或总资产额不能超过 110 亿加元。

(3) 融资限制。例如有些国家规定外资银行不能经营部分存款业务、不能随时改变利率。

(4) 其他措施。例如东道国政府对外资银行职员进行本地化限制、对银行数据传输征收税费、对银行营业地点进行限制等。

国际银行服务贸易壁垒非常普遍，也非常复杂，因此在服务贸易谈判中，银行服务贸易自由化问题成为重要议题。对于银行服务贸易自由化问题，乌拉圭回合对这一议题开始了长期的谈判，并于 1995 年达成有 90 个成员方签字的《金融服务协议》，在后续的多哈回合谈判中服务贸易自由化继续是重点议题之一。银行服务贸易自由化的最基本问题在于市场准入和国民待遇问题，主要体现在能否自由设立分支机构或代表处、能否有平等的竞争机会、关键性资源能否自由进口、能否与东道国银行平等地进入顾客市场等。

3. 银行服务贸易监管

银行服务贸易监管是国际银行服务中的重要问题，主要有三个层次的监管：一是银行

自身对服务的管理，二是各国政府的监管，三是国际性的银行监管。

1) 银行服务管理的主要内容

银行服务管理主要侧重于银行自身的管理，其主要包括以下内容。

(1) 资产与负债管理。这是银行服务管理的重点问题，商业银行的资产基本上可以分为现金资产、证券资产、贷款和固定资产四种。银行的资产管理主要指对上述前三种资产的管理，具体有流动性管理、准备金管理、投资管理和贷款管理，充分运用可运营的资金已增加收益，并保持资产和负债的对称。银行的负债管理出现于 20 世纪 60 年代初期，它是指商业银行以借入资金的方式来保持银行流动性，从而增加资产，增加银行的收益。

(2) 风险管理。国际银行经营中面对大量风险，如信用风险、利率风险、汇率风险、政治风险等。风险管理首先是对有风险的资产采用分散化的原则进行经营，同时运用多种金融工具与风险管理手段尽可能地降低风险。

(3) 银行服务质量管理。银行的竞争优势主要依靠金融产品和服务质量来塑造，银行重点要提高金融服务的可靠性，对出现的问题采取补救性措施，并从中及时总结经验。

(4) 银行服务营销管理。银行服务营销主要有如下步骤：首先确定消费者的服务需求；其次根据市场调研结果选择服务产品；再次对消费者提供营销服务，采取营销组合策略；最后提供后续服务以满足消费者的需求。

2) 国际上对银行服务的监管活动

各国政府或国际组织都对银行监管特别重视，纷纷出台银行监管的法规或协议。

(1) 英国对银行服务的监管措施主要有：①对申请执照资格进行审查，必要时可以吊销执照或降级；②设立"存款保护基金"对客户存款的保护；③通过资产负债率、风险比率、外汇风险、资产流动性等指标的测算对银行安全经营进行监管。

由于银行服务贸易的发展，对银行的监管问题日益成为一个国际性议题，1987 年通过的《巴塞尔协议》是影响最为深远和最为重要的一份协议。《巴塞尔协议》的基本目的是鼓励银行实行谨慎的流动性管理，加强国际银行体系的健全性和稳定性，建立公正的国际性银行管理体制。

(2) 《巴塞尔协议》的主要内容包括：①对资本的定义。将资本分为核心资本和附属资本，核心资本包括股本和公开的准备金，至少占全部资本的 50%，附属资本包括未公开的准备金、资产重估准备金、普通准备金或呆账准备金，带有股本性质的债券和次级债券。②资产的风险数。风险加权计算是指根据不同类型的资产和表外业务的相对风险大小，赋予它们几种不同的加权数，即 0%、20%、50%、100%，风险越大，加权数就越高。银行的表外业务应按"信用换算系数"换算成资产负债表内相应的项目，然后按同样的风险权数计算法计算。③资本比率的标准。《巴塞尔协议》规定，到 1992 年年底，所有签约国从事国际业务的银行其资本与风险加权资产的比率应达到 8%，其中核心资本至少为 4%。

7.2.2 保险服务贸易管理

国际保险服务贸易是指一国保险人向另一国投保人或被保险人提供保险范围，并获得外汇的交易过程。保险服务贸易是金融服务贸易的重要部分，世界贸易组织对保险及相关服务的定义认为保险包括直接保险、再保险和专份保险、保险中介、保险附属服务。

1. 国际保险服务种类

目前国际保险市场上的保险服务大致有财产保险、责任保险、保证保险和人身保险四类，其主要内容如下。

1) 财产保险

这是以财产为保险标的的保险，包括火灾保险、海上保险、汽车保险、航空保险、陆上运输保险、工程保险、盗窃保险和农业保险，国际上业务量最大的是火灾保险和汽车保险。

2) 责任保险

这是以被保险人的民事损害赔偿责任为保险标的的保险。被保险人在参加责任保险后，其对受害人承担经济赔偿的责任转由保险人承担，责任保险一般由企业责任保险、职业责任保险和个人责任保险三种。

3) 保证保险

这是由保险人为被保证人向权利人提供担保的一种保险，实质上是一种担保业务，当被保证人的作为或不作为致使权利人遭受经济损失时，保险人负经济赔偿责任。

4) 人身保险

人身保险可分为人寿保险、健康保险和人身意外伤害保险三种，健康保险也叫疾病保险，是以非意外伤害而由被保险人本身疾病导致的伤残、死亡为保险条件的保险，人身意外伤害保险是以人的身体遭受意外伤害为保险条件的保险，人寿保险是一种以人的生死为保险对象的保险，是被保险人在保险责任期内生存或死亡，由保险人根据契约规定给付保险金的一种保险。

2. 国际保险服务的经营

保险服务的经营主要由保险费率的确定、保险展业、保险理赔和防灾防损等工作组成，这是国际保险服务经营的基本工作。

1) 保险费率的确定

保险费率确定的标准主要是保险赔偿金额、保险人的业务费用、保险标的的危险程度等因素，保险费率要在综合考虑上述因素的基础上采用数理统计的方法来确定。

2) 保险展业

保险展业就是指保险企业为获得保险业务而开展的各项活动，对保险企业来说业务量是企业生存的关键因素。国际保险业的展业方式主要由保险代理制、保险经纪人和直接推销制三种方式。

3) 保险理赔

保险理赔一般要经过登记立案、查看案情、审定责任、计算损失和赔付结案等环节，理赔时的工作要点主要是确定损失原因、对第三者责任追偿时的权益转让、保险争议的处理等。

4) 防灾防损

防灾防损是保险的派生职能之一，防灾防损是提高保险企业经济效益的重要手段，可以减少赔款。

在保险服务贸易中，国际保险组织在其中发挥了重大作用。国际保险组织有技术性国际保险组织、业务性国际保险组织、国际保险会议三类，具体如国际海上保险联盟、国际航空保险人联盟、亚洲再保险公司、第三世界保险会议等。

7.3 旅游服务贸易管理

随着各国经济水平的提高和交通运输的便利化，消费者对旅游服务的需求越来越大而且差异性增强，这就使旅游服务贸易有了更大的市场空间。按照 WTO 的规定，旅游服务包括宾馆与饭店服务、旅行社或旅游经营者提供的服务、导游服务和其他旅游服务。

7.3.1 旅游服务贸易的含义

旅游服务贸易是指一国或地区旅游从业人员向其他国家或地区旅游服务消费者提供旅游服务并获得报酬的行为，它主要是以过境消费的形式存在。发展旅游业是穷国减少贫困、实现可持续发展的一个重要途径，旅游业正成为这些国家最活跃的经济部门之一。

1. 旅游服务贸易的发展现状与新动向

旅游服务贸易在整个服务贸易各产业中，其开放度和自由化程度是相对较高的，旅游服务贸易中的壁垒相对较少，全世界已有 100 多个国家或地区承诺开放宾馆与饭店服务，有近 90 个国家承诺开放旅行社业务。根据世界旅游组织的统计，2006 年国际旅客人数达到 8.42 亿人次。非洲是国际游客人数增长最快的地方，2006 年增幅 8.1%；亚太地区是增长率第二高的地区，增幅 7.6%；世旅组织预测 2007 年国际旅客人数增长率仍将达到 4%，使世界旅游业出现连续 4 年增长的局面，并保持预测到 2020 年每年平均增长 4.1%的势头。

国际旅游服务贸易在当今时代出现了一些发展的新动向，主要体现在：①知识经济对旅游服务贸易产生巨大影响，主要体现在知识经济带来的新的旅游需求和旅游产品，使旅游管理模式更加现代化；②旅游营销加强，旅游营销策略和手段多样化；③发达国家、发展中国家大量中等收入的家庭开始国际旅游服务的消费；④旅游者对服务需求的差异性增强，需要更多的新的旅游服务产品。

2. 国际旅游的可持续发展

旅游资源是一种脆弱的资源，很多属于不可再生资源，因此在国际旅游服务贸易中必须坚持可持续发展的道路，坚持生态持续性的原则。传统观念一直把旅游视作"无烟工业"，但在国际旅游学界"无烟工业"的概念早已过时，近十多年兴起的是"可持续发展旅游"概念，只有兼顾环境、经济和社会文化三个层面的旅游业才称得上是可持续发展的旅游业。

旅游可持续发展中还存在公平问题，旅游公平发展包括当代人公平、世代人公平和旅游资源分配使用公平。旅游资源不仅是所在国的资源，也是世界人民的资源，旅游资源应该以保护为主，旅游经济效益不能与生态效益相抵触。

3. 旅游市场开放与中国旅游服务贸易

尽管旅游服务贸易的开放度相对较高，但是目前还有不少国家对于本国公民出境旅游进行限制，以及对外商在本国投资建设宾馆或饭店、开办旅行社等行为进行限制，因此旅游服务贸易的开放依然是服务贸易谈判中的议题之一。

中国在加入WTO时承诺，加入时允许外资在中国合资或控股饭店和餐馆，加入4年后允许设立外商独资子公司的饭店和餐馆；加入后3年允许外资控股中国的旅行社，加入6年后允许设立外资独资旅行社并取消地域限制，但合资或外商独资旅行社不能经营中国公民出境以及赴香港、澳门、台湾地区的旅游业务。中国旅游市场开放程度已经较高，已经有条件发展国际旅游服务贸易。中国旅游服务贸易在我国服务贸易各产业中进出口额和顺差额都位列第一，旅游服务贸易的重要性已经体现出来。

中国旅游服务贸易中存在不少问题，诸如旅游产品结构单一、旅游设施条件较差、旅游服务质量差、旅游法规秩序混乱等问题，对此发展中国旅游服务贸易的主要工作方向包括：①履行入世承诺，继续开放旅游市场，更加有效地利用外资；②开发旅游新产品，实现产品差异化；③推进旅游可持续发展，在管理思路上注重旅游景区特别是世界遗产的保护，不得随意开发；在法律体系上完善旅游法规、改变行政管理体制，减少多头领导、条块分割的现象，科学进行旅游景区规划；④提高旅游服务贸易的技术含量，开拓海外市场。

7.3.2 国际旅游市场开发与旅游服务竞争

旅游营销在今天的旅游服务贸易中占有越来越重要的作用，如何开发更广阔的旅游市场、在世界旅游业竞争中处于优势地位，是旅游服务贸易管理的重要内容。

1. 旅游服务贸易市场开发

旅游服务贸易市场的开发主要有以下步骤。

1) 旅游服务贸易市场调研

旅游服务市场调研主要是为了搜集大量信息以便于企业、政府进行决策，市场调研的主要内容是：①目前旅游服务市场中的优势劣势、现有条件和潜在条件的分析；②旅游服务的供求状况；③旅游消费者对目前旅游服务的满意状况；④旅游服务贸易发展的外部环境；⑤旅游服务的质量和价格等。旅游服务市场调研的基本方法主要有一手资料调研和二手资料调研，一手资料调研方法主要有直接观察法、访问法、问卷法等，二手资料调研主要靠查阅相关资料、报告进行，其基本方法与市场营销中的调查方法大致相同。

2) 旅游服务贸易目标市场的选择

在旅游市场调研的基础上，应当进行旅游服务市场的细分，根据本企业或者国家的特色确定一类或几类细分市场作为自己的目标市场，在选择目标市场时应考虑旅游服务消费者的收入、闲暇时间、旅游目的地的空间距离、企业掌握的旅游资源条件、相关国家政府对旅游服务贸易的政策限制等因素。

3) 旅游服务市场开发策略制定与实施

在确定旅游目标市场之后就应开始采取组合策略开发和维持该目标市场，主要策略有：①开发新的旅游产品，包括开发新的旅游景点、旅游服务，实现旅游产品差异化；②合理设置服务网点和营销渠道，特别是旅行社和宾馆等；③扩大宣传与促销，做好公共关系，提高自身的知名度、美誉度，充分利用网络等现代工具进行旅游营销。旅游服务市场开发策略可参照服务营销的 7P 策略组合制定。

2. 国际旅游服务市场竞争策略

国际旅游服务市场是一个竞争程度相对较高的市场，一般性的旅游景点、旅行社、宾馆和饭店都面临很大的竞争压力，在这种竞争性的市场上要赢得竞争优势、立于不败之地，必须选择合适的发展战略和竞争策略。

迈克尔•伯特提出的三种基本战略是旅游服务企业可供参考的重要依据，旅游企业必须选择合适的战略，形成自身的特色。旅游企业可以选择低成本战略，靠便宜的价格来获得竞争优势；也可以选择差异化战略或集中战略，重点实现旅游服务的差异化，有条件的企业还可以选择低成本和差异化战略的结合。20 世纪 90 年代以前，国际旅游市场上的旅游产品主要以标准化、低成本、大市场为特征，各国主要通过完善旅游设施等提高竞争力；而 20 世纪 90 年代以后，国际旅游竞争方式就出现了多样化的趋势，旅游产品的竞争明显增强。

旅游服务贸易国际竞争策略的主要思路有以下几点。

(1) 开发有特色的旅游产品。旅游产品的开发应该遵循因地制宜、经济效益和社会效益统一的原则，旅行社、宾馆或饭店也应该提供有特色的服务。

(2) 树立旅游目的地或旅游服务企业良好的形象，主要通过促销和公关活动，同时必须做好旅游设施和旅游服务质量这一基本功。

(3) 采用新的旅游营销方式，利用网络进行旅游营销。

(4) 加强旅游景点包装，树立景点品牌，提高景点知名度，做好世界遗产的申报工作，增强景点的国际垄断性。

7.4 通信服务贸易管理

通信服务贸易是以通信服务为交易对象的贸易活动，通信服务包括电信服务和邮政服务。通信服务是一项涉及国家安全、关系国计民生的重要服务，因此通信服务贸易特别是电信服务贸易在服务贸易中占有非常重要的地位。

7.4.1 通信服务的基本业务

1. 常见的业务类型

通信服务贸易中常见的业务类型主要有以下两种。

(1) 邮政服务。

邮政服务中的主要业务包括传递信函报刊、包裹运送、邮政汇兑、邮政储蓄等业务，传递信函是最初始的邮政业务，邮政网络也就是在传递信函过程中建立的，主要借助实体交通工具开展业务。

(2) 电信业务。

电信服务主要是以光电为载体，借助电子技术、微电子技术、光纤光缆技术对信息(如语言、文字、图像等)进行传输而提供服务的，传统的电信服务主要是电话业务、移动通话业务以及其他相关传输业务(如传真)。电信服务中涉及的主要技术有微波通信技术、卫星通信、光缆通信、计算机数据通信、程控交换机技术、移动通信技术、非话通信技术等。

2. 新增电信服务

随着通信技术的发展，电信服务已经不仅仅局限于传输，还增加了信息储存、处理、编辑等多项服务。这些新增服务主要有以下几种。

(1) 互联网业务。国际互联网业务是通信服务中发展最快的一种业务，电子邮箱、电子货币、网上银行等服务都是在国际互联网业务基础上开展的。

(2) 可视电话与电视电话会议，这种服务在政府、企业中已经很常见。

(3) 电话信息服务台业务。

(4) 虚拟专用业务网(VPN)等。未来电信业务的发展趋势是数字化、综合化、智能化、宽带化、个性化，光纤光缆通信、因特网技术、3G 技术、三网合一(电信网、计算机网、有线电视网)等技术将在电信业务的发展中发挥重大作用,数据业务将是电信服务的最大亮点。

7.4.2　通信服务产业及其规制

通信服务业在当今经济条件下逐渐成为各国的基础产业或主导产业，特别是信息技术与通信业的结合更加提高了通信业的地位。因此各国都非常重视通信业的运营以及通信业的服务贸易，对于通信服务业的政策和措施也就相对较多。

1. 通信服务产业特征

通信服务产业具有独特的经济特征，通信服务产业是建立在完整的通信网络的基础上，通信网络的建设往往需要耗费大量的投资，这使通信服务产业初始固定成本很高，而一次通信服务增加的边际成本却很低，这就要求通信服务企业的规模要大，才能实现规模经济、降低成本。这就产生了通信服务产业的四个特征。

(1) 产品的服务特性。通信产业的产品是无形的，属于服务产品。

(2) 运营的网络性。通信服务产业运营依靠强大的通信网络，或者有线或者无线。

(3) 通信产业的基础性。通信服务产业所需要的设施对于一国经济的运行是具有基础作用的，它能够带来很大的外部效应。

(4) 市场的自然垄断性。由于通信服务产业需要实现规模经济，因此一家通信企业承担所有的服务业务比多家企业重复投资提供服务显然要划算得多，通信产业具有自然垄断性。但这个市场是可以竞争的，不是完全垄断，而是倾向于寡头垄断。

2. 通信服务产业的规制

由于通信产业是一国的基础产业，而且又由于通信产业的不完全竞争性，各国对于通信产业和通信服务贸易的管制相对较多。

1) 通信服务产业规制的主要内容

目前国际上对通信服务产业的规制主要有：①市场进入规制。由于通信产业的自然垄断性，政府往往要限制其他企业进入通信市场，以实现资源的优化配置，这往往要设置较多的进入壁垒，如通过许可注册制度提高进入标准。②价格规制。自然垄断企业产品的价格往往会高于完全竞争市场下的价格，这容易造成经济效率的损失，因此政府往往要对通信服务价格进行限制，如政府直接定价或规定价格上限等。③服务质量规制。服务质量规制与价格规制是配套的，削减价格往往会造成服务质量的下降，因此二者必须组合运用。④企业经营决策规制。政府对于自然垄断企业往往会进行投资规模、设备要求、质量标准、竞争行为等方面进行规制。

尽管通信服务产业属于自然垄断行业，但由于垄断的低效率和规制中出现的"寻租"问题使得通信服务产业从 20 世纪 90 年代开始逐步增强其竞争性，政府规制程度降低。发达国家是放松规制的主力，少数发展中国家也逐步在放松规制。放松规制的主要体现有引入竞争机制、提高非自然垄断业务中的竞争性、民营化运作等。

2) WTO 关于通信服务贸易的协议

通信服务贸易是世界贸易组织谈判的重点议题之一，在 GATS 中主要有两个关于通信服务(尤其是电信服务)的协议，即《电信服务附件》、《GATS 第四议定书》(即基础电信协议)。《电信服务附件》主要规定各成员方有义务确保其他成员服务提供者合理的、非歧视的进入和使用本国电信网络及其服务从事商业活动，在各国的承诺列表中列出了所提供的服务。更为重要的协议是《基础电信协议》，由于各国已经普遍开放增值电信服务，而基础电信服务一直是通信服务贸易中的难题，1997 年签订的《基础电信协议》就语音电话、数据传输、电传、电报、传真、卫星通信系统等服务，议定书成员各自列出一份国家的具体承诺表，包括市场准入、国民待遇和可能的附加承诺，这是在履行电信服务附件义务的基础上进一步开放承诺。

7.4.3 中国通信服务贸易的发展策略

中国通信产业从 20 世纪 90 年代开始得到了长足的发展，中国通信市场巨大，已经成为国际通信业关注的焦点。中国加入世界贸易组织后，通信市场逐步开放，中国的通信业将面临全球通信服务贸易的激烈争夺，中国发展通信服务贸易是必然之举。

1. 中国入世关于通信服务的承诺

中国入世关于通信服务的承诺主要有以下方面。

(1) 在速递服务(不包括现由中国邮政部门依法经营的服务)方面，加入时允许设立合资企业，外资比例不超过 49%，加入后 1 年内允许外资控股，加入后 4 年内允许设立外资独资子公司。

(2) 在基础电信服务方面，加入后 3 年内允许外国服务提供者在北京、上海、广州设立中外合资企业，无数量限制，外资比例不得超过 20%；加入后 6 年内取消地域限制，外资比例不得超过 49%。

(3) 在增值电信服务和寻呼服务方面，入世时允许外国服务提供者在北京、上海、广州设立中外合资企业，无数量限制，外资比例不得超过 30%；加入后 2 年内取消地域限制，外资比例不得超过 50%。

(4) 在移动语音和数据服务方面，入世时允许外国服务提供者在北京、上海、广州设立中外合资企业，无数量限制，外资比例不得超过 25%；加入后 3 年内，外资比例不得超过 49%；加入后 5 年内取消地域限制。

2. 中国发展通信服务贸易的策略选择

中国的通信服务业(特别是电信业)目前还属于幼稚产业，对外完全开放通信服务贸易还不成熟。我国是 GATS 的签字国，如何发展通信服务贸易已成为我国的战略问题。我国主要的策略有以下方面。

1）政府采取的措施

（1）按照 GATS 的规则、基础电信协议以及我国入世承诺，建立我国通信市场的运作规则和监管机制，逐步增强通信行业的竞争性。

（2）加快我国通信技术的发展，缩小同发达国家的差距。

（3）尽快出台《电信法》，对我国电信行业市场准入、消费者权益保护、电信普遍服务等问题进行规定；相关部门的监管都必须在《电信法》的框架下进行。

2）通信企业的策略选择

中国通信企业要在国际服务贸易中获得利益还需要进行较大幅度的改革，主要需要从服务水平、管理体制、业务范围、企业实力等方面进行改进。

（1）提高企业的服务水平，加强对前台服务人员的管理。服务问题是中国通信企业的普遍问题，中国通信企业普遍存在服务态度差、服务质量不高的问题。只有提高服务质量，特别是前台人员的服务质量，才能占据较高市场份额，立于不败之地。

（2）管理体制变革。通信企业要增强管理的科学性，注重塑造企业的品牌。

（3）拓展业务范围，开拓相关业务与国际市场，采用新的经营方式。通信企业应该逐步开始国际化经营，在经营方式上可以考虑借鉴零售业中的连锁经营方式。

（4）增强企业自身技术实力和资金力量。通信行业需要很尖端的技术，除了国家产业政策的调整外，通信企业自身的自主创新非常关键，通过技术创新开拓新业务，获得更多利润，实现资本积累。

7.5　运输服务贸易管理

运输服务贸易是指贸易的一方为另一方提供运输服务，以实现货物或人在空间上的位移。国际运输服务贸易在世界经济中起到重要作用，对于国际货物贸易和旅游服务贸易提供了发展的条件。

7.5.1　运输服务的类型

运输服务贸易有多种分类方式，可根据运输对象分为货物运输服务贸易和旅客运输服务贸易，也可按贸易主体分为国内和国际运输服务贸易。我们将要重点介绍的是按运输方式进行的分类，运输服务贸易按照运输方式可分为如下类型。

1. 海上运输服务

国际货物贸易中，2/3 的货物都是通过海上运输的，海洋运输的特点主要是通过能力强、运量大、运费低、可利用天然航道，但海上运输速度相对较慢、风险较大。

海上运输服务贸易的主要业务内容有班轮运输、租船运输、港口服务和海运代理服务。

(1) 班轮运输(Liner Transport)，又称为定期船运输，是在一定航线上，在一定的停靠港口，定期开航的船舶运输。船期固定、航线固定、停靠港口固定和运费率相对固定。在班轮运输条件下，货物由船方负责配载装卸，班轮承运货物的品种、数量比较灵活。

(2) 租船运输(Shipping by Chartering)又称为不定期船运输，是指租船人租赁船舶用于运输货物的业务。相对于班轮运输，租船运输的船期、航线、停靠港口和运费都不固定，它适用于运输大宗的货物。在国际海运业务中，租船运输方式又包括定程租船和定期租船，还有光船租船(Bareboat Charter)，光船租船又称空船租船，指船舶所有人所提供的船舶是一艘空船，无船长和船员，承租人要自己任命船长和船员。

(3) 港口服务。港口服务是海运服务不可或缺的部分，主要包括港湾业务和港岸业务，港湾业务包括加油、给水、银行、停泊、援救等，港岸业务是指货物装卸、仓储、转运等。但国际上许多自由港如鹿特丹、中国香港等，其业务范围早已突破这两项，还有加工装配业务等。

(4) 海运代理服务。海运代理服务主要包括货运代理业、海运经纪业等服务行业。

2. 铁路运输服务

铁路运输是国际贸易货物运输中，仅次于海洋运输的主要运输方式。它具有速度快、运量大、不受气候条件影响、风险小、连续性强的优点，此外，铁路货运手续比海洋运输简单，发货人可在就近的始发站和目的站办理托运和提货。铁路运输可分为国内铁路运输和国际铁路联运两种。

3. 航空运输服务

航空运输是一种现代化的运输方式，具有交货迅速、货物破损率低、不受地面条件限制、节省包装、节约保险和储存费的优点，特别适合于易腐商品、鲜活商品和急需商品的运输。航空运输的方式主要有班机运输、包机运输、集中托运、航空急件传送方式。

4. 邮政运输服务

邮政运输是利用邮政部门来办理货物运输的方式。这种运输方式手续简便，费用较低，适用于重量轻、体积小的商品，如样品、配件、资料。各国邮政部门之间订有协定和公约，通过这些协定和公约，各国的邮件包裹可以互相传递，从而形成一个国际性的邮政运输网。

5. 管道运输服务

管道运输是指货物在管道内借助气泵的压力输往目的地的运输方式，主要用于天然气、石油等特殊货物。

6. 联合运输

联合运输是指采用两种或两种以上的运输方式，以完成某项运输任务的综合运输方式，主要包括集装箱运输、国际多式联运等。集装箱运输是以集装箱作为运输单位，与陆运、海运或空运的运输工具成组化运送货物的一种现代化运输方式。 国际多式联运(International Combined Transport)是在集装箱运输的基础上产生的一种综合性连贯运输方式，它一般是以集装箱为媒介，按照多式联运合同，以至少两种不同的运输方式，由多式联运经营人把货物从一国境内接运货物的地点运至另一国境内指定交付货物的地点。

7.5.2　运输服务贸易的竞争

运输服务市场中也同样存在着竞争，但竞争方式、竞争程度在不同市场有不同的表现。运输服务市场也可分为完全竞争运输市场、完全垄断运输市场、垄断竞争运输市场和寡头垄断运输市场四类。

1. 完全竞争运输市场

完全竞争运输市场是指运输服务企业和货主对市场价格均不能产生影响的市场，在该类市场上所有参与者都是价格的接受者，在现实中并不存在这种市场，类似于这种市场的有不定期租船服务市场和部分班轮运输服务市场。在这两种市场中，由于竞争过度激烈，往往会出现各经营者竞相压价，造成利润率降低的情况。

小案例：上海至日本黄金航线惊现负运价

日本上海下关轮渡株式会社从 2006 年 9 月 5 日起全面终止上海至日本下关航线的经营业务，其直接起因是中日航线恶性竞争致使运价崩溃。

中日航线运价战已连续打了好几年，2006 年不仅来得早而且势头凶猛，从年初开始上海至日本航线运价一路下滑，3 月份后出现了"零运价"，甚至跌至 -250 美元(每 20 英尺集装箱)的历史谷底。中日航线现在虽然已进入运输旺季，但市场运价还处在"负运价"水平，截至 2006 年 8 月底的统计，上海至日本航线平均运价为 -170 美元，伴随油价不断攀升以及港口使用费上涨，不少轮船公司经营惨淡，出现了亏损。

在上海下关轮渡株式会社退出的同时，还有公司在往上海至日本的航线调兵遣将。上海一家区域性航运公司 2006 年 9 月初向德国船东租赁经营了一艘 957TEU 新船，投入到该公司的上海至日本航线，该公司在这条航线上共投入 4 艘 700TEU～950TEU 的运力，还把舱位租赁给其他海运公司。

(资料来源: http//info.jctvans.com/zhanti/2tb/305109.shtm)

2. 完全垄断运输市场

完全垄断运输市场在运输服务贸易中也比较少见，这种市场主要是一些具有自然垄断性质或具有很高进入壁垒的独占性的市场。我国目前的铁路运输市场就接近于完全垄断。

3. 垄断竞争运输市场

垄断竞争市场在运输服务贸易市场中是比较常见的市场结构，在垄断竞争市场上，同类运输产品有较多的提供者，市场竞争也较激烈，但不同运输企业提供的运输服务质量有较大的差异，可以形成一定的垄断性。在这种市场上的竞争主要依靠服务质量的差异化。

4. 寡头垄断运输市场

在寡头垄断运输市场中，某种运输服务绝大部分有少数几家大型运输企业垄断的市场，其运输价格由几家大企业通过协议或某种默契形成，19 世纪后期到 20 世纪 80 年代之间的班轮运输市场就属于寡头垄断市场，这主要是由于班轮公会对各船公司进行管理，实行联合经营。但是由于集装箱运输和国际航运法规的规定，使得班轮公会逐渐失去了作用，班轮运输服务市场不再是寡头垄断，而更类似于垄断竞争。

由于运输服务市场的市场结构非常复杂，很容易产生混乱，因此运输服务贸易很需要政府的规制，特别是对市场准入、运价、运输服务质量的管制。

7.5.3 国际物流服务

当代经济条件下，物流服务在经济的发展中越来越重要。作为物流服务的重要组成部分，传统的运输服务应该逐步整合到国际物流服务业中。

国际物流主要是按照分工协作的原则，利用国际化的物流网络、设施和技术，实现货物在国际的流通。国际物流服务的基本环节同国内物流服务环节类似，也包括商品包装、仓储、运输、流通加工、配送、提供物流信息等服务，这些服务就构成了国际物流服务系统。

1. 国际包装服务

商品包装具有保护商品和促进销售的重要功能，在国际货物贸易中，包装是不可缺少的服务，国际物流中可以帮助企业实现包装设计与包装生产的便利化。

2. 国际仓储服务

在国际贸易中，商品从制造商或供应商被集中送到装运港，一般都需要存放一段时间后再装运出口，这主要在各国保税区和保税仓库进行，国际物流服务可以提供在港口的仓储服务。

3. 国际运输服务

国际运输服务是国际物流的核心内容，没有运输服务，其他服务也无法进行。

4. 国际流通加工

物品在从生产地到使用地的过程中，需要包装、分割、计量、分拣、刷标志、拴标签和组装等简单作业，这就是流通加工。国际物流系统可以帮助企业完成这项服务，以便于商品适销对路。

5. 物流配送

配送主要是各国国内的物流环节，这是一种特殊的物流活动，它主要针对的是最终客户，是物品的最终配置，一般在同城或小区域范围内进行。

6. 国际物流信息服务

没有完善的信息系统，国际贸易和国际经营将十分困难，国际物流信息服务主要包括进出口单证的作业信息、支付方式、客户资料、市场行情等信息。

国际上专业从事国际物流服务的企业规模已经非常庞大，例如马士基、DHL、联邦快递等企业，这将推动国际货物贸易甚至整个世界经济的发展。

7.6　其他服务贸易管理

国际服务贸易涉及的行业非常多，除了前述行业外，还包括商业零售业、咨询业、教育、医疗、租赁、会计等行业的服务贸易，本节中将简要介绍这些行业服务贸易的主要内容。

7.6.1　租赁服务贸易

租赁服务是指出租人在不转让所有权的条件下，将设备、物资等出租给承租人在一定的期限内使用，承租人按租赁契约的规定，分期付给出租人一定租金的活动。

1. 租赁服务的类型

租赁服务包括经营性租赁、融资性租赁、杠杆租赁、综合租赁等。

经营性租赁是指由租赁公司提供用户所需的设备，并负责设备的保养维修，用户按租约交租金，租用期满退还设备的租赁方式。

融资性租赁是指在企业需要添置设备时不是用现汇或贷款购买，而是由租赁公司融资，把购买或租赁来的设备给承租人使用，承租人定期向租赁公司支付租金，租赁期满后退租、续租或购买的一种融资方式。

杠杆租赁是指出租人提供购买拟租赁设备价款的 20%～40%，其余 60%～80%由出租人以设备作抵押向银行等金融机构贷款，然后使用该方式获得具有所有权的设备出租给承租人使用的一种租赁方式，购置设备成本中的借款部分就是财务杠杆。

综合租赁就是是租赁与合资、合作经营相结合的一种方式。

2. 国际租赁服务的运作

国际租赁服务贸易的发展速度非常快，基本保持每年 10%左右的增长率，国际上提供租赁服务的机构也非常多，租赁公司、制造商、金融机构、联合机构等都提供租赁服务贸易。国际租赁服务贸易的一般运作程序主要有以下内容。

(1) 申请租赁。承租人首先向租赁机构提出申请，填写租赁委托书。

(2) 选定设备并预约。承租人可以自己选定要租赁的设备，也可由出租方推荐，在租赁事项谈妥后就开始与出租人办理预约租赁。

(3) 资信审查。租赁机构收到预约后，承租人要向出租人提供企业经营许可证和财务报表等材料，出租人要对承租人的资信状况进行审查。

(4) 签订租赁合同。租赁双方对细节问题达成一致后就应该签订租赁合同，租赁合同中的主要条款应该包括合同当事人、租赁标的物、租赁期限、租金及计算方法、租赁标的物的购买与交货条件、税收负担、保险、租赁物的维护、使用与保养、期满后租赁物的处理、违约与索赔、争端解决方式等条款。

(5) 订购设备并交接。租赁公司根据与承租人签订的合同要求去订购或租赁设备，承租人还应与供货商就设备的安装与维修、技术培训等事项。租赁设备生产完后继进行货物的进口交接、验收等，出租人向制造商或供应商支付价款。

(6) 承租人支付租金，开始使用设备。承租人在收到租赁物并验收合格后就应向出租人支付租金，开始设备的使用。在租赁期间，根据合同的约定对租赁物进行维修与保养。

(7) 租赁设备到期后的处理。租赁合同期满后，对租赁设备的处理方法主要有退还给出租人、签订续租合同继续租赁、承租人买下租赁物、出租人无偿赠送四种方法。

7.6.2 商业服务贸易

商业流通业是现代经济中具有很大活力的行业，商业流通业属于成熟期特别长的行业，在当今国际上流通业的竞争尽管已经非常激烈，但这个行业依旧有很大的成长空间。

商业零售业服务市场是开放程度比较高的市场，已经形成了国际上大型的零售巨头，如沃尔玛、家乐福等，这些跨国零售集团的业务范围不断扩大，而且凭借其雄厚的实力、良好的形象、先进的业态、强大的物流与配送体系、价格优势、技术优势等迅速占领世界商业市场。

中国商业零售业开放时间较早、开放的力度也比较大，中国商业零售企业已经面临非常激烈的挑战，同时也面临着机遇。中国在入世时承诺，入世后 5 年内，除烟草的批发和零售、食盐的批发以外，逐步取消对其他商品的经营限制。中国企业在应对外国企业挑战

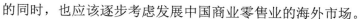

的同时，也应该逐步考虑发展中国商业零售业的海外市场。

中国发展商业流通业服务贸易的主要策略思路有以下几种。

(1) 选择恰当的业态。中国尽管大部分零售业态都存在，但是在零售业态的选择策略、零售业态的技术支持上还存在很多不足，中国商业企业要逐渐形成以大型百货商场、超级市场和连锁店为主要力量、各种专业店、便利店为有效辅助的零售业态结构，同时注重发展折扣店、仓储店等业态，以满足多样化的消费者需求。

(2) 注重塑造企业品牌。中国商业零售业中有很多信誉好、知名度高的老牌商店，应该着重加强企业形象地宣传、提高产品和服务质量，以打造中国零售业的品牌。有条件的大型商业企业还可以考虑发展自有品牌。

(3) 在经营方式上，逐步走向连锁化经营，以降低流通成本，提高经营管理效率。

(4) 在开拓国际市场时，注重国际市场的调研，选择合适的细分市场，熟悉国际营销规则。中国很多商业企业已经在朝鲜、俄罗斯等国开展业务，在国际经营中特别要注重国际组织的规则和东道国的法规，防范国际经营中的政治风险及商业性风险。

7.6.3　专业服务贸易

专业服务是指当事人一方运用自己的知识、技术、经验等，采用科学的方法和先进的手段，根据委托人的要求对有关事项进行调查、研究和分析，并提供可靠的信息或意见。专业服务业主要有医疗、会计、律师、咨询、工程等，专业服务贸易就是指国家之间以专业服务为对象的交易。

1. 咨询服务贸易

咨询服务就是某一学科的专家或多学科的专家团组成的专门机构，利用自己的知识、技术、信息和经验等，运用科学的方法和先进的手段进行调查、分析、预测，为客户提供一种或多种优化方案，并获得报酬。现代咨询服务的主要类型有决策咨询、管理咨询、工程咨询等，主要涉及的业务包括答疑解惑、可行性研究、提供专题报告、管理咨询、解决技术难题、担任顾问、提供培训等。国际上已经产生了很多有实力的专业性的咨询机构，如美国的兰德公司、麦肯锡咨询公司等。

2. 医疗服务贸易

国际医疗服务贸易的主要业务范围有四类，主要是：①治病，为罹患疾病的人提供治疗；②体检，对健康的或怀疑自己有病的境外人员进行定期或不定期体检；③计划免疫，对境外人员进行强制性或有计划的免疫接种；④其他医疗服务，如整形、康复治疗等。

按照 GATS 对服务的分类，医疗服务属于可自由提供的服务范畴，按照世贸组织秘书处的观点，对医疗卫生部门进行保护的做法有违 WTO 基本原则，因此世界很多组织都在推动医疗卫生服务的自由化。中国在加入世界贸易组织时承诺，加入时允许外国服务提供者与中方合资伙伴一起设立中外合资医院或诊所，允许外方控股，根据中国的实际需要，设有数量限制；允许具有其本国颁发的专业证书的外国医生，在获得卫生部的许可后在中国提供短期医疗服务，期限为 6 个月，并可以延长为 1 年。

3. 会计服务贸易

会计服务主要是注册会计师以会计师事务所为形式，结构委托人的委托提供会计咨询和审计、财务人员培训等服务。国际上已经形成多个会计组织，主要有国际会计师联合会、国际会计准则委员会等，这些组织还发布了多个国际准则，包括国际会计准则和国际审计准则。

中国加入 WTO 后，会计市场也在逐步开放。中国在入世服务贸易减让表中已经承诺：①允许而且只允许获得中国主管部门颁发的中国注册会计师执业许可的人在华设立合伙会计师事务所或有限责任会计师事务所；②允许外国会计师事务所与中国会计师事务所结成联合所，并与其在其他世界贸易组织成员的联合所订立合作合同；③在国民待遇的基础上向通过中国注册会计师资格考试的外国人发放执业许可。

本 章 小 结

(1) 国际服务贸易的四种类型是过境提供、过境消费、商业存在和自然人移动，管辖国际服务贸易的最主要的规则是《服务贸易总协定》。

(2) 常见的服务贸易壁垒有服务产品移动壁垒、人员流动壁垒、资本移动壁垒、开业权壁垒、与服务贸易相关的货物流转壁垒等。

(3) 金融服务贸易主要包括银行服务贸易和保险服务贸易。银行服务贸易的主要产品有储蓄业务、金融交易与经营、银行证券销售、借贷业务、特殊融资活动、证券认购与发行、咨询与顾问服务、消费者服务等，主要依靠银行服务网络来完成。国际保险市场上的保险服务大致有财产保险、责任保险、保证保险和人身保险四类。

(4) 旅游服务市场开发的步骤包括旅游服务贸易市场调研、旅游服务贸易目标市场的选择、市场开发策略的制定与实施。

(5) 通信服务包括电信服务和邮政服务，通信服务产业的规制主要有市场进入规制、价格规制、服务质量规制、企业经营决策规制。

(6) 国际运输服务按照运输方式可分为海上运输服务、铁路运输服务、航空运输服务、邮政运输服务、管道运输服务及联合运输等，国际运输服务市场也存在完全竞争、完全垄断、垄断竞争、寡头垄断的市场结构。

(7) 国际物流服务主要包括商品包装、仓储、运输、流通加工、配送、提供物流情报等。

(8) 国际租赁服务包括经营性租赁、融资性租赁、杠杆租赁、综合租赁等。主要程序有申请租赁、选定设备并预约、资信审查、签订租赁合同、订购设备并交接、承租人支付租金并取得使用设备、租赁设备到期后的处理等。

(9) 专业服务是指当事人一方运用自己的知识、技术、经验等,采用科学的方法和先进的手段,根据委托人的要求对有关事项进行调查、研究和分析,并提供可靠的信息或意见,主要有医疗、会计、法律、咨询、工程等服务。

本章思考题

1. 国际服务贸易有哪几种类型?请举例说明。
2. GATS 的主要内容和基本原则是什么?
3. 国际银行服务贸易中还存在哪些壁垒?你认为中国银行服务贸易市场是否应该开放?为什么?
4. 各国政府对通信服务贸易有哪些规制?
5. 你认为本章中小案例所述的海运惊现负运价现象有何看法?如何解决这一问题?
6. 国际物流服务有哪些内容?
7. 中国在发展商业服务贸易时应采取哪些策略?

本 章 案 例

花旗银行的全球业务

花旗银行是 1955 年由纽约花旗银行与纽约第一国民银行合并而成的,合并后改名为纽约第一花旗银行,1976 年 3 月 1 日改为现名。为了适应竞争和业务发展的需要,花旗银行于 1967 年制定了新的业务发展战略,其中一项就是加强全球性金融服务。

在全球性服务拓展方面,花旗银行在 1998 年秋与旅行者集团的联合可以说是有史以来全球金融服务业中最大的合并事件,该联合集团年收益近 500 亿美元,资产超过 700 亿美元,业务遍及全球。在合并前,旅行者集团是美国最大的一家从事财产损失险和寿险的保险企业,此外还从事一些投资银行、零售经济和资产管理业务,其业务几乎都集中在美国国内。而花旗银行是世界上最为全球化的银行之一,它主要有公司银行和消费者银行两大业务。

两家企业合并的建议是由旅行者集团的首席执行官桑迪·韦尔提出的,鉴于经济全球化的发展趋势,韦尔认为旅行者公司把其保险产品销往国外是非常重要的。恰好 1997 年 12 月 WTO 成员方达成了《金融服务协议》,一百多个国家统一向外国竞争者开放他们的银行、保险和证券市场。该协议首次允许向旅行者公司这样的保险公司在外国市场上销售其产品。

然而要利用这一机会，履行者公司需要一个全球零售分销系统，而那时花旗银行已进入的领域，在过去 20 年中，花旗银行的中心战略一直是创建这样的全球分销渠道。

花旗银行的全球零售银行战略由其首席执行官约翰·里德构筑。里德一直要求把花旗银行的全球品牌打响，他把花旗银行定位为金融服务业的可口可乐或麦当劳。里德的消费者银行战略的基本信念是世界各地的人都有同样的金融需求，而且需求会不断扩大。一开始消费者需要的是支票账户、信用卡等基本服务，随着财务的成熟，住房按揭、投资保险需求会增加，之后组合投资管理和财产规划又会成为主要需求。花旗银行以标准化的方式向全球消费者提供这些服务，像麦当劳一样向消费者提供同样的基本快餐菜单。在与旅行者公司合并后，公司能更好地推广这一概念，跨过销售保险产品和资产管理服务。里德相信全球人口、经济的发展趋势都有利于这一战略的实施。在许多经济迅速成长的发展中国家，花旗银行瞄准了新兴的中产阶级，这种认识是花旗集团比竞争对手早了数年进入很多发展中国家，这使花旗集团在亚洲和拉丁美洲成了最大的信用卡发放者。随着世界各国对金融服务业管制的放松，花旗银行在很多国家设立了消费者银行。

花旗银行全球战略的关键要素是其消费者银行全球经营的标准化。这一构想最先在智利设计，目的是给公司往来与世界各地的客户以同样的服务体验，从进银行大门的问候，到 ATM 上的标准蓝色标记，以及镶金边的门道。客户不易察觉的另一个标准化是花旗银行重视各支行办公支持系统的统一，包括管理支票和储蓄等。由于花旗集团对这种一致性的强调，使公司在新市场开发支行更为容易。花旗银行还利用其遍布全球的业务，集中某些方面的营运以实现规模经济。例如，花旗集团的欧洲信用卡业务，所有的信用卡都在内华达州制造，印刷和邮寄在荷兰，而数据处理则放在南达科塔州。

问题：

1. 旅行者公司与花旗银行间合并的依据是什么？这一合并如何为花旗银行的股东和花旗集团下全球零售银行的客户创造价值？

2. 《金融服务协议》对各国金融市场竞争产生了什么影响？

3. 花旗集团如何在金融服务业为其全球零售网点创造品牌？你如何评价其战略？

(资料来源：朱钟棣，郭羽诞. 国际贸易学习题与案例集[M]. 上海：上海财经大学出版社，2005.)

第 8 章　技术贸易管理

国际工业产权组织认为："技术是指制造一种产品或提供一项服务的系统的知识。"技术是人类生产活动的固有要素。随着生产社会化的发展，它逐渐取得了相对独立的存在条件。随着科学技术的日新月异和世界各国之间技术转让交流活动的迅猛发展，国际技术贸易在国际贸易中地位愈来愈重要，成为国际贸易的一个重要组成部分。本章主要介绍有关国际技术贸易概念、国际技术贸易和国际货物贸易区别以及国际技术贸易主要内容和技术贸易基本方式。

8.1　技术贸易概述

随着商品经济的发展，技术日益成为当代国际市场交换的重要对象。技术商品的引进与销售已成为当代企业进行国际交换的重要内容。而技术商品本身所具有的特点，又使得技术贸易与一般商品贸易存在着重大区别。

8.1.1　技术转移和技术转让

在了解技术的概念之前，先看技术传递的两种方式，技术转移和技术转让。

1. 技术转移

技术转移是技术从一方向另一方传递的过程。具体一点讲，技术转移是指技术持有者通过各种方式将其拥有的生产技术、销售技术或管理技术以及有关的权利转移给他人的行为。技术这种地理位置变化机制来源于地球上有限资源和需求之间的矛盾，从而形成技术的自然转移机制。技术转移通常是非人为或非主动和有意识的行为。古代就有技术转移的例子，如早在公元 6 世纪左右，我国的养蚕织丝技术就通过丝绸之路传到中亚、西亚、欧洲；我国古代发明的造纸、火药、印刷术等技术也在公元 12 至 15 世纪先后传到欧洲，推动欧洲文明发展。现代社会中，技术人员到工作条件、生活条件更优越的地区或国家谋生，或者掌握技术的人员为躲避战乱移居他国，其本身也无意识地成为技术转移的载体，将技术转移到异国或异地。

2. 技术转让

1) 技术转让的定义

技术转让是指技术所有权人(让与人)作为转让方，将其发明创造的技术(主要指受法律保护的专利技术)的所有权移交给受让方的买卖行为。

2) 技术转让的分类

现代技术转让可以划分为两类方式。一类是非商业性的技术转让。例如，技术书刊的出版发行、科学技术交流活动、技术考察活动、科学家和技术人员的国际移民、国际性机构所提供的技术服务和教育培训项目等形式进行的技术转让。这种转让通常是无偿的或转让条件极为优惠。另一类是商业性的技术转让，也称为技术贸易。它是把技术作为一种特殊商品，通过市场交换来实现其转移，扩散的人类社会活动。在技术贸易中，当事双方按约定条件，通过商业性的买卖方式，由卖方将某种内容的技术转让给买方，其结果是使买方获得使用该项技术的权利，而拥有技术的卖方则将其持有的技术、知识和经验传授给买方，并取得相应的报酬。

纳入技术贸易的技术，大致可以分为三类：第一，工业产权技术。主要包括发明专利、实用新型专利、外观设计专利和商标权等内容。工业产权是一种无形财产权，同时也是一种商品，其拥有者既有权自己使用它，也有权转让或出售给他人使用。在实施知识产权和专利法的国家，经注册登记的工业产权技术可以受到法律的保护。第二，非工业产权技术。主要指专有技术或技术诀窍，包括设计方案、设计图纸、技术说明书、技术示范和具体指导等内容。拥有技术者对这些技术的占有是一种非法定权利，不受法律保护。这些技术一旦为他人所掌握，即失去其独特的价值。第三，与上述两类技术有关的专门服务，包括咨询、信息和管理服务等内容。技术贸易就是对上述技术和知识的买卖活动。

8.1.2　国际技术贸易的概念

国际技术贸易是指国家间的企业、经济组织或个人按一定的交易条件，将其技术许可或转让给不同国家的企业、经济组织或个人的活动，是跨越国界的一种技术转移方式。简言之，所谓国际技术贸易，就是国家间技术供求双方按照一般商业原则买卖技术的行为。它由技术出口和技术引进这两方面组成，国际技术贸易是一种国家间的、以纯技术的使用权为主要交易标的的商业行为。技术贸易的对象是技术，用于产业领域的机电设备几乎都是很多软件技术的载体，因此包含知识产权或技术在内的机电设备的贸易活动都是技术贸易的对象；但是，单纯的生产工具和设备的买卖是属于货物贸易范畴。

8.1.3　国际技术贸易的现状和发展趋势

自第二次世界大战以来，随着国际贸易和科学技术的发展，国际技术贸易迅速发展并日趋活跃。据联合国有关机构统计，国家间技术贸易总额 1965 年为 30 亿美元，1975 年为 110 亿美元，1985 年为 500 亿美元，20 世纪 90 年代已超过 1000 亿美元。1995 年信息技术产品出口贸易为 5950 亿美元，超过了农产品贸易，三十年间增加了一百九十多倍。统计资料显示，在 1960 年到 1990 年的 30 年中，世界技术贸易总额以年均 15% 的速度增长。20

世纪 60 年代初，国际技术贸易额占国际贸易总额的比例不足 1%，到 80 年代初，已达到 6%，到 20 世纪末这一比例已经达到了 10%。并且发达国家在国际技术贸易领域内的竞争也日趋激烈。现代国际技术贸易主要在工业发达国家进行。目前发达国家之间的技术贸易额约占世界技术贸易总额的 80%以上，而发达国家与发展中国家之间的技术贸易占 10%左右，剩下的是发展中国家间的技术贸易额。除此之外，推动国际技术贸易发展的一个重要媒介是跨国公司。"二战"以后，随着生产的发展、资本积累的急剧膨胀以及对外直接投资的迅速扩大，跨国公司得到了前所未有的发展。跨国公司对世界技术贸易的作用主要表现在两个方面，一是跨国公司是新技术的主要开发者，跨国公司为维持和加强其在某一个行业的垄断地位，投入巨资研究和开发新技术；二是跨国公司的资本和技术输出构成了国际技术贸易的主要内容，跨国公司的技术活动通常与资本输出和商品输出结合在一起。

近年来，由于新技术革命的进一步深化和高技术产业的兴起，以及国际经济贸易关系的复杂多变，使世界技术贸易的发展出现了许多新的趋势。

1. 硬件与软件、专利技术和专有技术在技术贸易中日益交融

在现代国际贸易中，单纯地购买设备逐渐地被软硬件技术一揽子买卖所代替。事实上，先进的技术如没有配套的工艺流程和方法就难以发挥应有的功效；如不了解和掌握技术设备的设计原理、制造工艺以及必要的技术资料，技术购买者就很难仿制或在原设备基础上改进和完善。

2. 国际技术贸易正在由单向过渡到双向

长期以来，工业发达国家一直是技术和技术产品的输出国，而广大发展中国家则为技术的输入国。而且由于产品部门技术发展水准上的差异，工业化国家之间的技术贸易占主要地位，这种世界技术贸易格局近期不会有太大改变，然而，随着技术、资金设备的转移和扩散，以及许多发展中国家经济上的崛起，这种局面将被打破。一些发展中国家随着经济技术的发展，尤其是高技术的发展，技术输出也不断发展，它们的技术不仅向其他发展中国家出口，而且也加速向发达国家出口。

3. 国际技术贸易活动日趋呈现区域集团化，技术保护主义加强

与一般国际货物贸易一样，技术贸易中的保护主义也在加强，但各区域集团内部的技术贸易额却在持续增长。自 20 世纪 70 年代以来，以欧共体为代表的区域集团成员国之间的技术贸易活动平均每年以 13%的速度增长，并且随着欧共体统一市场的形成，这种增长势头进一步加速。世界其他区域集团，如北美自由贸易区、东南亚自由贸易区等，也都在加速联合步伐，随着这些区域经济集团的形成，其内部互相的技术贸易活动大大增加，同时，也出现了技术保护主义的趋势。

4. 国际技术贸易活动与知识产权保护的关系日益密切，从而促进了知识产权保护的国际化

在当前的国际经贸活动中，知识产权问题已经和贸易日益紧密地结合起来，出现了与贸易有关的知识产权的新名词。1986 年以来，关贸总协定成员国开展了"乌拉圭回合谈判"，开始主要针对的是"贸易中反赝品"的问题进行谈判，由此发展到知识产权的各个领域。发达国家主张将知识产权直接与贸易相结合，用贸易手段推动知识产权的保护。为能更好地处理贸易与知识产权保护的争端，知识产权保护的国际化已成为大趋势。国际技术贸易的发展离不开建立一个比较完整的国际技术市场，而市场机制又必须建立在对工业技术为主的知识产权的保护上。知识产权的拥有者迫切需要知识产权的国际保护，一百多年来制定的许多保护知识产权的国际公约和条约，已不适应形势发展的需要，必须加以修改，并使各缔约国的国内立法与之相协调，逐步向统一标准靠拢。

5. 国际技术贸易的结构呈现不断升级趋势

各国在科技领域的竞争加剧。从科技发展角度看，高科技正在由"幼年期"步入"成年期"，其研究在许多领域已有重大突破，并从纯研究阶段进入产业开发阶段，信息技术、生物技术、微电子、计算机的开发已具有相当规模，这种技术本身及其产品极大地改变了国际贸易的结构。同时，高科技的市场规模也在不断扩大。在整个世界范围内，技术贸易的结构正在出现不断升级换代的趋势。

8.1.4 《国际技术转让行动守则》

在国际技术贸易实践中，技术出口方往往凭借其技术上的优势地位而迫使引进方接受种种不公平的限制条件。这种现象在国际上逐渐被普遍化，从而使之成为国际技术贸易中限制性商业惯例，它越来越阻碍国际技术贸易的发展。为此，许多发展中国家要求联合国主持制定一项国际性的技术转让守则。1978 年 10 月，联合国大会委托联合国贸发会负责起草的《国际技术转让行动守则》出台，此后又经多次修改。

该守则草案规定交易各方的谈判地位应均衡，任何一方不应滥用其优势地位的条件举行技术转让的交易，特别是涉及发展中国家的技术转让交易，从而达成彼此满意的协定。它还规定了技术转让当事各方应避免在合同中采用的 20 条限制性惯例。但代表转让方利益的一些发达国家千方百计地想使限制性惯例在《守则》中合法化，而以七十七国集团为首的发展中国家为维护引进方的利益与发达国家进行了针锋相对的斗争。终因双方的严重分歧，该守则至今未获正式通过。但是，《守则》草案总结了国际技术转让的一些做法，提出了技术转让的普遍应遵循的原则，在国际上有较广泛的基础，因而对指导国际技术转让、建立良好的国际技术贸易新秩序有着重要意义。

8.2　知识产权贸易管理

国际技术贸易的最主要内容是围绕知识产权转让展开的贸易活动。知识产权指法律赋予人们对其智力成果在一定期限和地域内享有的一种专有权。它有广义和狭义之分。广义的知识产权，包括著作权、商标权、专利权、发现权和其他科技成果权；狭义的知识产权仅包括著作权、商标权、专利权。本节所讲的知识产权，指的是狭义的知识产权。

8.2.1　知识产权的概念

知识产权是给予智力的创造性活动所产生的权利，它是法律赋予知识产权所有人对其智力创造成果所享有的某种专有权利。随着世界知识产权组织的成立和有关知识产权国际公约的订立而成为世界各国智力成果权的通用名词。

根据世界知识产权组织公约第二条规定，"知识产权"包括下列各项有关权利。

(1) 文学、艺术和科学作品。

(2) 人类一切活动领域的发明。

(3) 科学发现。

(4) 工业品外观设计。

(5) 表演艺术家的表演以及唱片和广播节目。

(6) 商标、服务标记以及商业名称和标志。

(7) 制止不正当竞争。

(8) 在工业、科学、文学艺术领域内由于智力创造活动而产生的一切其他权利。

《中华人民共和国民法通则》对知识产权定义：①公民、法人享有著作权；②公民、法人依法取得专利权；③法人、个体工商户、个人合伙依法取得的商标专有权；④公民对自己发现享有发现权。

8.2.2　知识产权的内容

知识产权主要包括以下内容。

1. 专利

专利是一个国家或某地区专利性部门对发明所授予的一种权利；发明(包括实用新型和外观技术)是指提供新的做事方式或对某一问题提出新的技术解决方案的产品或方法。

一项技术发明经技术发明所有人提出申请并由政府专利主管机构或代表几个国家的地区性专利机构审查批准授予专利之后才能成为专利，获得专利的技术成果成为专利技术。

取得专利权的人称为专利权人，在专利有效期内，他享有对专利的实施、交换、继承、转让和放弃的权利，并受法律保护。

1) 专利权的类型

(1) 发明专利。发明可以分为物的发明和方法的发明，前者包括一件全新的产品、机器、设备、合金等，后者包括一种全新的制造方法、测试方法、使用方法等。

(2) 实用新型专利。实用新型指对物的形状、构造或其组合的发明。它保护的对象必须有一定形状，所以方法的发明不能归入实用新型的范围，没有一定形状的物质(如液体产品)也不包括在此范围内。

(3) 外观设计专利。外观设计指对产品的外形、图案、色彩或它们之间的组合所做出的富有美感的新设计。它只涉及产品的外表，不涉及制造技术。

2) 专利权的特点

(1) 独占性。独占权包括两方面：从积极方面讲，专利权人自己有实施其专利发明的权利；从消极方面来讲，专利权人有排除他人未经其许可而实施专利发明的权利。

具体来讲，发明和实用新型专利权别授予后，除法律另有规定的以外，任何单位和个人未经专利权人许可，都不得实施其专利，即不得为生产经营目的制造、使用、许诺销售、销售、进口其专利产品，或者使用其专利方法以及使用、许诺销售、销售、进口依照该专利方法直接获得的产品。外观设计专利权被授予后，任何单位或个人未经专利权人许可，都不得实施其专利，即不得为生产经营目的制造、销售、进口其外观设计专利产品。

(2) 时间性。是指专利权的保护是有一定时间限制的，在法定的有效期内可以受到法律保护。我国发明专利权的期限为二十年；实用新型专利权和外观设计专利权的期限是十年，均自申请日起计算。

(3) 地域性。即根据一国专利法而获得的专利权在该国地域内有效，受法律保护，若想在其他的国家或地区受到保护，需要按照其他国家的法律和国际公约进行申请。

3) 授予专利权的条件

要想获得专利保护，必须符合授予专利权条件。授予专利权一般应符合以下条件。

(1) 不得违反国家法律、社会公德，也不得妨害公共利益。

(2) 符合专利性(新颖性、创造性、实用性)。

新颖性是指在申请日以前没有同样的发明或者实用新型在国内外出版物上公开发表过或者以其他方式为公众所知，也没有同样的发明或实用新型由他人向有关专利部门提出过申请并且记载在申请日以后公布的专利申请文件中。

创造性是指同申请日以前的已有技术相比，该发明有突出的实质性特点和显著的进步，该实用新型有实质性特点和进步。

实用性是指该发明或实用新型能够制造或者使用，并且能够产生积极效果。

专利申请人在申请专利时应提交书面文件。但国家规定，对以下各项，不授予专利权：①科学发现；②智力活动的规则和方法；③疾病的诊断和治疗方法；④动物和植物品种；

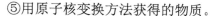

⑤用原子核变换方法获得的物质。

专利跟专利技术有联系也有区别。专有技术与专利技术通常共处于实施一项技术所需的知识总体之中，即实施一项技术仅有专利技术是不够的，必须同时具有专有技术，才能使一项技术得以实施。在技术贸易中，一项技术转让合同往往同时包括专有技术与专利技术许可两项内容，它们互相依存，共同完成一项技术转让交易，但两者之间有明显的区别(见表 8-1)。

表 8-1　专有技术和专利的区别

	专有技术	专 利
存在条件	保密	法律保护
实效性	无时间限制	有时间限制
地域性	无地域限制	有地域限制
保密性	内容保密	内容公开
表现形式	可以书面，也可以其他方式	书面
法律地位	法律性质不确定	属于工业产权范围
技术要求	实用性	新颖性、实用性和创造性
范围	工业目的，商业和管理目的	工业

2. 商标

商标，通称为商品的"牌子"，指商品生产者或经营者在其生产或销售的商品上所加的特定标记。商标可以用文字、图形、字母、线条、数字或颜色等单独组成，也可以是以上几种形式的组合。商标具有区别同类商品的来源、代表商品的质量和广告宣传的作用，是企业的无形资产，也是企业在市场中不断建立起来的经营销售体系的表征。如果说工厂是企业的心脏，市场是企业的循环系统和生命线，商标就是企业产品或服务在生命线上得以畅行无阻的通行证。我们日常看见的商标多种多样，可以按照以下对象来区分。

1) 商品的分类

(1) 按使用对象分：①商品商标。包括制造商标和销售商标。制造商标是生产者在生产的产品上使用的标记，如"海尔"、"IBM"等。销售商标是商品的销售者在其经销的商品上所加的标记。②服务商标。提供服务的经营者，将自己提供的服务与他人提供的服务区别开而使用的标识。如中国建设银行的 CCB，中国人民保险公司的 PICC，都属于服务商标的范畴。

(2) 按商标是否注册分：①注册商标。经主管机关核准注册的商标称为注册商标。②未注册商标，没有经过注册的商标。在实行全面注册制度的国家，未注册商标不准使用。在实行自愿注册制度的国家，未注册商标可以使用，但一般不能取得商标权。

(3) 按商标构成要素分：①文字商标，指仅用文字构成的商标，可以是中文，也可以是外文。如"海信","Microsoft"等，②图形商标，指仅用图形构成的商标，不含任何文字。③组合商标，指文字和图形组合构成的商标。如"Lenovo 联想"等。④立体商标，20世纪90年代各国纷纷突破平面形象限制，吸收立体标记，包括三维标志等作为可视性标志作为商标。⑤音响商标，是以音符编成一组音乐或以某种特殊声音作为商品或服务的商标。⑥气味商标，是以某种特殊气味作为区别不同商品和不同服务项目的商标。目前，音响商标和气体商标在我国不能注册为商标。

(4) 按商标享誉程度分：①普通商标，即在正常情况下使用未受到特别法律保护的绝大多数商标；②著名商标，指在一定地域范围内有较高知名度的商标；③驰名商标，指在较大地域范围的市场上享有较高声誉，为相关公众所普遍熟知，有良好的质量信誉，并享有特别保护的商标。

2) 商标权的概念、内容和特点以及确认原则

(1) 商标权是指商标所有人通过法律程序向商标主管部门提出申请，经审查符合条件，核准商标注册并授予注册人该商标的专用权。商标权是一种财产性质的权利。

(2) 商标权的内容。

① 专用权。即只有商标注册人才被允许在核定商品上使用注册的商标，并取得合法利益。是商标各项权利中最基本的一项权利，占核心地位。

② 禁止权。指商标权人享有的排除任何第三方未经许可在相同或者类似的产品或服务上使用与其注册商标相同或近似的商标的权利。

③ 转让权。指商标权人根据商标权转让合同，将其商标权转让给受让人的行为。转让行为发生后，转让人完全放弃对注册商标所拥有的一切权利。

④ 许可使用权。指商标权人通过使用许可的方式，同意他人使用其注册商标，以发挥注册商标的经济效益。

⑤ 继承权。商标权可以通过继承转移，这种转移必须在政府部门登记并通过官方公报才有效。

(3) 商标权的特点。

① 专用性。即商标注册人获商标权后，其他人未经商标权人许可，不得在同种或同类商品上用与该注册商标相同或相近商标，否则就构成侵犯商标权。

② 地域性。指在一个国家申请获得商标权，这项商标就受这个国家的法律保护，而在其他国家无效。如果要在其他国家得到法律保护，就要按照其他国家法律规定在该国申请注册。

③ 时间性。指商标权保护是有一定期限的，一般是10年到20年不等。但与其他知识产权不同，商标权在有效期届满后可以续展，通过不断的续展，商标权可以延长实际有效期。

(4) 商标权的取得，必须经过商标使用人申请，并经过商标主管部门审查、核准注册，最后得到确认。各国确认商标权的原则主要有三种。

① 先注册原则。即商标权授予商标最先注册人。

② 先使用原则。即商标权授予商标最先使用者。

③ 无异议注册原则。商标权原则上属于先注册人，在商标注册后的规定期限内，若有首先使用人提出异议，并提出首先使用商标的证明，则已办理的注册予以撤销，否则如果在此期间无异议，则商标权属于先注册人。

3. 著作权

1）著作权的概念

著作权，亦称版权。是指作者或其他著作权人依法对文学、艺术和科学作品所享有的各项专有权利的总称。

2）著作权的内容

著作权中包括以下基本内容。

(1) 著作人身权。

著作人身权是指作者基于作品创作所享有的各种与人身联系而无直接财产内容的权利，具有不可转让性和永久性的特点。具体包括：①发表权。是指决定将作品公布于众的权利，即作者决定作品是否公布于众，何时、何地以何种方式公布于众的权利。②署名权。是指表明作者身份，在作品上署名的权利。③修改权。是指修改或者授权他人修改作品的权利，作者有权修改自己的作品，也有权禁止他人对作品进行歪曲或删改。④保护作品完整性。指保护作品内容完整，使作品不受歪曲、篡改的权利，这是修改权的延伸。⑤收回权。是指作品在有正当理由的前提下，以赔偿使用者的经济损失为条件而收回已公开发表的作品的权利，我国无此项规定。

(2) 著作财产权。

著作财产权又称经济权利，是指著作权人自己使用或者授权他人以一定方式使用作品而获取物质利益的权利。与著作人身权不同的是，它可以转让、继承或放弃，并且随着社会经济、文化的发展变化而不断丰富其内容。具体包括：①复制权。对作品进行复制的权利。②出版、发行权。以印刷品或软件形式向公众提供传播作品的权利。③展览权。通过技术设备公开陈列或展览艺术作品、摄影作品和科技作品的权利。④播放权。通过电台、电视台或信息网络向公众传播的权利。⑤改编权。把作品从一种形式改变成另一种形式的权利，如改编成电影、电视、录像作品等。⑥翻译权。把作品从一种文字翻译成另一种文字的权利。⑦注释权。对作品中的名词、术语给出注释的权利。⑧表演权。通过朗诵、演唱、演奏、舞蹈等现场表演的形式向公众传播作品的权利。

8.2.3 知识产权保护法律

早在 1893 年，"国际知识产权保护联合局"就成立了。从那时起，知识产权就成为文明社会的一个重要经济和文化概念。1967 年,"世界知识产权组织"成立,其任务是监管除联合国教科文组织管理的《世界版权公约》之外的近 20 个有关知识产权协定,如《保护工业产权巴黎公约》(1883)、《制止产品来源虚假或欺骗性标记马德里协定》(1891)、《保护原产地名称及其国际注册里斯本协定》、《工业品外观设计国际保存海牙协定》(1957)、《保护原产地名称及其国际注册里斯本协定》(1958)、《保护植物新品种国际公约》(1960)、《保护表演者、唱片制作者和广播组织公约》(1960)、《专利合作条约》(1960)、《专利合作条约》(1970)、《人造卫星播送载有节目信号公约》(1974)、《国际承认用于专利程序的微生物保存布达佩斯条约》(1977)和《避免对版权提成费双重征税的马德里多边公约》等。

国际技术贸易和知识产权保护方面的国际规范形成了一些一般原则和特点:①技术和知识产权同属无形资产范围,具有专有性、地域性、时间性等特点;②国际贸易中的贸易自由化、透明度、非歧视、公平竞争等基本原则也同样适用于技术贸易;③在具体限制措施方面,国际通行惯例是采取国家许可和契约许可手段;④在技术贸易中的知识产权保护方面,呈现保护范围逐渐扩大,保护力度逐渐增强的特点。

8.2.4 我国对知识产权保护情况

中国的知识产权执法渠道有二,其一是司法渠道,权利人在被侵权时可以向法院起诉。中国各级法院已经建立起专门负责审理知识产权案件的审判庭;对于民事侵权行为,人民法院除可以依法责令侵权人承担停止侵害、消除影响、道歉、赔偿损失等民事责任外,还可以对行为人给予没收非法所得、罚款、拘留等制裁;构成犯罪的,依法追究其刑事责任。《刑法》规定,对知识产权犯罪最高可以判处 7 年有期徒刑。其二是行政渠道,用行政手段保护知识产权是中国知识产权执法的一个重要特色。对于侵犯知识产权的行为,权利人可以向行政主管机关申诉,行政机关也可以依职权进行查处;知识产权行政主管机关可以在查处过程中对侵权物品进行查封和扣押,可以采取停止侵权的禁令、罚款等救济手段。由于行政程序在打击侵权方面速度较快,费用较低,受到知识产权权利人的欢迎。

8.3 技术贸易管理

技术是人类智力劳动的产物,它凝结着物化劳动和活劳动,因而技术具有价值。技术作为一个有价值的实体,可以满足人们的生产和生活需要。除了已经进入公共领域的共有技术外,技术是一种财产,可以作为"商品"通过技术市场进行交易。技术作为商品与国际技术贸易中的其他商品一样,具有价值和使用价值。

8.3.1　技术的含义

技术含义广泛。

1. 技术的概念

关于"技术",目前国际上尚无明确、统一的定义。"技术"一词源自希腊文的"Technologia",原意是指"应用科学"或"实现特定目标的科学方法"。目前,人们在定义什么是技术时,存在各种不同的解释,尤其是在不同的研究领域中,"技术"一词的含义是不同的。不同的专家学者或国际组织对技术所下的定义并无对错之分,只是有些可能会较多地采用,而有些则不大被人们所采用。下面介绍一些主要观点。

联合国工业发展组织把技术定义为:技术是制造一种或多种产品以及以此为目的而建立的一个企业、工厂时所需要的知识、经验和技能的总和。

世界知识产权组织 1997 年出版的《供发展中国家使用的许可证贸易手册》对技术的定义可以概括为:技术是人们在生产生活中制造某种产品、应用某种方法制造产品或提供服务的系统性知识。技术的表现形式既可以是文字、语言、表格、数据、公式、配方等有形形态,也可以是实际生产经验、个人技能或头脑中的观念等无形形态。

2. 技术贸易中技术的特性

技术贸易中的技术是一类特定技术,它是一种特殊商品,可以在国际市场上交换和流通。换句话说,它是一种特殊商品,可以在国际市场上交换和流通。换句话说,并非所有技术都是商品,有些技术已进入公有领域,属于人类共同的财富,不属于技术贸易的对象。概括起来,技术具有以下特征。

(1) 无形性。相对于一般商品而言,技术是无形的、非物质的知识。它是一种看不见、摸不着的东西,只能靠理性去把握。有些技术可以用语言来表达,而有些技术只存在于少数人的经验中。只有将其与一定的物质条件结合起来,才能转化成生产力。

(2) 系统性。技术是系统的知识,零星的技术知识不能称之为技术,只有关于产品的生产原理、设计、生产操作、设备安装调试、管理、销售等各个环节的知识、经验和技艺的综合,才能称之为技术。

(3) 商品性。技术是脑力劳动的产物,既可为发明技术的所有者使用,也可通过交换供他人使用,并获取相应的报酬。即技术不仅有使用价值,也有交换价值。

(4) 时间性。每项技术都有生命周期,即技术要经历生产、发展、普及应用及淘汰的过程。

科学技术对发展经济起着重要作用,科学技术是第一生产力。但是,科学并不是直接现实的生产力,同样,技术也不是直接的、现实的生产力,技术必须与一定的物质条件相结合才能转化成生产力。它们之间的关系是:科学—技术—商品,即只有利用技术制造出实际的商品并进入市场，实现其经济价值，才转化为生产力。在现实的经济生活中，诸多技术并不一定能够转化为商品。这是因为，技术活动不同于一般商品的生产，总有一部分研究与开发活动的技术成果不是为了交换或转让，而是为了满足某个企业或经济组织自身的需要，以生产具有竞争优势的产品。

3. 技术分类

依照不同的标准，从不同角度，可将技术划分为不同种类。

1) 从技术的公开程度划分

(1) 公开技术。公开发表的科学技术理论或研究成果，如在报纸杂志上发表的学术论文，在各种学术会议上宣读的学术报告等。这些科研成果可以不受限制地自由传播和无偿利用。因此，公开技术不是技术贸易的对象。

(2) 半公开技术。指受法律保护的专利。按有关法律的规定，专利技术的内容应该公开在法律规定的有效期内受法律保护。但发明人往往仅公开一部分内容，而对不影响其申请专利的某些核心内容加以保密，因此称为半公开技术。

(3) 秘密技术。指不受法律保护，仅靠发明者的保密手段加以保护的处于私密状态的技术。

2) 从技术的表现形态划分

(1) 软件技术。指以书面形式记述，存在于各种载体中，体现为计算机程序、设计图纸、工艺和方法等，这是一种无形的技术知识和技能。这些知识和技能是通过教育和自学获得，或经过长期生产实践和科学实验所累积的，也可能是通过技术贸易获得的。

(2) 硬件技术。指在生产过程中以物质形态出现的智能技术，主要反映在产品中，体现为机器、设备或仪器等，是实施一项软件技术必不可少的手段。

在国际技术贸易的范畴里，软件技术和硬件技术是密不可分的，在硬件的交易中必须含有软件交易的内容，否则仅视为机器设备或仪器等设备的货物贸易。

8.3.2　国际技术贸易的方式

由于技术商品本身所具有的特殊性质，如非物质化的存在形态；转让使用权的交易方式等，这就使得国际技术贸易在实践中形成了许多有别于有形商品的特殊贸易形式。了解这些贸易形式，无论对于技术输出者还是技术输入者都是十分重要的。

1. 许可贸易

许可贸易有时称为许可证贸易。它是指知识产权或专有技术的所有人作为许可方，通过与被许可方(或引进方)签订许可合同，将其所拥有的技术授予被许可方，允许被许可方按照合同约定的条件使用该项技术，制造或销售合同产品，并由被许可方支付一定数额的技术使用费用的技术交易行为。

"许可"的概念是从工业产权引起的。按有关法律的规定，在技术贸易中凡涉及工业产权内容的，都必须经过工业产权所有人的许可后方能使用。这种最初应用于专利权、商标权等工业产权的许可概念，也被推广应用到专有技术的交易中。通过许可协议，许可方允许被许可方取得其拥有的专利、商标或专有技术的使用权以及产品的制造权和销售权；被许可方则须支付使用费，并承担保密等项义务。许可贸易还常出现在补偿贸易中，一方提供的设备中含有专利或专有技术，该方以设备出口和技术许可的综合方式向对方提供技术设备，对方以该项设备生产的产品或其他产品补偿其技术和设备的价款。

根据许可贸易交易标的内容的不同以及许可范围和权限不同，许可贸易可以区分为不同种类。

根据许可贸易交易标的内容的不同，许可贸易可以分为四种基本类型：专利许可、商标许可、计算机软件许可和专有技术许可。在技术贸易中，四种方式有时单独出现，如单纯的专利许可或单纯的商标许可或单纯的专有技术转让，但多数情况下是以某两种或三种类型的混合方式出现。

根据许可范围和权限不同，许可贸易又可以分为：①独占许可。它是指在规定的期限和地域内，被许可方对转让的技术享有独占的使用权，即许可方自己和任何第三方都不得使用该项技术和销售该技术项下的产品。所以这种许可的技术使用费是最高的。②排他性许可，又称独家许可。指在规定的期限和地域内，被许可方和许可方自己都可使用该许可证项下的技术和销售该技术项下的产品，但许可方不得再将该项技术转让给第三方。排他性许可仅是排除第三方，而不排除许可方。③普通许可。指在规定的期限和地域内，除被许可方允许使用转让的技术和许可方仍保留对该项技术的使用权之外，许可方还有权再向第三方转让该项技术。普通许可是许可方授予被许可方权限最小的一种授权，其技术使用费也是最低的。④可转让许可，又称分许可。它是指被许可方经许可方允许，在规定的地域内，将其被许可所获得的全部或部分转售给第三方。通常只有独占性许可或排他性许可的被许可方才能获得这种可转让许可的授权。⑤互换许可，又称交叉性许可。它是指交易双方或各方以其所拥有的知识产权或专有技术，按各方都同意的条件互惠交换技术使用权，供对方使用。这种许可多适用于发明的专利权人和派生发明的专利权人之间。

前面三种方式在许可贸易中使用较为普遍。为了合理地选择许可贸易的方式，许可贸易双方当事人一般都是根据各自的经营意图，并按技术的性质和作用以及市场容量的大小，权衡利弊，协商确定。对于能够大量生产和大量销售的产品，在市场容量较大的情况下，则宜采用普遍许可或排他性许可的方式。因为在后一种情况下，产品有市场销路，被许可方则可因此节省技术使用费；对许可方来说，也可以从中增加收益，即使与被许可方形成竞争，也不至于严重影响产品的销售。

2. 特许经营

特许经营是最近二三十年迅速发展起来的一种新型技术转让方式。最早的特许经营形式是美国的零售汽油加工服务部，以后出现了连锁商店、饭店等形式。特许经营是指由一家已经取得成功经验的企业，将其商标、商号名称、服务方式、专利、专有技术、计算机软件以及经营管理的方法或经验转让给另一家企业的一项技术转让合同，后者有权使用前者的商标、商号名称、服务方式、专利、专有技术、计算机软件以及经营管理的方法或经验，但须向前者支付一定金额的特许费。

特许经营与一般许可贸易不同的是，特许专营权的接受方不仅要保证自己的产品达到与特许方产品相同的质量标准，而且在产品的形式与服务的风格上也应与之保持一致。签订特许专营合同的双方，均经营同样的行业，出售同样的产品，提供同样的服务，使用同样的商号、商标或服务标志，甚至商店的门面装潢、用具、职工的工作服、产品的制作方法、提供服务的方式都完全一样。例如，美国的麦当劳，在世界各地几乎都有专营权的接受者，但它们提供的服务同美国餐馆完全一样，汉堡包的整个制作和味道也别无二致。

目前国际上流行的特许专营权协议可分为三种类型：①特许经营产品销售。在这种协议下，接受许可方可以在某一指定的市场经营销售特许方已经创出牌子和声誉的某种产品，但须严格保持特许产品的质量和风格。②特许经营某种或某些服务项目。在这种协议下，接受许可方可以使用特许方的服务标志、服务诀窍和方法，专门经营某种服务业务。如希尔顿饭店的旅馆经营服务，就是通过这种协议在世界各地推广开的。③综合性特许经营。这是对上述两种形式的综合，包含更为复杂的内容。这里，接受特许方被授予的不仅是声誉、牌号或标志的使用权，而且还有配制、处理、加工产品的专门知识，以及全套产品的销售和服务权利。因此，这种特许经营包含有更多的技术转移成分。

在特许专营中，接受许可方一般在经营方式和产品制作技术上要受特许方的监督和控制，但接受特许的企业仍然是与特许方完全独立的企业，而不是后者的分支机构或子公司。特许方不保证接受特许方企业一定能获得利润，对其盈亏也不负责任。

3. 合作生产

合作生产，是指某一项产品或某一个工程项目，由双方或多方企业各自承担其中某些部分、部件的生产来共同完成全部项目的工业合作方式。当合作各方当事人分属于不同国家时，就成为国际性的合作生产。

合作生产作为一种国际技术贸易方式，它并不是一种独立的、基本的技术贸易方式。实际上它只不过是建立在各方合作生产目的之上的许可贸易和技术服务咨询而已。这种技术贸易的目的与单纯技术贸易不同，它是为各方的合作生产服务的。

各国企业合作生产某种产品，可能是由于技术、材料、设备等方面的限制，一方无力单独进行生产，需要外国合作者来共同完成目标；可能是一方本来可以单独完成，但由于某些技术或物质条件的限制，使产品某些部分的生产成本高、质量差或工期长，这样便可以邀请在这些部分具有专业技术优势的外国企业参与合作，各自发挥自己的优势，生产出成本低、质量优的产品。

通常，合作生产的双方或各方根据共同达成的协议，各自生产同一种产品的不同零部件，然后由一方装配为成品出售；或者由双方或多方按协议规定的规格和数量，分别生产对方所需要的零部件，然后互相交换，各自组装成自己的产品出售。显然，在这个过程中伴随着技术的转移，这种技术转移既可能是相互的，也可能是由其中一方提供统一的技术设计和标准，其他方按技术标准进行生产。无论哪种情况，先进技术在合作方之间的转移都是存在的。

4. 补偿贸易

补偿贸易是技术输出方向技术输入方提供制造某种产品的技术、机器设备、原材料或零部件、技术服务，在一段时间内，有输入方用进口技术或设备生产的产品或所得的收益偿付输出方的技术与设备价款的贸易方式。这种贸易方式是在 20 世纪 60 年代初期开始出现的一种特殊的国际贸易形式，是技术转让与信贷业务相结合的产物。近 20 年来发展很快，为许多国家所采用。

作为一种特殊的技术贸易形式，补偿贸易具有两个主要特点。

(1) 补偿贸易具有易货贸易的性质。即受让方用其产品或其他商品去换取出让方的技术和机器设备。但是补偿贸易不同于一般的易货贸易。在通常的情况下，易货贸易双方交换等值或一定比例的货物是一次性的，同时发生的，易货时间短，而且通常和技术的转让不发生直接联系。而补偿贸易首先进口的是能生产特定产品的机器设备和技术，到用该设备生产出产品补偿进口价款，需要一个较长的过程，少则半年或 1 年，长则 3 到 5 年。

(2) 补偿贸易具有延期付款的性质。设备与技术的受让方对出让方做出费用支付，不是在得到设备和技术的同时，而是要推迟一段时间。这实际上是一种延期支付的结算方式。或者说，技术与设备的出让方实际上向受让方提供了一笔中期或短期贷款。因为出让方为了维持自身的资金周转，往往又需向银行贷款。

总之，补偿贸易作为技术转移的一种手段，受到日益广泛的应用。其主要优点是它可以使技术需求方不用支付现汇就能获得先进、成熟的技术及机器设备，较快地形成新的生产力；对于技术出让方，它可以发挥其现有的销售渠道优势，转销补偿的产品，获得成熟技术多次转让的收益。它的主要缺点是，交易内容复杂，牵涉面广，既有生产结构与产品的对路问题，又有贷款与结算的问题。

除以上所叙述的四种形式，国际技术贸易还有两种重要方式，技术咨询和工程承包，将在下两节中详细讲述。

8.3.3 国际技术贸易方式的选择

对企业而言，技术贸易实际上是一种商务活动，对技术贸易方式的选择是企业管理、决策的重要组成部分，它可以使企业的技术资源不断得到扩充和改进，最大限度地发挥商业实用价值。因此，企业在进行技术贸易时，确定具体的目标很重要，具体目标指的是通过技术转让企业要达到什么样的目的。从引进技术的角度讲，具体目标包括解决技术难题、填补技术空白、开发新产品、进入国际市场等；从输出技术的角度讲，具体目标包括取得技术收益、扩大市场份额、提高产品知名度、利用技术作为投资手段等。只有交易双方都互相理解并尊重对方的目标和需求时才能签订双赢的技术协议。因此，认识并明确这些具体目标，才能从技术转让中获得最大的利益。在技术贸易中，虽然有许多因素对交易双方来说是共同的、相似的，但由于技术所涉及的范围极为广泛，而且彼此的存在形式及特性又各不相同，所以产生了适用贸易方式的不同，如举办合资企业可能要采取综合的技术贸易方式才能取得预期的效果和目标。专利就不一定非要通过许可贸易转让，采用特许经营转让会更合适些。因此，在选择技术贸易方式时要充分考虑企业的自身情况、技术特点及适宜它的贸易方式，在此基础上做出正确的选择。

此外，即使在可供选择的各种技术贸易方式下，对交易双方来讲，都会有利有弊，这是由技术贸易方式的不同特点决定的。这些利弊表现在技术转让方法、技术保密措施、技术评估、价格支付以及索赔、争议处理等方面。选择不同的转让方式，会导致收益和成本的不同，而根据利润最大化原则，技术贸易双方总是选择总体上经济效益最佳的技术贸易方式。如选择技术投资形式，将研究引入与开发的成果在国外投资设厂，降低加工、装配和运输过程的成本；而对于最新研制成功的技术，技术所有者一般先在国内生产，然后通过出口来满足国际市场的需求，或者通过在跨国公司内部转移，控制技术专有权，取得垄断利润和优势。

在进行技术决策时，企业除了要考虑自身利益外，更要依据我国技术贸易领域的法律条例，在法律范围内执行。这又涉及我国对技术引进和技术出口两方面的规定。我国对技术引进的管理为维护我方利益，根据我国实践经验并参考一些国家的立法，我国规定，引进合同中不得含有下列不合理的限制性条款：①要求受方接受同技术引进无关的附带条件，包括购买不需要的技术、技术服务、原材料、设备或产品；②限制受方自由选择从不同来源购买原材料、零部件或设备；③限制受方发展和改进所引进的技术；④限制受方从其他来源获得类似技术或与供方竞争的同类技术；⑤双方交换改进技术的条件不对等；⑥限制受方利用引进的技术生产产品的数量、品种或销售价格；⑦不合理地限制受方的销售渠道或出口市场；⑧禁止受方在合同期满后，继续使用引进的技术；⑨要求受方为不使用的或失效的专利支付报酬或承担义务。

依照我国法律规定，合同的引进方应自合同签订之日起的 30 天内，向审批机关报批。审批机关应在收到报批申请书之日起的 60 天内决定批准或不批准。审批机关逾期未予答复的，视为合同获得批准。经批准的合同自批准之日起生效，并由审批机关发给技术引进合同批准证书。在技术引进合同的履约过程中涉及税收和用汇问题，分别统一由国家税务局(涉及关税的由海关总署)和国家外汇管理局负责解决和管理。

我国以贸易渠道出口技术是从 20 世纪 80 年代开始的。1986 年，国家制定了我国技术出口的方针、原则和管理制度。我国技术出口应遵循以下六项原则。

  (1) 遵守我国的法律、法规；

  (2) 符合我国外交、外贸和科技政策并参照国际惯例；

  (3) 遵守我国对外签订的协议和所承担的义务；

  (4) 不得危害国家安全和社会公共利益；

  (5) 有利于促进我国对外贸易发展、科学技术进步以及经济技术合作；

  (6) 保护我国经济技术权益和我国产品在国际市场上的竞争地位。

8.4　技术咨询管理

  国际技术咨询服务合同，是指一方当事人用自己的技术和劳务，跨越国界地为另一方当事人完成一定的工作任务，或者跨越国界地派遣专家或以书面方式向另一方当事人提供咨询意见，并收取报酬；另一方当事人接受工作成果或者取得咨询意见并付给报酬的书面协议。提供技术、劳务或派遣专家，完成工作任务或者提供咨询意见的一方当事人成为供方；接受工作成果、取得咨询意见的一方当事人称为受方。

8.4.1　技术咨询的概念

  技术咨询是指独立的专家或专家小组或咨询机构作为服务方应委托方的要求，就某一个具体的技术课题向委托方提供技术分析、论证、预测和评价，提供技术报告，并由委托方支付一定数额的技术服务费的活动。它是就特定的技术课题提供的一种服务，是一种比较灵活的技术贸易方式。

  技术咨询与许可贸易不同。许可贸易是以技术成果为交易对象的，而技术服务和咨询则是以技术性服务为交易对象的。许可贸易的技术提供方所提供的技术是被其垄断的、新的、独特的或保密的技术，而在技术服务和咨询中，服务方所提供的技术多是一般技术。

  提供咨询服务的一方通常是独立的咨询公司。咨询公司的特点是，它受雇于需要技术服务的另一方，负责解决对方提出的技术课题，向对方提供顾问性意见，或为其完成某项具体的技术性工作。咨询公司提供服务范围很广，它可以是一项大工程，如核电站的规划设计、可行性研究；也可以是一项具体的产品，如一台发动机性能的改进；还可以是针对企业管理、产品销售和服务方面提供的改进意见，以及进行人员的技术培训指导等。

  技术咨询合同的标的是特定技术项目，特定技术项目一般包括宏观科技决策项目、管理系统和重大技术工程项目、专题技术项目、专业咨询项目等。完成技术咨询项目的方式有可行性论证、技术预测、专题技术调查、技术项目分析评价等。技术咨询的成果形式多为咨询报告。

8.4.2　技术咨询的特点

国际技术咨询具有以下四个特点。

1. 技术咨询不同于一般的咨询

技术咨询是针对特定项目和特定技术问题所提供的特种服务。其他咨询服务是针对技术以外的问题，如政治问题、法律问题、医疗保健问题都可以咨询，但不属于技术咨询。

2. 技术咨询所用的知识不同于专利

技术咨询所用的知识不要求新颖，也不要求是保密的知识。它要求现有的、成熟的、实用的，甚至是经验等一般知识，只要能解决约定的技术项目和技术问题就可以满足要求。因为，其一，需要技术咨询的项目或问题并不一定是新问题，有的可能是他人早已解决，而受方尚未解决的问题。其二，技术咨询一般不需要专利技术和技术秘密知识，也不需要通过签订专利实施许可合同或技术秘密转让合同加以解决。

3. 技术咨询机构是独立的

技术咨询的价值在于其科学性和可靠性，而科学性和可靠性来源于从事咨询的机构与人员的独立性。要对一个技术课题做出科学的判断，得出正确的结论，从事服务、咨询的机构和人员必须站在独立的立场上，排除外界利害关系的干扰，凭借高度的专业知识和职业标准进行工作，才能获得正确、客观的咨询结论和可靠的技术解决方案，因此，技术咨询机构的独立性是技术服务咨询产业的基本要求。

4. 技术咨询机构同受方的关系是买卖关系

技术咨询业务中，供方转移给受方的是咨询报告、技术方案及技术课题的解决结果等，提供给受方后，其所有权即属于受方，供方无权使用或允许其他人使用这些成果，有时技术咨询中也可能使用了某些技术秘密，要求供方承担保密义务，而并非对使用权的限制。所以，技术咨询类似于商品的买卖，与使用权的许可在性质上完全不同。

8.4.3　技术咨询的管理

咨询服务广泛应用于工程项目的建设中，目前无论是发达国家还是发展中国家的企业，在开始某个工程项目的建设以前，往往都与咨询公司签订合同，请它们提供技术咨询服务。当聘请咨询公司从事工程项目时，咨询公司是以雇主代理人身份行事的。它可以为雇主搞工程项目的可行性研究；搞基本设计和详细设计；或为雇主审核工程承包商的设计；制定招标任务书并负责办理招标和审查招标事宜；向雇主推荐分项工程的分包单位；选购技术先进、价格优惠的设备；监督工程进度、工程质量和工程成本，以及指导生产、经营和管理；等等。

8.5 工程承包管理

国际工程承包业是世界经济的重要领域之一，具有跨行业、跨地域、业务模式多样化的特点。进入 21 世纪，特别是我国加入世贸组织后，该市场不再有国内、国外之分。随着市场竞争在深度和广度上进一步白热化，我工程承包企业面临"资源配置全球化，市场竞争国际化"的严峻形势。

8.5.1 工程承包的概念

国际工程承包是指一个国家的政府部门、公司、企业或项目所有人(一般称工程业主或发包人)委托国外的工程承包人负责按规定的条件承担完成某项工程任务。国际工程承包是一种综合性的国际经济合作方式，是国际技术贸易的一种方式，也是国际劳务合作的一种方式。之所以将这种方式作为国际技术贸易的一种方式，是因为在国际承包工程项目建设过程中，包含有大量的技术转让内容，特别是项目建设的后期，承包人要培训业主的技术人员，提供所需的技术知识(专利技术、专有技术)，以保证项目的正常运行。

8.5.2 交钥匙工程承包

由于技术输入方基础差，有时单纯引进技术还不能生产出产品，这就需要技术输出方不仅仅提供技术，还需要承包几乎全部工程。从拟订建设方案、负责设备调试和人员培训等，全部由技术输出方承包下来，直到工厂建成、验收合格后才交给技术输入方接收生产。这种一揽子的技术转移，在国际上形象地称为"交钥匙"项目，为此签订的合同称为交钥匙合同。交钥匙合同又称"一揽子合同"，是指承包商从工程的方案选择、建筑施工、设备供应与安装、人员培训直至试生产承担全部责任的合同。也就是说，承包商自始至终对业主负责。工程竣工后，承包商只要交给业主工厂的钥匙，业主开门即可正式投入生产。

交钥匙合同是设计合同、许可合同、土木工程合同以及机械工程合同等构成的一个复杂整体。在交钥匙合同之外，常常同时加订技术援助合同、经营管理合同以及推销该厂产品合同等。交钥匙合同的标的物一般可以分为两类：一类是有形资产，包括厂房与机器设备等；另一类是无形资产，包括专利、商标和专有技术的使用权等。所以，交钥匙合同是成套工厂设备的买卖与技术转让结合在一起的合同。

正规的交钥匙合同，技术输出方只要将工厂的建筑物、机器设备以及书面技术资料移交给技术输入方，并经过试验，证明各项指标都已达到合同规定，该项目的所有权与风险即告转移于技术输入方。此时，技术输出方的合同义务即视为已履行，并应得到该项目的绝大部分价款。

8.5.3 我国对技术引进的管理

为维护我方利益，根据我国实践经验并参考一些国家的立法，我国规定，引进合同中不得含有下列不合理的限制性条款。

(1) 要求受方接受同技术引进无关的附带条件，包括购买不需要的技术、技术服务、原材料、设备或产品；

(2) 限制受方自由选择从不同来源购买原材料、零部件或设备；

(3) 限制受方发展和改进所引进的技术；

(4) 限制受方从其他来源获得类似技术或与供方竞争的同类技术；

(5) 双方交换改进技术的条件不对等；

(6) 限制受方利用引进的技术生产产品的数量、品种或销售价格；

(7) 不合理地限制受方的销售渠道或出口市场；

(8) 禁止受方在合同期满后，继续使用引进的技术；

(9) 要求受方为不使用的或失效的专利支付报酬或承担义务。

依照我国法律规定，合同的引进方应自合同签订之日起的 30 天内，向审批机关报批。审批机关应在收到报批申请书之日起的 60 天内决定批准或不批准。审批机关逾期未予答复的，视为合同获得批准。经批准的合同自批准之日起生效，并由审批机关发给技术引进合同批准证书。

本 章 小 结

(1) 国际技术贸易是指国家间的企业、经济组织或个人按一定的交易条件，将其技术许可或转让给不同国家的企业、经济组织或个人的活动，是跨越国界的一种技术转移方式。它由技术出口和技术进口引进两方面组成。换句话说，国际技术贸易是一种国家间的以纯技术的使用权为主要交易标的的商业行为。国际技术贸易的形式主要有许可贸易、特许经营、合作生产、补偿贸易、国际技术咨询和国际承包等。

(2) 技术贸易的特点是所交易的标的是非物质的无形知识，是在长期生产实践中积累的能够用于生产或有利于生产的系统知识。这种知识不仅具有使用价值，而且具有交换价值。因此，国际技术贸易与一般的国际货物贸易有很大的不同，具体表现在：交易标的性质不同、交易双方当事人不同、交货过程不同、交易次数不同、所涉及的问题和法律不同、政府干预程度不同等。

(3) 国际技术贸易的内容一般分为两类：一类是有工业产权的，即在一定的国家或地区，一定的期限内受到有关国家的法律保护，如专利和商标等的使用权；另一类是没有工业产权的专有技术的使用权，它不受上述法律的保护。

(4) 国际技术贸易有许多方式，有单纯引进技术的方式，如技术咨询、技术培训、许可证贸易等；有引进技术与引进设备相结合的技术贸易方式，如交钥匙、成套工程设备方式等；有引进技术与资金借贷安排与资本输入相结合的方式，如大型工程项目承包、合资经营等。

(5) 国际技术贸易合同是一方跨越国界将技术或技术使用权转让给另一方，另一方取得技术或技术使用权并支付价款或使用费；或者一方越过国界，以技术为另一方完成一定任务，另一方接受技术成果并支付报酬的协议。简言之，国际技术贸易合同就是在不同国家的当事人之间订立的以转让技术为标的的合同。

本章思考题

1. 国际技术贸易和国际货物贸易的区别和联系有哪些？
2. 专利和专有技术有什么不同？
3. 技术进步和国际技术贸易对本国经济发展有什么作用？
4. 简述商标权人的权利和义务。
5. 国际技术贸易主要的方式有哪些，它们分别有什么特点？

本 章 案 例

印度知识产权保护案

印度在独立以后的相当长的一段时间内，90%以上的印度制药业市场份额和所有权仍然掌握在外国公司手中。为了培育民族医药业，维护国民健康，印度政府采取了一系列促进性政策措施。1970 年的印度专利法第五节确认了程序专利(给予某一用以制造合成药物的程序以专利)，但并未确认产品专利(给予产品自身以专利)，即对于食品、药品的物质不授予专利，仅对制造方法授予专利。

1994 年，在世界贸易组织成员国商讨签署《知识产权协议》(TRIPS)的时候，印度医药界就对 TRIPS 的影响进行了评估。印度药品制造商协会 1994 年称 TRIPS 协定将导致药品价格上涨 5 到 20 倍。但印度政府还是签署了这份协议，主要是权衡考虑乌拉圭回合谈判的其他协议还是有利于印度利益。与此同时，印度也意识到 1970 年的专利法必须进行调整，由于当时议会休会，总统便颁布《1994 年专利(修订)条例》，以临时适应 TRIPS 的要求。1995

年 3 月印度临时适用的行政条例到期失效，永久条例又因议会被解散而没有建立起来，这一失效造成了印度与发达国家的矛盾。加入 TRIPS 后，印度政府在国内知识产权政策法规的调整上面临两难选择：一方面，印度应按照世界贸易组织的要求来重新立法；另一方面，却面对消费者、民族工业的强烈反对。最后印度政府因为没有及时调整国内政策而被欧美告到了世界贸易组织。

世界贸易组织判定印度没有执行 TRIPS，在世界贸易组织的监督下，印度做出了调整。

印度的知识产权保护案例，表明了面对知识产权问题的发展中国家的两难：一方面，作为世界贸易组织的成员，国内的法律与世贸组织的规则必须一致，这是成员的基本义务。另一方面，法制、法规的变革和政策的调整又会影响到国内某些利益。印度前总理英迪拉•甘地曾经讲过："医疗发明将不设专利权，生死之间不能牟利。"当时印度担心特许权使用费的支付和产品价格的上升会提高药品的成本，使得穷人无法承担就医的费用。

但有些发达国家，为了保护知识产权，不惜将其与国际贸易结合、挂钩，对于违背知识产权保护的国家进行交叉报复。中国知识产权保护体系的建立只用了十几年，就走完了一些国家几十年要走的路。但必须看到，这个体系和 WTO 的冲突是大量存在的。因此，入世后中国同样面临如何调整知识产权法律体系的问题。不能否认，我们在做调整的时候，经济上在不同层面或不同行业将因此受到负面影响。但最为明智的选择是在加入 WTO 之际及时调整相关立法，使制度层面的冲突降低到最小。

问题：

1. 发展中国家面对知识产权保护问题为什么会出现两难选择？

2. 印度的知识产权保护案例对中国是否有借鉴意义？

第 9 章　资金筹集管理

企业在选择筹资方式时，必须考虑以下几个方面：一是要保证投资利润高于筹资成本，以保证企业的经济效益；二是比较各种筹资方式可能带来的风险，选择风险比较小的；三是结合资本市场状况和企业的经营现状，分析各种筹资方式的可行性；四是减少资金成本，综合运用多种筹资方式加以优化组合，合理提升筹资结构，使得筹资结构朝低风险、高稳定性的市场化方向不断前进。因此，本章重点阐述筹资途径、成本、结构和风险。

9.1　企业筹资管理概述

企业的财务活动是以筹集企业必需的资金为前提的，企业的生存与发展离不开资金的筹措。筹措资金不仅是财务管理的重要方面，有时也是企业最高管理层面临的最大难题，管理是否恰当，对财务管理的全过程都会产生重要影响。

9.1.1　企业筹资的基本概念

1. 企业筹资的概念

企业筹资是指企业根据其生产经营、对外投资及调整资金结构等活动对资金的需要，通过一定的渠道，采取适当的方式，获取所需资金的一种行为。

从这个定义中，我们可以看到任何企业都是按照一定的筹资要求来满足其筹资目的的。

1) 企业筹资的目的

企业筹资的基本目的是满足正常的生产经营需要，但每次具体的筹资活动则往往是受特定动机的驱使。企业筹资的具体动机归纳起来有四类。

(1) 新建筹资动机。这是指企业在新建时为满足正常生产经营活动所需的铺底资金而产生的筹资动机。企业新建时，要按照经营方针所确定的生产经营规模核定固定资金需要量和流动资金需要量，同时筹措相应的资本金，资本金不足部分即需筹集短期或长期的银行借款(或发行债券)。

(2) 扩张筹资动机。这是指企业因扩大生产经营规模或追加对外投资而产生的筹资动机。具有良好发展前景、处于成长时期的企业通常会产生扩张筹资动机。例如，企业生产经营的产品供不应求，需要购置设备增加市场供应；开发生产适销对路的新产品，需要引进技术；扩大有利的对外投资规模；开拓有发展前景的对外投资领域；等等。扩张筹资动机所产生的直接结果是企业的资产总额增加。

(3) 偿债筹资动机。这是指企业为了偿还某项债务而形成的借款动机。偿债筹资有两种情况：一是调整性偿债筹资，即企业具有足够的能力支付到期旧债，但为了调整原有的资本结构，举借一种新债务，从而使资本结构更加合理；二是恶化性偿债筹资，即企业现有的支付能力已不足以偿付到期旧债，被迫举借新债还旧债，这表明企业财务状况已经恶化。

(4) 混合筹资动机。企业既需要扩大经营的长期资金又需要偿还债务的现金而形成的筹资动机，即混合筹资动机。这种筹资包含了扩张筹资和偿债筹资两种动机，其结果既会增大企业资产总额，又能调整企业资本结构。

2) 企业筹资的要求

企业筹集资金的基本要求是讲求资金筹集的综合经济效益。具体要求如下。

(1) 合理确定资金需要量，努力提高筹资效果。

不论通过什么渠道、采取什么方式筹集资金，都应该预先确定资金的需要量，既要确定流动资金的需要量，又要确定固定资金的需要量。筹集资金固然要广开财路，但必须要有一个合理的界限。要使资金的筹集量与需要量相适应，防止筹资不足而影响生产经营或筹资过剩而降低筹资效益。

(2) 周密研究投资方向，大力提高投资效果。

投资是决定应否筹资和筹资多少的重要因素之一。投资收益与筹资成本相权衡，决定着要不要筹资，而投资规模则决定着筹资的数量。因此，必须确定有利的资金投向，才能做出筹资决策，避免不顾投资效果的盲目筹资。

(3) 适时取得所筹资金，保证资金投放需要。

筹集资金要按照资金投放使用的时间来合理安排，使筹资与用资在时间上相衔接，避免取得资金滞后而贻误投资的有利时机，也要防止取得资金过早而造成投放前的闲置。

(4) 认真选择筹资来源，力求降低筹资成本。

企业筹集资金可以采用的渠道和方式多种多样，不同筹资渠道和方式的筹资难易程度、资本成本和财务风险各不一样。因此，要综合考察各种筹资渠道和筹资方式，研究各种资金来源的构成，求得最优的筹资组合，以便降低组合的筹资成本。

(5) 合理安排资本结构，保持适当偿债能力。

企业的资本一般由权益资金和债务资金构成。企业负债所占的比率要与权益资金多少和偿债能力高低相适应。要合理安排资本结构，既防止负债过多，导致财务风险过大，偿债能力不足，又要有效地利用负债经营，借以提高权益资金的收益水平。

(6) 遵守国家有关法规，维护各方合法权益。

企业的筹资活动影响着社会资金的流向和流量，涉及有关方面的经济权益。企业筹集资金必须接受国家宏观指导与调控，遵守国家有关法律法规，实行公开、公平、公正的原则，履行约定的责任，维护有关各方的合法权益。

2. 企业筹资的分类

1) 按资金使用期限的长短分类

按照资金使用期限的长短，可把企业筹集的资金分为短期资金与长期资金两种。

(1) 短期资金。

一般是指供一年以内使用的资金。短期资金常采取利用商业信用和取得银行流动借款等方式来筹集。

(2) 长期资金。

一般是指供一年以上使用的资金。长期资金通常采用吸收投资、发行股票、发行公司债券、长期借款、融资租赁和内部积累等方式来筹集。

2) 按资金的来源渠道分类

按照资金的来源渠道不同，可将企业资金分为所有者权益和负债两大类。

(1) 所有者权益。

企业通过发行股票，吸收直接投资，内部积累等方式筹集的资金都属于企业的所有者权益。所有者权益一般不用还本，因而称之为企业的自有资金，主权资金或权益资金。企业采用吸收自有资金的方式筹集资金，财务风险小，但付出的资金成本相对较高。

(2) 负债。

企业通过发行债券，向银行借款，融资租赁等方式筹集的资金属于企业的负债，到期要归还本金和支付利息，因而又称之为企业的借入资金或负债资金。企业采用借入资金的方式筹集资金，一般承担较大风险，但相对而言，付出的资金成本较低。

9.1.2　企业筹资必须考虑的因素与原则

企业在筹资过程中，必须对影响筹资活动的各种因素进行分析，并遵循一定的筹资原则，以提高筹资效率，降低筹资风险与筹资成本，并最终实现筹资目标。

1. 影响筹资活动的因素

1) 经济因素

经济因素是指影响企业筹资的成本、效益或风险的因素。主要有：①投资项目及其收益与风险；②筹资自身的成本与风险。

2) 非经济因素

非经济因素是指不直接涉及筹资收益与成本的相关因素。一般包括以下几个方面：①筹资的便捷程度；②筹资规模的大小；③所筹资金使用时间的长短；④筹资的社会效应；⑤所筹资金使用的约束程度；⑥筹资对企业控制权的影响。

2. 企业筹资的原则

1) 规模适当原则

不同时期企业的资金需求量并不是一个常数，企业财务人员要认真分析科研、生产和经营状况，采用一定的方法，预测资金的需要数量，合理确定筹资规模。

2) 筹措及时原则

企业财务人员在筹集资金时必须熟知资金时间价值的原理和计算方法，以便根据资金需求的具体情况，合理安排资金的筹集时间，适时获取所需资金。

3) 来源合理原则

资金的来源渠道和资金市场为企业提供了资金的源泉和筹资场所，它反映资金的分布状况和供求关系，决定着筹资的难易程度。不同来源的资金，对企业的收益和成本有不同影响，因此，企业应认真研究资金来源渠道和资金市场，合理选择资金来源。

4) 方式经济原则

在确定筹资数量、筹资时间、资金来源的基础上，企业在筹资时还必须认真研究各种筹资方式。企业筹集资金必然要付出一定的代价，不同筹资方式条件下的资金成本有高有低。为此，就需要对各种筹资方式进行分析对比，选择经济、可行的筹资方式以确定合理的资金结构，以便降低成本，减少风险。

9.1.3　企业资金需要量预测

企业在筹资之前，应当采用一定的方法预测资金需要数量，只有这样，才能使筹集来的资金既能保证满足生产经营的需要，又不会有太多的闲置。现介绍预测资金需要量常用的方法。

1. 定性预测法

定性预测法是指利用直观的资料，依靠个人的经验和主观分析、判断能力，预测未来资金需求量的方法。这种方法通常在企业缺乏完备、准确的历史资料情况下采用的。其预测过程是：首先由熟悉财务情况和生产经营情况的专家，根据过去所积累的经验，进行分析判断，提出预测的初步意见；然后，通过召开座谈会或发出各种表格等形式，对上述预测的初步意见进行修正补充。这样经过一次或几次以后，得出预测的最终结果。

定性预测法是十分有用的，但它不能揭示资金需要量与有关因素之间的数量关系。例如，预测资金需要量应和企业生产经营规模相联系。生产规模扩大，销售数量增加，会引起资金需求增加；反之，则会使资金需求量减少。

2. 定量预测法

定量预测法是以历史资料为依据，采用数学模型对未来时期资金需求量进行预测的方法。定量预测的方法有很多，这里只简单介绍比率预测法。

比率预测法是指以一定财务比率为基础，预测未来资金需要量的方法。能用于预测的比率可能会很多，如存货周转率、应收账款周转率等，但最常用的是资金与销售额之间的比率。以资金与销售额的比率为基础，预测未来资金需要量的方法，就是销售百分率法。

计算外界资金需要量的基本步骤如下所述。

(1) 区分变动性项目(随销售收入变动而呈同比率变动的项目)和非变动性项目。通常变动性项目有：货币资金、应收账款、存货等流动性资产。非变动性项目有：固定资产、对外投资等固定性资产。

(2) 计算变动性项目的销售百分率。计算公式为

$$变动性项目的销售百分比 = \frac{基期变动性资产(或负债)}{基期销售收入}$$

(3) 计算需追加的外部筹资额。计算公式为

$$外界资金需要量 = 增加的资产 - 增加的负债 - 增加的留存收益$$

其中：

增加的资产=增量收入×基期变动资产占基期销售额的百分比

增加的负债=增量收入×基期变动负债占基期销售额的百分比

增加的留存收益=预计销售收入×销售净利率×收益留存率

对于增加的留存收益，应该采用预计销售收入计算，并且《公司法》规定企业应当按照当期实现的税后利润的10%计提法定公积金，5%计提法定公益金，所以销售留存率不会小于15%。

9.2　企业筹资途径

企业筹资途径是指企业用何种形式取得资金，即企业取得资金的具体形式。企业对不同渠道可以用不同方式筹集，即使是同一渠道的资金也可选择不同的筹资方式。企业筹资方式的选择直接影响到企业的资本结构，影响企业经营模式以及重大经营决策的选择，因而要求企业必须结合实际情况选择适当的筹资方式。

9.2.1　企业筹资渠道与方式

企业筹资活动需要通过一定的渠道并采用一定的方式来完成。我国市场经济的快速发展，使得企业筹资渠道及筹资方式呈现多样化的局面。

1. 筹资渠道

筹资渠道是指筹集资金的方向与通道，体现为企业资金的来源，它属于企业资金供应

的范畴。我国企业目前筹资渠道主要包括：国家财政资金、银行信贷资金、非银行金融机构资金、其他企业资金、居民个人资金、企业自留资金等。

2．筹资方式

筹资方式是指企业筹措资金所采用的具体形式或手段。我国企业目前筹资方式主要有以下几种：吸收直接投资、发行股票、利用留存收益、向银行借款、利用商业信用、发行公司债券、融资租赁等。其中：利用前面三种方式筹措的资金为权益资金；利用后面四种方式筹措的资金为负债资金。

3．筹资渠道与筹资方式的对应关系

筹资渠道解决的是资金来源问题，筹资方式则解决通过何种方式取得资金的问题，它们之间存在一定的对应关系。一定的筹资方式可能只适用于某一特定的筹资渠道，但是同一渠道的资金往往可采用不同的方式去取得。它们之间的对应关系，如表 9-1 所示。

表 9-1　筹资方式与筹资渠道的对应关系

	吸收直接投资	发行股票	银行借款	发行债券	商业信用	融资租赁
国家财政资金	√	√				
银行信贷资金			√			
非银行金融机构资金	√	√	√	√		
其他企业资金	√		√	√	√	√
居民个人资金	√	√		√		
企业自留资金	√	√				
外商资金	√	√				√

9.2.2　权益资金的筹集

权益资金的筹集方式主要有吸收直接投资、发行普通股、发行优先股和留存收益等。

1．吸收直接投资

吸收直接投资是指企业按照"共同投资、共同经营、共担风险、共享利润"的原则直接吸收国家、法人、个人投入资金的一种筹资方式。它不以股票为媒介，适用于非股份制企业。吸收直接投资可以采用多种形式，从出资者的出资形式看，主要有四种类型：吸收现金投资、吸收实物投资、吸收工业产权投资和吸收土地使用权投资。

1) 吸收直接投资的优点

(1) 有利于提高企业对外负债能力。吸收直接投资所筹集的资金属于自有资金，自有资金与债务资金相比，它能增强企业的信誉和借款能力。吸收的直接投资越多，举债能力就

越强。

(2) 有利于尽快形成企业生产经营能力。吸收直接投资可以直接获取投资者的先进设备和先进技术，有利于尽快形成企业生产经营能力，尽快开拓市场。

(3) 有利于降低财务风险。吸收直接投资所筹资金属自有资金，不需支付利息和偿还本金，不存在偿债风险。可根据企业经营状况好坏，向投资者支付较多或较少的报酬，比较灵活，所以财务风险较小。

2) 吸收直接投资的缺点

(1) 资金成本较高。投资者投资主要是为了获利，作为被投资企业来讲，应支付较高的投资报酬。特别是企业经营状况较好和盈利较强时，更是如此，因为向投资者支付的报酬是根据其出资的数额和企业实现利润的多少来计算的。

(2) 企业控制权容易分散。因为投资者的投资目的不尽相同，有的是为了单纯获利，而有的则是为了取得被投资企业的控制权，当投资者的投资数额达到一定比率时就会获得相应的控制权和管理权，从而会威胁到原投资者的权限。

2. 发行普通股

股票是股份公司为筹集自有资金而发行的有价证券，是投资人投资入股以及取得股利的凭证，它代表了股东对股份制公司的所有权。

1) 普通股筹资的优点

(1) 利用普通股集资，负担较轻，没有固定股利负担，公司有盈利可以分配给股东，如果没有盈利或盈利较小，可以不付或少付。

(2) 利用普通股集资，具有永久性特点，可取得永久性资金，使用时间很长，没有固定的到期日期，也无须到期归还，除非是公司被清算。

(3) 利用普通股集资，无固定股利负担，可永久性使用，因此，集资风险较小。

(4) 利用普通股集资，比优先股或债券集资限制小，可增强公司经营的灵活性。

2) 普通股的主要缺点

(1) 发行普通股的成本一般高于债务资金，因为股利要从税后盈余中支付，而且发行费用也较其他证券高，因此，资金成本较高。

(2) 发行普通股增加了新股东，导致分散和削弱公司控股权。

(3) 发行普通股使更多的股东分享公司盈利，从而降低原股东收益。

3. 发行优先股

优先股是指股份公司发行的优先于普通股份分派股利和公司剩余财产的股票，优先股是一种特别股票。它与普通股有许多相似之处，但又具有债券的某些特征，从法律角度来讲，优先股属于自有资金。优先股的性质是一种双重性质的证券，它虽属自由资金，但却兼有债券性质。

1) 优先股筹资的优点

(1) 优先股没有固定的到期日，不用偿还本金。但大多数优先股又附有收回条款，这就使得使用这种资金更有弹性。当财务状况较弱时发行，而财务状况较强时收回，有利于结合资金需求，同时也能控制公司的资本结构。

(2) 股利的支付既固定，又有一定弹性。一般而言，优先股都采用固定股利，但固定股利的支付并不构成公司的法定义务。如果财务状况不佳，则可暂时不支付优先股股利。

(3) 从法律上讲，优先股属于自有资金，因而，优先股扩大了权益基础，可增加公司的信誉，增强公司偿付债务的能力，吸引更多的借入资金。

(4) 优先股的发行，不会改变普通股股东对公司的控制权。通常优先股股东不能参与公司经营管理，这就保证了普通股股东对公司的控制权。

2) 优先股筹资的缺点

(1) 优先股筹资的成本较高。优先股的股利要从税后利润中支付，不同于债务利息可在税前扣除，且优先股筹资风险也较大，公司发行优先股筹资，需承担较高的股利支付额。

(2) 发行优先股有时会影响普通股的利益。由于优先股先于普通股分配利润，在公司盈利额不多时，为保证优先股的固定利率，普通股股东可能无股利。在清偿公司剩余财产时，也可能会发生上述情况。

(3) 优先股筹资的限制较多。发行优先股，通常有许多限制条款，例如，对普通股利支付上的限制，对公司借债限制等。

4. 留存收益

它是指企业内部形成的资金，也称企业内部资金，主要包括计提折旧、提取公积金和未分配利润等。企业自留资金是企业生产经营资金的重要的补充来源。这些资金的重要特征之一是，他们无须企业通过一定的方式来筹集，而直接由企业内部自动生成或转移。

9.2.3 负债资金的筹集

企业负债资金的筹集主要有银行借款、发行债券、融资租赁、商业信用等方式。

1. 银行借款

银行借款是指企业根据借款合同从有关银行或非银行金融机构借入的需要还本付息的款项。银行借款的种类很多，按不同标准可进行不同的分类。按借款期限将其分为短期借款、中期借款和长期借款；按借款是否需要担保，将其分为信用借款、担保借款和票据贴现；按提供贷款的机构将其分为政策性银行贷款、商业银行贷款和其他金融机构贷款。

1) 银行借款的优点

(1) 筹资迅速。银行借款所办理的手续相对于股票债券等方式较为简单，具有程序简便，迅速快捷的特点。

(2) 借款弹性较大。无论是用款进度，还是还款安排，由于只和某一银行进行协商，因此，有利于企业按自身的要求和能力来变更借款数量与还款期限，对企业具有一定的灵活性。

(3) 资金成本低。由于利息在税前开支，且间接筹资费用低，因此，其债务成本相对较低。

(4) 易于企业保守财务秘密。向银行办理借款，可以避免向公众提供公开的财务信息，保守企业财务秘密。

2) 银行借款筹资的缺点

(1) 筹资风险大。企业举借长期借款，必须定期还本付息，在经营不利的情况下，可能会产生不能偿付的风险，甚至会导致破产。

(2) 限制条款多。银行为保证贷款的安全性，对借款的使用附加了很多约束性条款，这些条款在一定意义上限制了企业自主调配与运用资金的功能。

(3) 筹资数量有限。长期借款与股票、债券等直接筹资方式相比，筹资数量相对有限。

2. 发行债券

债券是社会各类经济主体为筹集资金而向投资人出具的、承诺按一定利率定期支付利息，并到期偿还本金的债权债务凭证。发行债券是企业筹集资金的一种重要方式。

1) 债券筹资的优点

(1) 资金成本较低。债券发行费用比股票低，而且债券的利息费用可在税前支付，起到了抵减税款的作用，使得债券实际筹资成本较低。

(2) 保障股东控制权。债券持有人并非公司股东，无权参与公司经营管理，只能从公司获取固定利息。因而发行债券不会影响股东对公司的控制权。

(3) 可利用财务杠杆作用。由于债券的利息是固定的，且在所得税前支付。公司如能保证债券所筹集的资金是投资收益率高于债券利息率，可以使更多的收益用于分配给股东，或留归企业以扩大经营。

2) 债券筹资的缺点

(1) 筹资风险高。债券筹资除了要支付固定的利息，还要在到期日偿还全部本金。债券的还本付息增加了公司的财务压力。如果公司经营状况不佳，特别是投资收益率低于债券利息率时，公司就会背上沉重的负担，此种状况持续一段时间后，公司就会出现无力偿还债务的局面，最终可能导致破产。

(2) 限制条件多。债券筹资的限制条件比长期借款、租赁筹资的限制条件要多，这种限制可能影响企业的投资收益以及以后的筹资能力。

(3) 筹资额有限。利用债券筹资有一定的限度，当公司的负债比率超过一定程度后，债券筹资的成本会迅速上升，风险增大，会导致债券难以发行。

3. 融资租赁

租赁是指在约定的期间内，出租人将资产使用权租让给承租人以获取租金的一种契约行为。

1) 融资租赁的优点

(1) 可迅速获得所需设备。企业购买设备一般是先筹资而后购买，而融资租赁是将融资与购物并行，企业可迅速获得所需设备投入运营，并很快形成生产能力。

(2) 增加筹资灵活性。与发行债券、长期借款相比融资租赁可避免许多限制性条款，从而为企业经营活动提供了更大的弹性空间。

(3) 减轻财务负担。由于租金可在整个租赁期内分期支付，所以能够降低企业财务负担、稳定收益水平；另外，租金作为经营费用可抵减企业税负。

(4) 免遭设备陈旧过时的风险。因为设备的租赁期通常短于设备的法定使用年限，这实际上等于加速了折旧，承租企业能享受税收优惠。

(5) 租赁为企业提供了新的资金来源。如果企业负债比率过高，那么，融资租赁比借款更容易获得。采用融资租赁可使企业在资金不足而又急需设备时，不付出大量资金就能及时得到所需设备。

2) 融资租赁的缺点

(1) 租金高。出租人通过租金获得的报酬率一般要高于债券利息率。

(2) 丧失资产的残值。租赁期满后，租赁的资产一般归出租方。如果租用资产的残值仍较大，这对承租方而言无疑将是一个损失。但若承租方届满后团购，则可享有残值。

(3) 难以改良资产。未经出租人同意，承租人不得擅自对租赁资产加以改良，势必影响资产发挥更大的功能。

4. 商业信用

商业信用是指商品交易中以延期付款或预收货款进行购销活动而形成的借贷关系，它是公司间直接的信用行为。商业信用产生于商品交换之中，其具体形式主要是应付账款、应付票据、预收账款等。据有关资料统计，这种短期筹资在许多公司中占短期负债的 40% 左右，它已成为公司重要的短期资金来源。

1) 商业信用筹资优点

(1) 筹资便利。取得商业信用非常方便，不需做复杂的安排，可随着商品购销而享受信用、归还款项。

(2) 筹资成本低。如果没有现金折扣或企业不放弃现金折扣，则利用商业信用不发生筹资成本。

(3) 限制条件少。商业信用比其他筹资方式条件宽松，无须担保或抵押，选择余地大。

2) 商业信用筹资缺点

商业信用筹资的期限较短，如果取得现金折扣则时间更短；如果放弃现金折扣，则须负担很高的筹资成本。

9.2.4　筹资方法的选择

企业选择筹资方案必须有两个前提条件：一是假设所有的企业的经营都是有效的；二是要有比较完整的资金市场，即要有一个反应灵敏、调节有效、渠道多样、流动性强的资金市场。一般而言，筹资方法的选择大致有以下两种。

1. 比较筹资的代价

企业在筹资活动中，为了获得资金必须付出一定的代价，比较筹资代价的方法有三个方面的内容。

(1) 比较各种资金来源的资金成本。

(2) 比较筹资条件。各种投资人提出的各种附加条件，如出资者给予投资，可能要求购置其设备或者优惠供应某种产品等。

(3) 比较筹资的时间代价。企业在筹资中，不同的资金来源所花费的筹资工作的时间不同，以及不同资金来源在使用的期限上也有长短，这些都会引起在时间上的差别。

2. 比较筹资的机会

1) 比较筹资的实施机会

企业筹资在迅速变化的资金市场上进行时机选择，主要有两个方面的内容：一是比较具体的筹资时间，就是确定在什么时候筹资最佳。二是比较定价时机，即对债券、股票的定价要做适时的选择。资金的实施机会选择主要由主管财务人员在投资银行的帮助下，根据当时的情况做出决定。

2) 比较筹资的风险程度

企业筹资面临两方面的风险：一是企业自身经营上的风险，二是资金市场上的风险。进行筹资决策时，必须将不同的筹资方案的综合风险进行比较，选择最优的方案。

9.3　筹 资 成 本

资金是任何社会经济单位进行经济活动的直接动力。在通常情况下，资金短缺是制约一个企业同其他社会经济单位之间进行经济活动的瓶颈。因此，企业如何以最小的代价筹措到适当期限、适当额度的资金，解决瓶颈问题就显得十分重要。

9.3.1 筹资成本的基本概念

要计算分析好筹资成本，首先得弄清筹资成本的一些基本概念。

1. 筹资成本的概念

筹资成本是指企业为筹集和使用资金而付出的代价，包括用资费用、筹资费用和特定条件下的机会成本三部分。

用资费用是指企业在生产经营、投资过程中因使用资金而付出的费用，如股利和利息等；筹资费用是指企业在筹措资金过程中为获取资金而付出的费用，如向银行借款支付的手续费、证券发行费等；特定条件下的机会成本是指企业从内部所筹资金形成的机会成本。

2. 筹资成本的作用

筹资成本在企业筹资、投资和经营活动过程中具有以下作用。

1) 筹资成本是企业筹资决策的重要依据

企业的资本可以从各种渠道，如银行信贷资金、民间资金、企业资金等来源取得，其筹资的方式也多种多样，如吸收直接投资、发行股票、银行借款等。但不管选择何种渠道，采用哪种方式，主要考虑的因素还是资本成本。

2) 筹资成本是确定最优资金结构的主要参数

通过不同渠道和方式所筹措的资本，将会形成不同的资本结构，由此产生不同的财务风险和资本成本。所以，资本成本也就成了确定最佳资本结构的主要因素之一。

3) 筹资成本是影响企业筹资总额的重要因素

随着筹资数量的增加，资本成本将随之变化。当筹资数量增加到增资的成本大于增资的收入时，企业便不能再追加资本。因此，资本成本是限制企业筹资数额的一个重要因素。

4) 筹资成本是评价和选择投资项目的重要标准

资本成本实际上是投资者应当取得的最低报酬水平。只有当投资项目的收益高于资本成本的情况下，才值得为之筹措资本；反之，就应该放弃该投资机会。

5) 筹资成本是衡量企业资金效益的临界基准。

如果一定时期的综合资本成本率高于总资产报酬率，就说明企业资本的运用效益差，经营业绩不佳；反之，则相反。

3. 筹资成本的影响因素

影响筹资成本的因素很多且经常变化的。主要有以下几种。

1) 总体经济环境

总体经济环境决定了整个经济中资本的供给和需求，以及预期通货膨胀的水平。总体经济环境变化的影响，反映在无风险报酬率上。显然，如果整个社会经济中的资金需求和供给发生变动，或通货膨胀水平发生变化，投资者也会相应改变其所要求的收益率。具体说，如果货币需求增加，而供给没有相应增加，投资人便会提高其投资收益率，企业的资本成本就会上升；反之，则会降低其要求的投资收益率，使资本成本下降。如果预期通货膨胀水平上升，货币购买力下降，投资者也会提出更高的收益率来补偿预期的投资损失，导致企业资本成本上升。

2) 证券市场条件

证券市场条件影响证券投资的风险。证券市场条件包括证券的市场流动难易程度和价格波动程度。如果某种证券的市场流动性较差，投资者想买进或卖出证券相对困难，变现风险加大，要求的收益率就会提高；或者虽然存在对某证券的需求，但其价格波动较大，投资的风险大，要求的收益率也会提高。

3) 企业内部的经营和融资状况

企业内部的经营和融资状况指经营风险和财务风险的大小，经营风险是企业投资决策的结果，表现在资产收益率的变动上；财务风险是企业筹资决策的结果，表现在普通股收益率的变动上，如果企业的经营风险和财务风险大，投资者便会有较高的收益率要求。

4) 融资规模

企业的融资规模大，资本成本较高。比如，企业发行的证券金额很大，资金筹集费和资金占用费都会上升，而且证券发行规模的增大还会降低其发行价格，由此也会增加企业的资本成本。

9.3.2 筹资成本的计算

筹资成本的计算需要根据不同情况采用不同的方法。

1. 个别资金成本

个别资金成本是指各种筹资方式的成本，主要包括债券成本、银行借款成本、优先股成本、普通股成本和留存收益成本，前两者可统称为负债资金成本，后三者统称为权益资金成本。

1) 债券成本

债券成本中的利息在税前支付，具有减税效应，但筹资费用一般较高，其计算公式为

债券成本=年利息×(1-所得税税率)/[债券筹资额×(1-债券筹资费率)]

其中，年利息=债券面值×债券票面利息率。债券筹资额按实际发行价格确定。

2) 银行借款成本

银行借款成本中的利息也在税前支付，具有减税效应，且借款手续费较低，其计算公式为

银行借款成本=年利息×(1-所得税税率)/[筹资总额×(1-借款筹资费率)]

3）优先股成本

优先股筹资作为权益性筹资，它同普通股筹资、留存收益筹资一样不具有减税效应，因此其成本也不作税收扣除。优先股成本的计算公式为

优先股成本=优先股每年的股利/[发行优先股总额×(1-优先股筹资费率)]

4）普通股成本

在每年股利固定的情况下，采用股利折现模型计算普通股成本的公式为

普通股成本=每年固定股利/[普通金额×(1-普通股筹资率]

在固定股利增长率的情况下，采用股利折现模型计算普通股成本的公式为

普通股成本=[第一年股利/普通股金额×(1-普通股筹费率)]+股利固定增长率

5）留存收益成本

留存收益成本除了无筹资费用外，基本同于普通股成本。普通股股利固定情况下：

留存收益成本=每年固定股利/普通股金额

普通股股利在固定增长率递增情况下：

留存收益成本=第 1 年股利/普通股金额+年增长率

2. 加权平均资金成本

加权平均资金成本是指分别以各种资金成本为基础，以各种资金占全部资金的比重为权数计算出来的综合资金成本。它是综合反映资金成本总体水平的一项重要指标。其计算公式为

加权平均资金成本=∑(某种资金占总资金的比重×该种资金的成本)

3. 资金的边际成本

资金的边际成本是指资金每增加一个单位而增加的成本。资金边际成本也是按加权平均法计算的，是追加筹资时所使用的加权平均成本。企业无法以某种固定资金成本来筹措无限的资金，当其筹集的资金超过一定限度时，原来的资金成本就会增加。在企业追加筹资时，需知道筹资额在什么数额上便会引起资金成本怎样的变化，这就要用到资金边际成本来决策。

资金的边际成本的计算主要按照以下步骤：①确定公司最优的资金结构；②确定各种筹资方式的资金成本；③计算筹资总额分界点；④计算资金的边际成本。

筹资总额分界点= 某种筹资方式的成本分界点/目标资金结构中该种筹资方式所占比重

9.3.3　筹资成本的分析和应用

企业筹资成本经过计算后应进行认真的分析，区别对待。

1. 筹资成本的分析

筹资成本分析应区别情况进行。

1) 长期借款成本

长期借款指借款期在 5 年以上的借款，其成本包括两部分，即借款利息和借款费用。一般来说，借款利息和借款费用高，会导致筹资成本高，但因为符合规定的借款利息和借款费用可以计入税前成本费用扣除或摊销，所以能起到抵税作用。例如，某企业取得 5 年期长期借款 200 万元，年利率 11%，筹资费用率 0.5%，因借款利息和借款费用可以计入税前成本费用扣除或摊销，企业可以少缴所得税 36.63 万元。

2) 债券成本

发行债券的成本主要指债券利息和筹资费用。债券利息的处理与长期借款利息的处理相同，即可以在所得税前扣除，应以税后的债务成本为计算依据。例如，某公司发行总面额为 200 万元 5 年期债券，票面利率为 11%，发行费用率为 5%，由于债券利息和筹资费用可以在所得税前扣除，企业可以少缴所得税 39.6 万元。若债券溢价或折价发行，为更精确地计算资本成本，应以实际发行价格作为债券筹资额。

3) 留存收益成本

留存收益是企业缴纳所得税后形成的，其所有权属于股东。股东将这一部分未分派的税后利润留存于企业，实质上是对企业追加投资。如果企业将留存收益用于再投资，所获得的收益率低于股东自己进行另一项风险相似的投资所获的收益率，企业就应该将留存收益分派给股东。留存收益成本的估算难以债券成本，这是因为很难对企业未来发展前景及股东对未来风险所要求的风险溢价做出准确的测定。计算留存收益成本的方法很多，最常用的是"资本资产定价模型法"。由于留存收益是企业所得税后形成的，因此企业使用留存收益不能起到抵税作用，也就没有节税金额。

4) 普通股成本

企业发行股票筹集资金，普通股成本一般按照"股利增长模型法"计算。发行股票的筹资费用较高，在计算资本成本时要考虑筹资费用。例如，某公司普通股目前市价为 56 元，估计年增长率为 12%，本年发放股利 2 元。若公司发行新股票，发行金额 100 万元，筹资费用率为股票市价的 10%，则新发行股票的成本为 16.4%。企业发行股票筹集资金，发行费用可以在企业所得税前扣除，但资金占用费即普通股股利必须在所得税后分配。该企业发行股票可以节税 100×10%×33%=3.3(万元)。

2. 筹资成本分析的应用

企业筹集的资金，按资金来源性质不同，可以分为债务资本与权益资本。债务资本需要偿还，而权益资本不需要偿还，只需要在有盈利时进行分配。通过贷款、发行债券筹集的资金属于债务资本；留存收益、发行股票筹集的资金属于权益资本。根据以上筹资成本的分析，企业在筹资时应考虑以下内容。

(1) 债务资本的筹集费用和利息可以在所得税前扣除；而权益资本只能扣除筹集费用，股息不能作为费用列支，只能在企业税后利润中分配。因此，企业在确定资本结构时必须考虑债务资本的比例，通过举债方式筹集一定的资金，可以获得节税利益。

(2) 纳税人进行筹资筹划，除了考虑企业的节税金额和税后利润外，还要对企业资本结构通盘考虑。比如过高的资产负债率除了会带来高收益外，还会相应加大企业的经营风险。

(3) 在权益资本筹集过程中，企业应更多地利用留存收益。因为使用企业留存收益所受限制较少，具有更大的灵活性，财务负担和风险都较小。

9.4　企业筹资结构

不同资金来源的组合配置产生不同的资金结构，并导致不同的资金成本、利益冲突以及财务风险，进而影响到企业的股东财富。如何通过筹资行为使负债和股东权益保持合理的比例，形成最佳的资本结构，是企业财务管理工作的一项重要内容。

9.4.1　筹资结构的基本概念

为使企业筹资结构科学合理，应先弄清筹资结构的几个基本概念。

1. 筹资结构的概念和影响因素

筹资结构是指在企业的全部资金中，各种资金来源的构成比例关系。筹资结构之所以成为企业财务领域长期讨论的话题，就在于其将不同来源、不同所有者主体、不同时间跨度的资金元素加以统筹协调，形成有机的整体。就理论而言，最佳的筹资结构是在免税利益与破产风险之间取得某种平衡，以达到企业价值的最大化。

对于不同的企业，资金结构并不存在一个通行的标准。即使对于同一企业，现有的、合理的资金结构也会因各种主、客观条件的变化而演变得不合理。因此，最佳的资金结构是具有个性化的、动态的组合。尽管如此，我们仍然能够从实践中总结出影响资金结构的共性因素。

1) 经济周期

经济繁荣阶段，社会平均资本报酬率较高，举债满足企业规模扩张的需求，企业大量盈利，偿债有保证；经济萧条，企业盈利能力下降，需要缩减借贷规模，以免陷入财务危机。

2) 行业属性

一般而言，非制造业的负债水平要高于制造业，主要源于不同行业间资产流动性与资本密集程度的差别。

3) 企业盈利能力

盈利能力越强的企业，偿债能力越强；且企业利润率与银行利息之差越大，财务杠杆的作用也越明显，企业实际收益越高，资本结构得以优化。

4) 企业战略

在战略观点的指导下，企业发展更具计划性，资金使用效率更高，陷入财务危机的可能性更小。

5) 控股股东

有些控股股东不希望控制权分散，因而主张债务筹资，由此影响企业的资本结构。

6) 企业生命周期

成长期的企业对资金需求较多，若不能控制得当，易使资本结构恶化。

7) 税收政策

高税率地区，由于利息的抵税效应，企业更倾向于加大债务资本的筹资策略。

8) 投资项目

投资项目的销售成长性与现金流的稳定性直接影响企业的筹资策略。

综上所述，企业寻求最佳的筹资结构需要根据宏观经济环境与自身实际情况进行综合判断，并做动态的调整。

2. 筹资结构规划的原则

企业在做出正确的筹资选择之后，应该在财务管理中适当、合理地配置和安排好权益资金与负债资金的比例，正确确定负债经营的"度"，具体来说，在企业筹资结构的配置与安排上应把握四项原则。

(1) 以满足企业最低限度的资金需求量作为筹资的目标。最低需求量，是指在充分利用企业现有资金的基础上，取得高效投资和发展生产经营所需的最低资金量。

(2) 根据借款利息率的高低而定。借款利息率高，资金成本增大，盈利机会相应减少，风险加大。在这种情况下，负债率则应相对降低，借入资金相应减少，反之则可以增加。

(3) 总资金的收益率一定要高于借入资金的成本率，只有这时，借入资金才是有利的，相反则不宜借债或只应少量借款。

(4) 负债总额应低于资本金总额，流动负债不能超过企业的速动资产，以便保持足够的偿债能力，使债务借得起还得起。

9.4.2　资金结构的确定和调整方法

企业在经营过程中，只有规划好资金筹集，建立最佳的筹资结构，企业才能有足够的可用资金，企业发展才有后劲，才能以尽可能低的资金成本，取得最大的经济效益。

1. 资金结构的确定方法

最佳筹资结构是指在一定条件下，使企业综合资金成本最低而企业价值最大时的资金结构。其确定方法主要有以下几种。

1) 综合资金成本比较法

综合资金成本比较法是通过计算各方案加权平均的资金成本，并根据加权平均资金成本的高低来确定最佳资金结构的方法。最佳资金结构亦即加权平均资金成本最低的资金结构。该种方法侧重于从投资人的角度对资金结构进行选择。

2) 每股利润无差别点法

每股收益分析法是指利用每股收益的无差异点进行企业资金结构决策的方法。每股收益无差别点是指两种资金结构下每股收益等同时的息税前利润点(或销售额点)。这种方法是先计算每股收益无差别点，然后根据预计息税前利润与每股收益无差别点的关系来判断企业是采用负债筹资方式还是采用权益筹资方式。当息税前利润小于每股利润无差别点时，应该采用权益筹资方式；而息税前利润大于每股利润无差别点时，应该采用负债筹资方式。这种方法侧重于考虑从资金的产出角度对资金结构进行选择。

每股利润无差别点处的息税前利润的计算公式为

$$\overline{\text{EBIT}} = \frac{N_2 \cdot [I_1 \cdot (1-T) + D_1] - N_1 \cdot [I_2 \cdot (1-T) + D_2]}{(N_2 - N_1) \cdot (1-T)}$$

式中，EBIT——每股利润无差别点处的息税前利润；

I_1、I_2——年利息；

D_1、D_2——优先股股利；

N_1、N_2——普通股股数。

如公司没有发行优先股，上式可简化为

$$\overline{\text{EBIT}} = \frac{N_2 \cdot I_1 - N_1 \cdot I_2}{N_2 - N_1}$$

3) 价值分析法

价值分析法是通过计算和比较各种资金结构下企业的市场总价值来确定最佳资金结构的方法。最佳资金结构亦即企业市场价值最大的资金结构。

市场总价值=股票的总价值+债券的价值

为简化起见，假定债券的市场价值等于其面值。股票市场价值的计算公式如下：

股票市场价值=(息税前利润-利息)×(1-所得税税率)/权益资金的成本

2. 资金结构的调整

资金结构调整的原因有成本过高、风险过大、弹性不足等。企业调整资金结构的方法有以下几种。

1) 存量调整

是指在不改变现有资产规模的基础上，根据目标资金结构要求，对现有资金结构进行必要的调整。其方法主要有：债转股、股转债；增发新股偿还债务；调整现有负债结构；调整权益资金结构。

2) 增量调整

是指通过追加筹资量，从而增加总资产的方式来调整资金结构。其主要途径是从外部取得增量资本，如发行新债、举借新贷款、进行融资租赁、发行新股票等。

3) 减量调整

是通过减少资产总额的方式来调整资金结构。其主要途径有提前归还借款，收回发行在外的可提前收回债券，股票回购减少公司股本，进行企业分立等。

9.4.3　企业筹资结构的优化

确定企业的最佳负债比率进而确定企业的最优资金结构应处理好以下几方面的关系。

1. 企业收益能力和负债比率的关系

首先，只有当企业盈利的情况下，负债才能发挥减税作用；另外，负债融资引起的财务杠杆效应是一把双刃剑，只有当企业的资金收益率高于负债利率，负债融资产生的收益大于负债的利息支出时，股东的实际收益率才会高于企业的资金收益率。因此，确定最佳资金结构时应分析企业的收益能力。当企业的预计资金收益率高于负债利率时，资金结构中的负债比率就可以大一些。

2. 经营风险与财务风险的关系

企业的经营风险实质就是企业的资产风险，因为经营风险是资产经营过程中产生的风险，企业的资产性质和资产结构的不同，导致企业的经营风险不同。企业的总风险包括经营风险和财务风险，要将企业的总风险控制在一定范围内，如果经营风险增加，必须通过降低负债比率来减少财务风险。因此，资金结构中负债比率是否最优，还必须视经营风险大小而定。

3. 企业补偿固定成本的现金流量能力

确定资金结构一个很重要的问题是分析企业补偿固定成本的现金流量能力。企业负债金额越大，到期越短，固定成本就越高。这类固定成本包括负债的本息、租赁支出和优先股股息。在企业确定其负债比率时，必须认真考虑和分析未来的现金流量，尤其是企业经营活动所能产生的净现金流量。当企业未来的现金净流量充分、稳定时，其偿债能力较强，资金结构中的负债比率也就可以大一些。

4. 资本结构与资产结构的关系

资本结构与资产结构密切相关。资产结构指资产负债表资产部分各个项目之间的关系。

企业资产可以分为流动资产和长期资产、有形资产和无形资产。当企业面临偿债压力时，可以通过资产变现来偿还负债。流动资产相对于长期资产变现时价值损失较小，即破产成本低；而无形资产和有形资产相比，在企业破产后的价值损失很大，不少无形资产变得一文不值，其破产成本高。因此，资产结构不同的企业的偿债能力不同，破产成本也不同。长期资产、无形资产比率高的企业的破产成本高。面对不同的资产结构，企业要调整资金结构，从而相应地降低企业的破产成本。长期资产、无形资产比率高的企业，可以通过保持较低的资产负债比率来降低破产的风险。

5. 企业财务的灵活性

由于债务约束硬化，对企业的限制性较强，而企业面临的经营环境又是不确定的，如果企业将财务杠杆用足，达到最佳负债水平，一旦遇到不利的经营环境，就有可能使企业财务状况恶化。而遇到新的投资机会需要再筹资时，企业筹资的选择又将受现有资金结构的制约。因此，企业资金结构在实际上并不需要达到理论上的最佳资金结构而要保持适度、略低的负债水平，在财力上留有余地，这种情况可以视为财务储备。财务储备包括未使用的负债能力、变现性强的流动资产以及超额信贷限额等。保留财务储备后，企业在财务上就具有了灵活性，而财务灵活性是企业捕捉发展机会、保持经营灵活性的保证。只有具备财务和经营灵活性的企业，才能在未来激烈的市场竞争中占据有利位置。

综上所述，企业负债融资应处理好一个"度"的问题，也就是找到一个阿基米德用杠杆撬起整个地球的"支点"问题。成功的决策者会根据企业内在发展需要、匹配地、科学地去筹集资金，充分发挥财务杠杆作用，去实现股东财富最大化，而不是为筹集资金而筹集资金。

9.5　企业筹资风险

企业生存与发展所需要的资金主要来源于权益资金和负债资金。负债是企业一项重要的资金来源，然而，负债资金在为企业带来杠杆效应，增加股东收益的同时，也增加了企业的筹资风险，而较大的筹资风险甚至可能导致企业生命的终止。因此，控制资本结构，防范和降低筹资风险就显得尤为重要。

9.5.1　筹资风险的含义

由于权益资金属于企业长期占用的资金，不存在还本付息的压力，也就不存在偿债的风险；而负债资金则需要还本付息，是一种法律义务，因此，筹资风险主要是指由负债筹资而引起的到期不能偿债的可能性。从风险产生的原因可将筹资风险分为现金性筹资风险和损益性筹资风险两大类。

1. 现金性筹资风险

现金性筹资风险是指企业在特定时点上，现金流出量超过现金流入量而产生的到期暂时不能偿付债务本息的风险。形成现金性筹资风险的主要原因有：债务的期限结构与其资产的使用期间搭配不当；没有很好贯彻避峰原则；负债比例过高等。现金性筹资的基本特征：第一，它是一种暂时的风险，表现为企业在某一特定的时点无法清偿某些债务，但不表明企业的长期偿债能力有问题。第二，它是一种个别风险，表现为企业某一项的债务不能即时即刻偿还。第三，它是一种支付风险，与企业盈利状况无关。第四，它是一种纯粹的筹资风险，是由于筹资不当引起的，表现为现金预算与实际状况的不符等。

2. 损益性筹资风险

损益性筹资风险是指企业损益状况恶化出现的不能依约偿还到期债务本息的风险。引起损益性筹资风险的原因主要有：资金结构不当，企业经营状况恶化。损益性筹资风险的基本特征：第一，损益性风险不是个别风险，体现为企业的整体风险，它对全部债务的偿还都将产生不利的影响。第二，损益性风险本质上是经营风险引起的筹资风险，它不是一种支付风险，企业经营处于亏损状态时，偿还债务的能力会逐步丧失。第三，损益性风险是一种终极风险，不是一种暂时的风险，企业经营亏损的状况若不能得到改观，企业将会陷入破产的边缘。

9.5.2　筹资风险的衡量

目前筹资风险的大小的确定主要有以下几种方法。

1. 财务杠杆系数法

是利用财务杠杆系数来评判企业财务风险大小的一种方法。杠杆系数越大，表明偿债压力越大，负债比例越高，筹资风险越大；反之，则做相反判断。

2. 指标分析法

是利用偿债能力及其他相关指标来评判企业财务风险大小的方法。

3. 概率分析法

概率分析法是利用概率分布、期望值、标准差等来计算和评判筹资风险大小的一种方法。其计算步骤如下。

(1) 根据可供选择的销售状况的估计，确定其概率分布。

(2) 根据企业资金结构确定各概率状况下的资产息税前利润率和资本利润率。

(3) 计算资本利润率的标准差或标准差系数，并进行判定。

9.5.3 筹资风险的成因

企业筹资风险的成因来自内外两个方面。

1. 筹资风险的内因

1) 负债规模过大

企业负债规模大，则利息费用支出增加，由于收益降低而导致丧失偿付能力或破产的可能性也增大。同时，负债比重越高，企业的财务杠杆系数=[息税前利润÷(息税前利润-利息)]越大，股东收益变化的幅度也越大。所以，负债规模越大，财务风险越大。

2) 资本结构不当

这是指企业资本总额中自有资本和借入资本比例不恰当对收益产生负面影响而形成的财务风险。企业借入资本比例越大，资产负债率越高，财务杠杆利益越大，伴随其产生的财务风险也就越大。合理地利用债务融资、配比好债务资本与权益资本之间的比例关系，对于企业降低综合资本成本、获取财务杠杆利益和降低财务风险是非常关键的。

3) 筹资方式选择不当

目前在我国，可供企业选择的筹资方式主要有银行贷款、发行股票、发行债券、融资租赁和商业信用。不同的筹资方式在不同的时间会有各自的优点与弊端，如果选择不恰当，就会增加企业的额外费用，减少企业的应得利益，影响企业的资金周转而形成财务风险。

4) 负债的利息率

在同样负债规模的条件下，负债的利息率越高，企业所负担的利息费用支出就越多，企业破产风险也就越大。同时，负债的利息率对股东收益的变动幅度也有较大影响。因为在息税前利润一定的条件下，负债的利息率越高，财务杠杆系数越大，股东收益受影响的程度也越大。

5) 信用交易策略不当

在现代社会中，企业间广泛存在着商业信用。如果对往来企业资信评估不够全面而采取了信用期限较长的收款政策，就会使大批应收账款长期挂账。若没有切实、有效的催收措施，企业就会缺乏足够的流动资金来进行再投资或偿还自己的到期债务，从而增加企业的财务风险。

6) 负债期限结构不当

这一方面是指短期负债和长期负债的安排，另一方面是指取得资金和偿还负债的时间安排。如果负债期限结构安排不合理，例如应筹集长期资金却采用了短期借款，或者应筹集短期资金却采用了长期借款，则会增加企业的筹资风险。所以在举债时也要考虑债务到期的时间安排及举债方式的选择，使企业在债务偿还期不至于因资金周转出现困难而无法偿还到期债务。

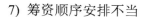

7) 筹资顺序安排不当

这种风险主要针对股份有限公司而言。在筹资顺序上，要求债务融资必须置于流通股融资之后，并注意保持间隔期。如果发行时间、筹资顺序不当，则必然会加大筹资风险，对企业造成不利影响。

2. 筹资风险的外因

1) 经营风险

经营风险是企业生产经营活动本身所固有的风险，其直接表现为企业息税前利润的不确定性。经营风险不同于筹资风险，但又影响筹资风险。当企业完全采用股权融资时，经营风险即为企业的总风险，完全由股东均摊。当企业采用股权融资和债务融资时，由于财务杠杆对股东收益的扩张性作用，股东收益的波动性会更大，所承担的风险将大于经营风险，其差额即为筹资风险。如果企业经营不善，营业利润不足以支付利息费用，则不仅股东收益化为泡影，而且要用股本支付利息，严重时企业将丧失偿债能力，被迫宣告破产。

2) 预期现金流入量和资产的流动性

负债的本息一般要求以现金偿还，因此，即使企业的盈利状况良好，但其能否按合同规定偿还本息，还要看企业预期的现金流入量是否足额、及时和资产流动性的强弱。现金流入量反映的是现实的偿债能力，资产的流动性反映的是潜在的偿债能力。如果企业投资决策失误或信用政策过宽，不能足额、及时地实现预期的现金流入量以支付到期的借款本息，就会面临财务危机。此时，企业为了防止破产可以变现其资产。各种资产的流动性(变现能力)是不一样的，其中库存现金的流动性最强，固定资产的变现能力最弱。企业资产的整体流动性，即各类资产在资产总额中所占比重，对企业的财务风险影响甚大，很多企业破产不是没有资产，而是因为其资产不能在较短时间内变现，结果不能按时偿还债务而宣告破产。

3) 金融市场

金融市场是资金融通的场所。企业负债经营要受金融市场的影响，如负债的利息率就取决于取得借款时金融市场的资金供求情况。金融市场的波动，如利率、汇率的变动，会导致企业的筹资风险。当企业主要采取短期贷款方式融资时，如遇到金融紧缩、银根收紧、短期借款利息率大幅度上升，就会引起利息费用剧增、利润下降，更有甚者，一些企业由于无法支付高涨的利息费用而破产清算。

9.5.4　筹资风险的防范与控制

负债经营是现代企业的主要经营手段之一，运用得当会给企业带来收益，成为发展经济的有利杠杆。但是，如果运用不当，则会使企业陷入困境，甚至会将企业推到破产的境地。因此，企业对负债经营的风险应有充分的认识，必须采取防范负债经营风险的措施。

1．树立风险意识

在社会主义市场经济体制下，企业成为自主经营、自负盈亏、自我约束、自我发展的独立商品生产者和经营者，企业必须独立承担风险。企业在从事生产经营活动时，内外部环境的变化，导致实际结果与预期效果相偏离的情况是难以避免的。如果在风险临头时，企业毫无准备，一筹莫展，必然会招致失败。因此，企业必须树立风险意识，即正确看待风险，科学估测风险，预防发生风险，并且有效应付风险。

2．建立有效的风险防范机制

企业要立足市场，必须建立一套完善的风险预防机制和财务信息网络，及时地对财务风险进行预测和防范；制订适合企业实际情况的风险规避方案，通过合理的筹资结构来分散风险。如通过控制经营风险来减少筹资风险，充分利用财务杠杆原理来控制投资风险，使企业按市场需要组织生产经营，及时调整产品结构，不断提高企业的盈利水平，避免由于决策失误而造成的财务危机，把风险减少到最低限度。

3．优化资金结构

一个企业只有权益资金而没有负债资金，虽然没有筹资风险，但总资金成本较高，收益不能最大化；如果负债资金过多，则企业的总资金成本虽然可以降低、收益可以提高，但筹资风险却加大了。因此，企业应确定一个最优资金结构，在融资风险和融资成本之间进行权衡。只有恰当的融资风险与融资成本相配合，才能使企业价值最大化。企业负债经营是否适度是指企业的资金结构是否合理，即企业负债比率是否与企业的具体情况相适应，以实现风险与报酬的最优组合。在实际工作中，如何选择最优化的资金结构是复杂和困难的。对一些生产经营好、产品适销对路、资金周转快的企业，负债比率可以适当高些；对于经营不理想、产销不畅、资金周转缓慢的企业，其负债比率应适当低些，否则就会使企业在原来商业风险的基础上，又增加了筹资风险。

4．合理安排筹资期限的组合方式，做好还款计划和准备

企业在安排两种筹资方式的比例时，必须在风险与收益之间进行权衡。按资金使用期限的长短来安排和筹集相应期限的负债资金，是规避风险的对策之一。企业必须采取适当的筹资政策，即尽量用所有者权益和长期负债来满足企业永久性流动资产及固定资产的需要，而临时性流动资产的需要则通过短期负债来满足。这样既避免了冒险型政策下的高风险压力，又避免了稳健型政策下的资金闲置和浪费。

5．科学预测利率及汇率的变动

利率变动主要是由货币的供求关系变动和物价上涨率以及政策干预引起的。利率的经常变动给企业的筹资带来很大的风险。这就需要根据利率的走势，认真研究资金市场的供

求情况，做出相应的筹资安排。在利率处于高水平时期，尽量少筹资或只筹急需的短期资金。在利率处于由高向低过渡时期也尽量少筹资，不得不筹的资金，应采用浮动利率的计量方式。在利率处于低水平时，筹资较为有利，在利率由低向高过渡时期，应积极筹措长期资金并尽量采用固定利率的计息方式。另外，因经济全球化，资金在国家间自由流动，国家间的经济交往日益增多，汇率变动对企业财务风险的影响也越来越大。所以，从事进出口贸易的企业，应根据汇率的变动情况及时调整筹资方案。

6. 及时而主动地实施债务重组

当企业出现严重的经营亏损，收不抵支，处于破产清算边界时，企业应及时而主动地采取与债权人协商的方法，实施必要的债务重组计划，如将部分债务转化为普通股票，豁免部分债务，降低负债利率等方式，以使企业在新的资本结构基础上，起死回生。从根本上看，债务重组不但减少了企业的筹资风险，而且在很大程度上降低了债权人的终极破产风险。因为，债权人同意甚至主动提出债务重组计划，是出于通过债务重组，使债权人权益损失降到最低的动机，当重组损失小于直接破产造成的权益损失时，对债权人来说，重组就是必要的，在经济上是可行的。

总之，企业负债经营就必须承担筹资风险。企业应在正确认识筹资风险的基础上，充分重视筹资风险的作用及影响，掌握筹资风险的防范措施，使企业既获得负债经营带来的财务杠杆收益，同时将风险降到最低限度，使负债经营更有利于提高企业的经营效益，增强企业市场竞争力。

本 章 小 结

(1) 企业筹资是指企业根据其生产经营、对外投资及调整资金结构等活动对资金的需要，通过一定的渠道，采取适当的方式，获取所需资金的一种行为。

(2) 企业筹资的具体动机归纳起来有四类：新建筹资动机、扩张筹资动机、偿债筹资动机和混合筹资动机。

(3) 企业在筹资之前，应当采用一定的方法预测资金需要数量，只有这样，才能使筹集来的资金既能保证满足生产经营的需要，又不会有太多的闲置。预测资金需要量常用的方法有定性预测法和定量预测法。

(4) 企业在筹资过程中，必须对影响筹资活动的各种因素进行分析，并遵循一定的筹资原则，以提高筹资效率，降低筹资风险与筹资成本，并最终实现筹资目标。影响筹资活动的因素：经济因素和非经济因素。企业筹资的原则：规模适当原则、筹措及时原则、来源合理原则和方式经济原则。

(5) 筹资渠道是指筹集资金的方向与通道，体现为企业资金的来源，它属于企业资金供应的范畴。目前我国企业筹资渠道主要包括：国家财政资金、银行信贷资金、非银行金融机构资金、其他企业资金、居民个人资金、企业自留资金等。

(6) 筹资方式是指企业筹措资金所采用的具体形式或手段。我国企业目前筹资方式主要有以下几种：吸收直接投资、发行股票、利用留存收益、向银行借款、利用商业信用、发行公司债券、融资租赁等。其中：利用前面三种方式筹措的资金为权益资金；利用后面四种方式筹措的资金为负债资金。

(7) 企业选择筹资方案必须有两个前提条件：一是假设所有的企业的经营都是有效的；二是要有比较完整的资金市场，即要有一个反应灵敏、调节有效、渠道多样、流动性强的资金市场。一般而言，筹资方法的选择大致有以下几种：比较筹资的代价、比较筹资的机会、筹资代价与收益比较等。

(8) 筹资成本是指企业为筹集和使用资金而付出的代价，包括用资费用、筹资费用和特定条件下的机会成本三部分。

(9) 影响筹资成本的因素很多且经常变化的。主要有：总体经济环境、证券市场条件、企业内部的经营和融资状况、融资规模等。

(10) 筹资成本的计算方法主要有：个别资金成本、加权平均资金成本和资金的边际成本。

(11) 筹资结构是指在企业的全部资金中，各种资金来源的构成比例关系。影响资金结构的因素：经济周期、行业属性、企业盈利能力、企业战略、控股股东、企业生命周期、税收政策、投资项目等。

(12) 最佳筹资结构是指在一定条件下，使企业综合资金成本最低而企业价值最大时的资金结构。资金结构的确定方法主要有：综合资金成本比较法、每股利润无差别点法、价值分析法等。

(13) 资金结构调整的原因有成本过高、风险过大、弹性不足等。企业调整资金结构的方法有：存量调整、增量调整和减量调整。

(14) 确定企业的最佳负债比率进而确定企业的最优资金结构应处理好以下几方面的关系：企业收益能力和负债比率的关系、经营风险与财务风险的关系、企业补偿固定成本的现金流量能力、资本结构与资产结构的关系、企业财务的灵活性等。

(15) 筹资风险主要是指由负债筹资而引起的到期不能偿债的可能性。从风险产生的原因可将筹资风险分为现金性筹资风险和损益性筹资风险两大类。

(16) 筹资风险的大小的确定目前主要有以下几种方法：财务杠杆系数法、指标分析法、概率分析法等。

本章思考题

1. 企业筹资的目的和要求。
2. 企业在选择筹资方式时，必须考虑的方面有哪些？
3. 筹资渠道和筹资方式的概念。
4. 我国企业目前有哪些筹资渠道和筹资方式？
5. 简述影响筹资成本的因素。
6. 如何确定企业的最佳负债比率进而确定企业的最优资金结构？
7. 试述筹资风险的防范与控制。

本 章 案 例

跃进汽车制造公司筹集资金

跃进汽车制造公司是一个多种经济成分并存、具有法人资格的大型企业集团。公司现有 58 个生产厂家，还有物资、销售、进出口、汽车配件等四个专业公司，一个轻型汽车研究所和一所汽车工学院。公司现在急需 1 亿元的资金用于轿车技术改造项目。为此，总经理赵广斌于 2004 年 5 月 10 日召开由生产副总经理张望、财务副总经理王朝、销售副总经理林立、某信托投资公司金融专家周民、某经济研究中心经济学家武教授、某大学财务学者郑教授组成的专家研讨会，讨论该公司筹资问题。下面摘要他们的发言和有关资料如下。

总经理赵广斌首先发言："公司轿车技术改造项目经专家、学者的反复论证已被国家于 2003 年正式批准立项。这个项目的投资额预计为 4 亿元，生产能力为 4 万辆。项目改造完成后，公司的两个系列产品的各项性能可达到国际同类产品的先进水平。现在项目正在积极实施中，但目前资金不足，准备在 2004 年 7 月前筹措 1 亿元资金，请大家发表自己的意见，谈谈如何筹措这笔资金。"

生产副总经理张望说："目前筹集的 1 亿元资金，主要是用于投资少、效益高的技术改进项目。这些项目在两年内均能完成建设并正式投产，到时将大大提高公司的生产能力和产品质量，估计这笔投资在改造投产后 3 年内可完全收回。所以应发行 5 年期的债券筹集资金。"

财务副总经理王朝提出了不同意见，他说："目前公司全部资金总额为 10 亿元，其中自有资金 4 亿元，借入资金 6 亿元，自有资金比率为 40%。负债比率为 60%，这种负债比率在我国处于中等水平，与世界发达国家如美国、英国等相比，负债比率已经比较高了，如果再利用债券筹集 1 亿元资金，负债比率将达到 64%，显然负债比率过高，财务风险太大。所以，不能利用债券筹资，只能靠发行普通股或优先股筹集资金。"

但金融专家周民却认为：目前我国资金市场还不够完善，证券一级市场和二级市场尚处于发展初期，许多方面还很不规范，投资者对股票投资还没有充分的认识，再加之今年股市的"扩容"速度过快。因此，在目前条件下要发行 1 亿元普通股是很困难的。发行优先股还可以考虑，但根据目前的利率水平和生产情况，发行时年股息不能低于 16.5%，否则也无法发行。如果发行债券，因要定期付息还本，投资者的风险较小，估计以 12%的利率便可顺利发行债券。

来自某经济研究中心的武教授认为："目前我国经济建设正处于改革开放的大好时期，我国已经加入世界贸易组织，汽车行业可能会受到冲击，销售量会受到影响。在进行筹资和投资时应考虑这一因素，不然盲目上马，后果将是不够理想的。"

公司的销售副总经理林立认为："将来一段时期内销售量不成问题。这是因为公司生产的中档轿车和微型车，这几年来销售量情况一直很好，畅销全国 29 个省、市、自治区，2002 年受进口汽车的影响，全国汽车滞销，但公司的销售状况仍创历史最高水平，居全国领先地位。在近几年全国汽车行业质量评比中，连续获奖。至于我国入关后，关税将大幅度下降，确实会对我国汽车行业带来冲击，但这种冲击已通过国家近期来的逐步降低关税得以逐步地消化，外加在入关初期，国家对轿车行业还准备采取一定的保护措施。所以，入关不会产生大的影响。"

财务副总经理王朝说："公司属于股份制试点企业，目前所得税税率为 33%，税后资金利润率为 16%，若这项技术改造项目上马，由于采用了先进设备，投产后预计税后资金利润率将达到 18%。"所以，他认为这一技术改造项目应付诸实施。

来自某大学的财务学者郑教授听了大家的发言后指出："以 16.5%的股息率发行优先股不可行，因为发行优先股所花费的筹资费用较多，把筹资费用加上以后，预计利用优先股筹集资金的资金成本将达到 19%，这已高于公司税后资金利润率 1%，所以不可行。但若发行债券，由于利息可以在税前支付，实际成本大约在 9%左右。"他还认为，目前我国正处于通货膨胀时期，利息率比较高，这时不宜发行较长时期的负担较高的利息或股息。所以，郑教授认为，应首先向银行筹措 1 亿元的技术改造贷款，期限为一年，一年以后，再以较低的股息率发行优先股股票来替换技术改造贷款。

财务副总经理王朝听了郑教授的分析后，也认为按 16.5%发行优先股，的确会给公司带来沉重的财务负担。但他不同意郑教授后面的建议，他认为，在目前条件下向银行筹措 1 亿元技术改造贷款几乎不可能；另外，通货膨胀在近一年内不会消除，要想消除通货膨胀，利息率有所下降，至少需要两年时间。金融学家周民也同意王朝的看法，他认为一年后利息率可能还要上升，两年后利息率才会保持稳定或有所下降。

（资料来源：王化成. 财务管理教学案例. 北京：中国人民大学出版社，2001：148-149.）

问题:

1. 归纳一下这次筹资研讨会上提出哪几种筹资方案?

2. 对会上的几种筹资方案进行评价。

3. 你若在场的话,听了与会同志的发言后,应该如何做出决策?

第 10 章　资金投放管理

投资是继筹资之后又一关键性的经营活动。正确的投资决策可以提高企业经济效益，增强企业活力，对企业生存和发展具有十分重要的作用。本章将在阐述投资管理的基本常识后，重点阐述流动资产、证券、固定资产、产品、合资经营等投资及其风险管理。

10.1　企业投资管理概述

10.1.1　企业投资的概念和特点

1. 投资的概念

在经济生活中，人们往往希望通过各种合法的手段，不断增加自己的财富或赚取利润，以满足未来的消费。这样就会经常碰到或使用"投资"这一名词。那么什么是投资呢？

在商品经济社会中，投资是普遍存在的经济现象，很多情况下，人们往往把能够带来报酬的支出行为称为投资。这里的"支出"行为，实际上是牺牲了现在的一定消费，"报酬"则是将来的消费增加。西方投资学家威廉·夏普在其所著的《投资学》一书中将投资概念表述为：投资就是为获得可能的不确定的未来值而做出的决定。

一般来说，投资(Investment)是指经济主体(国家、企业、个人)以获得未来货币增值或收益为目的，预先垫付一定量的货币与实物，经营某项事业的经济行为。简单地说，投资就是指为了获得可能的不确定的未来值而做出的确定的现值的牺牲。

2. 投资的特点

1) 目的性

投资是一种有目的的经济行为，是现在支出一定价值的经济活动。从静态的角度来说，投资是现在垫支一定量的资金；从动态的角度来说，投资则是为了获得未来的报酬而采取的经济行为。

2) 时间性

投资具有时间性，即投入的价值或牺牲的消费是现在的，而获得的价值或消费是将来的，也就是说，从现在支出到将来获得报酬，在时间上总要经过一定的间隔。这表明投资是一个行为过程，这个过程越长，未来报酬的获得越不稳定，风险就越大。

3) 收益性

投资的目的在于得到报酬(即收益)。投资活动以牺牲现在价值为手段，以赚取未来价值为目标。未来价值超过现在价值，投资者方能得到正报酬。投资的报酬可以是各种形式的收入，如利息、股息，可以是价格变动的资本利得，也可以是本金的增值，还可以是各种财富的保值或权利的获得。

4) 风险性

投资具有风险性，即不稳定性。现在投入的价值是确定的，而未来可能获得的收益是不确定的，这种收益的不确定性即为投资的风险。

10.1.2　企业投资的动机和原则

企业投资不是无缘无故的，也不是随心所欲的。

1. 企业投资管理的动机

从企业投资动机的层次高低上可以将其划分为行为动机、经济动机和战略动机三个层次。

所谓行为动机就是企业的投资属于企业本能的一种行为。经济动机是获取报酬取得资金的增值，这是投资的核心目的。战略动机就是开拓市场、控制资源、防范风险等。

从投资的功能上可以将投资动机划分为四种类型。

(1) 获利动机，通过投资获取更大的收益。

(2) 扩张动机，通过投资扩大企业的生产经营规模或范围，开拓新领域。

(3) 分散风险动机，即把资金投放于不同的生产投资项目，以分散生产经营的风险。通过投资为暂时闲置的资金寻找出路，以便分散持有资金的风险。

(4) 控制动机，通过投资取得对其他企业或实体的控制权，以控制原材料和销售市场，以便取得控制物流环路的上游资源或下游市场。

2. 企业投资管理的原则

企业投资管理的基本原则如下所述。

(1) 认真进行市场调查，及时捕捉投资机会。

(2) 认真进行投资项目可行性分析。

(3) 及时足额筹集资金，保证投资项目资金供应。

(4) 认真分析收益与风险，适当控制投资风险。

10.1.3　企业投资的分类

投资的概念有广义和狭义之分。广义的投资包括企业内部的资金投放和使用，以及对外部的投出资金；狭义的投资仅指对外部的投出资金。

根据不同的标志，投资可分为不同的类别。

1. 按照投资行为的介入程度划分

按照投资行为的介入程度，投资可分为直接投资和间接投资。

直接投资是指由投资人直接介入投资行为，即将货币资金直接投入投资项目，形成实物资产或者购买现有企业的资产的一种投资。

间接投资是指投资者以其资本购买公债、公司债券、金融债券或公司股票等，以预期获取一定收益的投资。

2. 按照投资对象的不同划分

按照投资对象的不同，投资可以分为实物投资和金融投资。

实物投资是指将资金投向具有实物形态资产的一种投资。实物投资的对象包括厂房、机器设备、房地产、黄金、古玩文物、珠宝玉石等。一般来说，实物投资所涉及的是人与物、人与自然界的关系，而且投资形成的实际资产看得见、摸得着、用得上或有收藏价值，价值相对稳定。

金融投资是指将资金投向金融资产(金融产品)的一种投资。金融投资的对象通常包括股票、债券、银行存款、外汇等。金融投资不涉及人与自然界的关系，只涉及人与人之间的财务交易，而金融资产也是一种无形的抽象的资产，具有投资收益高、价值不稳定的特点。

3. 按照投入的领域不同划分

按照投入的领域不同，投资可分为生产性投资和非生产性投资。

生产性投资是指将资金投入生产、建设等物质生产领域中，并能够形成生产能力或可以产出生产资料的一种投资，又称为生产资料投资。生产性投资的最终成果是各种生产性资产，包括固定资产投资和流动资金投资。

非生产性投资是指将资金投入非物质生产领域，不能形成生产能力，但能形成社会消费或服务能力，满足人民的物质文化生活需要的一种投资。

4. 按照经营目标不同划分

按照经营目标不同，投资可分为营利性投资和政策性投资。

营利性投资又称为经济性投资或商业投资，是指为了通过生产经营而获取盈利所进行的投资。绝大多数投入到生产或流通领域的投资都属于这种投资。这种投资能带来盈利，担负着促进生产发展和社会进步的重要职能，同时也承担着一定的风险。

政策性投资又称为非营利性投资，是指为了实现一定的社会效益目标，保证社会发展和群众生活需要，不以追求经济效益为目的的投资。政策性投资通常不能带来经济效益，却能带来社会效益。

5. 按照投资的方向不同划分

按照投资的方向不同，投资可分为对内投资和对外投资。

如果从一个国家的立场看，对内投资就是向国内项目的投资(即只影响国内投资规模变动的投资)，对外投资就是向国际项目投资(即不影响国内投资规模变动的投资)。

如果从一个企业的角度看，对内投资就是项目投资，是指企业将资金投放于为取得供本企业生产经营使用的固定资产、无形资产和垫支流动资金而形成的一种投资。对外投资是指企业购买国家及其他企业发行的有价证券或其他金融产品(包括期货与期权、信托、保险)，或以货币资金、无形资产向其他企业(如联营企业、子公司等)注入资金而发生的投资。

区分企业对内投资和对外投资最简单的方法，就是看投资的结果是否取得了可供本企业使用的实物资产。

6. 按照投资的内容不同划分

按照投资的内容不同，投资可以分为固定资产投资、无形资产投资、开办费投资、流动资金投资、房地产投资、有价证券投资、期货与期权投资、信托投资、保险投资等多种形式。

10.2　流动资产投资管理

流动资产是企业生产经营活动的必要条件，其投资的核心不在于流动资产本身的多寡，而在于流动资产能否在生产经营中有效地发挥作用，即流动资金的周转与企业的经济效益能否一致。流动资产投资管理目标是节省流动资金的使用和占用，最大限度地实现企业利润。

10.2.1　流动资产概述

了解流动资产的概念、种类及其投资的特点是流动资产投资管理的基础。

1. 流动资产的概念和种类

流动资产是指可以在一年内或者超过一年的一个营业周期内变现或者耗用的资产。流动资产按占用形态分为：现金、短期投资、应收及预付款项、存货；按流动性强弱分为：速动资产和非速动资产。流动资产投资管理主要是现金管理、应收账款管理以及存货管理。

2. 流动资产投资的特点

流动资产投资具有以下特点：回收时间短、变现能力较强、数量波动大、资金占用形态经常变动、投资次数较频繁等。

10.2.2　现金管理

现金是企业资产中流动性最强的资产，又是获利能力最弱的资产，包括库存现金、银行存款和其他货币资金。现金的管理要与其持有现金的动机联系起来考虑。

1. 现金的持有动机

(1) 交易动机。持有一定的现金以满足正常生产经营秩序下的需要。

(2) 预防动机。持有现金以应付紧急情况的现金需要。

(3) 投机动机。为把握市场投资机会，获得较大收益而持有现金。

2. 现金的管理目标

在保证企业正常经营需要的同时，降低现金占用量，加快现金的周转速度，并从暂时闲置的现金中获得最大的投资收益。

3. 现金的管理方法

(1) 制度管理。

(2) 预算管理。

(3) 收支管理。

4. 最佳现金持有量的确定方法

由于现金的流动性强，收益能力差，企业过多地持有现金，会降低企业资产的收益能力，但持有量较小又会影响企业的日常经营活动和偿债能力，增加企业的风险，所以现金管理的目标就是如何确定合适的现金持有量，使与现金持有量有关的相关成本达到最低，这时的现金持有量即为最佳现金持有量。与企业持有现金有关的成本主要包括两种。

(1) 持有成本(机会成本)，是由于企业持有一定数量现金而放弃对外投资活动所放弃的对外投资收益，它与现金持有量成正比。

(2) 转换成本，是将有价证券转换为现金发生的手续费等开支，例如买卖股票中缴纳的印花税、佣金等。它与转换次数成正比，与现金持有量成反比，持有现金的总成本为二者之和，持有现金的总成本(TC)=持有成本+转换成本最佳现金持有量，是持有现金的持有成本与证券变现的转换成本最小的时候，也即相等时的现金持有量。

$$最佳现金持有量(Q)=\sqrt{2TF/R}$$

$$持有现金的总成本(TC)=持有成本+转换成本=\frac{Q}{2}\times R+\frac{T}{Q}\times F$$

式中，T——一个周期内现金总需求量；

　　　　F——每次转换有价证券的转换成本；

Q——最佳现金持有量(每次证券变现的数量);

R——有价证券利息率(机会成本);

TC——现金管理相关总成本。

10.2.3　应收账款管理

应收账款是企业对外经营活动中与客户发生的赊账。它是一种商业信贷,必须要占用一定资金。在商业信贷中存在着利润与风险两个对立的因素。合理的应收账款投资必须取得利润与风险的平衡。

1. 应收账款的功能

(1) 应收账款的主要功能是促进销售和减少存货。

(2) 其对企业的影响是增加企业竞争力,促进销售和增加企业盈利,同时它会占用企业资金,增加企业管理成本和坏账损失。

(3) 其管理目标是在增加销售扩大市场占有率的情况下控制应收账款数额,加快应收账款的周转速度,降低应收账款成本。

2. 信用政策

1) 信用标准

信用标准是客户获得企业商业信用所应具备的基本的、最低的条件。主要取决于客户的资信程度,通常采用 5C 系统来评价,即品行、能力、资本、担保、条件。以此来确定客户的信用标准是高标准还是低标准。

2) 信用条件

信用条件是指企业接受客户信用订单时所提出的付款要求,主要包括信用期限、折扣期间及现金折扣等。

3) 收账政策

收账政策亦称收账方针,是指当客户违反信用条件,拖欠甚至拒付账款时企业所采取的收账策略与措施,主要包括收账程序、收账方式等。

4) 信用政策的确定方法——净收益分析法

净收益分析法就是通过计算确定不同方案(各种信用政策)下的企业净收益,选择净收益高的信用政策,企业净收益的确定即企业的销售收入扣除与收入相关的成本费用后的余额。收入即销售收入,相关成本费用包括销售成本、信用成本。信用成本包括:应收账款的机会成本、坏账损失成本,收账费用、现金折扣成本和管理成本五种。相关核算公式如下:

(1) 信用成本前收益=销售收入-销售成本=毛利

(2) 信用成本后收益=信用成本前收益-信用成本=信用成本前收益-机会成本-坏账损失
-收账费用-现金折扣成本-管理成本

3. 应收账款投资策略

应收账款投资策略应该包括两个方面的内容。

1) 确定信用条件

信用条件包括信用期和现金折扣两部分。我们常见的信用条件有：2/10，n/30。它表示如果在 10 天内付款，可以享受 2%的现金折扣，所有的款项都必须在 30 天内付清。这里的 30 天便是信用期，10 天内付款有 2%的现金折扣。一般来说，延长信用期会吸引客户，增加销售额和利润，但同时会增加收账费用和坏账损失。因此，放宽信用期取得的收益应该大于增加了的应收账款投资额所能取得的平均收益；提供现金折扣的条件是加速回收的应收账款(即减少资金占用额)所能够取得的收益比折扣损失更大。

2) 收集信用资料

企业可以对与其有固定往来的客户的信用进行评价，从而决定其信用条件。对信用好的客户采用较为宽松的信用条件，对于信用较差的用户和新用户，可以少提供或不提供这种信用条件。

分析客户的信用状况的资料来源主要有：客户的财务报表和信用评级机构评定的信用等级与信用报告。企业还可以对其少数主要客户建立信用档案，根据推销员其他途径收集到的各种信息汇总累计，反映其信用状况。

10.2.4 存货管理

存货是指企业在生产经营过程中为销售或者耗费而储备的各种资产，包括商品、产成品、半成品、在产品及各类材料、燃料、包装物和低值易耗品等。

1. 存货的作用与管理目标

1) 存货的作用

企业持有存货的主要作用有防止停工待料、适应市场变化、降低进货成本、维持均衡生产。

2) 存货管理目标

目标是以最低的存货成本提供企业生产营运所需的各种存货，并加速存货周转的速度，提高资金的使用效率。基本手段：在存货的功能(收益)与成本之间进行利弊权衡，在充分发挥存货作用的同时，降低成本、增加收益，实现它们的最佳组合。

2. 存货管理方法

1) 存货 ABC 分类管理

就是按照一定的标准，将企业的存货划分为 A、B、C 三类，分别实行对 A 类存货分品种重点管理、对 B 类存货分类别一般控制和对 C 类存货按总额灵活掌握的存货管理方法。分类的标准主要有两个：一是金额标准，二是品种数量标准。单位价值高、金额大、数量少的为 A 类，单位价值低、金额小、数量多的为 C 类。

2) 经济订货批量(EOQ)模型

经济订货批量是指能够使一定时期内存货的总成本达到最低点的进货数量。决定存货经济订货批量的成本因素主要包括变动性进货费用、变动性储存费用以及允许缺货时的缺货成本。

3. 合理的存货投资策略

存货的规模组成，应该首先按经营业务的需要安排，并综合考虑以下情况：连续性的生产经营活动所需的最低限度的存货量，采购订货和生产的经济规模，为市场特殊需求而生产的库存产品，提前购买以获得季节性的折扣，预测价格变化和供应短缺的情况。

存货在采购、生产和销售之间起着缓冲器的作用。存货投资太少，不足以平衡原材料的供应速度、生产速度和销售速度，会影响企业生产经营活动的连续性；但是，存货投资太多，说明产品或者原料积压过多，会造成资金大量闲置而不能用作其他用途，从而影响企业的经济效益。因此，在流动资产投资时，需要有合理的存货投资。

建立合理的存货投资办法之一是逐期预算整体规模。通过对企业生产经营条件的分析和对原料、半成品和成品等不同存货的形态的特点分析，对每个时期的存货规模做出预算，并与实际运行的结果进行比较，发挥预算的指导和控制作用。这种方法对于经营有规律，特别是处于季节性变动的企业是行之有效的。

建立合理的存货投资方法之二是预先定出某时期的存货周转率。例如，某零售店可以把存货周转率定为每年周转四次，作为期间目标。周转标准过低，会使存货陈旧，增加企业处理滞销品的压力。存货周转还是外界的信贷分析家们非常关注的，高速的存货周转率是企业良好的经营状况的反映。存货投资在此情况下可以高些，但是其销售额要求更高。

从内部管理角度来看，分别对原材料、产品以及不同种类的产品实行不同的周转率，比整体周转率更为实用。周转率往往是按月份来表示，这可以避免对存货使用价值的不同意见。存货投资策略的基本目的是促使存货管理的经理们能正确地决策，少犯或者不犯错误。

10.3　证券投资管理

证券是票面载有一定金额，代表财产所有权或债权，可以有偿转让的凭证。证券投资是指资金持有者通过购买金融资产，取得政府或企业的股票、债券，以实现其资金增值的行为。证券投资是企业投资的重要组成部分，科学地进行证券投资管理，能增加企业收益，降低投资风险，有利于财务管理目标的实现。

10.3.1　证券投资概述

1．证券投资的种类

证券的种类是多种多样的，与此相适应，证券投资的种类也是多种多样的。按不同标准，也可对证券投资进行不同的分类。下面根据证券投资的对象，将证券投资分为以下几种情况。

1）债券投资

债券投资是指企业将资金投向各种各样的债券，例如，企业购买国库券、公司债券和短期融资券等都属于债券投资。与股票投资相比，债券投资能获得稳定收益，投资风险较低。当然，也应看到，投资于一些期限长、信用等级低的债券，也会有较大风险。

2）股票投资

股票投资是指企业将资金投向其他企业所发行的股票，将资金投向优先股、普通股都属于股票投资。企业投资于股票，尤其是投资普通股票，有较大风险，但在通常情况下，也会取得较高收益。

3）基金投资

投资基金证券是指企业将资金投向于投资基金组织所发行的基金证券。基金证券，也称基金单位，是指由投资基金组织向社会公开发行的，证明持有人按其持有份额享有资产所有权、收益分配权和剩余资产权的证券凭证。企业投资于基金证券，委托专家管理和运作，一般可以达到分散风险和获得规模效益的目的。

4）组合投资

投资组合又称证券投资组合，是指企业将资金同时投资于多种证券，例如，投资组合既投资于国库券，又投资于企业债券，还投资于企业股票。组合投资可以有效地分散证券投资风险，是企业等法人单位进行证券投资时常用的投资方式。

2．证券投资的目的

企业进行证券投资的目的主要有以下几个方面。
(1) 充分利用闲置资金预防财务风险；
(2) 与筹集长期资金相配合；
(3) 为保证未来的现金支付；
(4) 获得对相关企业的控制权；
(5) 多元化投资、分散风险。

3．证券投资风险

证券投资风险是指投资者在证券投资过程中遭受损失或达不到预期收益的可能性。进行证券投资，必然要承担一定的风险，这是证券的基本特征之一。证券投资风险的主要来源有以下几个方面。

(1) 违约风险。指证券发行人无法按期支付利息或偿还本金的风险。

(2) 利息率风险。由于利息率的变动而引起证券价格波动，投资人遭受损失的风险。

(3) 购买力风险。由于通货膨胀而使证券到期或出售时所获得的货币资金的购买力降低的风险。

(4) 流动性风险。指投资者不能按一定的价格及时卖出有价证券收回现金而承担的风险。

(5) 期限性风险。由于证券期限长而给投资人带来的风险。

10.3.2　企业债券投资

债券投资，即企业通过购买债券，成为债券发行单位的债权人，有按期收取利息和到期收回本金的权利。

1. 债券投资的目的

企业进行短期债券投资主要是为了配合企业对资金的需求，调节现金余额，使现金余额达到合理水平。当企业现金余额太多时，便投资于债券，使现金余额降低；反之，当现金余额太少时，则出售原来投资的债券，收回现金，使现金余额提高。企业进行长期债券投资主要是为了获得稳定的收益。

2. 债券的估价

企业进行债券投资，必须知道债券价格的计算方法，现介绍几个最常见的估价模型。

1) 一般情况下的债券估价模型

一般情况下的债券估价模型是指按复利方式计算的债券价格的估价公式。其一般计算公式为

$$P=\sum_{t=1}^{n}\frac{i\cdot F}{(1+K)^t}+\frac{F}{(1+K)^n}$$

$$P=\sum_{t=1}^{n}\frac{I}{(1+K)^t}+\frac{F}{(1+K)^n}$$

$$=I\cdot(P/A,K,n)+F\cdot(P/F,K,n)$$

式中：P——债券的价格；

　　　i——债券的票面利息率；

　　　F——债券面值；

　　　I——每年利息；

　　　K——市场利率或投资人要求的必要收益率；

n——付息总期数。

2) 一次还本付息且不计复利的债券估价模型

我国很多债券属于一次还本付息且不计复利的债券，其估价计算公式为

$$P = \frac{F + F \cdot i \cdot n}{(1+K)^n}$$

$$= (F + F, i, n) \cdot (P/F, K, n)$$

公式中符号的含义同前式。

3) 折现发行时债券的估价模型

有些债券以折现方式发行，没有票面利率，到期按面值偿还。这些债券的估价模型为

$$P = \frac{F}{(1+k)^n} = F \cdot (P/F, K, n)$$

公式中的符号含义同前式。

3. 债券投资的优缺点

债券投资的优点：本金安全性高；收入稳定性强；市场流动性好。

债券投资的缺点：购买力风险较大，没有经营管理权。

4. 债券投资的决策

企业债券投资的决策包括下述内容。

1) 是否进行债券投资的决策

企业一旦拥有可支配的资金，必然产生投资欲望，问题在于对这部分资金是应投资于企业内部生产和设备购置，还是投资于企业外部，购买股票或债券，需要做出选择。

企业是否进行债券投资，主要考虑以下三个方面的因素：债券投资收益率的高低、债券投资其他效果、债券投资的可靠性。

2) 债券投资对象的决策

债券投资对象是指购买债券的具体种类。可供投资的债券种类很多，既有国库券、金融债券，也有企业债券；既有长期债券，也有短期债券。债券品种决策的依据主要是债券的信誉和企业可用资金的期限。

3) 债券投资结构的决策

债券投资结构是指多种债券的品种安排问题。合理的债券投资结构决策意在减少债券投资的风险，增加债券的流动性，同时实现债券投资收益最大化。这也是多角度投资策略在债券投资上的具体运用。投资结构决策主要考虑两个问题：债券投资种类结构和债券到期期限结构。

10.3.3　企业股票投资

股票投资是通过认购股票成为股票发行企业所有者之一的投资活动。

1. 股票投资的目的

企业进行股票投资的目的主要有两种：一是获利，即作为一般的证券投资，获取股利收入及股票买卖差价；二是控股，即通过购买某一企业的大量股票达到控制该企业的目的。在第一种情况下，企业应将股票作为证券组合的一个组成部分，不应冒险将大量资金投资于某一企业的股票上。而在第二种情况下，企业应集中资金投资于被控企业的股票上，这时考虑更多的不应是目前的利益，即目前股票投资收益的高低，而应是长远利益，即占有多少股权才能达到控制的目的，并依此获利。

2. 股票的估价

与进行债券投资一样，企业进行股票投资，也必须知道股票价格的计算方法，现介绍几种最常见的股票估价模型。

1) 短期持有股票、未来准备出售的股票估价模型

投资者购入股票，持有一段时间以后，将其转让出去，在这种情况下，投资者投资于股票，不仅希望得到股利收入，还希望在未来出售股票时，从股票价格的上涨中获得好处，那么股票的内在价值等于持有期间所得股利的现值加最终转让该股票时转让价格的现值。

此时的股票估价模型为

$$V=\sum_{t=1}^{n}\frac{d_t}{(1+K)^t}+\frac{V_n}{(1+K)^n}$$

式中：V——股票内在价值；

$\quad\quad V_n$——未来出售预计的股票价格；

$\quad\quad K$——投资人要求的必要资金收益率；

$\quad\quad d_t$——第 t 期的预期股利；

$\quad\quad n$——预计持有股票的期数。

2) 长期持有股票，股利稳定不变的股票估价模型

若持股人准备长期持有购买的股票，且每年股利稳定不变，则股票估价模型可简化为

$$V=\frac{D}{K}$$

式中：V——股票现在价格；

$\quad\quad D$——每年固定股利；

$\quad\quad K$——投资人要求的收益率。

3) 长期持有股票，股利固定增长的股票估价模型

这类股票的估价有两个假设条件：①股利按固定的年增长率增长，该增长率用 g 表示；②股利增长率总是低于企业(投资者)期望的收益率。股票的内在价值也是未来股利按投资者所期望的收益率折成现值的总额。该公式简化为

$$V = \frac{d_0(1+g)}{K-g} = \frac{d_1}{K-g}$$

式中：d_1——第一年的股利。

3．股票投资的优缺点

股票投资的优点包括：投资收益较高、购买力风险小、拥有一定的经营控制权。

股票投资的缺点具体表现为：求偿权居后、股票价格不稳定、股利收入不稳定、投资风险大。

4．股票投资决策

企业股票投资决策包括以下内容。

1) 是否进行股票投资的决策

前述"是否进行债券投资的决策"中的投资收益、其他效果和可行性三个因素的分析要求，在股票投资决策中也是适用的。其差别仅在于投资收益的具体内容不同，其他效果的分析要复杂一些，比如掌握股票发行企业的一部分决策权或实现控股目标。

2) 股票投资对象的决策

股票投资可分为优先股投资和普通股投资。这两种投资的收益和权利有显著差别。认购优先股，安全性高，股息收入稳定，对企业资产的要求权，仅次于债权人，是一种接近债券投资的投资行为。普通股投资则不同，其投资风险较大，收益极不稳定。但购买优先股，无权参与发行公司的经营管理。决策投资对象时要衡量股票投资的收益、投资风险与其权利。

3) 股票投资时机的决策

对于股票投资者来说，购买什么样的股票十分重要，而什么时候买卖股票同样重要。确定股票投资时机的基本法则是：低价进、高价出。在不断变化的证券市场上，什么时候才算是低价，什么时候才算是高价，判断起来是个很复杂的问题，需要仔细分析影响股市的因素，分析整个社会经济状况、证券市场行情、股票发行公司所处行业的情况、股份公司的经营状况。

4) 股票投资结构的决策

基本要求还是分散投资：

(1) 分散投资股票的种类。可将资金按一定比例分配，一部分投资于稳定的成长股，一部分投资于风险很高但期望收益可观的风险型股票，一部分投资于优先股。

(2) 分散投资股票的行业。这样即使某一个行业不景气，其他行业的股票仍能取得一定的收益。

(3) 分散投资期限。在可能的情况下，企业应尽可能将资金分散于中长期投资、短期投资。中长期限的股票投资侧重于安全性，短期股票投资要着眼于收益性。

10.3.4　基金投资

1. 投资基金的概念

投资基金，在美国称为共同基金(Mutual Fund)，在英国称为信托单位(Trust Unit)，它是一种集合投资制度，由基金发起人经发行收益证券形式汇集一定数量的具有共同投资目的的投资者的资金，委托由投资专家组成的专门投资机构进行各种分散的投资组合，投资者按出资的比例分享投资收益、共同承担投资风险。

2. 投资基金的优缺点

将资金投向投资基金的最大优点是能够在不承担太大风险的情况下获取较高收益。这是因为投资基金具有专家理财优势，投资基金具有资金规模优势。

将资金投向投资基金的缺点主要有以下两点。

(1) 无法获得很高的投资收益。投资基金在投资组合过程中，在降低风险的同时，也丧失了获得巨大收益的机会。

(2) 在大盘整体大幅度下跌的情况下，进行基金投资也可能会损失较多，投资人承担较大风险。

3. 投资基金的投资决策

(1) 要仔细阅读投资基金的说明书或投资基金公司章程。

了解投资基金的性质、内容、基金受益凭证转让方式、投资政策与限制、基金投资收益分配办法、基金应负担的费用项目、基金收益人的权利等详细情况。

(2) 缜密考察与评估拟投资基金的绩效表现与风险特征。

在资金投出前，必须对目标基金的绩效表现，包括既有绩效与潜在绩效及其风险特征加以详尽的评估与分析。

(3) 了解投资基金的实际管理和运作人员的情况。

管理人员的素质包括经验、能力等，直接影响到基金的收益水平，应分析他们能否胜任有关工作。

(4) 与股票投资一样，投资基金投资也要重视运作方式。

要认真研究基金投资的策略和技术，在基金投资的风险与收益之间进行权衡。

10.3.5 证券投资组合

证券投资组合又称证券组合，是指在进行证券投资时，不是将所有的资金都投向单一的某种证券，而是有选择性地投向一组证券。这种同时投资多种证券的做法便叫证券的投资组合。

1. 证券投资组合的意义

证券投资的营利性吸引了众多投资者，但证券投资的风险性又使许多投资者望而却步。如何能够有效地解决这一难题呢？科学地进行证券的投资组合就是一个比较好的方法。通过有效地进行证券投资组合，便可消减证券风险，达到降低风险的目的。

投资风险存在于各个国家的各种证券中，它们随经济环境的变化而不断变化，时大时小、此起彼伏。简单地把资金全部投向一种证券，便要承担巨大的风险，一旦失误，就会全盘皆无。因此，证券市场上经常可听到这样一句名言：不要把全部的鸡蛋放在同一个篮子里。证券投资组合是证券投资的重要方式，它可以帮助投资者全面捕捉获利机会，降低投资风险。

2. 证券投资组合的风险与收益率

由于证券投资组合能够降低风险，因此，绝大多数法人投资者都同时投资于多种证券。即使是个人投资者，一般也是持有证券的投资组合而不只是投资于某一个公司的股票或债券。所以，企业财会人员必须了解证券投资组合的风险与收益率。

3. 证券投资组合的策略与方法

从以上分析我们知道，通过证券投资组合能有效地分散风险，那么，企业在进行证券投资组合时应采用什么策略，用何种方法进行组合呢？简要说明如下。

1) 证券投资组合策略

在证券组合理论的发展过程中，形成了各种各样的派别，从而也形成了不同的组合策略，主要有保守型策略、冒险型策略和适中型策略。

2) 证券投资组合的方法

(1) 选择足够数量的证券进行组合。

这是一种最简单的证券投资组合方法。在采用这种方法时，不是进行有目的的组合，而是随机选择证券，随着证券数量的增加，可分散风险会逐步减少，当数量足够时，大部分可分散风险都能分散掉。根据投资专家估计，在美国纽约证券市场上，随机地购买40种股票，其大多数可分散风险都能分散掉。为了有效地分散风险，每个投资者拥有股票的数量最好不少于14种。我国股票种类还不太多，同时投资于10种股票，就能达到分散风险的目的。

(2) 把风险大、风险中等、风险小的证券放在一起进行组合。

这种组合方法又称为 1/3 法，是指把全部资金的 1/3 投资于风险大的证券，1/3 投资于风险中等的证券，1/3 投资于风险小的证券。一般而言，风险大的证券对经济形势的变化比较敏感，在经济处于繁荣时期，风险大的证券能获得高额收益，但当经济衰退时，风险大的证券却会遭受巨额损失；相反，风险小的证券对经济形势的变化不敏感，一般都能获得稳定收益，而不至于遭受损失。因此，这种 1/3 的投资组合法，是一种进可攻、退可守的组合法，虽不会获得太高的收益，但也不会冒巨大的风险，是常见的组合方法。

(3) 把投资收益呈负相关的证券放在一起进行组合。

一种股票的收益上升而另一种股票的收益下降的两种股票，称为负相关股票。把收益呈负相关的股票组合在一起，能有效地分散风险。例如，某企业同时持有一家汽车制造公司的股票和一家石油公司的股票，当石油价格大幅度上升时，这两种股票便呈负相关。因为油价上涨，石油公司的收益会增加，但油价的上升，会影响汽车的销量，使汽车公司的收益降低。只要选择得当，这样的组合对降低风险有十分重要的意义。

10.4　固定资产投资管理

固定资产是使用年限在一年以上，单位价值在规定标准以上，并且能在使用过程中保持原有实物形态的资产。固定资产是企业从事生产经营活动的物质基础，因此，虽然固定资产投资风险大，但是企业又不能为规避风险而不进行固定资产投资。为了避免固定资产投资决策的失误，企业必须加强固定资产的投资管理。

10.4.1　固定资产投资概述

明确固定资产投资的基本概念和特点是固定资产投资管理的基础。

1. 固定资产投资的概念

固定资产投资可以说是人类历史上最早的一种投资方式，它一般与企业行为相联系。所谓固定资产投资是指企业购置或建造固定资产的投资，它既包括基本建设投资(新建、扩建工程的投资)，也包括对现有固定资产进行更新改造的投资。

2. 固定资产投资的特点

作为企业长期投资的一种主要形式，固定资产投资具有如下一些特点。

1) 投资金额大和回收期长

固定资产是企业进行生产经营活动的重要物质技术基础，它的单位价值较大、使用期限较长，一旦实施投资决策，便会在较长时间内影响企业。

2) 投资的一次性和收回的分次性

企业为了获取投资收益，在进行固定资产投资时，必须一次性垫支相当数额的资金，而这种垫支的收回则是在该资产未来的使用期限内分期逐次实现的。

3) 使用效益的逐年递减性

使用效益的逐年递减性是由固定资产的有形损耗和无形损耗所造成的。前者造成使用效益的绝对递减，后者造成使用效益的相对递减。

4) 较差的变现性和流动性

固定资产实物形态主要是厂房、机器、设备、器具等资产，这些资产不易改变其用途，也难以出售，其变现能力以及流动性在企业资产中是极差的。因此，固定资产投资一经实现，要想改变其用途，不是无法实现，就是代价太大。

5) 资金占用数量相对稳定性

固定资产投资一经实现，在资金占用数量上便保持相对稳定，而不像企业流动资产那样经常波动。因为企业业务量在一定范围内增加时，往往并不需要立即增加固定资产投资，而通过挖掘潜力，提高效率来完成增加的业务量。如果业务量在一定范围内减少，企业为维持一定的生产能力，亦不会大量出售固定资产。从固定资产的整体及不可分割的特征来看，企业即使打算出售固定资产，也难付诸实施。

10.4.2　固定资产投资的策略

根据固定资产投资单项投资额大、投资回收期长和决策成败后果深远等基本特征，固定资产投资的基本策略应是注重风险控制。具体策略应包括以下两方面的内容。

1. 拟订固定资产投资方案的策略

拟订固定资产投资方案是固定资产投资的初始环节，该环节是决定固定资产投资项目成败的关键。如果供固定资产投资决策用的投资方案拟订错误，就不可能做出正确的投资决策，从而导致固定资产投资失败。

拟订固定资产投资方案的策略须在企业投资战略的指导下进行。企业投资战略是由企业最高决策集团做出的。实现一个投资战略目标，可以有多种投资策略，投资策略最终是以投资方案的形式表达出来。但也应注意策略对战略的反作用问题，如一个诱人的投资战略，但无可行的策略作支持，这个投资战略就不可行，需要重新修订。

投资方案的制订应充分发挥企业内外各种专业人士的积极性，集思广益，鼓励各级和不同专业的人士提出多种投资项目，寻找投资机会，拟订各种投资方案。从理论上来说，拟订的投资方案多多益善；但从实际上来看，由于任何一个企业的人力物力均是有限的，因此不可能做到这一点。在实际上，对投资方案的拟订，除了重视数量之外，还要更重视投资方案的质量，尽量保证方案中的各种数据来源真实，预测可靠。

　　一般来讲，一个固定资产投资方案要从技术和经济两个方面对投资项目的可行性进行论证，技术可行性论证由技术人员负责，它应包括项目技术上的先进性、优势、特征和生命周期等方面的内容；经济可行性论证则主要由财务人员负责，它主要包括项目现金流入和流出量的测算、折现率的确定、风险和收效的评估等方面的内容。虽然经济可行性论证是建立在技术可行性之上的，但一个投资方案的最终取舍，却是以经济可行性为标准，所以在投资方案中要详细列明各种经济指标。

　　拟订固定资产投资方案的基本策略可简要概括如下：在投资战略的指导下，尽可能寻找投资机会，多拟订投资方案，确保投资方案资料的准确性。

2. 固定资产投资项目择优策略

　　固定资产投资项目择优策略，首要是判断固定资产投资项目对企业特定时期而言的优劣；其次，投资项目的择优还必须注意到企业的特征。这些特征主要包括：企业现有资产结构的特征、资金来源结构的特征、管理特征等。

　　1) 根据资产结构选择投资项目的策略

　　企业资产结构是指企业各种资产占总资产的比重。企业长期资产占总资产的比重越大，企业资产的风险就越大。以前我们讨论资产结构时，是将固定资产作为一个整体来加以考虑。但在现实中，固定资产也有着不同的结构，一些固定资产使用年限长、一些固定资产使用年限短，这说明不同固定资产也存在着不同的风险。因此，在选择固定资产投资项目时，必须要考虑企业现有的固定资产结构，将每个可供选择的投资项目放在企业现有固定资产结构中去考察，权衡其对企业收益和风险的影响，并在此基础上择优。一般而论，对于固定资产结构风险偏大的企业，应注意选择那些投资回收期短的投资项目；相反，则应首选净现值较大和内部收益率高的投资项目，而将投资回收期标准放在较次要的位置。当然，在具体分析时，还应结合投资项目与现有固定资产的关系来考虑，如投资项目是更新改造项目还是独立的项目等，不过这类分析均比较注重技术性分析，应在技术分析的基础上进行决策。

　　2) 根据筹资结构选择投资项目的策略

　　固定资产投资回收期长和资金一次投入、分次收回的特点，决定了固定资产投资不能使用短期来源的资金。在投资项目择优时，必须充分考虑企业筹资结构的问题，使投资项目、资金回收金额和期限尽可能与偿债金额和期限相衔接，从而减少企业的总风险。当一个企业筹资结构的风险已经很大时，即使一个很有利可图的投资项目，如果它不能很好地与偿债金额和期限相衔接，那么，从整个企业的角度看，可能也并不可取。在实际中，企业常常会放弃某些仅从投资项目本身来看为最优的方案，而选择那些从投资项目本身来看为次优，但从企业整体来看为最优的投资方案。

　　3) 根据管理特征选择投资项目的策略

　　固定资产投资必然导致企业外延性的扩大再生产，生产经营规模的增大，自然的会使管理日趋复杂化。企业对投资项目的管理能力，以及由投资项目引起的整个企业管理格局的变化会直接影响投资项目的成败，乃至整个企业经营的成败。因此，企业在选择投资项目时，必须客观评价企业的管理能力，根据管理能力来选择投资项目。比如，一个企业主营业务之外十分有利可图的投资项目，但限于企业的管理能力，可能被判为一个非优项目。而一个效益较低的投资项目，则可能因为企业对它的管理驾轻就熟，被视为一个最优项目。

需要说明的是，从企业角度选择最优投资项目要考虑的企业特征因素是多种多样和复杂的，除上面讨论的企业资产结构特征、筹资结构特征、管理特征之外，还有诸如技术特征、人员结构特征等。这些都是在固定资产投资项目择优时必须加以考虑的。

10.5 产品投资管理

除了一些较小的公司外，大多数公司都有多种产品和面对多个市场，因而每一个公司都不可能选择单一经营战略，而必须是根据产品、市场的不同而选择一个战略组合群。当企业的各分部或分公司在不同的产业进行竞争时，企业在制定了总体战略的基础上，还必须为每一个经营单位、产品制定自己的具体投资策略。

10.5.1 产品投资的含义

产品投资主要是根据产品的具体特点分析，从而确定对产品应采取的投资策略。产品是生产出来的物品，是活劳动和物化劳动的凝结，具有价值和使用价值，其中绝大部分产品能够在市场上进行交换，从而满足人们物资和精神生活的需要成为商品。无论是一般产品还是商品产品，社会需要程度都是不一致的。企业可以通过各种途径进行生产经营或转移给他人以获取收益。

产品投资管理主要是在企业现有的资金条件下，为实现企业战略目标而进行投资优化，把短缺的资金用在"刀刃"上。

10.5.2 产品投资决策的方法

产品投资决策主要有以下两种方法。

1. 市场增长率—占有率评价法

市场增长率—占有率评价法，又称波士顿矩阵评价法(BCG)，该方法最早是由波士顿咨询公司为美国米德纸业公司提供经营咨询时提出的。它以企业生产经营的全部产品或业务的组合为分析、研究对象，通过分析企业相关经营业务之间现金流量的平衡问题，寻找企业资源的生产单位和这些资源的最佳使用单位。

1) 市场增长率—占有率的分析变量

公司内每个经营单位的战略选择主要依据如下两个因素(或称变量)：市场增长率和市场占有率。

该单位的相对市场份额，按以下公式计算：

$$产品的相对市场份额=\frac{本企业某产品的绝对市场份额}{最大竞争对手该产品的绝对市场份额}×100\%$$

采用相对市场份额而不直接使用绝对市场份额，是为了便于对各种业务(产品)进行比较。相对市场份额这个因素能够比较准确地反映企业在市场上的竞争地位和实力(优势或劣势)，也能在一定程度上反映其盈利能力，因为较高的市场份额一般会带来较多的利润和现金流量。

该种业务(产品)的市场增长率，按以下公式计算：

$$某产品市场增长率=\frac{本产品当年市场销量－本产品上年市场销量}{本产品上年市场销量}×100\%$$

市场增长率这个因素反映产品处于其寿命周期的某个阶段及其市场潜在机会或威胁。它有双重作用：第一，反映市场机会和扩大市场份额的可能性大小，如增长缓慢，则难以扩大市场；第二，决定投资机会的大小，如增长快，则为迅速收回投资、取得投资收益提供了机会。

2) 增长率—市场占有率矩阵法的分析内容

将上述两个因素分为高低两个档次，就可绘出一个四象限的矩阵，如图 10-1 所示。

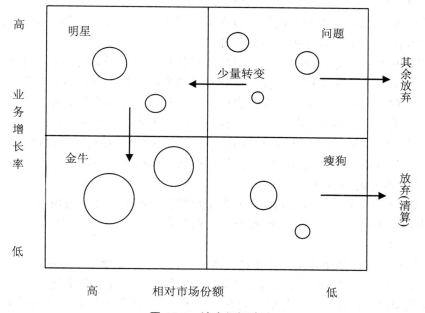

图 10-1　波士顿矩阵法

横坐标表示相对市场份额，常以 0.5 为界限划分为高低两个区域，0.5 表示公司的市场份额为本产业领先公司的一半。纵坐标表示市场增长率，常以 10%为界限划分为高低两个区域。图中每个圆代表一个经营单位或产品，圆圈面积的大小表示该项业务或产品与企业全部收益的比值。

分别考察每个产品的这两个因素，就可把它们归入矩阵中的某个象限。

(1) 明星产品。这些产品的相对市场份额高，表示企业竞争能力强，有优势；而市场增长率也高，表示市场前景美好，有进一步发展机会。因此，应当发挥优势去抓住机会，对这些产品选择扩张型战略，使之成长壮大。这些产品需要大量投资，是企业资源的主要消耗者。当这些产品日后的市场增长率下降时，它们就将变为金牛产品。

(2) 金牛产品。这些产品的相对市场份额高，表示企业竞争地位强，有优势；但市场增长率不高，表示处于成熟的、增长缓慢的市场中，不宜再增加投资去扩张。对它们比较适合采取维持现状的稳定战略，尽量保持其现有的市场份额，而将其创造的利润加以回收，用来满足明星产品和一部分问题产品的发展扩张需求。

(3) 问题产品。这些产品的市场增长率高，表示市场前景美好，有进一步发展的机会；但其市场份额低，表示它们的实力不强，利润较低，如果要加以发展就必须大量追加投资。然而企业可用于投资的资金来源是有限的，往往不能满足所有问题产品的发展。因此，对问题产品要一分为二，对于那些确有发展前途的产品应采用扩张型战略，追加投资，增强其竞争地位，使之转变成明星产品；对剩余的问题产品采取收缩和放弃战略。

(4) 瘦狗产品。这些产品的市场份额和市场增长率都较低，表示既没有多大实力，不能成为企业资金的来源，又无发展前途，再去追加投资已不合算。这些产品较为适宜的是逐步退出的抽资战略，也可以迅速放弃或退出。

对于多元化经营的企业来说，其下属经营单位可能分布于矩阵的各个象限。它们的经营战略组合可概括为：扩张明星产品，有选择性地发展问题产品，维持金牛产品，放弃瘦狗产品和部分问题产品；金牛产品提供的利润，则用来发展明星产品和一部分问题产品。

波士顿咨询公司提出，运用它们首创的这个方法，可为企业绘制出不同时期的矩阵图(现在的、过去 3~5 年的、预测 3~5 年后的)，通过它们的相互对照，管理者可以对已经出现的和可能出现的战略选择后果进行比较，从而得到更清晰的认识。

3) 波士顿矩阵的局限性

波士顿矩阵以两个具体指标的量化分析来反映企业的外部环境与内部条件，较 SWOT 分析有了进步，更因为其简单易行而被众多企业广为采用，但同时也因此而受到许多批评。主要的批评意见如下。

(1) 市场份额不过是企业总体竞争地位的一个方面，市场增长率也不过是表明市场前景的一个方面，而且仅仅按高、低两档来划分四个象限，这些都太简单化了。

(2) 计算相对市场份额时只与最大的竞争对手比较，而忽视了那些市场份额迅速增长的较小的竞争者。

(3) 市场份额同盈利率之间不一定有密切的联系，低市场份额也可能有高盈利；反之亦然。

(4) 瘦狗产品不一定就应当很快放弃。在衰退产业中，一些市场份额低的产品如果需求稳定并可以预测，则仍有较稳定的收益来源；如果竞争者都退出，则该产品的市场份额还会增长，甚至可能成为市场领先者，变成金牛。

后来，汤姆森(Arthur A.Thompson)和斯迪克兰德(A.J.Strickland)发展了波士顿矩阵。他们将处于不同象限中的经营单位可以采用的战略列入象限中，从而使战略的选择变得更为清晰。他们的战略方案如图 10-2 所示。

业务增长率	相对市场份额 高	相对市场份额 低
高	明星 (1) 单一经营 (2) 纵向一体化 (3) 同心多样化	问题 (1) 单一经营 (2) 横向一体化合并 (3) 放弃 (4) 清算
低	金牛 (1) 抽资 (2) 同心多样化 (3) 复合多样化 (4) 合资经营	瘦狗 (1) 紧缩 (2) 多样化 (3) 放弃 (4) 清算

图 10-2 发展了的波士顿矩阵法

2. 行业吸引力—竞争能力分析法

1) 通用矩阵

行业吸引力—竞争能力分析法是由美国通用电气公司与麦肯锡咨询公司共同发展起来的一种战略选择方法，它通常又称为通用矩阵或行业吸引矩阵。该模型赞成波士顿公司的假定，同样认为企业应根据每个经营单位(产品)的具体情况分别选择所需采用的战略。但在具体方法上对波士顿矩阵做了很大发展和改进。

(1) 提出了决定和影响企业战略选择的两个新的因素或变量。

① 该产品的实力(即竞争地位)。可以通过市场份额、产品(销售)增长率、产品线宽度、营销策略的有效性、生产能力和生产率、相对的产品质量、研究开发的优势、总体形象等因素综合判断。

② 该产品所处行业的吸引力。可以通过行业的规模、市场增长率、竞争结构、营利性、技术环境的影响、经济周期的影响、政治因素的影响等因素综合判断。

(2) 通过各因素的加权评分,将行业吸引力和竞争能力两个变量分为高、中、低三档,绘制出一个九象限的矩阵。具体度量方法是:首先,根据上述影响两个变量的各因素的重要程度,分别确定各因素的权数(所有因素的权数总和为1);其次,根据具体情况确定各因素的等级评分,一般选用五级分法,如对于表明企业竞争能力的市场份额,可以根据其相对市场份额的大小分别给予1~5分;最后,通过加权汇总,分别得出行业吸引力和竞争能力的具体分值。

(3) 分别考察企业各经营单位(产品)的两个因素,据此把它们列入矩阵中的某个象限。如图10-3所示,图中圆圈面积的大小与行业规模成正比,阴影部分表示某项产品的市场份额,字母为某项产品的代号。数字1、2、…、9表示划分的区域。

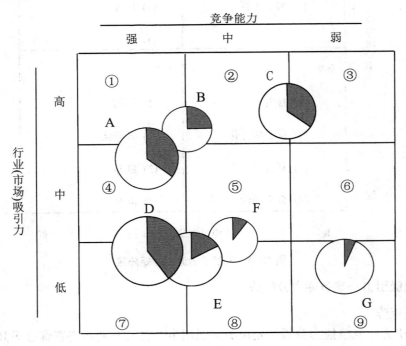

图 10-3　通用矩阵

(4) 根据图中的每个象限的不同特点,为象限中的经营单位(产品)选择适当的投资战略。

① 扩张型投资战略。列入矩阵左上角的①、②、④三个象限中的产品都有很强或较强的行业吸引力和竞争能力,类似于波士顿矩阵中的明星产品,一般可采用追加投资的扩张型战略。

② 紧缩或放弃投资战略。列入矩阵右下角⑥、⑧、⑨三个象限中的产品的行业吸引力和竞争能力都很弱或较弱,类似于波士顿矩阵中的瘦狗产品,一般可采用紧缩型战略或放弃战略。

③ 稳定或抽资投资战略。列入⑦象限的产品具有很低的行业吸引力和很高的竞争能力,这类业务是企业的利润提供者,类似于波士顿矩阵中的金牛产品,对于这类产品宜于采用维持其稳定生产,不再追加投资,尽快收回资金,获取利润来支持其他产品的战略。

④ 选择型投资战略。列入⑤、③两个象限的产品,一个是行业吸引力和竞争能力都算中等,另一个是吸引力很强,而实力很弱,类似于波士顿矩阵中的问题产品,对于这些没有优势或没有特色的产品应一分为二对待,选择其中确有发展前途的产品实施扩张型战略,其余产品采取放弃战略。

具体而言,企业应根据不同种产品实施投资管理,对①区域产品,企业应集中力量,优先投资;对②区域产品,企业可以大量投资,尽快提高企业实力;对③区域产品,企业可以探索性地进入市场,选择其中确有发展前途的产品进行投资,以增强竞争地位;对④区域产品,企业主要是加强促销,提高市场吸引力,确有前途就进行投资;对⑤区域产品,企业应尽量选择几个目标市场,适当地进行一定的投资;对⑥区域产品,一般不适合投资;对⑦区域产品,企业应先采取措施,尽量提高市场吸引力,如果该产品确已走到尽头,则应当机立断,把企业实力转移到其他产品上去,不宜再增加投资去扩张;对⑧区域产品,企业不宜再进行投资;对⑨区域产品,企业一般不再进行投资。

通用电气公司提出的这种方法比波士顿矩阵要细致一些,它考虑了更多的内容,而且这些内容可以在不同时期、不同产业中灵活应用,使之更适合具体情况。然而,它对两个因素的评价方法确实比较复杂和烦琐,所规定的评分标准、权数以及打分等都有较强烈的主观色彩。

10.6　合资经营投资管理

近年来,越来越多的企业与国内外其他企业在不同行业和领域"联姻"建立合资公司,将双方的资源加以整合,进行优势互补、强强联合,从而实现双赢或者双方利益最大化。建立战略联盟,不仅可以实现企业间的资源共享,降低研发成本与风险,而且可以使企业能够通过认识、消化获得并利用其他企业所开发的技能和知识,提高自身核心竞争能力,缔结联盟已成为企业增强核心竞争能力的重要手段。但是,由于合资企业双方在体制、文化等方面存在较大的差异，合资的风险性较大，成功率很低。如何加强合资经营投资管理，尽可能地规避风险，长期地实现双赢将一个需要不断研究的课题。

10.6.1　合资经营投资概述

弄清楚合资经营投资的概念、动因和作价是合资经营投资管理的基础。

1. 合资经营投资的概念

合资经营是指两个或两个以上的企业以资本的形式进行合作，共同组建、创办一个独立企业(称为合资企业)，而原来的企业就成为合资企业的股东，按照各自股份分享这一新建实体的所有权。

合资经营投资，即与其他企业单位共同出资，举办国内联营企业、股份制企业、中外合资和合作经营企业等。它是对外投资的形式之一，采取合资经营的形式对外投资，是企业自主权的重要内容之一。

2. 合资经营投资的动因

合资经营之所以被许多企业采用，是因为它具有较大的吸引力，能够产生一定的战略优势。企业对外投资合资经营的主要动机在于：合理调度资金，获得投资收益；增加企业所有者权益，增强企业的借贷能力；扩展生产空间，扩大名优产品生产能力和市场占有率；综合企业内部优势，形成整体优势，取得规模经营效益；促进出口贸易的发展，增加外汇收入；促进技术引进等。因此，至少在以下三种情况下，选择合资经营投资是适用的。

(1) 对于一个企业单独运作时不经济或有较大风险的经营，合资是一种好的选择。

(2) 当通过集合两个或更多个企业的资源和能力，能够为一个企业带来更多的资源和竞争性资产，使之成为一名强有力的市场竞争者时，合资是有意义的。这时，合资的各方会带来其他合资者所不具备的，但对经营成功又非常重要的特殊的知识和资源。

(3) 当企业想获得国外的廉价资源，或者想进入国外市场，或者想谋求全球战略利益时，与外国的投资者合资是克服进口配额、关税、国家政治利益和民族主义情绪羁绊的唯一的或最好的方式。

3. 合资经营投资的作价

合资经营投资的作价要遵循原则，讲究方法，有具体内容如下。

1) 资产作价原则

企业在对外投资时，必须对投出的各项资产进行计价，以重新评估其价值。计价的一般原则是：以现金、存款等货币资金方式对外投资的，按照实际支付的金额计价；以实物、无形资产方式对外投资的，按照评估或者合同协议确定的价值计价。在投资各方协议作价过程中还应遵循下列具体原则：真实性、公平性、科学性、可行性。

2) 资产计价方法

目前在资产计价中常用的方法主要有历史成本法、重置成本法、收益现值法和现行市价法。

3) 资产计价的内容

资产计价的内容包括：对于新近构建的房屋建筑物的计价、外购机器设备的计价、材料物资的计价、场地使用权的计价、技术知识产权的计价。

10.6.2　合资经营企业

合资经营的载体是合资经营企业。

1. 合资经营企业的概念

合资经营企业简称合资企业，是两个或两个以上的当事人，为实现特定的商业目的，共同投资、共同经营、共担风险、共负盈亏的一种企业形式。国际投资法上所称合资企业，通常是由一个或多个外国投资者(法人或自然人)同东道国的政府、法人或自然人按法定或约定的比例共同出资、共同经营特定事业、共同分享利润、共同承担亏损。国际合资企业是现代国际投资的一种最常见的企业形式。

2. 合资经营企业的特征

合资经营企业具有如下特征。

1) 由合资双方共同投资

合资各方所投资本，构成合资企业的共同财产，成为合资企业进行经营活动和对外承担债务责任的基础。通常，合资各方按各自的出资比例对合资企业享受权利和承担义务。

2) 由合资企业共同经营管理

尽管各国立法和国际实践中，关于合资企业的内部管理机构的设置、组织和运行存在诸多差异，但合资各方都享有参加企业经营管理的权利，都有权按投资比例或合同约定参与决定和处理合资企业的重大事务。

3) 由合资双方共担风险、共负盈亏

合资各方一般按其投资比例对企业享受权利、分享利润、分担风险和亏损。至于合资企业的债务，则依企业的法律性质不同而定。

3. 合资经营企业的类型

合资企业可以按照不同的方式进行分类，我们根据合资的各方设立合资企业的战略目的可以把合资企业分为：以加强现有的业务为目标设立的合资企业、以开拓现有产品市场为目标设立的合资企业、以获得新产品为目标设立的合资企业和以进入新行业为目标设立的合资企业四种类型。

10.6.3　合资经营投资的可行性研究

合资经营投资前，要进行可行性研究。可行性研究是指在投资合营前，对于合营项目在技术上是否先进、经济上是否合理、建设条件是否具备等方面做详细的调查研究，从而综合评价投资合营是否能获得理想经济效益的一种科学方法。具体而言，可行性研究主要包括以下内容。

1. 投资机会研究

投资机会研究即资本投向的研究。要根据国内外市场情形，投资的具体环境，投资者的专长、技术、资金等情况，选择理想的投资项目。投资机会研究过程中，要了解有关投资政策、了解投资地的投资环境、进行市场调查和预测。

2. 合资伙伴研究

选择合适的合作伙伴是合资经营取得成功的关键。选择合适的合作伙伴至少要考虑以下几点：第一，合资伙伴的经营目标与自己的经营目标一致性程度；第二，合资伙伴是否拥有自己所需要的技术技能和生产资源；第三，自己与合资伙伴之间是否存在优势互补。

3. 合资企业管理模式研究

合资企业的管理模式，实质上就是对未来的合资企业中合资的各方在战略决策和日常问题上的作用做出安排。而这种安排又取决于合资的各方在合资企业中股权控制的份额和所控制资源的能力。管理模式一般有：共管模式、以一方为主模式和第三方管理模式，每一种模式都有其优点和缺点，需要合资的各方仔细权衡、斟酌和协商。

4. 合资企业运作过程中可能引发冲突的研究

建立合资企业被普遍认为是最有活力的战略选择，但也面临着极大的风险。合资企业运作过程中合资各方的利益差异、文化差异所引起的摩擦、冲突是不可避免的。如果这些矛盾不能有效地解决，对合资经营会产生很大的影响，有时甚至使合资企业解体。冲突产生的原因主要有：投资方之间发展战略差异引发的冲突、双方文化差异引发的冲突、谋取合资企业的控制地位引发的冲突、合资伙伴作用及投资环境改变引起的冲突等。

5. 合资方案的财务评价

合资方案的财务评价，是运用一系列财务分析方法，计算有关财务指标并进行对比，从而选择最优合资方案。财务评价的基本方法是运用比较法。合资方案的财务评价有财务报表评价和财务指标评价两种方式。

6. 提出可行性研究报告

可行性研究报告是投资合营各方对举办的项目在经济上、技术上、财务上以及生产投放、管理机构、合作条件等方面完全达成一致意见后，向有关审批机关上报的文件。报告中对投资方案的各要素应进行认真全面的调查和详细的测算分析，具体论述项目的设立在经济上的必要性、合理性和财务上的营利性(包括项目外汇收支平衡)与合法性。

10.7　投资风险管理

在商品经济社会中，投资风险不仅是企业生存与开拓的动力，更是企业成功与发展的机遇。企业只要从事一定的投资活动，就必须要承担一定的风险。

10.7.1　投资风险概述

弄清投资风险的概念、分类和含义是进行投资风险管理的基础。

1. 投资风险的概念

投资风险是投资决策必须考虑的一种特种风险，即由于投资活动受到多种不确定因素的共同影响，而使得实际投资出现不利结果的可能性。投资风险表现为实际投资结果与期望投资收益之间的不一致。一般来说，实际投资出现不利结果的可能性越大，偏离期望投资收益也会越远，投资的风险也就越大。

在投资风险存在的情况下，可能出现截然不同的两种结果：好的结果是投资收益的实际结果超过期望水平；坏的结果是投资的实际结果低于期望水平。

导致投资风险产生的原因：一是整个投资期内投资费用的不确定性；二是投资收益的不确定性；三是投资期间金融市场变化导致的购买力风险和利率风险，对投资项目的收益结果会产生很大影响；四是政治风险和自然灾害等也会影响投资项目的收益；五是人为因素造成投资决策失误。

2. 投资风险的分类

投资风险通常包括系统性风险和非系统性风险两大类。

1) 系统性风险

系统性风险是指由于政治、经济及社会环境的变动而造成的所有投资行为的风险。它包括经济周期风险、利率风险、通货膨胀风险等。这类风险的共同特点是：它们的影响不是作用于某一种投资对象，而是对整个投资行为发生作用，导致所有投资行为出现风险。由于系统性风险对所有投资行为普遍存在且无法通过多样化的方法来加以回避与消除，因此，又称为非多样化风险。

2) 非系统性风险

非系统性风险是指由于市场、行业以及企业本身等因素导致个别投资行为的风险，包括行业风险、企业经营风险、财务风险、企业违约风险等，这是由单一因素造成的，只影响某种投资收益的风险。尽管目前不同类别的投资行为在不同程度上都具有非系统性风险，但根据投资理论研究的结果，非系统性风险属于个别风险，能够通过投资多样化的方法将其分解并且可以进行有效的防范，因此，又称为多样化风险。

3. 投资收益的含义

投资收益又称投资报酬，是指投资者从投资中获取的补偿，包括期望投资收益、实际投资收益、无风险投资收益和必要投资收益等类型。其中，期望投资收益是指在投资收益不确定的情况下，按估计的各种可能收益水平及其发生概率计算的加权平均数。期望的投资收益也是对投资项目进行预算编制时，确定的项目在未来可能实现的报酬率。实际投资收益则是指特定投资项目具体实施之后在一定时期内得到的真实收益，又称真实投资收益；无风险投资收益等于资金的时间价值与通货膨胀补贴(又称通货膨胀贴水)之和；必要投资收益等于无风险收益与风险收益之和。

必要投资收益是投资人进行投资时，由于承担了风险，根据承担风险程度所要求的基本的风险报酬率。

$$必要报酬率=无风险收益(率)+风险收益(率)$$
$$=资金时间价值+通货膨胀补贴+风险收益(率)$$

式中，时间价值是指投资人进行投资放弃了货币用于消费的机会，按照放弃消费时间的长短，对于节制消费所给的报酬，或者是对投资时间的报酬。通货膨胀补贴是投资人进行投资发生货币贬值的损失的可能性而要求的一种报酬。风险收益率是投资者因为承担风险而获得的超过时间价值率的那部分额外收益率。

如果不考虑通货膨胀的因素，投资的收益率等于时间价值加上风险收益率。

10.7.2 投资风险的识别与估计

要管理好投资风险，善于识别与估计投资风险是十分重要且必要的。

1. 投资风险的识别

风险识别常见的方法有以下三种。

1) 风险调查法

风险调查法是通过调查投资项目面临的风险种类以及每种风险对投资项目的影响程度，以充分了解投资风险的一种方法。

2) 风险模拟法

风险模拟法是通过建立一定形式的模型来说明风险的影响因素以及与风险变化的关系，并在此基础上说明各种风险对投资项目的影响程度。

3) 风险情报法

风险情报法是利用一些著名机构、企业、杂志等公开发表的报告来进行投资风险识别的方法。

2. 投资风险的估计

投资风险的计量方法，常见的主要有盈亏平衡分析法、敏感性分析法、概率分析法。

1) 盈亏平衡分析法

盈亏平衡分析法通常又称为量本利分析法，它是根据投资项目在正常年份的产品产量(销售量)、成本费用、产品销售单价及销售税金等数据，计算并分析产量、成本和盈利之间的关系，从中发现三者之间联系的规律，并确定项目成本和收益相等时的盈亏平衡点的一种分析方法。盈亏平衡分析法可分为线性盈亏平衡分析法和非线性盈亏平衡分析法两种。

2) 敏感性分析法

敏感性分析法是考察与投资项目有关的一个或多个主要因素发生变化时对该项目投资价值指标的影响程度。

3) 概率分析法

概率分析法就是利用一定的概率方法，把投资项目中不确定的变量变为具体数字，使各种不确定因素"数学化"、"确定化"，从而对投资项目的投资价值进行分析的一种方法。

10.7.3　投资风险的管理

投资活动是一个较长期的过程，而不仅仅是注入资金获得权益的一瞬间。其内容包括获得权益前后一系列管理运作行为，时间上则包括从项目物色准备直至投资收回的各个阶段。所以，对风险的防范和控制应贯穿投资的全过程。

1. 投资过程中可预见并须加以防范的种种投资风险

(1) 投资如同用兵打仗，"知己知彼"，方能"百战不殆"，但实际投资过程中，由于信息的不对称性，往往我们无法了解被投资方的全部真实情况，因此会构成信息风险。

(2) 投资需要使用财务杠杆，但融资过度的高负债会引起财务风险。

(3) 投资后参与新企业的运营，因对所在行业或领域不熟悉，从而造成管理脱节的风险。

(4) 类似"9·11"恐怖分子袭击世贸大楼事件对全球经济造成的危害，市场系统性风险对市场所有参与者均会造成不利影响。

2. 控制风险要贯彻到投资过程的各个阶段

(1) 在投资的准备阶段加以防范：投资的准备即对项目的储备、筛选，在发掘项目的过程中，我们就应充分考虑项目实施将可能发生的种种风险，将风险作为考察项目的重要因素，甚至是作为首要因素。

(2) 在投资的决策阶段加以防范：科学合理的决策体系可有效防范风险。集团决策系统应充分发挥集体智慧，采用先进的决策方法，在对研发机构的项目建议和可行性研究报告进行详细审查，通过答辩程序，进一步论证的基础上，方才做出决策。避免凭感觉"拍脑袋"决策。

(3) 在投资的实施阶段加以防范：投资项目的执行实施单位始终要具备风险防范意识，在运作过程中要及时发现潜在风险，采取相应措施。集团要加强风险监控体系，建议集团设立专门的风险管理职能部门或专职人员，对每项投资实施实时监测，及时反馈有关信息。

3. 选择科学合理的投资管理方法，有效控制风险

虽然我们无法预测所有的风险，但采用恰当的投资方法却能有效防止风险。

(1) 采用分散投资的方法，分散风险，即所谓的"不把所有的鸡蛋放在一个篮子里"。这里尤其指证券投资，即投资品种要求多元化，不将所有的资金集中于少数题材或类别的股票。

(2) 投资的适时退出，即建立并适时启动止损机制。这一机制应当在决定实施投资前，就根据可能发生的风险情况及公司愿意或可以承受的程度予以设置。一旦投资的项目出现未按预期方向发展的苗头或投资的市场趋势出现不良势头，在风险监测系统发出警报后，在进一步分析证实的基础上，投资执行人应果断退出投资，防止不好势头的继续、亏损的发生或亏损面的继续扩大。这样做的目的，在于以少量的损失，换取全部投资资金的安全撤退，防止资金陷入一项投资中不能回收带来机会成本的增加。投资市场中，"现金为王"始终是硬道理，现金在手就意味着随时可以出击，而投出资金后，只能说具备了获利的可能性，同时这种可能性也意味着另一个投资机会的放弃。

本 章 小 结

(1) 投资(Investment)是指经济主体(国家、企业、个人)以获得未来货币增值或收益为目的，预先垫付一定量的货币与实物，经营某项事业的经济行为。

(2) 投资的特点主要有：目的性、时间性、收益性、风险性等。

(3) 从企业投资动机的层次高低上可以将其划分为：行为动机、经济动机和战略动机三个层次。从投资的功能上可以将投资动机划分为四种类型：获利动机、扩张动机、分散风险动机和控制动机。

(4) 流动资产是指可以在一年内或者超过一年的一个营业周期内变现或者耗用的资产。流动资产按占用形态分为现金、短期投资、应收及预付款项、存货；按流动性强弱分为速动资产和非速动资产。流动资产投资管理主要是现金管理、应收账款管理以及存货管理。流动资产投资的特点：回收时间短、变现能力较强、数量波动大、资金占用形态经常变动、投资次数较频繁等。

(5) 证券的种类是多种多样的，与此相联系，证券投资的种类也是多种多样的。按不同标准，也可对证券投资进行不同的分类。根据证券投资的对象，将证券投资分为债券投资、股票投资、基金投资、组合投资等。

(6) 证券投资风险是指投资者在证券投资过程中遭受损失或达不到预期收益的可能性。进行证券投资，必然要承担一定的风险，这是证券的基本特征之一。证券投资风险主要来源于以下几个方面：违约风险、利息率风险、购买力风险、流动性风险、期限性风险等。

(7) 投资基金，在美国称为共同基金(Mutual Fund)，在英国称为信托单位(Trust Unit)，它是一种集合投资制度，由基金发起人经发行收益证券形式汇集一定数量的具有共同投资目的的投资者的资金，委托由投资专家组成的专门投资机构进行各种分散的投资组合，投资者按出资的比例分享投资收益、共同承担投资风险。

(8) 固定资产投资是指企业购置或建造固定资产的投资，它既包括基本建设投资(新建、扩建工程的投资)，也包括对现有固定资产进行更新改造的投资。

(9) 作为企业长期投资的一种主要形式，固定资产投资具有如下一些特点：投资金额大和回收期长、投资的一次性和收回的分次性、使用效益的逐年递减性、较差的变现性和流动性、资金占用数量相对稳定性等。

(10) 根据固定资产投资单项投资额大、投资回收期长和决策成败后果深远等基本特征，固定资产投资的基本策略应是注重风险控制。具体策略应包括如下几方面：拟订固定资产投资方案的策略、固定资产投资项目择优策略等。

(11) 产品投资主要是根据产品的具体特点分析，从而确定对产品应采取的投资策略。产品投资管理主要是在企业现有的资金条件下，为实现企业战略目标而进行投资优化，把短缺的资金用在"刀刃"上。

(12) 合资经营是指两个或两个以上的企业以资本的形式进行合作，共同组建、创办一个独立企业(称为合资企业)，而原来的企业就成为合资企业的股东，按照各自股份分享这一新建实体的所有权。

(13) 合资经营企业的特征：由合资双方共同投资、共同经营、共担风险、共负盈亏。

(14) 投资风险是指投资决策必须考虑的一种特种风险，即由于投资活动受到多种不确定因素的共同影响，而使得实际投资出现不利结果的可能性。导致投资风险产生的原因：一是整个投资期内投资费用的不确定性；二是投资收益的不确定性；三是投资期间金融市场变化导致的购买力风险和利率风险，对投资项目的收益结果会产生很大影响；四是政治风险和自然灾害等也会影响投资项目的收益；五是人为因素造成投资决策失误。

(15) 投资风险通常包括系统性风险和非系统性风险两大类。

(16) 投资收益又称投资报酬,是指投资者从投资中获取的补偿,包括期望投资收益、实际投资收益、无风险投资收益和必要投资收益等类型。

(17) 风险识别常见的方法有三种:风险调查法、风险模拟法和风险情报法;投资风险的计量方法常见的主要有盈亏平衡分析法、敏感性分析法和概率分析法。

本章思考题

1. 投资的概念和特点。
2. 简述企业投资管理的动机和原则。
3. 简述证券投资的种类和各自优缺点。
4. 证券投资的目的是什么?进行证券投资应考虑哪些风险?
5. 企业在进行证券投资组合时应采用什么策略?用何种方法进行组合?
6. 如何进行固定资产投资项目择优?
7. 根据通用矩阵图中的每个象限的不同特点,为象限中的经营单位(产品)选择适当的投资战略。
8. 合资经营投资的动因。
9. 简述合资经营投资前,可行性研究的主要内容。
10.试述企业应如何对投资风险进行防范和控制?

本 章 案 例

天华公司投资决策

天华公司是一家大型家电企业。2000 年年初,公司领导召开会议,集体通过了利用手中多余资金 1500 万元对外投资,以获取投资收益的决定。经分析、整理调研资料,拟定可供公司选择的投资对象如下。

(1) 国家发行七年期国债,每年付息一次,且实行浮动利率。第一年利率为 2.63%,以后每年按当年银行存款利率加利率差 0.38% 计算支付利息。

(2) 汽车集团发行五年期重点企业债券,票面利率为 10%,每半年付息一次。

(3) 春兰股份,代码 600854,中期预测每股收益 0.45 元,股票市场价格 22.50 元/股。总股本 30631 万股,流通股 7979 万股。公司主营:设计制造空调制冷产品,空调使用红外遥控。财务状况十分稳重,公司业绩良好,但成长性不佳。近三年财务数据及市场表现见下表。

春兰股份近三年账务数据

财务指标　　　　年份	1999 年	1998 年	1997 年
主营收入/万元	194737		16215
净利润/万元	26494		24966
扣除后净利润	26290	27204	24966
总资产/万元	232372	194198	136493
股东权益/万元	153660	141690	80310
每股收益	0.865	1.15	1.57
扣除后每股收益	0.86	1.24	1.65
每股净资产	5.02	6.01	5.07
每股现金流量	0.11	0.51	
净资产收益率	17.24	19.20	1.09

（4）格力电器，代码 0615，中期预测每股收益 0.40 元，股票市场价格为 17.00 元/股。总股本 29617 万股，流通股 21676 万股。公司主营：家用电器、电风扇、清洁卫生器具。公司空调产销量居国内第一位，有行业领先优势，尤其是出口增长迅速，比去年出口增长 70.7%，经营业绩稳定增长。格力电器近三年的财务数据及市场表现见下表。

格力电器近三年财务数据

财务指标　　　　年份	1999 年	1998 年	1997 年
主营收入/万元	516564	429814	345166
净利润/万元	22916	21508	21025
扣除后净利润	22916	21508	21025
总资产/万元	342368	292591	198158
股东权益/万元	105724	95814	60225
每股收益/元	0.705	0.66	1.40
每股净资产	3.25	2.94	4.01
每股现金流量	1.08	1.75	
净资产收益率	21.68	22.45	4.91

（5）华工科技，代码 0988，中期预测每股收益 0.10 元，股票市场价格为 68 元/股。总股本 11500 万股，流通股 3000 万股。公司主营：激光器、激光加工设备及成套设备、激光医疗设备等。该股科技含量高，成长性好，公积金也高。华工科技近三年的财务数据及市场表现见下表。

财务指标 \ 年份	1999 年	1998 年	1997 年
主营收入/万元	9340	8133	5798
净利润/万元	3056	2221	1845
总资产/万元	18501	13515	11878
股东权益/万元	14152	10625	9573
每股收益/元	0.27	0.26	0.22
每股净资产	1.67	1.25	1.13
净资产收益率	21.59	20.91	19.27

化工科技近三年财务数据

(资料来源: 吴安平等. 财务管理学教学案例[M]. 北京: 中国审计出版社, 2001.)

问题:

1. 如果企业为了分散或避免投资风险, 面对上述可供选择的投资方案, 应如何进行投资组合?

2. 如果企业仅为获得投资收益, 面对上述可供选择的投资方案, 应如何进行投资组合?

第 11 章　商务风险管理

在经济全球化趋势不断强化和技术进步对经济活动的影响不断深化的时代，各种经济活动过程、相关关系及其经济现象不是趋于简单化，而是越来越复杂，越来越具有善变性、多样性和风险性。商务组织和自然人在利用自有资源开展商务活动的过程中，一旦发现自己的风险所在，就要想法采取行动将风险降到最低点，有效营运所有的资本，科学规避风险。本章主要阐述商务风险管理的基本概念，风险管理的组织，风险的防范。

11.1　风险管理概述

风险是一个与不确定性密不可分的概念，但风险究竟是什么？一般企业特别是商务组织与自然人都面临哪些风险？如何管理？其重要性何在？这是本章首先要基本弄清或有所交代的问题。

11.1.1　风险管理的含义

阐述风险管理的含义之前，首先弄清究竟什么是风险？它是客观的还是主观的？

1. 风险的含义与特性[①]

1) 风险的定义

由于各类研究的角度以及实践中所需结果的不同，在国内外学术界尚无统一的意见。归纳起来，关于风险的学说主要有以下几种。

(1) 风险客观说。认为风险是客观存在的不确定性(Objective Uncertainty)。它是可以预测的。可以用统计观点概率(Objective Probability)对这种不确定性加以定义并测试其大小，而且所有结果都以金钱来计价。

(2) 风险主观说。认为个人对未来的不确定性的认识与估计会同个人的知识、经验、精神和心理状态有关，不同的人面对相同的事物时会有不同的判断，因此，所谓风险的不确定性是来自主观的。

(3) 风险因素结合说。认为人类的行为是风险事故发生的重要原因之一。此外，正是由于人类及其财产的存在，风险事故才会造成损失，才能称为风险。因此，"风险是每个人和风险因素的结合体"，灾害的发生及其后果与人为因素有着极为复杂的互动关系。

---

① 刘新立. 风险管理[M]. 北京：北京大学出版社，2006：7-11.

本书对风险的定义是：风险是指客观存在的，在特定情况下、特定期间内，某一事件导致的最终损失的不确定性。

2) 风险的特性

风险具有三个特性：客观性、损失性和不确定性。

(1) 客观性。风险是客观存在的。不论人们是否意识到，也无论人们是否能准确估计出来其大小，风险本身是"唯一"的。

(2) 损失性。风险与损失是相关的。只有当未来可能发生损失时，才可以称为风险，将一项活动或一个事件可能导致的未来所有的结果都列出来时，其中包括某种损失。

(3) 不确定性。包括发生与否不确定；发生的时间不确定；发生的空间不确定。只有当损失的发生与否、发生时间或发生地点无法预料的时候，或者说，损失具有不确定性的时候，才有风险存在。

强调风险的这三个特性，主要是从决策的角度考虑的。因为风险与损失有关，而无论是绝对的损失还是相对的损失，都要事先制定出应对措施。风险的不确定性使得决策结果之间的权衡变得复杂，由一事件结果的不确定性，一项决策实施后的结果也是不确定的，这样在比较两项措施的优劣时，就不是直接比较两个数字，而是比较两列数字。最后，风险的客观性使得无论采取什么变通的指标，两项决策之间的比较都是有科学理论依据的。

2. 风险的类型[①]

1) 一般风险的分类

由于分类标准不同，风险有许多种不同的分类。

(1) 基本风险与特定风险。

① 基本风险(Fundamental Risk)。它是由非个人的，或至少是个人往往不能阻止的因素所引起的、损失通常波及很大范围的风险。这种风险事故一旦发生，任何特定的社会个体都很难在较短的时间内阻止其蔓延。例如，与社会、政治有关的战争、失业、罢工等，以及地震、洪水等自然灾害都属于基本风险。基本风险不仅仅影响一个群体或一个团队，而且影响到很大的一组人群，甚至整个人类社会。

② 特定风险(Particular Risk)。它是指由特定的社会个体所引起的，通常是由某些个人或者某些家庭来承担损失的风险。例如，由于火灾、爆炸、盗窃等所引起的财产损失的风险，对他人财产损失和身体伤害所负法律责任的风险等，都属于特定风险。

(2) 纯粹风险与投机风险。

① 纯粹风险。它是指只有损失机会而无获利机会的风险。纯粹风险导致的后果只有两种：或者损失，或者无损失，没有获利的可能性。

② 投机风险。它是指那些既存在损失可能性，也存在获利可能性的风险，它所导致的

---

① 刘新立. 风险管理[M]. 北京：北京大学出版社，2006：20-26.

结果有三种可能：损失、无损失也无获利、获利。股票是说明投资风险的一个很好的例子。

　　2) 企业风险的分类

　　企业风险分为危害性风险(Hazard Risk)和金融风险(Financial Risk)，如图 11-1 所示。

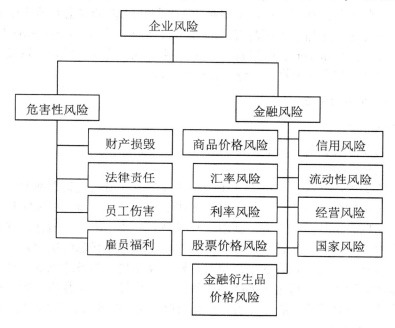

图 11-1　企业风险的主要类型

　　(1) 危害性风险。

　　危害性风险指的是对安全和健康有危害的风险，它们都是纯粹风险。对于企业而言，传统上的"风险管理"指的就是对这类风险进行管理。

　　影响企业的主要危害性风险包括以下内容。

　　① 财产损毁风险。由于物理损坏、被盗或政府征收(被外国政府没收财产)而引起的公司资产价值减少的风险。

　　② 法律责任风险。由于给客户、供应商、股东以及其他团体带来人身伤害或者财产损失，从而必须承担相应的法律责任的风险。

　　③ 员工伤害风险。员工受到了工伤范围内所指的人身伤害，按照员工赔偿法必须进行赔偿，以及承担其他法律责任的风险。

　　④ 员工福利风险。一般公司都会制订员工福利计划，当员工死亡、生病或伤残时同意给予一定的费用支付，而这些费用的支付是不确定的，我们称之为员工福利风险。

　　(2) 金融风险。

　　大部分金融风险源自市场中商品价格、利率或汇率波动，如果是涉及股票和金融衍生品业务的金融机构，还会受到这些交易的影响。由这些因素造成的风险也常称为价值风险(Price Risk)，它是企业普遍面临的一种风险。例如，一个石油生产商面临价格降低的风险，同时又面临劳动力价格上升的风险；他在筹融资的过程中，将面临利率波动的风险，利率上涨会影响授信的条件；如果其产品出口到国外，则汇率波动也会对他产生影响。由此可见，这三种价格风险对企业的影响是广泛的，企业在进行经营管理(Operational Management)和策略管理(Strategic Management)的过程中，不可避免地都会涉及对现有以及未来的产品和服务在销售和生产过程中的价格风险进行分析与管理。

3. 风险的客观性与本质

1) 风险的客观性[①]

风险的客观性主要表现在两个方面。

(1) 决策带来风险。

企业经营决策中，常常包含风险。在确定性决策中，虽然决策方案的结果十分明确，但也可能因决策者判断选择错误，使入选方案在实施中产生风险。在风险型决策条件下，事物的自然状态以一定的概率出现，概率本身就是一种或然率、可能性，这样势必对决策方案的执行带来一定的风险。在不确定性决策中，事物自然状态的概率是不可知的，只能由人的经验和主观意志按一定方法来决策，这样，风险也是不可避免的。在多种决策方法中，战略决策的风险更大。这是因为战略决策问题不是经常、反复出现的，有关决策的信息不充分，决策实施时间长。所有这些因素既增加了决策的难度，也增大了决策的风险。

(2) 环境因素带来风险。

企业的商务活动都是在一定环境下展开的，各种环境因素及其发展变化，有可能带来风险。威廉斯和汉斯所著的《风险管理》一书认为企业环境的风险因素包括：①行政方面的因素：由于政策变化导致行政领导变化；②法律因素：法律法规变化，使企业经营条件变化；③经济的因素：汇率、利率、价格、成本等因素变化，直接影响企业的经营成果；④社会因素：社会稳定程度特别是消费行为的变化，影响产品的生产和销售；⑤技术因素：技术的进步可能使一些企业灭亡，也可能会产生一些新企业；⑥价值观：消费者价值观变化，影响企业生产经营的价值观；⑦环境因素：自然环境、人工环境的变化，会改变企业的处境；⑧信息因素：企业获得有价值的信息，可能使其大受其益，也可能因泄密、蛊惑性宣传使企业面临一场危机；⑨人的因素：重要成员的死亡，重大工伤事故，都可能影响企业的实力和士气，甚至带来大的风险。

2) 风险的本质[②]

风险的本质是指构成风险特征，影响风险的产生、存在和发展的因素，可归结为风险

---

① 缪兴锋，李丽，叶小明. 现代商务管理与实务[M]. 广州：中山大学出版社，2006：213-214.

② 刘新立. 风险管理[M]. 北京：北京大学出版社，2006：13-16.

因素、风险事故和损失。

(1) 风险因素。

风险因素(Hazard)是指促使和增加损失发生的频率或严重程度的条件，它是事故发生的潜在原因，是造成损失的内在或间接原因。例如，房屋内存放的易燃易爆物品、有关人员的疏忽大意、灭火设施不灵、房屋结构不合理等都是增加火灾损失频率和损失幅度的条件，是火灾的风险因素。构成风险因素的条件越多，损失发生的概率或损失幅度就可能越大，有些情况下还可能对这两者都有影响。

(2) 风险事故。

风险事故(Peril)是造成生命财产损失的偶发事件，又称风险事件。风险事故是造成损失的直接的或外在的原因，它是使风险造成损失的可能性转化为现实性的媒介，是风险因素到风险损失的中间环节。风险只有通过风险事故的发生，才有可能导致损失。

(3) 损失。

损失(Loss)是指非故意的、非预期的和非计划的经济价值的减少或消失。它包含两方面的含义，一方面，损失是经济损失，即必须能以货币来衡量。另一方面，损失是非故意、非预期和非计划的。上述两方面缺一不可。损失可以分直接损失和间接损失两种，前者指直接的、实质的损失，强调风险事故对于标的本身所造成的破坏，是风险事故导致的效应；后者强调由于直接损失所引起的破坏，即风险事故的后续效应，包括额外费用损失和收入损失等。

风险本质上就是由风险因素、风险事故和损失三者构成的统一体，这三者之间存在着一种因果关系：风险因素增加或产生风险事故，风险事故引起损失。换句话说，风险事故是损失发生的直接与外在原因，风险因素为损失发生的间接与内在原因。三者的串联构成了风险形成的全过程，对风险形成机制的分析以及风险管理措施的安排都是以此为基础。

4. 风险管理的含义[①]

由于风险管理的应用极为广泛，而各个领域中管理的目标也不尽相同，所以对风险管理的界定如同对风险的界定，有许多不同理解。本书所采用的风险管理的定义为：风险管理是一种全面的管理职能，用以对某一组织或自然人所面临的风险进行评价和处理。

首先，这一定义基于风险客观说，指出了风险客观派所认定的风险管理的目标——对风险进行处理。即降低风险成本。其次，这个定义中的风险包含所有风险，体现了现代风险管理的新发展，即风险管理不仅针对危害性风险，也针对金融风险。再次，它指出风险管理就是基于上述目标，对风险做出评价，并针对风险采取一些措施，例如保险、风险规避等。最后，风险管理不是一个专门化的管理职能，它是一个一般性的管理职能，但这并不是说风险管理者不需要专门知识；相反地，风险管理是广泛的、多学科交叉的职能，不能

---

① 刘新立. 风险管理[M]. 北京：北京大学出版社，2006：33.

被狭义地描述为保险购买的行为。

11.1.2 风险管理的意义①

　　风险管理是现代企业对生产经营过程中可能产生的风险因素采取预防或消除措施，以及在危险发生后采取弥补措施的科学管理方法。风险管理发端于美国。1930 年在美国管理协会发起的第一次关于保险问题的会议上，宾夕法尼亚大学的索罗门·许布纲博士提出："防患于未然就是最大的保险。"从 1940 年起，美国有些公司开始设置一名保险人员，负责由于忽视保险的作用而发生的问题。第二次世界大战后，在商业航空事业的推动下，人们越来越明显地感到，当时的保险管理已不能适应企业的需要。由保险到防患于未然的风险管理，是人们安全经营管理的一次飞跃。

　　保险是指事故发生后处理损失分配的方法，它仅仅是处理损失的工具和手段。而风险管理的本质是：运用管理原理处理有关各种资源和组织的活动，以使这一组织及其周围的意外损失降到最低限度。它包括对事故发生后损失的处理，同时还包括事故发生前对损失的防止和控制。由于保险和风险管理有着本质区别，所以风险管理为越来越多的人们所承认，风险管理方法也被广泛使用。到 20 世纪 50 年代初，风险管理在美国已成为一种兴盛的管理手段，风险管理人员在管理工作中已占有优先地位。近年来西方国家的企业设置了风险管理部门，以防止突发事故，确保企业财产和经营的安全。风险管理代表着现代管理的新趋势，西方企业家把它列入先进的管理系统之中，风险管理人员队伍日益壮大。

　　据统计，到目前为止，美国各公司雇用了约 3000 个专业的风险管理人员。除了公司职员中设有风险管理人员外，美国、加拿大和其他国家还有 50 家公认的、独立的、非推销保险业务的管理咨询公司，专门开展风险咨询、管理工作。随着风险管理的发展，企业对风险管理人员的聘用日益重视，许多企业都有一批具有丰富知识的法律、会计、管理专家从事与风险有关的工作。风险管理人员在人们的心目中，是一种具有高素质、高资历的管理人才。

　　据《美国管理百科全书》介绍，风险管理有六种功能。

　　(1) 企业如能成功地进行风险管理，就可以使企业全体成员产生安全感。企业职工对企业有一种依赖性和依附欲，有人甚至立下与企业同命运、共生存的信念。因此，企业安全程度对企业职工的士气大有影响。风险少，企业领导能腾出更多的精力去从事高层次的战略研究，职工就能在安全的环境中努力工作，为企业创造更多的产品。

　　(2) 通过风险管理，采取一系列预防、减少风险的措施，能减轻企业年度收益和现金流的波动。这既是风险管理的结果，又是新的经营良性循环的基础，它有助于制订正确的计划，保持企业生产经营活动的稳定性。

　　(3) 通过对潜在风险的分析，能为预测未来事态做好准备，及时捕捉有利的时机，扩大

---

① 缪兴锋，李丽，叶小明. 现代商务管理与实务[M]. 广州：中山大学出版社，2006：214-215.

企业的经营规模。通过对潜在风险的分析，也可以采取预防措施，减少企业的损失，维持正常的生产经营活动。

(4) 通过风险管理，能提高企业管理人员的管理水平与能力。在风险管理条件下，要求管理者临危不惧、镇定自若、有胆有识、出奇制胜。在风险较少的情况下，要求管理者居安思危，有远见卓识，以战略眼光看待眼前的"太平盛世"，不至于在环境恶劣时束手无策。

(5) 风险管理能使企业在竞争的汪洋大海里立于不败之地。风险管理就是要以战略眼光看待未来，使自己在竞争中扬长避短、取长补短，保护、发展自身，战胜竞争对手。缺乏战略眼光，临阵磨枪是难以取胜的。

(6) 在未发生风险之前，对企业的保险进行计划和监督，对已发生的损失进行检查分析，在保险责任范围内，力争损失最小，保险价值补偿最大。

除此之外，风险管理可以避免危机的发生，保护企业财产、人身安全，保护社会、自然环境。例如，前些年哈尔滨亚麻厂不重视安全生产，没有风险检查警报系统，终于因起火发生大爆炸。随着一声巨响，十几吨的机器被抛到空中，数十台机床炸得七零八落，车间地面几处塌陷。刹那间，大火冲天而起，13000 多平方米的厂房毁之一炬，58 名工人葬身火海，177 人受伤。事故造成的直接经济损失达 881.9 万元，给职工及其家属留下剧痛的精神创伤更是难以用金钱计量。大兴安岭森林大火，归根结底是由于人们缺乏风险意识，未能采取有效的风险管理措施，终于使潜在风险转化为危机，给社会、环境带来了巨大灾难。据统计，火灾的过火面积 101 万公顷，其中有林面积 70 万公顷；烧毁贮木场存材 85 万平方米；烧毁各种设备 2488 台，其中汽车、拖拉机等大型设备 617 台；受灾群众 56092 人，死亡 193 人，受伤 226 人。印度尼西亚森林大火，殃及数国，造成数起交通事故，使成千上万的人患上呼吸道疾病。

由此可见，加强商务风险管理是获得企业安全经营的基本保障，直接关系到企业经营的成败。正因为如此，西方学者把商务风险管理形象地称为现代企业的"救生圈"。

11.1.3　风险管理的目标与理论

1. 风险管理的目标[①]

风险成本会降低企业的价值，而化解风险、降低成本，实现价值最大化是企业管理的目标，也是风险管理的目标。

1) 营利公司的总体目标

对于营利公司来说，我们已经通过实例说明，风险会减少企业价值，那么，对风险进行管理就是要尽量减缓这种减少。事实上，企业价值是企业管理中一个核心的问题，当今财务理论的基本理论就是"价值最大化"，风险管理的目标和企业目标是一致的，也是要使

---

① 刘新立. 风险管理[M]. 北京：北京大学出版社，2006：48-50.

得企业价值最大化。

如果将风险成本定义为企业价值的减少，则风险成本最小化和企业价值最大化就是等价的。风险管理通过使得风险成本最小化来实现企业价值最大化，我们将风险成本最小化看作是营利公司风险管理的总体目标。具体地，它通过对以下两个方面的影响而实现。

(1) 净现金流的期望值。风险管理措施要增加公司未来预期现金流入及减少公司未来现金流出，使之达到一个平衡点。

(2) 未来净现金流的变动。风险管理者应在边际成本等于收益的条件下控制未来现金流的变动，而降低未来净现金流变动的收益常驻机构以股东要求得到的风险补偿来体现，因为在期望净现金流一定的情况下，由于未来净现金流的波动而引起的公司股票价格的下跌，使得投资者的购买股票的要求得到更高的期望投资回报。

由于风险成本之间的替代作用，这两方面又不是独立的，二者之间也存在一个平衡。

2) 非营利公司和政府机构的目标

对于营利公司来说，其价值最大化的目标源于营利公司的股东要求企业价值最大化，而非营利公司和政府机构不存在股东，它们的风险管理目标是什么呢？

虽然它们没有股东，但并不意味着其运作就没有约束，非营利公司有来自捐款者的约束，政府有来自纳税人的约束，它们要向这些委托人提供价值最大化的产品或服务。如果将风险成本看作非营利公司和政府由于风险而导致的行为价值的减少，那么它们的风险管理目标就是实现这些委托人的风险成本最小化。

在这个总体目标下，非营利公司在日常决策中的一些准则可能会和营利公司有所不同。例如，非营利公司会更看重巨大损失对客户造成的负面作用，因此，对于巨额损失的管理可能就会付出更多的成本。又如，政府通过贷款或税收筹措资金的能力显然比营利公司强，因此，在选择损失融资措施时就可以得出不同的结果。再有，非营利公司和政府机构一般不缴纳收入所得税，这也会对决策的具体选择产生影响。

3) 个人和社会的目标

个人的追求是基于自身效用函数的个人财富最大化，而在前面个人面临交通风险的例子中我们看到，风险的成本减少了个人财富，因此，如果把风险成本定义为由于风险而造成的个人财富的减少，那么个人风险管理的目标也是风险成本最小化。

所谓社会的风险，也就是个人风险和企业风险的总和。综合起来看，当所有的个人和企业所采取的损失控制、损失融资和内部风险抵制等手段的边际成本等于社会总期望损失成本、残余不确定性成本以及无形成本的边际减少时，就达到了一种有效风险水平(Efficient Level of Risk)，此时能够实现全社会总风险水平最小化，这就是社会风险管理的目标。

4) 企业目标和社会目标之间的冲突

前面我们说明了企业风险管理和社会风险管理的目标，我们当然希望企业在进行风险管理的过程中，也会同时达到社会风险管理的目标。那么，这二者的目标一致吗？也就是说，企业实现了风险成本最小化的同时是否也实现了社会风险成本最小化？

这里所谈论的风险管理的风险成本最小化的目标，实际上是价值最大化这个目标的实现方式，只不过强调风险成本最小化比强调价值最大化更具体、更形象。上面这个问题的关键之处就在于，企业风险管理的目标是实现股东的价值最大化，而社会风险管理的目标是社会全体成员的一个平衡的价值最大化，企业只有当股东价值受到威胁时，才有动机进行风险管理，例如，如果公司的员工明显感觉到要面对安全隐患，那么公司为了吸引雇员就必须支付更高的薪水，这时公司就会有动机改进安全条件，从而节省薪水方面的支出，同时还可以节省由于伤害的发生而必须支付的法律赔偿。但股东的价值和公司其他主要利益人的价值并不总是一致的，甚至是背道而驰。因此，一个健全的社会制度会对企业有所规范，使得那些企业价值和社会价值冲突的方面会在规范下达到一定的平衡，换句话说，这些规范使得企业在进行决策时，不仅考虑私人成本，而且还要考虑社会成本。当私人成本和社会成本相等时，企业风险最小化的风险管理决策就能同时实现社会总风险成本最小化。

2. 风险管理的理论[①]

控制型措施的理论基础经历了由单纯的工程性措施到工程性措施与非工程性措施整合的过程。最初人们只是从机械、工程的角度入手控制风险，后来逐渐发现，人为因素在风险的形成与发展过程中起着举足轻重的作用，对人的控制尤为重要。在这一过程中，许多理论为实践中的选择起到了指导思想的作用，其中比较重要的有工程性理论、多米诺理论以及能量释放理论。

1) 工程性理论

工程性理论是早期的理论，它强调事故的机械危险和自然危险，认为风险是由机械和自然方面的原因造成的，对风险进行控制就是从这些角度入手。甚至工程性理论的风险管理措施都与有形的工程技术设施相联系，手段比较直观、效果也比较明显。

由于最早的风险管理起源于工业生产，因此，最初对风险来源的判断也集中于工程与机械，忽视了人的因素在其中的作用。

2) 多米诺理论

1959 年，美国人海因里希(H. W. Heinrich)对事故的因果关系、人与机构的相互作用、不安全行为的潜在原因等进行了研究，提出了"工业安全公理"。在此基础上，海因里希提出了经典的多米诺理论，他将这个理论应用于雇员伤害风险中，这也是最早的针对雇员事

[①] 刘新立. 风险管理[M]. 北京：北京大学出版社，2006：188-191.

故的理论。

多米诺理论指出，雇员事故可通过以下五个步骤考查。

(1) 遗传和环境。

(2) 个人过失。

(3) 不安全的行为或存在某种有形的危险。

(4) 事故。

(5) 伤害。

这五个步骤被形象地以五张竖立的骨牌表示，骨牌排列的顺序恰好与风险的发展顺序相吻合，前面一张骨牌倒下，后面的骨牌就会相继倒下，如图 11-2 所示。对风险进行控制相当于抽走前面四张骨牌中的某张骨牌，这样最后的伤害就不会发生。

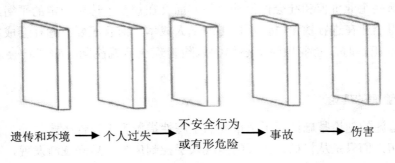

图 11-2　骨牌形式的多米诺理论

在多米诺理论中，遗传和环境指的是先天的遗传和后天的环境，这会决定一个人的性格以及行为的方式，是不良性格形成的根源。如果第一张骨牌倒下，就意味着这个人有鲁莽、轻率、急躁等不良性格，这可能使他没有对给定的环境做出适当的反应，即发生个人过失。如果个人过失这张骨牌倒下，则错误的环境做出适当的反应，即发生个人过失。如果个人过失这张骨牌倒下，则错误的反应就会使他做出某种不安全的行为或暴露于某种有形危险之中。这会导致事故的发生，并最终造成伤害。

多米诺理论指出，在五张骨牌中，第三张是最关键的。通过排除有形危险和消除员工的不安全行为，员工受伤的频率就会降低。

与工程性理论相比，多米诺理论认识到最终伤害的发生不仅是工程性的原因造成的，人为因素起了很大作用。但也有批评指出，这一理论过于强调人的作用。

3) 能量释放理论

1970 年,美国公路安全保险学会会长哈顿(W. Haddon)提出了一种能量破坏性释放理论。能量释放理论并没有从工程或非工程的角度考察控制型措施的出发点，而是着眼于风险事故的形式，它指出，大多数事故是由于能量的意外释放或危险材料(如有毒气体、粉尘等)

导致的。表面上看，这些能量和危险物质的释放是由风险因素引起的，但究其根源，不外乎四个根本原因。

(1) 管理(Management)因素：与安全有关的管理目标；人员的录用方法、安全标准等。

(2) 人(Man)的因素：行为人的动机、能力、知识、训练、风险意识、对分配任务的态度、体力和智力状态等。

(3) 环境(Medium)因素：工作环境中的温度、湿度、通风、照明等。

(4) 机械(Machine)因素：机器的安全性等。

这四个因素可能会产生相互影响。控制风险的重点，是通过控制这四个根本原因，对能量进行限制及防止能量散逸。

工程性理论和多米诺理论都只是强调损失控制的某个方面，但人与物质世界很难截然分开，人的行为影响了物质世界，物质因素又贯穿于人的行为之中。因此，能量这个因素更具有普遍性和综合性，能量释放更能够体现风险事故发生的本质。

11.2　风险管理的程序

风险管理是项系统工程，无论是个人还是企业，风险管理的程序都是大致相同的，这一过程可以分为如下五个步骤。

11.2.1　成立风险管理组织①

不同的公司中，由什么部门负责风险管理以及风险管理人员的责任，可能是不同的，这取决于高层管理者对风险管理的认识及需求。图 11-3 反映了一个典型的风险管理部与其他部门之间的关系。

1. 设立风险管理机构

在图 11-3 的结构中，风险管理部受风险管理委员会领导。风险管理委员会通常由 3～5 名董事组成，其工作主要包括三个方面：一是确保公司有完善的内部控制、规范的业务程序和适当的经营政策，使各种业务都受到有效地控制，并定期对内控情况和风险管理基础设施状况进行评估；二是清楚反映公司所面临的风险；三是批准所能承受风险的大小，并为承担风险损失提供所需的风险资本。

风险管理部通常设有战略组和监控组。战略组的职责是制定公司的风险管理政策、风险管理制度、风险度量模型和标准等，及时修订有关办法或调整风险管理策略，并且指导业务人员的日常风险管理工作。

---

① 刘新立. 风险管理[M]. 北京：北京大学出版社，2006：33-35.

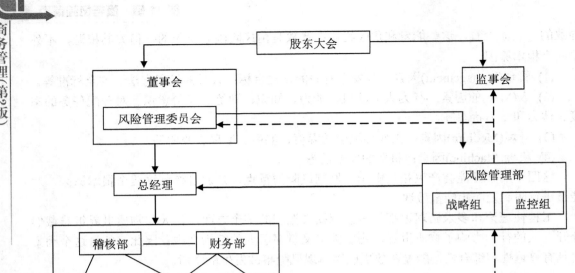

指令线路 ────────▶ 反馈线路 ─ ─ ─ ─ ─▶ 交流和约束线路 ──────

图 11-3 风险管理部与其他部门的合作

监控组的职能是贯彻风险管理战略，具体包括三个方面：第一，根据战略组制定的风险度量模型进行风险的衡量、评估，持续检测风险的动态变化，并及时、全面地向战略组汇报风险状况；第二，监督业务部门的操作流程，促使各部门严格遵循风险管理程序；第三，审核和评价各业务部门实施的风险管理措施，评估各业务部门的风险管理业绩。

2. 风险管理机构的内部结构

风险管理部门的内部结构如图 11-4 所示。

虽然风险管理主要是由风险管理部来完成的，但由于产生损失的原因多种多样，所以理论上来说，风险管理的整个过程不可能由风险管理部独立完成，而是和公司的其他主要部门一起完成的，包括人力资源部、生产操作部门、市场营销部门以及财务部门等。风险经理也很可能介入一个公司很多方面的活动，例如为雇员建立养老基金和医疗保险，调查影响收购兼并和公司收益的风险因素，购买保险以转移一些类型的风险。

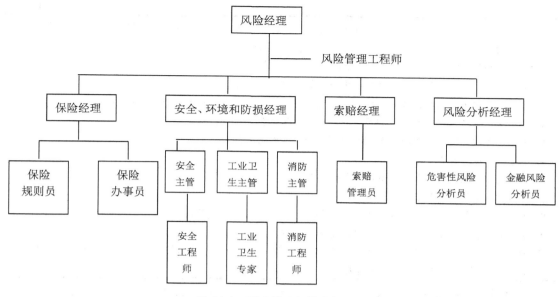

图 11-4　风险管理部的内部组织

11.2.2　制订风险管理计划[①]

制订合理的风险管理计划是风险管理的重要一步。它主要包括以下内容。

1. 明确风险管理的目标

风险管理的成功与否很大程度上取决于是否预先有一个明确的目标。因此，组织在一开始就要权衡风险与收益，表明对风险的态度。

2. 确定风险管理人员的责任以及与其他部门的合作关系

在实践中，风险管理计划常通过风险管理策略书来表达。表 11-1 是一个私营机构的风险管理策略书。

表 11-1　通用压榨机公司的风险管理策略书

风险管理部的活动受公司的一般保险哲学的影响，可以概括如下：
1. 在实际操作中尽量减少和消除那些容易引发可保损失的环境和活动。
2. 如果不能完全消除风险或者不能把风险减少到可以开展工作的程度。
(1)购买商业保险，万一发生灾难性损失公司可以从中得到赔偿。

---

① 刘新立. 风险管理[M]. 北京：北京大学出版社，2006：35-37，309-328.

(2)有些风险不会对公司的营业和财务状况造成重大影响，公司或者为这些风险投保，或者自己承受这些风险，到底采用哪一种方式应当以公司的利益最大化为标准。

在贯彻策略的过程中，风险管理部的责任包括：

1. 协助各部门和各子公司制订并操作火灾控制计划和损失防范计划。

2. 审查新的建筑计划和设备更新计划，确保这些计划符合安全条件并能被保险公司接受。

3. 建立保险策略和保险计划，并及时更新它们，保证公司购买的保险的有效性。

4. 按照已经建立的计划对所有的保险合同和保险契约进行谈判。

5. 审查国外保险计划。

6. 在租约和合同生效之前确认其中的保险条款。

7. 报告并调整所有保险索赔权。

8. 作为公司财务部和子公司的咨询机构，帮助它们决定应投保的价值。

9. 管理公司的从属保险公司——金牌保险公司(GMI)。

在完成这些义务的过程中，风险管理部需要各部门和各子公司的通力合作，需要它们在信息、风险识别、风险分析和协同工作方面给予大力支持。

(资料来源：Williams, Jr. C. A. et al., Risk Management and insurance , 8th ed , New York: Irwin/McGraw-

Hill Inc. ,1998.)

3. 选用风险管理决策模型

风险管理决策是在未来不确定性的基础上制定出来的，不同的决策只能从长期的角度进行比较。常用的风险管理决策模型有以下几种。

1) 期望损益决策模型

期望损益决策模型是常用的风险管理决策模型之一，它是以每种方案的期望损益作为决策依据，选择期望损失最小或期望收益最大的措施。

(1) 期望损失准则。

期望损失准则一般适用于纯粹风险，它以不同方案的期望损失作为择优的标准，选择期望损失最小的方案为最优方案。

(2) 期望收益准则。

期望收益准则一般适用于投机风险，因为有获利的可能，所以它以不同方案的期望收益作为择优的标准，选择期望收益最大的方案为最优方案。

2) 期望效用决策模型

期望效用决策模型以期望损益作为决策的标准，选择期望效用损失最小的方案或期望效用收益最大的方案。

3) 马尔可夫决策模型

马尔可夫方法是以俄国数学家马尔可夫(A. A. Markov)的名字命名的数学方法。这种方法在自然科学和社会科学中有着广泛的应用，如水文、气象、地质以及市场、经营管理、人事管理、项目选址等方面的预测决策。

设系统共有 n 个状态，系统的初始状态($n=0$)已知，n 步转移概率矩阵为 $P^{(n)}$，系统经过 $n-1$ 步转移后的概率向量为

$$S^{(n-1)} = (S_1^{(n-1)} S_2^{(n-1)} \cdots S_N^{(n-1)})\tag{11-1}$$

其中，$S^{(n-1)}$ 表示系统经过 $n-1$ 步转移后处于状态 i 的概率。则系统从初始状态起经过 1 步转移后的概率向量为

$$
\begin{aligned}
S^{(1)} &= (S_1^{(1)} S_2^{(1)} \cdots S_N^{(1)}) = S^{(0)} P^{(1)} \\
&= (S_1^{(0)} S_2^{(0)} \cdots S_N^{(0)})
\begin{bmatrix}
P_{11}^{(1)} & P_{12}^{(1)} & \cdots & P_{1N}^{(1)} \\
P_{21}^{(1)} & P_{22}^{(1)} & \cdots & P_{2N}^{(1)} \\
\vdots & & & \vdots \\
P_{N1}^{(1)} & P_{N2}^{(1)} & \cdots & P_{NN}^{(1)}
\end{bmatrix}
\end{aligned}
\tag{11-2}
$$

同理，$S^{(2)} = S^{(1)} P^{(1)} = S^{(0)} \left[P^{(1)} \right]^2, \cdots, S^{(n)} = S^{(0)} \left[P^{(1)} \right]^n$。

等式 $S^{(n)} = S^{(0)} [P^{(1)}]^n$ 称为马尔可夫模型。

4) 随机模拟

模拟是建立系统或决策问题的数学或逻辑模型，并以该模型进行试验，以获得对系统行为的认识或帮助解决决策问题的过程。随机模拟又称蒙特卡罗模拟(Monte Carlo Simulation)，它的目的是估计依若干概率输入变量而定的结果的概率分布，常用于估计策略变动的预期影响和决策所涉及的风险。

下面这些情况适合用随机模拟来解决。

(1) 在费用和时间上均难以对风险系统进行大量实测。

(2) 由于实际风险系统的损失后果严重而不能进行实测。

(3) 难以对复杂的风险系统构造精确的解析模型。

(4) 用解析模型不易求解。

(5) 为了对解析模型进验证。

前两种模型是以期望值为决策标准进行决策的方法，后两种的重点则在于获得不同决策下的损失或收益的概率分布，在其结果的基础上，再应用期望损益决策模型或期望效用决策模型。

11.2.3　风险的识别[①]

无论是对于政府、组织还是个人，风险识别与评估在整个风险管理过程中占有举足轻重的地位。对于一个企业来说，风险识别工作是风险管理中最重要也是最困难的部分。

风险识别就是识别出公司所面临风险的类别、形成原因及其影响。

---

① 刘新立. 风险管理[M]. 北京：北京大学出版社，2006：37-38，60-74，168-177.

1. 风险识别的重点

(1) 将公司人员和资产的构成与分布进行全面总结和归类。风险识别的方法有很多，但首先都要了解公司的人员和资产的情况，这有助于全面地掌握风险。

(2) 对人和物所面临的风险进行识别与判断。这一步是风险识别的核心，实践中可以按照业务流程的顺序进行分析，也可以按照风险承受对象逐一排查。

(3) 分析损失原因。

(4) 对后果与损失形态进行归类与分析。得出"可能面临风险"这样的结论，并不意味着风险识别工作就完成了，接下来还要分析风险的影响，是人员损失、财务损失、营业费用损失还是责任损失。当然，在实践中，这一步经常是和上面一步结合在一起的。

风险识别是风险管理的基础。有未来就有风险，而且未来的风险不仅有过去曾经面临的这些类型，这可能会面临新的风险，因此，风险识别是一项制度性、系统性的持续工作，它是风险管理成功的关键。

2. 风险识别的方法

风险识别的方法有很多，实践中大多是几种方法配合使用，扬长避短。

1) 基本方法

风险识别的基本方法是风险清单。风险清单是指一些由专业人员设计好的标准的表格和问卷，上面非常全面地列出了企业可能面临的风险。清单中的项目包括修理或重置资产的成本，伴随资产损毁的收入损失以及承担法律责任的可能性等。使用者对照清单上的每一项都要回答："我们公司会面临这样的风险吗？"在回答这些问题的过程中，风险管理者逐渐构建出本公司的风险框架。

比较常见的风险清单有以下几种。

(1) 风险分析调查表(Risk Analysis Questionnaire)。风险分析调查表是由保险公司的专业人员及有关学会就企业可能遭受的风险进行详尽的调查与分析后做成的报告书，它包含了所有的纯粹风险。

(2) 保单检视表(Insurance Checklist)。保单检视表是将保险公司现行出售的保险单所列出的风险与风险分析调查表的项目综合而成的问卷式表格。这种表格突出了对公司所面临的可保风险的调查，但在不可保风险的识别方面就有一定的缺陷，此外，使用这种表格时要求使用者具有保险专业知识，对保单性质和条款有较深的了解。

(3) 资产—暴露分析表(Asset-Exposure Analysis)。资产—暴露分析表的内容分为两大类，一类是资产，包括实物资产和无形资产；另一类是损失暴露，包括直接损失暴露、间接损失暴露和第三者责任损失暴露。这种表格从另一个角度列举了企业所有的资产可能面临的风险损失，它不仅仅局限于可保风险，也包含不可保的纯粹风险，如果将它和风险分析调查表配合使用，会取得更好的效果。

2) 辅助方法

在运用风险清单的过程中，还需要配合以其他辅助方法作为补充，才能识别出风险清单中没有包括的一个企业的特殊风险。风险识别的辅助方法有很多，常用的有以下几种。

(1) 财务报表分析法(Financial Statement Method)。财务报表是企业一定期间内经济活动及其经济效果的综合反映，它记载了企业的大量经济活动情况，包括企业的建筑物、机器设备、产品种类、产品成本以及其他资产项目。财务报表还可以反映出企业内各部门之间的相互关系，企业对借贷方、消费者的依赖程度，企业财务计划与财务状况，企业过去处理风险的财务开支以及过去曾发生的风险损失规模等。

企业重要的财务报表有资产负债表、损益表、财务状况变动表等。通过资产负债表，我们可以得到损失暴露的信息，损益表中体现了公司业务盈亏风险的来源，财务状况变动表则反映了现金流量的风险。

(2) 流程图法(Flow-Chart Method)。流程图法是指根据生产过程或管理流程来识别风险的方法。应用这种方法时，首先要将企业的生产运营过程按照各阶段的顺序绘制成图。流程图的类型有很多，按流程的内容划分，可分为内部流程图和外部流程图；按流程的表现形式划分，可分为实物流程图和价值流程图。

流程图绘制完毕后，就要对其进行静态与动态分析。所谓静态分析，就是对图中的每一个环节逐一调查，找出潜在的风险，并分析风险可能造成的损失后果。动态分析则着眼于各个环节之间的关系，以找出那些关键环节。

流程图法的思路是，依据供货、生产和销售的程序，将公司的运作分成一个一个的环节，再逐一分析这些环节和环节之间的关系。这样更有助于识别关键环节并可进行初步的风险评估。

(3) 事故树分析法(Fault Tree Analysis)。事故树是一种树状图，由节点和连线组成，节点表示某一具体环节，连线表示这些环节之间的关系，这些都和流程图相似，但不同的是，流程图关注的是事故的原因。它是一种逻辑分析过程，遵循逻辑演绎的分析原则，从某一事故的结果开始，分析各种可能引起事故的原因。

(4) 现场检查与交流法。有的时候，用上面这些方法仍然难以识别出全部的风险，所以风险经理到现场实际检查各个部门的运作是十分重要的，这是风险经理必须做的事情。通过直接观察企业的各种设施及进行的各项操作，风险经理能够深入了解企业的活动和行为方式。

在进行现场检查前要做好充足的准备，对所要调查的部门及风险暴露做一个大致的了解，准备好现场调查表，对所调查的每一个项目进行填写。

现场检查在实践中，虽然这是风险经理最直接发现风险的方法，但风险经理毕竟不可能时刻在生产经营的第一线，最了解企业运作的是一线人员，他们不一定都有非常敏锐的风险意识，但风险经理却可以从他们的介绍中觉察到风险。这样，在现场检查之余，和其他部门的交流就显得极为重要。这种交流既可以是口头的经常性报告，也可以是书面的定期报告。

(5) 风险形势估计法。以上各种方法主要针对已经存在的生产流程或操作环节，而对于拟建设的项目，可以应用风险形势估计法。这种方法的步骤如下。

第一步：收集资料。

资料和数据的完备性直接定着风险识别的成功与否，尤其对于拟筹建的项目，因为项目运作以后的各种情况在当前来说是预想的，因此，那些将要成为事实的信息就更为重要，风险管理者要从这些信息中发现风险的迹象。这些资料包括项目本身的情况、项目的环境以及二者之间的关系，具体包括：项目产品或服务的说明书；项目的前提、假设和制约因素；与本项目类似的先例。

第二步：估计风险形势。

风险形势估计通过明确项目的目标、战略、战术以及实现项目目标的手段和资源来确定项目及其环境的不确定性。

首先，项目目标要量化，目的是便于测量项目的进展、及时发现问题、当不同的目标出现冲突时便于权衡利弊、判定项目目标是否能够实现以及在必要时改变项目的方向或及时果断地中断项目。

其次，战略和保证项目目标实现的方针、步骤或方法要明确、具体、科学。

最后，具体的战术要根据可用的手段和资源情况确定，可用资源的质和量决定了选用何种战术。对于项目而言，预算资金和时间是主要的手段和资源，弄清有多少可以动用的资源，对于实施战术，进而实现战略意图和项目目标是非常重要的。

11.2.4　风险的评估[①]

1. 风险评估的含义

风险评估是指在风险识别的基础上，估算损失发生的概率和损失幅度，并依据个人的风险态度和风险承受能力，对风险的相对重要性以及缓急程度进行分析。也可以将这两个步骤分别称为风险估算和风险评价。

风险评估既有定性分析的内容，也有定量的分析，它需要一定的专业技术知识，如风险估算中概率统计的应用。风险估算是一项极其复杂和困难的工作，尤其是对于那些发生概率低且损失巨大的风险，如核风险，由于缺乏足够的历史数据，很难应用传统的统计方法进行评估，必须探索新的途径。

得到风险估算的结果以后，公司还要根据自身的风险承受能力对风险给出一个主观的认识。对同样一个风险，不同的承担者对它的感知可能是不同的。

---

① 刘新立. 风险管理[M]. 北京：北京大学出版社，2006：168-171、173-174、176-177.

2. 风险评估的方法

风险评估主要应用于概率论与数理统计的定量方法。具体方法有大数定律与中心极限定理。

大数定律与中心极限定理是概率论中的两个重要理论，在风险评估中，这两个原理应用非常普遍，此外，它们还是一些重要的风险管理措施的理论基础，例如以风险汇聚为核心的保险。

1）大数定律

大数定律是用来阐述大量随机现象平均结果稳定性的一系列定理的统称。

设 $x_i(i=1,2,\cdots,n)$ 为随机变量 x 的取值，μ 为 x 的期望值，则对于任意小的数 $\varepsilon > 0$，都有

$$\lim_{x \to \infty} p\left\{ \left| \frac{\sum\limits_{i=1}^{n} x_i}{n} - \mu \right| > \varepsilon \right\} = 0 \tag{11-3}$$

根据大数定律，如果有 n 个面临相同风险的风险单位，令 μ 为它们共同的损失期望值，则当 n 越来越大时，这 n 个风险单位的平均损失就越来越趋近于 μ。如果我们要估计类似于这样的"平均损失"，当 n 足够大时，估计的准确性就会比较高。

2）中心极限定理

中心极限定理指随着样本观测值的增多，平均值的概率分布越来越趋近于钟形的正态分布。

(1) 抽样分布。

在风险评估中，我们经常需要利用来自样本的信息推断总体的一些性质，如利用样本信息估计总体的某个数字特征，即参数。

定义 11.1　总体的数字描述性量度称为参数。

定义 11.2　从样本观察值算出的量称为统计量。

推断统计学为我们提供了达到上述目标的方法，我们可以用统计量来估计参数。

对于一个总体来说，其参数(如均值 μ)的值是常数(尽管这个常数通常对我们来说是未知的)，这个值不会随着样本的变化而变化。但样本统计量(如样本均值 $\bar{x}$)的值却由所选取的样本决定，样本不同，样本统计量就可能不同，这样，根据统计量做出的任何推断都具有种不确定性。怎样判断用样本统计量来推断相应总体参数时的可靠性呢？幸好，统计量的不确定性一般来说具有一些我们可以把握的性质，这些性质反映在它的抽样分布之中。

定义 11.3　某个样本统计量(含 n 个观察值)的抽样分布，从理论上来说不是在重复抽取容量为 n 的样本时，由每个样本算出的该统计量数值的频率分布。

(2) 中心极限定理。

很多时候，我们需要推断某个目标总体的均值，例如，承保汽车的平均损失等。样本均值 $\bar{x}$ 常被用作推断相应总体参数 μ 的工具，中心极限定理指出了 $\bar{x}$ 的性质。下面列出了中心极限定理的已知、结论和通常使用的应用法则。

已知：

① 随机变量 x 服从一个均值为 μ，标准差为 σ 的分布(是否是正态分布都可以)。

② 所有具有相同容量 n 的样本都是从一个包含 x 个数值的总体中随机选出的(这样选择样本就使得所有容量为 n 的可能样本被选出的机会都是相同的)。

结论：

① 随着样本容量的增加，样本均值 $\bar{x}$ 将趋近于一个正态分布。

② 样本均值的均值将超近于总体均值 μ。也就是说，结论①中的正态分布的均值为 μ。

③ 样本均值的标准差将趋近于 $\sigma/\sqrt{n}$，即结论①中的正态分布的标准差 $\sigma_{\bar{x}}$ 为 $\sigma/\sqrt{n}$(常称为均值的标准误差)。

上述结论也可以用公式表述为

$$\lim_{x\to\infty}\left\{\frac{\bar{x}-\mu}{\sigma/\sqrt{n}}\leqslant x\right\}=\phi(x) \tag{11-4}$$

通常使用的应用法则：

(a) 对于容量 n 大于 30 的样本，样本均值的分布可以较好地用一个正态分布近似。样本容量 n 越大，近似的效果越好。

(b) 如果原始总体自身就是正态分布的，则对于任意样本容量 n(不只是大于 30 的 n)，样本均值都将是正态分布的。

3. 损失频率

损失频率是指一定时期内某风险事故发生的次数，在很多情况下，可以应用理论分布估算某种损失的频率。可以用来估算损失频率的理论分布包括以下内容。

1) 运用二项分布进行估算

例 11.1 某企业有 5 栋建筑物。根据过去的损失资料可知，其中任何一栋在一年内发生火灾的概率都是 0.1，且相互独立。一栋建筑物在一年内发生两次火灾的可能性极小，可以忽略不计。试计算下一年该企业：①不发生火灾的概率；②两栋以上建筑物发生火灾的概率；③火灾次数的平均值和标准差。

解 由已知条件可知：

① 风险单位总数 $n=5$，且每栋建筑物发生火灾的概率为 $p=0.1$；

② 这 5 栋建筑物互相独立，发生火灾时不会互相影响；

③ 一栋建筑物在一年内发生两次火灾的可能性极小，可认为其概论为 0。

据此，建筑物发生火灾的栋数可以用二项分布来描述，其概率分布为

$$P\{X=x\}=C_n^x P^x q^{n-x}\ (x=0,1,2\cdots,5) \tag{11-5}$$

发生火灾栋数及其概率如表 11-2 所示。

表 11-2

发生火灾栋数 X	概　率
0	$P\{X=0\}=C_5^0 P^0 q^{5-0}=0.5905$
1	$P\{X=1\}=C_5^1 P^1 q^{5-1}=0.3281$
2	$P\{X=1\}=C_5^1 P^1 q^{5-1}=0.3281$
3	$P\{X=3\}=C_5^3 P^3 q^{5-3}=0.0081$
4	$P\{X=4\}=C_5^4 P^4 q^{5-4}=0.0004$
5	$P\{X=5\}=C_5^5 P^5 q^{5-5}=0.0000$

因此，

① 下一年不发生火灾的概率 $q=P\{X=0\}=0.5905$；

② 两栋以上建筑物发生火灾的概率

$$q=P\{X=3\}+P\{X=4\}+P\{X=5\}=0.0081+0.0004+0.0000=0.0085 \tag{11-6}$$

③ 下一年发生火灾次数的平均值和标准差分别为

$$\mu=n\times p=5\times 0.1=0.5 \tag{11-7}$$

$$\sigma=\sqrt{np(1-p)}=\sqrt{5\times 0.1\times 0.9}=0.67 \tag{11-8}$$

2) 运用泊松分布进行估算

当每个风险单位在一定时期内最多发生一次风险事故时，可以运用二项分布来估算损失频率。但如果每个风险单位在一定时期内可能发生多次风险事故，二项分布就不适用了。另外，即使是前一种情况，当独立的风险单位数很大时，二项分布的计算就会很复杂。因此，一般来说，当风险单位数 n 很大而事故发生概率 p 又较小时，可以采用泊松分布。

4. 损失幅度

1) 每次风险事故所致损失

风险事故发生的次数是离散型随机变量，全部可能发生的次数与其相应的概率都可以一一列举出来。但每次风险事故所致的损失金额一般来说不能全部列举出来，它可以在某一区间内取值，因此，它是连续型随机变量。在具体计算时，我们可以确定任意次数(如，5次)事故发生的概率，而对损失金融来说，正常情况下只能确定其在某一区间的概率，因为连续型随机变量取某一个特定值的概率为零。

我们经常应用正态分布作为每次事故所致损失金额的概率分布。

2) 一定时期总损失

一定时期总损失是指在已知该时期内损失次数概率分布和每次损失金额概率分布的基础上所求的损失总额。

3）均值和标准差的估算

有的时候，我们只关心损失幅度的某个特征值，如均值和标准差，这时就可以直接对总体均值和标准差进行区间估算。不同的数据量，采用的方法也不同。

(1) 样本容量较大，已知样本均值和抽样误差，估计总体均值。

当样本容量较大时，样板均值是一个服从正态分布的随机变量，则 $Z = \dfrac{\bar{x} - \mu}{\sigma_{\bar{x}}}$ 为服从标准正态分布的随机变量。由此就可以得到总体均值的区间估计：

$$P(\bar{x} - z_a \sigma_{\bar{x}} \leqslant \mu \leqslant \bar{x} + z_a \sigma_{\bar{x}}) = 1 - a \tag{11-9}$$

(2) 样本容量较小，总体为正态分布而 σ 未知时，估计总体均值。

样本容量较小，总体为正态分布时，统计量为

$$t = \frac{\bar{x} - \mu}{s/\sqrt{n-1}} \tag{11-10}$$

服从自由度为 $n-1$ 的 t 分布，则

$$P(|t| \leqslant t_a) = P\left(\left| \frac{\bar{x} - \mu}{s/\sqrt{n-1}} \right| \leqslant t_a \right) = P\left(-t_a \leqslant \frac{\bar{x} - \mu}{s/\sqrt{n-1}} \leqslant t_a \right)$$

$$= P\left(\bar{x} - t_a \frac{s}{\sqrt{n-1}} \leqslant \mu \leqslant \bar{x} + t_a \frac{s}{\sqrt{n-1}} \right) = 1 - a \tag{11-11}$$

(3) 样本容量较小，总体为正态分布时，估计总体方差。

样本容量较小，总体为正态分布时，统计量为

$$x^2 = n\frac{s^2}{\sigma^2} \tag{11-12}$$

服从自由度为 $n-1$ 的卡方分布，则

$$P\left(X^2_{1-\frac{a}{2}} < x^2 < x^2_{\frac{a}{2}} \right) = P\left(ns^2 x^2_{1-\frac{a}{2}} < \sigma^2 < ns^2 x^2_{\frac{a}{2}} \right) = 1 - a \tag{11-13}$$

11.2.5　风险的成本分析[①]

如果把对风险置之不理，看作是风险自留的一种类型，那么我们将会看到，由于风险的存在，无论怎么做都是有成本的。风险成本的分析是风险管理不可或缺的环节。

1. 风险成本的含义

风险成本(Cost of Risk)是指由于风险的存在和风险事故发生后，人们所必须支付的费用和预期经济利益的减少。

---

① 刘新立. 风险管理[M]. 北京：北京大学出版社，2006：42-47.

为什么说风险是有成本的？风险有的时候指的是损失的期望值，有的时候指的是现金流相对于期望值的变动。下面的两个例子说明了这两者会对处于风险之中的企业和个人造成什么样的影响。

第一个例子是关于企业风险。

假设某公司正在研制一种家用小型割草机，这种割草机上的一个部件容易松动，一旦脱落，很可能击中使用者。因此，这种割草机给公司带来产品责任赔偿的可能性较高。也就是说，这家公司面临产品责任风险。

那么这一风险对这家公司有什么影响呢？我们说，它可能会带来一些成本。首先，如果公司将这些风险自留，不采取任何措施来改变现状，则一旦发生了由部件脱落造成的人身伤害事故，公司就必须应付法律诉讼并进行赔偿，这会增加企业的期望损失成本。其次，如果事先采取一定的损失控制手段，例如在产品研制阶段增加投入并进行安全性测试，这就可以减少法律诉讼以及伤害赔偿的期望成本，但损失控制措施本身的成本也很高。最后，如果公司购买责任保险以转移这种风险，那么虽然最终可能发生的法律诉讼以及伤害赔偿的成本将会由保险公司负担，但保险本身是有成本的，保险费中除了包括风险损失的期望值以外，还包括保险公司日常管理的开支以及保险公司期望达到的合理资本回报。而且，如果存在没有被保险覆盖的风险，如免赔的损失或超过责任保险范围的损失，就会造成公司在未来任意给定时期内的成本不确定。

第二个例子是关于个人风险。

假设一个人在开车上班途中可能遭遇交通事故，也就是说，他面临交通事故的风险。

第一，他可以对此不加任何处理，也就是将风险自留。自留风险使他可能要自己承担身体上的伤害以及汽车损坏导致的损失，还可能由于对别人也造成了伤害而面对法律诉讼。第二，这个人如果想要控制一下风险，例如通过减少开车的次数来降低风险事故发生的可能性，则虽然可以降低风险自留时的损失，但这就意味着有更大的可能要么待在家里，要么使用其他的交通工具，例如自行车或公交车，而这些交通工具一是不如自己开车方便，另外也都不是百分之百的安全。第三，这个人可能会从提高预防能力着手，比如更加小心地驾车，这就可能使得花费在整个路程上的时间更长，或者这种注意力的更加集中使得他在开车时不能思考其他的事情。这些都是成本。第四，他还可能买保险，比如汽车保险和人身安全保险。而购买保险的保险费中除了包括用来支付损失金额的一部分以外，也会包括保险公司日常管理的开支以及保险公司期望达到的合理的资本回报。而且即使投了保，也有可能发生实际损失大于保险金额的情况，这增加了未来的不确定性。第五，事故还会给这个人造成无法用保险解决的间接损失，比如说在修理汽车的过程以及向保险公司索赔的过程中损失的时间。

风险成本的概念无论对于上面两个例子中的纯粹风险，还是对于投机风险都是适用的。比如，对一个在生产过程中需要使用石油的制造商来说，会面临石油价格变动的风险，当石油价格变动时，产品价格通常不会立刻得到调整，因此，短期内石油价格的上涨会导致公司利润减少，石油价格下跌会导致公司利润增加。

与纯粹风险的期望损失成本相对应，这个制造商使用石油也是有期望损失成本的，所不同的是，这里的期望损失成本主要指间接损失成本。如石油价格的大幅上涨如果造成了生产缩减，或不得不使用替代能源维持生产，或被迫削减一些有利润的投资项目，那么就会导致间接损失成本的发生。

这个制造商可以使用石油期货来降低价格变动的风险，但期货合约有交易成本。他还可以对原先的生产流程加以改造，以便使用其他人员作为补充，这也就意味着要在损失控制方面增加开支。公司还可以通过分散经营以降低公司利润对石油价格变动的敏感度，或者通过信息投资以获取对石油价格更好的预测，这些也都是有成本的。

2. 风险成本的构成

风险成本可以分为有形成本和无形成本，如图 11-5 所示。

1) 有形成本

有形成本指的是管理风险所花费的经济资源，包括以下内容。

(1) 期望损失成本。

企业所面临的一类主要风险就是纯粹风险，而将纯粹风险中的一些可保风险进行投保是风险管理中的常见做法，保险费中的纯保费部分就是期望损失成本，包括直接损失和间接损失的期望成本。

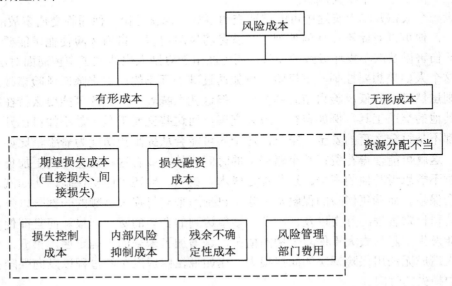

图 11-5 风险成本的构成

我们知道，企业纯粹风险导致的直接损失包括对损毁财产进行修理或重置的成本，对遭受伤害的员工进行赔偿的成本，对法律诉讼进行辩护和赔偿的成本以及雇员死亡、生病的福利费用支付。间接损失包括由于直接损失使得生产缩减或中断从而导致的正常利润的减少和客观费用的增多，当损失较大时带来的更高融资成本、放弃的投资机会以及损失巨大时与公司重组和破产清算有关的法律费用和其他成本。

在前文所述的割草机公司的例子中，直接损失的期望成本包括法律责任诉讼的辩护和赔偿成本。该例子的间接损失的期望成本包括：由于法律责任问题导致销售减少而带来的利润损失的期望成本；由于对产品进行回收而带来的期望成本；如果发生了巨大的责任损失，使得公司内部资金紧张并增加了公司借款或发行新股的成本，以及由此使得公司放弃了一些投资机会而导致的利润损失的期望成本。

对于投机风险，期望损失成本，主要指间接损失成本，如上交的在生产中需要使用石油的制造商的例子。

(2) 损失融资成本(Cost Of Loss Financing)。损失融资成本是指损失融资措施的交易成本，包括专用基金和自保成本、保险费中的附加保费以及套期保值和其他合约化风险转移手段的交易成本。我们在下一小节"风险管理的措施"中将会详细讨论，风险自留时资金的来源渠道包括将损失摊入营业成本、专用基金、自保、应急贷款和特别贷款，其中，专用基金和自保都是事先提留资金备付，而其他三种方式都是待损失发生后再筹措资金，因此，这里的损失融资成本中只包括专用基金和自保的成本。专用基金和自保成本是指这些资金中扣除期望损失成本之外的部分，投资于这些资金而需要支付的税费及为了维持这些资金而使公司无法对其他项目进行投资而造成的机会成本。套期保值和其他合约化风险转移手段的成本指的是这些交易的合同在拟定、协商和实施过程中的交易成本。

这一项成本中不包括风险自留中的将损失摊入营业成本、应急贷款和特别贷款，是因为这些措施的成本在风险损失发生前无法确定，我们将之归在下面的第(5)类中。

(3) 损失控制成本。管理风险的积极的做法之一就是事先采取各种措施预防和控制风险损失，与此相关的成本称为损失控制成本(Cost of Loss Control)，如事先购置用于预防和减损的设备以及对各种风险因素定期检测等，以及其维护费、咨询费等，具体包括计划费用、资本支出和折旧费、安全人员费(培训费、薪金、津贴、服装费等)以及增加的机会成本。对上述生产割草机的公司来说，在正式生产该产品前进行的安全测试成本就是一种损失控制成本。

(4) 内部风险抑制成本。除自留以外的其他损失融资措施和某些类型的损失控制措施都可以降低损失的不确定性，即使得损失成本更易预见，而内部风险抑制的措施，即分散化和信息投资也同样具有这样的效果。内部风险抑制成本(Cost of Internal Risk Reduction)包括分散化的交易成本及管理这些分散行为相关的成本、对数据等信息进行收集和分析的成本。

(5) 残余不确定性成本。实施了保险、套期保值、其他合约化风险转移合同、损失控制以及内部风险抑制措施之后，损失的不确定性通常并不能完全消除，也就是说，还可能发生这些措施没有覆盖的风险损失，这些风险损失的成本被公司主动或被动地进行了自留，我们将其称为残余不确定性成本(Cost of Residual Uncertainty)，对风险规避型的个人和投资者来说，不确定性带来的损失往往是代价很高的，例如，它会影响投资者在购买公司股票时要求得到的回报数额。

(6) 风险管理部门费用。风险管理部门的支出主要指人员薪资与行政费用。

2) 无形成本

风险成本中的无形成本主要指由于不确定性的存在，使得风险管理人员或企业决策者对此忧虑，如生产成本价格的波动会使得制造商深感忧虑，当然，忧虑的程度取决于多种因素，如不确定性的程度、潜在损失的大小、人们对损失的承受能力以及有关的心理因素。这种忧虑容易造成公司资源分配不当。

首先，企业可能会放弃一些本来非常愿意从事的活动。例如，某一产品虽然有较丰厚的利润和广阔的市场，但企业考虑到潜在的责任风险而不生产，这可能导致一些资源的浪费。其次，对于一些带有风险的活动，企业可能会减少从事的程度。最后，这种忧虑还可能造成一些投资的短期化行为。

3. 风险成本之间的替代

风险成本的各组成部分之间存在着一定的替代关系，此消彼长。

(1) 期望损失成本和损失控制成本之间的替代。

期望损失成本和损失控制成本之间可以互相替代。在割草机公司的例子中，投入更多的资金研制一种安全性更高的割草机可以使得责任诉讼的期望成本降低。当我们暂不考虑损失控制对风险成本的其他组成部分的影响时，损失控制方面投入资金的最佳数量是使得其边际成本与边际收益(指更低的期望损失成本)相等时的数量，这样会使得风险成本最小化。风险成本最小化就是风险管理的目标。

由于风险管理的目标是风险成本最小化，因此，将损失风险完全降为零的风险控制措施并不是最佳的选择，也就是说，实现风险成本最小化时的损失控制通常并不能使得风险最小化。这主要是因为，要把损失发生的可能性降到零的代价是非常昂贵的，当损失控制超过一定的程度后，在损失控制方面增加的成本会超过期望损失减少的部分，即边际成本超过了边际收益。这时，损失控制方面增加的成本反而会增加风险成本。所以，通常将损失风险降为零，对于企业和社会而言并不会达到风险成本最小化的目的。人们常常更愿意冒一定的伤害风险，也不愿意为降低风险而花更多的钱。

(2) 损失融资的成本和内部风险抑制的成本与间接损失的期望成本之间的替代。

如果在包括保险在内的损失融资措施和内部风险抑制方面增加支出，那么就会减少公司现金流的变动，这样，企业发生破产的可能性以及由于发生了巨额的未保险损失而放弃回报丰厚的投资机会的可能性就都会随之降低，这就相当于降低了间接损失的期望成本。

这一点，对于我们以后理解保险的作用非常关键。

(3) 损失融资的成本和内部风险抑制的成本与残余不确定性成本之间的替代。

这种替代关系是很明显的，如企业增加了用于保额的更高的支出，则残余不确定性就会降低，未来也变得更好预测。

11.2.6　风险管理的措施

风险管理措施包括控制型风险管理措施、融资型风险管理措施以及内部风险抑制及其选择、实施与效果评价。

1. 风险管理措施的目标[①]

控制型风险管理措施是指在风险成本最低的条件下，所采取的防止或减少灾害事故发生以及所造成的经济及社会损失的行动。如针对房屋面临的火灾风险，安装烟雾报警器及自动喷漆系统；针对洪水风险，抬高建筑物的地基；它还包括那些加深企业内部员工对风险的理解和提高员工风险意识的方法。

在风险成本最低的前提下，控制型风险管理措施的目标分为两种：一是降低事故的发生概率，二是将损失减少到最低限度。这两个目标都是为了改变组织的风险暴露状况，从而帮助组织规避风险，减少损失，在风险发生时努力降低风险对组织的负面影响。这个目标在实践过程中可以用图 11-6 所示的链式过程来说明。

图 11-6　控制型风险管理措施的目标

这个链式过程遵循了"发生"、"发展"、"结果"的顺序。首先，控制损失根源着眼于损失发生的最根本原因，意在从损失的源头入手进行控制。如在建筑物建设时就增加其防火性能，在汽车设计时就考虑其必要的减震系统等。其次，除了损失根源之外，我们还可以减少已有的风险因素。如强调对可能受损失的标的物进行持续检查，监督员工遵守安全规章制度等。最后，如果损失根源和风险因素都没有控制住，风险事故发生了，还可能做一项工作，就是减轻损失，如准备必要的器械和设备，现场快速有序的反应等。值得注意的是，上述所有工作都是在风险事故发生之前完成或设计好的，即便是最后一步，也是在事先周密安排了的，甚至经过了一定的培训与演练。

2. 风险管理措施的内容[②]

风险管理措施包括控制型风险管理措施、融资型风险管理措施以及内部风险抑制。

---

① 刘新立. 风险管理[M]. 北京：北京大学出版社，2006：186.

② 刘新立. 风险管理[M]. 北京：北京大学出版社，2006：191-210.

1) 控制型风险管理措施

基本的控制型风险管理措施包括风险规避、损失控制及控制型风险转移。

(1) 风险规避。风险规避是指有意地回避某种特定风险的行为。风险规避是最彻底的风险管理措施，它使得风险降为零。

避免风险的方法主要有两种，一种是放弃或终止某项活动的实施，另一种是虽然继续该项活动，但改变活动的性质。

风险规避虽然去除了后顾之忧，但这种措施的实施有许多局限性。首先，有些风险是无法回避的，如公司所面临的财产损毁风险。其次，如果是投资风险，那么回避了风险，也就会失去这些风险可能带来的收益，例如，要规避股票投资损失的风险，只能不投资股票，这样也就失去了可能的获利机会。最后，回避一种风险，可能产生另一种新风险或加强已有的其他风险，如不乘坐飞机以规避飞机坠毁，但选择其他交通工具就会面临其他交通工具的风险。由此可见，风险规避并不总是可行的，有时即使可行，人们也不会选用。

风险规避适用的情况主要包括以下几种。

① 损失频率和损失幅度都比较大的特定风险。

② 频率虽然不大，但后果严重且无法得到补偿的风险。

③ 采用其他风险管理措施的经济成本超过了进行该项活动的预期收益。

(2) 损失控制。损失控制是指通过降低损失频率或者减少损失程度来减少期望损失成本的各种行为[①]。一般来说，降低损失频率称为损失预防(Loss Prevention)，减少损失程度称为损失减少(Loss Reduction)，也有的措施同时具有损失预防和损失减少的作用[②]。

① 损失预防。损失预防在实践中广泛应用，它相当于对前文所述的风险链的前三个环节进行干扰，即改变风险因素、改变风险因素所处环境、改变风险因素和其所处环境的相互作用。

如某个设备的加热可能使得周围设备过热，对此，可以采取改变风险因素和其所处环境的相互作用的方法，如加设水降温系统，隔断热量向周围的传递。

② 损失减少。损失减少的目的是减少损失的潜在严重程度。在汽车上安装安全气囊，就是一种损失减少措施，气囊不能阻止损失发生，但如果事故真的发生了，它能减少驾驶员可能遭受的伤害。

常用的损失减少措施包括：抢救、灾难计划和紧急事件计划。这类计划也称为预案，

---

① 有时也称为风险控制。但用损失控制一词可以避免将"降低期望损失成本"的行为和"降低风险(变动性)的行为"，如内部风险抑制，混淆在一起。

② 还有一种分类方法，即把损失控制措施分类两类：a.减少风险行为的数目；b.对风险行为可能造成的损失提高预防能力。第一种方法较为被动，例如公司可以减少有风险的产品的产量，还可以转向生产其他风险较低的产品，这种战略有一个最大的缺陷，就是它虽然减少了风险行为的损失，但也因此丧失了风险行为可能带来的收益。第二种方法着眼于提高自身的预防能力，例如全面的安全检测、安装安全保障设备等。

即事先想象出来事故发生后的情况，然后对所有的行动进行部署。预案一般在事先都要进行培训或演练，以便真正实施时能够迅速到位。

损失控制在应用的时候需要注意以下几个方面。

a. 在成本与效益分析的基础上进行措施选择；

b. 不能过分相信和依赖损失控制；

c. 某些材料一方面能抑制风险因素，另一方面也会带来新的风险因素。

(3) 控制型风险转移。控制型风险转移是指借助合同或协议，将损失的法律责任转移给其他个人或组织(非保险人)承担。

控制型风险转移的方式主要有以下几种。

① 出售。出售是通过将来有风险的财产转移出去来转移风险的。将风险单位出售给其他人或组织，也就将与之有关的风险转移给了对方。例如，企业将其拥有的一幢建筑物出售，企业原来面临的该建筑物的火灾风险也就随着出售行为的完成转移给新的所有人了。

② 分包。分包是通过将带有风险的活动转移出去来转移风险的。分包多用于建筑工程中，工程的承包商利用分包合同将其以为风险较大的工程转移给其他人。例如，高空作业的工程风险较大，承包商可以将这部分工程分包给专业的高空作业工程队，从而将与高空作业相关的人身意外伤害风险和第三者责任风险转移出去。

③ 签订免除责任协议。

2) 融资型风险管理措施

融资型风险管理措施的目的在于通过事故发生前所做的财务安排，使得在损失一旦发生后能够获取资金以弥补损失，为恢复正常经济活动和经济发展提供财务基础。根据资金的来源不同，融资型措施可以分为风险自留和风险转移两类，风险自留措施的资金来自企业内部，风险转移措施的资金来自企业外部。

(1) 风险自留。风险自留是由经历风险的单位自己承担风险事故所致损失的一种方法，它通过内部资金的融通来弥补损失。一些发生频率高但损失幅度很小的风险，经常自留于企业内部。如果有一个正式的计划，通常称为自我保险计划(Self Insurance)。

风险自留也被视为一种残余技术。一般来说，在指定风险管理决策的时候，总是先考虑控制型措施和融资型措施，其他的风险，适合于自留的，就进行自留安排；另外，还有一些风险事先没有考虑到，也被动地自留下来。

如果进行风险自留，风险事故一旦发生后用于弥补损失的资金一般来源于下列几个方面：①将损失摊入营业成本；②专用基金；③自保公司；④信用限额；⑤特别贷款与发行新证券。

(2) 风险转移。主要的融资风险转移措施有以下几种。

① 保险。保险是对付可保的纯粹风险的一种重要风险融资工具。对于企业来说，通过缴纳保费，将自身面临的风险负担转移给了保险公司，即以小额成本(保险费)替代大额不确定损失(保险所保的意外事故)。单从出险后保险公司给予赔付这一层面来看，保险并没有改变企业所面临的风险，而是事先做一个安排，保险消除了损失发生后经济负担的不确定性。

按照承保风险范围的不同，保险可分为人身保险、财产保险及责任保险类三类。

人身保险转移的是那些可能会妨碍个人收入的风险。这些风险共有四种类型：死亡、意外事故与疾病、失业以及年老，其中商业保险商比较愿意提供死亡、意外事故与疾病和年老等类型的保险业务，而社会保险则涵盖所有类型的风险。

财产保险是对财产的损毁或遗失进行保障的保险。主要包括以下十一个险种：火灾保险、海上保险、内陆运输保险、农业保险、地震保险、信用保险、保证保险、盗窃保险、锅炉爆炸保险、玻璃保险、所有权保险。

责任保险包括很广泛的承保范围，它可以简单地分为三种类型：雇主责任和劳工赔偿、汽车责任以及一般责任。

② 套期保值。传统的风险管理主要针对纯粹风险，应用保险和控制型措施等进行风险控制与风险转移，但从 20 世纪末开始，风险管理开始越来越多地涉及金融风险管理，利用期权、期货、远期与互换等衍生工具对金融风险进行套期保值。

衍生工具(Derivative Instrument)是进行套期保值的主要手段，它是一种收益由其他金融工具的收益衍生而来的金融工具，它可以建立在实物资产，如农产品、金属以及能源等之上，也可以建立在金融资产，如股票、债券等之上。主要的衍生工具包括期权、期货合约、远期合约、互换等。

③ 其他利用合同的融资措施。除了保险、套期保值这些比较常用的风险转移措施之外，还有一些基于合同的融资型风险转移形式。融资租赁合同就是一种融资型风险转移措施。在财产租赁合同中，出租人和承租人经常会就出租物的质量责任、维修保养责任和损坏等问题发生纠纷。为了转移此类责任风险，出租人可以根据承租人的租赁要求和选择，出资向供货商购买租赁物，并租给承租人使用，承租人支付租金，并可在租赁期届满时，取得租赁物的所有权、续租或退租，这就是融资租赁合同。在这种情况下，出租人最主要的义务是为承租人融通资金，购买租赁物，对他而言，即取得了租赁财产的租金收入，又转移了租赁财产的损失责任风险。对承租人来说，虽然承担了风险，但可以从其他渠道取得资金以保证正常经营。

3) 内部风险管理抑制

评价风险大小的最主要的两个方面，一个是损失期望值，另一个是损失方差。前面所述的控制型措施和融资型措施都在从不同角度影响损失期望值，而内部风险抑制的目的在于降低损失方差。主要的内部控制措施包括以下内容。

(1) 分散与复制。分散是指公司把经营活动分散以降低整个公司损失的方差，这类似于不把鸡蛋放在同一个篮子里的道理。例如，一家公司可能会让雇员分散在不同地方工作，使一场爆炸或其他灾难所伤害的人数不会超过一定限度。分散可以体现在公司的跨行业或跨地区经营、将风险在各风险单元间转移或将具有不同相关性的风险集中起来。

复制主要是指备用财产、备用人力、备用计划的准备以及重要文件档案的复制。当原有财产、人员、资料及计划失效时，这些备用措施就会派上用场。例如在"9·11"事件中，位于世贸大楼内的一家公司由于在其他地方设有数据备份站，可以实时备份数据，所以当大楼倒塌，楼内办公室里所有电脑设备和文字材料都损毁后，公司的信息资料并未遭到太大损失。

(2) 信息管理。在现有的技术条件下，怎样能对风险进行有效的管理？信息在其中起着举足轻重的作用。我们反复强调，风险是未来的一种状态，而且不止一种结果，但我们所做的决策却只有一个，只有对未来的这些不确定结果有正确的认识，才能保证决策确实达到了我们所要达到的目的。否则，按照错误的预测进行风险管理决策，所采取的措施再高明，也是"无的放矢"。信息就是正确认识风险的保证。

信息管理包括对纯粹风险的损失频率和损失幅度进行估计，对潜在的价格风险进行市场调研，对未来的商品价格进行预测，对数据进行专业化的分析等。在美国，有许多公司专门从事为其他公司提供信息的预测服务的业务，如数据库的经营者和风险咨询公司。

(3) 风险交流。在风险管理领域，风险交流是新近被认识到的，它是指企业内部传递风险和不确定结果及处理方式等方面信息的过程。

风险交流一般具有五个特征：①一般的"听众"不了解风险管理基本概念和基本原则；②即使向一般的员工介绍风险管理，仍然有很多方面过于复杂，难以理解；③理解风险经理提出的问题往往需要一定的专业知识，这对其他经理来说是一个挑战；④人们对风险管理的态度非常主观；⑤很多人常常低估风险管理的重要性。风险经理进行交流的内容和结构应当反映以上这些特征。

3. 风险管理措施的选择[①]

根据风险评估的结果，本着增加股东企业的价值的目的，公司要设计并选择恰当的风险管理措施。我们可以把这些措施大致分为三类，如图 11-7 所示。

1) 控制型风险管理措施

控制型措施通过避免、消除和减少意外事故发生的机会以及控制损失幅度来减少期望损失成本。主要的控制型风险管理措施包括风险规避、损失控制和控制风险转移。

2) 融资型风险管理措施

融资型措施的着眼点在于获得损失一旦发生后用于弥补损失的资金，其核心在于将消除和减少风险的成本分摊在一定时期内，以避免因随机的巨大损失发生而引起财务上的波动。其中，风险自留是将风险的影响在公司内部的财务上分摊，而保险、套期保值和其他合约化风险转移手段更多的是将风险转移给他方。

---

① 刘新立. 风险管理. 北京大学出版社，2006：38-39.

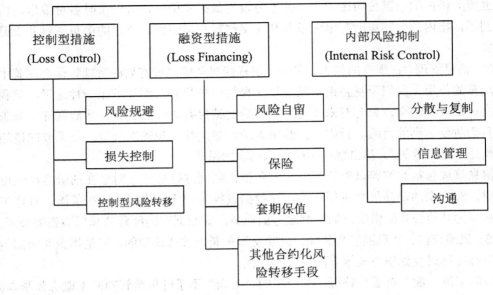

图 11-7　主要的风险管理措施示意图

3) 内部风险抑制

控制型措施和融资型措施都是从降低期望损失的角度来改变风险的,而内部风险抑制的作用在于降低未来结果的变动,即降低方差,这使得风险管理者对未来的判断更有把握。

在实践中,通常将各种风险管理措施进行一定的优化组合,使得在成本最小的情况下达到最佳的风险管理效果。

4. 风险管理措施的实施与效果评价[①]

在执行风险管理决策的过程中,风险管理人员一般对风险管理措施有执行权限,而对管理方面只有参谋权限。例如,当需要投保时,风险管理人员可以选择保险人,设定适当的保险责任限额和免赔额,并就投保事项与保险人商谈。又如,如果决定对所面临的火灾风险选择损失控制的措施,则风险管理人员就要确定是安装自动喷漆装置,还是安装烟雾报警器,但对于这些装置,风险管理人员就不能直接命令工人在什么时候安装和怎样安装,这是其他部门经理的执行权限。

措施实施后并不等于风险管理就告一段落,还必须对其实施的效果进行评价。评价的目的主要有两个:一是为了考察是否达到预先设定的标准,二是为了适应新的变化。

首先,预先设定的标准包括行动标准和结果标准。行动标准是指围绕风险管理所开展的一些活动的标准,如每个月召开一次汇报会,每年检查一次消防系统等;结果标准是指

---

① 刘新立. 风险管理[M]. 北京:北京大学出版社,2006:39-40.

所要达到的风险程度，如员工受伤的机会由 5% 降到 2%。对预定标准进行考察的原因包括：有时先前所做的风险管理决策是错误的，一些措施在执行中可能存在很大的困难等。

其次，当前最佳的风险管理决策，并不见得以后也是最佳。原因主要有：首先，风险是不断变化的，人们对风险的认识水平具有一定的阶段性；其次，风险管理技术处于不断完善的过程中；最后，服务于企业经营目标的风险管理目标可能会随着整体目标阶段性的变化和调整而发生变化。

因此，要对风险识别、风险评估以及风险管理措施的适用性和收益性进行定期检查，及时了解过去一段时间的工作绩效，发现执行中的困难及新的风险，进而调整既定的决策以适应新环境，是相当重要而且必要的。也就是说，整个风险管理工作并不是直线型的，而是上述步骤周而复始的循环。

11.3　商务风险的防范

风险是指在给定情况下存在的可能结果间的不确定性。风险是客观存在的，但也是可防范的。也就是说人们可以通过主观努力，尽可能适应客观变化，缩小可能结果间的差异，从而使风险最小化。

11.3.1　风险防范的可能性[①]

风险是客观存在的，而防范则是基于主观的判断。如果主客观一致，即可判定风险，从而可以有效地防范。既然风险是在给定情况下存在的可能结果间的差异，那么人们就有可能凭经验推断出其发生的规律和概率。虽然这些规律和概率并非一成不变，但通过一定时期内的观察，可判断出其大致规律，从而可以有意识地采取一些预防手段来防范。

风险具有以下特征，这些特征决定了风险的可防范性，风险损失也是可以控制的。

1. 风险具有特定的根源

风险并不是深不可测的，它有其特定的根源，有发生的迹象、特定的征兆和一定的表现形式。例如战争风险，在开战前常常潜伏着多种爆发战争的因素；经济风险可以通过经济现象反映出来；社会风险也有特定的背景和征候。人们通过细心观察、深入分析研究、科学推测，一般可以预测风险发生的可能性、发生的概率及其严重程度。

2. 风险的普遍性

由于风险无时不存，无处不在，且时有重复，人们在采取任何举措之前，都应有风险

---

① 缪兴锋，李丽，叶小明. 现代商务管理与实务[M]. 广州：中山大学出版社，2006：219-220.

意识，积极或消极地采取各种预防措施。

3. 风险概率的互斥性

一个事件的演变具有多种可能性，而这些可能性具有互斥性。例如投资一个项目至少有两种可能的结果：盈利或亏本。盈利的可能性加大，亏本的可能性就减小，两种可能性不会同时加大或同时减小。

4. 风险损失的可测性

商务活动中一项承包工程可能有多种风险，但各种风险发生的概率并不都一样。通过概率计算可预测风险可能造成的损失程度。例如某承包商对一项工程的报价为40000万元，假定其他因素不变，某一特定风险如自然灾害可能会导致承包工程亏损5%，但这种自然灾害的发生概率只有10%，因此，该承包商因自然灾害可能蒙受的损失将是：4000万元×0.05×0.10=20万元。

5. 风险的可转移性

不同的人对同样的风险会产生不同的反应，因为不同的人对风险具有的承受能力不一样。例如一项工程包括多项子工程，总承包商可以承担总包风险，而将其中一些自己不占优势的子工程转包给专业承包商，从而将该项子工程中潜伏的风险也转移出去。对于该专业承包商来说，这些潜伏的风险则不一定会真正成为风险。

6. 风险可以被分隔

风险是由各种因素构成的。若干风险因素集中在一起，风险将会很大，但如将这些因素分散间隔，尽管每个因素都有可能诱发风险，但其概率将大大降低。工程项目管理是一种多程序、多方位、内容错综复杂的经营活动。投资人可以只考虑其资金筹措中的各种风险，而将工程的设计、实施、管理及运营交给业主；而业主又可以通过发包工程而把工程的实施任务委托给承包商，将技术把关任务委托给监理工程师；承包商又可以通过分包将工程各子项中潜伏的风险分散转移至各分包商。这样一层层分散、转移，即可调动各方面的积极因素，克服消极因素，大家共同承担风险。

7. 有些风险具有可利用性

风险有两类：纯风险和投机风险。纯风险只会造成损失或尽管不造成损失却不能提供获利机会，如自然灾害、工伤事故。投机风险则既可能造成损失，又可能提供获利机会，如投资兴办企业，投资失败会造成重大经济损失，反之，则有可能获得巨额利润。因此，投资风险具有可利用的一面。

11.3.2 一般商务风险的防范[①]

任何人对自己应承担的风险(明确规定的和隐含的)应有准备和对策，这应作为计划的一部分。当然不同的人对风险有不同的态度，有不同的对策。例如在一个合资项目中，投资者主要承担金融风险、合作伙伴资信风险、工程技术和运营风险、销售市场风险等，而承包商有报价风险、实施方案风险、物价风险、业主风险等。风险的对策多种多样，但归纳起来只有两种基本的方法。

1. 风险控制

采用风险控制措施可降低企业的预期损失或使这种损失具有可测性，从而改变风险。这种方法包括风险回避、损失控制、风险分离、风险分散及风险转移等。

1) 风险回避

风险回避主要是中断风险源，使风险不致发生或遏制其发展。回避风险有时可能不得不做出一些必要的牺牲，但较之承担风险，这些牺牲比起风险真正发生时可能造成的损失要小得多，甚至微不足道，如回避风险大的项目，选择风险小或适中的项目。因而在项目决策时要注意放弃明显导致亏损的项目。对于风险超过自己的承受能力、成功把握不大的项目，不参与投标，不参与合资。甚至有时在工程进行到一半时，预测后期风险很大，必然有更大的亏损，而不得不采取中断项目的措施。

回避风险虽然是一种风险防范措施，但应该承认这是一种消极的防范手段。因为回避风险固然能避免损失，但同时也失去了获利的机会。处处回避，事事回避，其结果只能是停止生存。如果企业家想求生存图发展，最好的办法是采用除回避风险以外的其他手段。

2) 损失控制

损失控制是指减少损失发生的机会或降低损失的严重程度，设法使损失最小化。主要包括以下两个方面的工作。

(1) 预防损失。预防损失系指采取各种预防措施以杜绝损失发生。例如房屋建造者通过改变建筑用料以防止用料不当而房屋倒塌；供应商通过扩大供应渠道以避免货物滞销；承包商通过提高质量控制标准以防止因质量不合格而返工或罚款；生产管理人员通过加强安全教育和强化安全措施，减少事故发生的机会等。在商业交易中，交易的各方都把损失预防作为重要事项。业主要求承包商出具各种保函就是为了防止承包商不履约或履约不力，而承包商要求在合同条款中赋予其索赔权也是为了防止业主违约或发生种种不测事件。

(2) 减少损失。减少损失系指在风险损失已经不可避免的情况下，通过种种措施以遏制损失继续恶化或限制其扩展范围使其不再蔓延，也就是说使损失局部化。例如，承包商在

---

① 缪兴锋，李丽，叶小明. 现代商务管理与实务[M]. 广州：中山大学出版社，2006：220-225.

业主付款的情况下逾期停工或撤出队伍并提出索赔要求甚至提起诉讼；业主在确信某承包商无力继续实施其委托的工程时立即撤换承包商；施工事故发生后采取紧急救护措施等，都是为了达到减少损失的目的。

控制损失应以预防为主，防控结合，应认真研究测定风险的根源。就某一行为或项目而言，应在计划、执行等各个阶段进行损失控制分析。分析应从两方面着手。

首先，损失分析。通常可建立信息人员网络和编制损失报表。编制损失报表时不能只考虑已造成损失的事件，应将侥幸事件或险些造成损失的事件都列入报表并认真研究和分析。

其次，危险分析。危险分析包括对已经造成事故或损失的危险和很可能造成损失或险些造成损失的危险的分析。此外，还应调查其他同类企业或类似项目实施过程中曾经经历的危险。

3) 风险分离

风险分离系指将各风险单位分离间隔，以避免发生连锁反应或互相牵连。这种处理可以将风险局限在一定的范围内，从而达到减少损失的目的。

风险分离常用于承包工程中的设备采购。为了尽量减少因汇率波动而招致的汇率风险，承包商可在若干不同的国家采购设备，付款采用多种货币。比如在德国采购支付马克，在日本采购支付日元，在美国采购支付美元等。这样即使发生大幅度波动，也不会全部导致损失。

在施工过程中，承包商对材料进行分隔存放也是一种风险分离手段。因为分隔存放无疑分离了风险单位。各个风险单位不会具有同样的风险源，而且各自的风险源也不会互相影响。这样就可以避免材料集中于一处时可能遭受的损失。

4) 风险分散

风险分散，是将经营对象划分为不同的单位，分别对它们采取行动，以达到盈亏互补、减少风险的目的。如一个工程项目的总风险有一定的范围，这些风险必须在项目参加者(例如投资者、业主、项目管理者、各承包商、供应商等)之间进行分配。每个参加者都必须承担一定的风险责任，这样才有管理和控制的积极性和创造性。风险分配通常在任务书、责任证书、合同、招标文件等中定义，在起草这些文件的时候应对风险做出预计、定义和分配。只有合理地分配风险，才能调动各方面的积极性，才有项目的高效益。风险分配的原则如下。

(1) 从工程整体效益的角度出发，最大限度地发挥各方面的积极性。项目参加者如果不承担任何风险，他就没有任何责任，就没有控制风险的积极性，就不可能做好工作。例如采用成本加酬金合同，承包商没有任何风险责任，则承包商会千方百计提高成本以争取工程利润，最终损害工程的整体效益。而如果让承包商承担全部风险责任也不行。一方面，他要价很高，会加大预算以防备风险；另一方面，业主因不承担任何风险，便随便决策，随便干预，不积极地对项目进行战略控制，风险发生时也不积极地提供帮助，则工程的整体效益同样也会受到损害。选择风险防范责任人的准则是：①谁能有效地防止和控制风险或将风险转移，则应由承包商承担相应的风险责任；②承包商控制相关风险是经济的、有效的、方便的、可行的，只有通过承包商的努力才能减少风险的影响；③通过承担风险能增强承包商的责任心，能更好地计划和控制。

(2) 公平合理、责权利平衡。风险的责任和权利应是平衡的。风险的承担是一项责任，即进行风险控制以及承担风险产生的损失。但另一方面，要给承担者以控制、处理风险的权利。例如银行为项目提供贷款，由政府作担保，则银行的风险很小，它只能取得利息；而如果银行参加 BOT 项目的融资，它承担很大的项目风险，它有权参加运营管理及重大的决策，并参与利润的分配；承包商承担施工方案的风险，它就有权选择更为经济、合理、安全的施工方案。

风险与机会对等。即风险承担者同时应享受控制风险获得的收益和机会收益。例如承包商承担物价上涨的风险，则物价下跌带来的收益也应归承包商所有。若承担工期风险，拖延要支付误期违约金，则工期提前就应奖励。

承担的可能性和合理性，即给承担者以预测、计划、控制风险的条件，否则对他来说风险管理就成了投机。例如，要承包商承担理解招标文件、环境调查、实施方案和报价的风险，则必须给他合理的做标时间，向他提供现场调查的机会，提供详细且正确的招标文件，特别是设计文件和合同条件，并及时地回答承包商做标中发现的问题。这样他才能理性地承担风险。

(3) 符合工程项目的惯例，符合通常的处理方法。惯例一般比较公平合理，例如国外的责任中心制、我国的经营承包责任制、建设项目业主责任制、国内外标准的工程承包合同，基本都反映这种惯例。如果明显违反国际(或国内)惯例，则常常显示出一种不公平、一种危险。例如 FIDIC 合同明确地规定了业主和承包商之间的风险分配，它是国际工程惯例，比较公平合理。

再如产品经营中的产品多角化，就是将企业分成若干个经营单位，让它们分别经营不同的产品，这样可以降低风险，提高经营安全率。在贷款、投资上，分散风险的策略也得到广泛应用。贷款、投资上分散风险的做法如下。

① 国别多样化：一般来说，贷款收益和风险呈正相关，收益高的国家，风险比较大，收益低的国家风险比较小。对于贷款银行来说，它把资金贷给不同的国家，在获得同等收益的情况下，可以减少贷款风险。

② 贷款期限多样化：在特定国家投资，把资金分散在不同期限的贷款上，可以减少风险。贷款可分为长、中、短期，长期利率高，风险大；短期则相反。银行为了达到高收益、低风险的目的，把贷款期限多样化。

③ 贷款种类多样化：即贷款可投放在不同的行业，这样有的企业因情况变化盈利少时，可由另一些企业的高盈利来弥补。

④ 货币种类多样化：即银行按不同国家、不同行业，放发不同货币种类的款项，这样

可以用某些货币升值的收益来弥补贬值货币的亏损，投资风险就可以减少。

⑤ 联合投资：辛迪加放款，就是联合投资的一种形式。一笔辛迪加放款，从发起人到参与者可能有几百家企业或银行，各参与者只承担放款的百分之几，一旦放款不能收回，各参与者只承担很少一部分风险。

5）风险转移

风险转移是风险控制的另一种手段。在经营实践中有些风险无法通过上述手段进行有效控制，经营者只好采取转移手段以保护自己。风险转移并非损失转嫁。这种手段也不能被认为是损人利己而有损商业道德，因为许多风险对一些人的确可能造成损失，但转移后并不一定同样给他人造成损失。其原因是各人的优劣势不一样，因而对风险的承受能力也不一样。

风险转移常用于工程承包中的分包、技术转让或财产出租。通过分包工程、转让技术或合同、出租设备或房屋等手段将应由其自身承担的全部风险部分或全部转移至他人，从而减轻自身的风险压力。

2. 财务措施

财务措施即采用经济手段来处理确实会发生的损失。这些措施包括风险的财务转移、风险自留、风险准备金和自我保险等。

1）风险的财务转移

所谓风险的财务转移，系指风险转移人寻求用外来资金补偿确定会发生或业已发生的风险。风险的财务转移包括保险的风险财务转移(即通过保险进行转移)和非保险的风险财务转移(即通过合同条款达到转移之目的)。

保险的风险财务转移的实施手段是购买保险。通过保险，投保人将自己本应承担的归咎责任(因他人过失而承担的责任)和赔偿责任(因本人过失或不可抗力所造成的风险责任)转嫁给保险公司，从而使自己免受风险损失。非保险的风险财务转移的实施手段则是除保险以外的其他经济行为。例如，根据工程承包合同，业主可将其对公众在建筑物附近受到伤害的部分或全部责任转移至建筑承包商，这种转移属于非保险的风险财务转移；而建筑承包商则可以通过投保第三者责任险又将这一风险转移至保险公司，这种风险转移属于保险的风险财务转移。

非保险的风险财务转移的另一种形式，那就是通过担保银行或保险公司开具保证书或保函。根据保证书或保函，保证人员保证委托人对债权人履行某种明确的义务。委托人必须履行义务，否则债权人可以依据保证书或保函向保证人索赔罚金，然后保证人可以向委托人追偿其损失。在通常情况下，保证人或担保人签发保证书或保函时，要求委托人提交一笔现金或债券或不动产作抵押，以备自己转嫁损失赔偿。通过这种形式，债权人可将债务人违约的风险转移给保证人。

非保险的风险财务转移还有一种形式——风险中性化。这是一个平衡损失和收益机会的过程。例如承包商担心原材料价格变化而进行套期交易，出口商担心外汇汇率波动而进行期货买卖等。不过采取风险中性化手段没有机会从投机风险中获益。因此，这种手段只是一种防身术，只能保证自己不受风险损失而已。

2) 风险自留

风险自留即是将风险留给自己承担，不予转移。这种手段有时是无意识的，即当初并不曾预测到风险，不曾有意识地采取种种有效措施，以致最后只好由自己承受；但有时也可以是主动的，即经营者有意识、有计划地将若干风险主动留给自己。在后一种情况下，风险承受人通常已做好了处理风险的准备。

主动的或有计划的风险自留是否合理明智取决于风险自留决策的有关环境。风险自留在一些情况下是唯一可能的对策。有时企业不能预防损失，回避又不可能，且没有转移的可能性，企业别无选择，只能自留风险。例如，在河谷中建厂的企业发现已没有其他可能的方法来处理洪水风险，而放弃建厂和损失控制的成本都极其昂贵，而且在这一特定领域投保洪灾险也不可能，投资人骑虎难下，只好采取自留风险的对策。但是如果风险自留并非唯一可能的对策时，风险管理人应认真分析研究，制定最佳决策。通常要考虑的因素如下。

(1) 费用。应比较分析投保费用与自留风险可能耗去的费用之间的差距。

(2) 期望损失与风险概率。

(3) 机会成本。比较保险费与损失发生时所需费用的现值，这里涉及资金的时间价值。

(4) 在计算企业应纳所得税时，保险费可以作为经营费用被扣除，然而在财产损失或责任损失自留计划里，企业只能扣除实际损失，且这种扣除限于应纳税款的价值。

决定风险自留必须至少符合以下条件之一。

(1) 自留费用低于保险公司所收取的费用。

(2) 企业的期望损失低于保险人的估计。

(3) 企业有较多的风险单位(意味着单位风险小，且企业有能力准确地预测其损失)。

(4) 企业的最大潜在损失或最大期望损失较小。

(5) 短期内企业有承受最大潜在损失或最大期望损失的经济能力。

(6) 费用和损失支付分布在很长的时间里，因而导致很大的机会成本。

(7) 投资机会很好。

(8) 内部服务或非保险人服务优良。

如果实际情况与以上条件相反，无疑应放弃自留风险的决策。

3) 风险准备金

风险准备金是从财务的角度为风险做准备的，在计划(或合同报价)中另外增加的一笔费用。例如在投标报价中，承包商经常根据工程技术、业主的资信、自然环境、合同等方面的风险的大小以及发生的可能性(概率)在报价中加上一笔不可预见风险费。

准备金的多少是一项管理决策。从理论上说，准备金的数量应与风险损失期望相等，即为风险发生所产生的损失与发生的可能性(概率)的乘积，即：

$$风险准备金 = 风险损失 \times 发生的概率$$

除了应考虑理论值外，还应考虑到项目的边界条件和项目状态。例如对承包商来说，决定报价中的不可预见风险费，要考虑到竞争者的数量、中标的可能性、项目对企业经营的影响等因素。如果风险准备金高，报价竞争力降低，中标的可能性很小，即不中标的风险就大。

4) 自我保险

自我保险系指企业内部建立保险机制或保险机构，通过这种保险机制或由这种保险机构承担企业的各种可能风险。尽管这种办法属于购买保险范畴，但这种保险机制或机构终归隶属于企业内部，即使购买保险的开支有时可能大于自留风险所需开支，但因保险机构与企业的利益一致，各家内部可能有盈有亏，而总体上依然能取得平衡，好处未落入外人之手。因此，自我保险决策在很多时候也具有相当重要的意义。

11.3.3 商务贸易风险的防范[①]

贸易风险是最直接的商务风险。最主要的贸易风险有买卖风险、运输风险和结算风险。

1. 买卖风险的防范

买卖风险是指商品所有权转移过程中产生的各种风险，包括采购风险、销售风险和变价风险。

1) 采购风险

(1) 采购风险的种类。采购风险是由于采购商品过程中发生的不利于采购方的行为的总称，包括商品质量不符合要求、不按数量交货、不按时交货、不按地点交货和采购数量不当。

① 质量不符。供方提供的货物不符合采购合同规定的品质要求。如劣质商品、假冒商品、需提供使用说明书但未提供的商品、需负责安装但未履行安装责任的商品、需提供配套产品而未提供配套产品的行为等。

② 数量不符。供方提交货物不足合同规定数量或超过合同规定数量。

③ 时间不符。供方延时或提前交付货物，前者影响到买方的生产或转售，造成经济损失；后者增加买方的储存费用。

④ 地点不符。供方交货的地点与合同的要求不符。

⑤ 采购数量不当。或占压过多企业流动资金或货源供应不充分。

(2) 采购风险的防范措施。

① 防范采购风险的关键是认真签订采购合同。合同的条款一定要具体、明确，如：对

---

① 缪兴锋，李丽，叶小明. 现代商务管理与实务[M]. 广州：中山大学出版社，2006：215-219.

质量要求要注明品质标准和检验办法；对数量要明确溢交或短交的比率，如允许溢交或短交 3%等。

② 按需采购，合理确定采购批量。

③ 严把质量检验关，尤其要提高采购人员的责任心，对每笔采购品都要认真查验，不让劣质产品进入企业。

④ 慎重选择预付款手段。预付货款采购商品是许多商品交易中的惯例，应根据供求状况慎重确定预付款的数量。对供过于求的商品，一般不预付款，即货到付款；对供不应求的紧缺商品，可适当多付预付款。

2) 销售风险

销售风险是企业在出售商品过程中产生的风险。通常有买方拒收货物造成损失、买方不付款或不按时付款造成损失两种情况。

防范销售风险的主要措施是：严格按合同要求交付货物，全面了解买方的资信情况。凡在合同中明确了交货数量、质量、时间和地点的，必须按要求认真履行销售合同，如遇特殊情况影响按要求履行合同时，必须及时与买方联系，取得买方的谅解和支持；当买方发生拒收货物行为时，要认真分析原因，及时化解纠纷。考察买方资信情况是保证买方是否按时付款的关键，对资信好的企业，可采取货到付款方式；对资信不好的企业，要采取款到交货方式。

3) 变价风险

对于大多数合同交易的商品，通常存在交易的时间和空间差异。从合同签订到履行一般有一个间隔期。在间隔期内，市场形势可能发生变化，从而引起商品价格的涨落，产生合同价格与实际市场价格不相符的现象，带来变价风险。所谓变价风险就是由于价格变动产生的风险。采购和销售活动都存在这种风险。如签订采购合同时市场价格高，而履行合同时市场价格明显下降，采购方需按合同中的价格履行合同，就要承担价格变动所带来的损失。又如签订销售合同时市场价格低，而履行合同时市场价格显著上升，销售方需按合同中价格履行合同，也要承受变价损失。

防范变价风险的重要措施是准确预测市场信息，掌握市场变化规律。对于市场变化(波动)大的商品，要在签订合同时订立"变价处理办法"的条款，同时缩短签约与履约的时间。对季节性商品，在定价时要充分考虑储存费用对价格的影响。

2. 运输风险的防范

运输风险是货物在运送过程中产生的风险，包括货物的短少、损坏及灭失。造成运输风险的原因主要有装卸不当、运输事故及不可抗力事件。运输风险是货物运输中客观存在的风险，在贸易过程中需要慎重对待。

(1) 要认真签订运输合同，明确承运人与受托人的权利和责任，以便当货物在运输过程中发生灭损时采取有效的损害救济方法。

(2) 要对货物进行运输保险。货物运输保险是商务活动中常用的手段，尤其在国际贸易中使用最为广泛。通过保险可使损失减少到最低限度。

(3) 货物运输中发生不可抗力事件后，要及时采取抢救措施，减少损失。

3. 结算风险的防范

贸易活动都离不开结算，尤其在对外贸易活动中，由于外汇变动或结算方式选择不当可能带来巨大的贸易损失，需要慎重对待。

结算风险是在贸易结算过程中产生的各种风险。最常见的风险有两类：由于货币价格变动产生的风险；由于采用不同的结算方式而带来的风险。核心是外汇风险。

企业外汇风险是指企业在一定时期内外经贸活动中，以外币表现的资产或负债，因未预料到外汇汇率变动的可能蒙受的损失。主要有：外汇结算风险；外汇评价风险；外汇预测风险。

企业外汇风险可在加强外汇汇率变动趋势预测的基础上，采取以下几项避险措施：出口以硬币、进口以软币或各种货币报价；加价保值或压价保值；提早收款或推迟付款；缩短出口收汇时间；以远期外汇买卖转嫁外汇风险。

(1) 出口以硬币、进口以软币或多种货币报价。所谓硬货币是指汇率比较稳定且有上升趋势的货币，反之，即为软货币。如果企业产品销往使用硬货币的国家即可使用该国货币报价，销往其他国家也可以用上述硬币或其他货币报价。用这些货币报价，一般不会贬值，还有升值的可能，总地来说，基本上能保证企业获得稳定的出口收入。反之，进口商品以软币报价，有可能获得该软币汇率下降少付人民币的好处。此外，采用多种币别报价，可以使它们汇率变动的损益相互抵消，以减少外汇汇率变动风险。

(2) 加价保值或压价保值。如果在商务谈判中未能达成出口以硬币、进口以软币或多种货币报价，可争取采用加价保值或压价保值的方法。加价保值方法主要用于出口贸易上，是指出口企业接受以软币计价成交时，将汇价变动所造成的损失摊入出口商品的价格中，以转移汇率风险。加价保值分为即期交易加价保值和远期交易加价保值。即其交易加价保值公式为

$$加价后的商品单价 = 原单价 \times (1 + 计价货币贬值率)$$

远期交易加价保值公式：

$$加价后的商品单价 = 原单价 \times (1 + 计价货币/贬值率 + 利率) \times 期数$$

压价保值主要用于进口交易上，是指进口企业进口时接受硬币计价成交时，将汇价变动可能造成的损失从进口商品价格中剔除，以转嫁汇率风险，或在合同中订入保值条款。同样压价保值也分为两种。即期交易压价保值公式为

$$压价后的商品单价 = 原单价 \times (1 - 计价货币贬值率)$$

远期交易压价保值公式为

$$压价后的商品单价 = 原单价 \times (1 - 计价货币/升值率 - 利率) \times 期数$$

(3) 提早收款或推迟付款。汇率变动是在一定时间段发生的，收付在该时间段进行就会

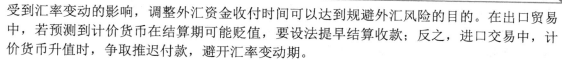

受到汇率变动的影响，调整外汇资金收付时间可以达到规避外汇风险的目的。在出口贸易中，若预测到计价货币在结算期可能贬值，要设法提早结算收款；反之，进口交易中，计价货币升值时，争取推迟付款，避开汇率变动期。

(4) 缩短出口收汇时间。风险是造成损失的可能性，它随时间的延长而相对增加。为了减少因时间推移而带来的风险。出口企业要树立时间就是金钱的观念，按期交货，迅速收汇，缩短收汇时间。

(5) 以远期外汇买卖转嫁外汇风险。如果企业在进出口贸易上预测到收付货币汇率的变动，可以在进出口交易的基础上做一笔买入或卖出该货币的远期买卖，以转嫁外汇风险。

本 章 小 结

(1) 风险管理是社会生产力、科学技术水平发展到一定阶段的必然产物。纵观其起源与发展，可以将其分为五个阶段：第一阶段，早期风险管理意识的萌芽；第二阶段，19 世纪末至 20 世纪初；第三阶段，20 世纪初至 20 世纪 70 年代；第四阶段，20 世纪 70 年代至 90 年代；第五阶段，20 世纪 90 年代至今。

(2) 风险是指客观存在的，在特定情况下、特定期间内，某一事件导致的最终损失的不确定性。风险具有三个特性：客观性、损失性和不确定性。风险分为一般风险和企业风险。风险的客观性主要表现在：决策带来风险、环境因素带来风险。风险的本质是指构成风险特征，影响风险的产生、存在和发展的因素，可归结为风险因素、风险事故和损失。

(3) 风险管理是一种全面的管理职能，用以对某一组织或自然人所面临的风险进行评价和处理。据《美国管理百科全书》介绍，风险管理有七种功能：企业如能成功地进行风险管理，就可以使企业全体成员产生安全感；通过风险管理，采取一系列预防、减少风险的措施，能减轻企业年度收益和现金流的波动；通过对潜在风险的分析，能为预测未来事态做好准备，及时捕捉有利的时机，扩大企业的经营规模；通过风险管理，能提高企业管理人员的管理水平与能力；能使企业在竞争的汪洋大海里立于不败之地；在发生风险之前，对企业的保险进行计划和监督，对已发生的损失进行检查分析，在保险责任范围内，力争损失最小，保险价值补偿最大；风险管理可以避免危机的发生，保护企业财产、人身安全，保护社会、自然环境。

(4) 风险成本会降低企业的价值，而化解风险、降低成本，实现价值最大化是企业管理的目标，也是风险管理的目标。控制型措施的理论基础经历了由单纯的工程性措施到工程性措施与非工程性措施整合的过程。在这一过程中，许多理论为实践中的选择起到了指导思想的作用，其中比较重要的有工程性理论、多米诺理论以及能量释放理论。

(5) 风险管理过程可以分为如下五个步骤：成立风险管理组织；制订风险管理计划；风险的识别与评估；风险的成本分析；风险管理的措施。

(6) 风险是指在给定情况下存在的可能结果间的不确定性。风险是客观存在的，但也是可防范的。风险具有以下特征：这些特征决定了风险的可防范性，风险损失也是可以控制的。①风险具有特定的根源；②风险的普遍性；③风险概率的互斥性；④风险损失的可测性；⑤风险的可转移性；⑥风险可以被分隔；⑦有些风险具有可利用性。

(7) 任何人对自己应承担的一般商务风险(明确规定的和隐含的)应有准备和对策，这应作为计划的一部分。当然不同的人对风险有不同的态度，有不同的对策。风险的对策多种多样，但归纳起来只有两种基本的方法：风险控制，这种方法包括风险回避、风险分离、风险分散及风险转移等；财务措施，财务措施即采用经济手段来处理确实会发生的损失。这些措施包括风险的财务转移、风险自留、风险准备金和自我保险等。

(8) 贸易风险是最直接的商务风险。最主要的贸易风险有：买卖风险、运输风险和结算风险。买卖风险是指商品所有权转移过程中产生的各种风险，包括采购风险、销售风险和变价风险；运输风险是货物运输中客观存在的风险，在贸易过程中需要慎重对待；结算风险是在贸易结算过程中产生的各种风险。核心是外汇风险。企业外汇风险可在加强外汇汇率变动趋势预测的基础上，采取以下几项避险措施：出口以硬币、进口以软币或各种货币报价；加价保值或压价保值；提早收款或推迟付款；缩短出口收汇时间；以远期外汇买卖转嫁外汇风险。

本章思考题

1. 详细介绍商务风险管理的含义与地位。
2. 商务风险管理的程序是什么？
3. 详细介绍商务风险的防范。
4. 详细介绍决策模型和评估模型在风险管理中的应用。

本 章 案 例

"样板工程"成了"半拉子工程"

20世纪90年代中期中国的某机场(甲方)获得上级主管部门的支持，计划投资建设一套机场管理信息系统。由于种种原因，承建方(乙方)被指定为一家与民航有关系的国内公司。

乙方原本是一家只有十来个人的小型电脑公司，做过一些与民航相关的小工程，对民航的基本业务有一定的了解，所以知道一些客户的行话、术语，大面上的规划做出来看上去还是像模像样的。系统规划包括：UNIX服务器、台式PC机、局域网络设备、系统软件以及需要专门开发的应用软件。其中，应用软件部分是关键，是整个系统的灵魂，决定着项目的成败、优劣。

乙方为甲方所做的投资估算是：服务器、台式机、网络设备、系统软件等按厂商的公开价格计算，加上相关的施工费用，总计人民币约 985 万元。而应用软件开发的部分，由于无法做精确的估算，所以采取了非常笼统的"1∶1 报价原则"，即参照系统部分 985 万元的基数，按 1∶1 做估算也是 985 万元，两项相加，项目总预算为 1970 万元。由于甲方希望"软件要做得好一点"，加之其他种种原因，所以也并不砍价，痛痛快快地接受了这笔对于当时来说堪称"巨额"的软件开发费用。至于工期，甲方希望"尽快"，乙方便一拍脑袋承诺"半年交钥匙"。

甲方的目标是建成同行中的"国内先进水平"、"样板工程"，但对于这个"样板"的具体内容、应该长成什么样子却不甚了了，也没花多少心思去想。以往搞基建、土木工程，经验都比较多，估算驾轻就熟。但是，对于计算机、网络、软件这些新玩意儿，谁心里都没谱。所以，项目建议书、可行性研究报告、投资估算等都由乙方全盘代办，对于甲方及其上级主管部门来说，都是过场，形同虚设，照单全收。于是，双方顺利地按 1970 万元签订了合同，工期就按乙方所说的半年而定。

计算机技术发展到今天的成熟阶段，硬件、网络、系统软件等已经成为标准化了的"积木"，看似高深，其实"装配"起来并不困难，只需要一两个熟练工人按部就班就可以轻松搞定。而真正的难点和风险都在于未引人注意的应用软件开发。这一点，不光甲方不清楚，就连乙方也没有估计充分。

乙方以前从来没有承担过如此巨大的工程，也没有搞过稍有规模的软件开发。他们原本的如意算盘是这样的：系统成本按厂商的公开报价计算，这里面已经有了很大的"水分"，也就是说这部分的成本实际上只有 500 万元上下。而应用软件开发，由于客户除了一个笼统的"国内先进水平"、"样板工程"之外，几乎没有任何具体的要求，所以弹性非常大，可以说全凭乙方的良心做事。而乙方的乐观估计是，只需动用十几个人，花上半年的时间，实际成本绝对到不了 100 万元。考虑到缴税、差旅以及其他各种相关费用等，该项目的总成本包括税款在内预计无论如何都不会超过 900 万元，预期的税后纯利润可达 1100 万元之巨，真是个"肥得流油"的好项目！

于是，应用软件的设计规划由最初的 4 个子系统猛增到了 18 个，而每个子系统中也加入了许多完全出自想象的华而不实的功能。比如，乙方提出要把外场动态信息引到机场老总们的办公室里，而且要用电脑实时合成三维动画显示在大屏幕墙上。

接下来，乙方的公司发生了翻天覆地的变化：原先的小阁楼待不下了，搬进了宽敞的写字楼；一下子添置了 3 辆轿车，公司员工们都换了新款的手机；公司首脑们纷纷出国考察，觉得人家的东西是漂亮，咱也能照猫画虎；程序员的规模急速膨胀到了 100 多人，然而活却越干越多。

半年很快就过去了，可是软件系统的初步设计都没有完全确定下来，因为领导和客户总会提出新的想法和要求。包括该公司原有的员工在内，100多个程序员没有一个人知道机场的信息管理应该是怎么回事，都得从头开始了解客户当前的现实情况，然后再闭门造车想象理想的未来模式应该是什么样的。技术人员队伍相当不稳定，许多人是刚进来两三个月就又跳槽走了；开发管理跟不上，一个人走了，一整块工作就全瘫痪了，没人能接上手，换个新人又得从头学起、从头再干。这样，先后有超过300名开发人员接触过这个项目，大多数都是匆匆的过客。

一年过去了，情况照旧。软件产品依旧是毫无头绪的一团乱麻，完全陷入了一种无休止的低水平重复怪圈里。全公司所有人只为了这一个大项目忙得一塌糊涂、乱得一塌糊涂，像走马灯似的变换着面孔。真应了那两句诗："年年岁岁花相似，'月月日日'人不同。"

直到经过了轰轰烈烈的整整一年零9个月之后，"补丁摞补丁"的应用软件才跌跌撞撞地分步上线投入试运行。又经过大半年之后，才渐渐稳定下来，至少是不再频繁出现莫名其妙的故障。最后实际投入使用的子系统只有3个，而且诸如三维动画、大屏幕什么的全都只做了一半就做不下去了，终于不了了之。

而原本预期中1100万元的巨额税后纯利润空间变成了负数。后来经过反复的交涉、调解，甲方上级主管部门又拨款280万元才勉强让这个项目做完，没有记入"半拉子工程"之列。但是关于"样板工程"的说法却再也没有人提起了。

(资料来源：缪兴锋，李现，叶小明. 现代商务管理与实务[M]. 广州：中山大学出版社，2006：226-228.)

问题：

1. 本案的惨重教训有哪些？对人们的启示是什么？
2. 谈谈你身边的风险案例。
3. 本案例在分析中还将涉及哪些知识点？

参 考 文 献

1. 西方管理学名著提要. 南昌：江西人民出版社，1995
2. 曹厚昌，李平生. 现代商业：交易方式、组织类型、组织形式. 北京：北京经济学院出版社，1995
3. 袁安照，余光胜. 现代企业组织创新. 太原：山西经济出版社，1998
4. 现代汉语辞典. 北京：商务印书馆，1996
5. 廖三余. 人力资源管理. 北京：清华大学出版社，2006
6. 邹东涛. 哈佛模式·人力资源管理. 北京：人民时报出版社，2004
7. 廖权文. 人力资源管理. 北京：高等教育出版社，2003
8. 黄京华. 电子商务教程. 北京：清华大学出版社，1999
9. 赵立平. 电子商务概论. 上海：复旦大学出版社，2000
10. 王健. 电子商务. 北京：学苑出版社，1999
11. 方美琪. 电子商务概论. 北京：清华大学出版社，1999
12. 张润彤，朱晓敏. 电子商务. 北京：北京出版社，1999
13. 吴功宜. 电子商务应用教程. 天津：南开大学出版社，2000
14. 宋玲. 电子商务，21世界的机遇与挑战. 北京：电子工业出版社，1999
15. 张晓琪，廖建勇. 电子商务理论与实践. 北京：中国电力出版社，1999
16. 郭笑一. 电子商务入门与应用. 上海：上海交通大学出版社，1999
17. 杨坚争等. 电子商务基础与应用. 西安：西安电子科技大学出版社，1998
18. 李鼎. 电子商务基础. 北京：首都经济贸易大学出版社，1999
19. 纪玉山等. 网络经济. 长春：长春出版社，2000
20. 王水成，王长远，温海龙. 商机创造. 北京：中国经济出版社，2000
21. 廖进球. 商务管理学. 北京：中国财经出版社，1998
22. 贺秀英，张志颖. 商务大全. 北京：金城出版社，2000
23. [美]乔治·M. 邦丝·查尔斯·W. 小冬姆. 商务. 大连：东北财经大学出版社，2001
24. 黎孝先. 国际贸易实务. 北京：对外经济贸易大学出版社，2000
25. 海闻. 国际贸易. 上海：上海人民出版社，2003
26. 陈宪. 国际贸易理论与实务. 北京：高等教育出版社，2000
27. 中华人民共和国对外贸易法. 2004
28. 中华人民共和国海关法. 2000
29. 郑俊田. 中国海关通关实务. 北京：中国对外经济贸易出版社，2002
30. 徐伟. 报关实务. 北京：中国商务出版社，2004
31. 吴宪和. 流通经济学教程. 上海：上海财经大学出版社，2000

32. 王浩. 关于对外贸易信用风险管理问题的探讨. 天津航海，2006(4)

33. 郭超，刘常国. 国际贸易活动的管理问题. 合作经济与科技，2005(1)

34. 黄晓玲. 中国对外贸易概论. 北京：对外经济贸易大学出版社，2003

35. 宣增益. 世界贸易组织法律教程. 北京：中信出版社，2003

36. 陈宪. 国际服务贸易——原理·政策·产业. 2 版. 上海：立信会计出版社，2003

37. 饶友玲，张伯伟. 国际服务贸易. 北京：首都经济贸易大学出版社，2005

38. 饶友玲. 国际服务贸易——理论、产业特征和贸易政策. 北京：对外经济贸易大学出版社，2005

39. 曹亮，马瑞婧. 国际商务与服务贸易. 北京：人民出版社，2005

40. 刘重力. 国际贸易实务. 2 版. 天津：南开大学出版社，2003

41. 刘志伟. 国际技术贸易教程. 2 版. 北京：对外经济贸易大学出版社，2006

42. 涂永式，江虹，欧阳北松. 国际贸易理论与实务. 广州：广东高等教育出版社，2005

43. 张向先. 国际贸易概论. 北京：高等教育出版社，2004

44. 郎丽华. 国际贸易案例精选. 北京：经济时报出版社，2005